訳された近代

文部省『百科全書』の翻訳学

長沼美香子
Naganuma Mikako

法政大学出版局

序章　文部省『百科全書』への招待

一　翻訳テクストの研究

本書の目的は、いまだかつて総体として本格的に読解されたことのない文部省『百科全書』という明治初期の翻訳テクストを研究対象に据えて、翻訳学の視点から探究することにある。広義の翻訳をメタファーとして曖昧に捉えるものではなく、また誤訳を指摘したり訳出物に評価を与えたりするものでもない(1)。そうではなく、特定の翻訳テクストを同時代コンテクストに定位し、起点テクスト（原著）と併せて読むことで、歴史の曲がり角にあった日本の近代を翻訳の問題系から再考する試みである。それは言語論的転回（リチャード・ローティ）を経た西洋哲学の経験になぞらえれば「翻訳論的転回」の主張であり、日本の近代を「訳された近代」として捉え直すことである(2)。明治期は——この研究が対象とする文部省『百科全書』が訳された明治初期はとりわけ——近代日本語にとっての画期であり、このときの翻訳をめぐる出来事が現代に生きる私たちの思考にも奥深いところで作用していると思われる。それは無意識のレベルに近い深層でのことだから、普段はあまり気づかれないかもしれない。しかも翻訳という現象の常として、透明な不可視性を是とし、その存在を自ら見えなくしようとする力学もはたらく。
日本における翻訳論、とりわけ翻訳語と翻訳文体についての理論研究には、一九七〇年代から柳父章が先駆的に取り組んでいる。(3) 翻訳学という新たな学際領域が欧米を中心に萌芽した時期と奇しくも重なるが、柳父の翻訳研究は日本という固有の文脈のなかで独自の思想を形成してきた。それは、私たちが自明としてきた日本語を疑い、その擬態(ホミ・バーバ)を問い、翻訳論を通して私たちの思い込みに揺さぶりをかける。本研究では、文部省『百科全書』という翻訳テクストを読み解くために柳父の方法論を踏襲し、「日本語の事件」として近代日本の翻訳を論じる。それはたとえば、翻訳語をその語源に遡ろうとする漢語研究とは手法を異にしており、近代日本において翻訳行為が遂行した「ことばの出来事」として翻訳の「等価」(equivalence)の虚構性をあらわにすることである。こうした翻訳へのまなざしを、明治初期に文部省主導で行われた翻訳プロジェクト『百科全書』に向けると、そこにはどのような像が結ばれるだろうか。文部省『百科全書』の読解を通して、近代日本と翻訳の共犯関係を問い直してみたいと思う。

開化啓蒙期の日本が西洋諸国から多大な影響を受けた歴史的事実のなかで、媒介となった翻訳の諸相は見えにくい。それは、等価に仮託した翻訳行為を無色透明のふるまいとして葬り去ってきたからだ。この隠蔽された翻訳のスキャンダルを暴き、翻訳とはいかなる出来事であるのかを問い、翻訳という言語行為の遂行性を明らかにしたい。近代日本の文明開化とは何であったのか。本研究は、その不可視的側面を可視化する試みである。ここでの不可視性とは翻訳の謂いである。等価という幻に蔽われた翻訳行為の遂行性、それが近代日本語に残した痕跡を文部省『百科全書』に探る。

本書は、そのタイトルを「訳された近代——文部省『百科全書』の翻訳学」とする。このなかに埋め込まれた意味は、研究が展開するにつれて次第に明らかになってくるはずだ。とはいえ、誤解のないように若干の説明があらかじめ必要かもしれない。「訳された」「近代」「文部省『百科全書』」の「翻訳学」について、それぞれの意味合いを暫定的に示しておく。

「訳された」

「translated ＝訳された」という行為の主体は誰なのか。ここには翻訳の行為者が隠されている。ともすれば不可視になりやすい翻訳者たち。日本では欧米諸国と比較して可視性が高いかもしれないが、それは相対的にそうであるにすぎない。翻訳テクストを考察するプロセスでは、近代日本にあって翻訳行為を遂行した主体も可視化していく。

「近代」

時代区分としての「近代」とは、日本では一般的に明治から昭和の敗戦までを指すことになっている。だが同時にこのことばは、「近代の超克」などのように、ある価値づけを反映した翻訳語の典型である。柳父章は「地獄の「近代」、あこがれの「近代」」として、「近代」を価値づけされたことばとする。そのうえで、「意味という点から言うならば、意味はむしろない、と言った方がよい。そして、意味はないからこそ、かえって人々を惹きつけ、乱用され、流行する」と分析している。[4] 西洋由来の概念を翻訳する行為は、とりわけ漢語を介在させることで、その権威によって、翻訳語の価値づけをも遂行するのである。

日本史や日本文学の分野では明治維新以降の歴史や文学を近代史や近代文学として研究対象とするのに対して、日本語学では近代語の成立を江戸期とすることからも、「近代」ということばの虚構性は明らかだ。

英語 modern は、フランス語 moderne（ラテン語 modernus）から派生した単語であり、名詞でも形容詞でも用いることができる。『オックスフォード英語辞典』（ＯＥＤ）第二版における modern の語源についての説明で繰り返される present（現前の）や current（現行の）から連想されるように、過ぎ去った antiquity（むかし）

に対するpresent（いまの）人・言語・建築などを指した単語に起源を遡る。だから、ダイクシス（直示deixis）の常として、意味するところは文脈に依存するわけである。

「文部省『百科全書』」

これから私たちが読解しようとするのは、いわばもうひとつの「百科全書」である。「もうひとつの」と余計な修飾語を付けた理由は、無防備に「百科全書」と言えば、十八世紀のフランス革命に影響を与えた、ディドロとダランベールらの「百科全書」（*Encyclopédie, ou Dictionnaire raisonné des sciences, des arts et des métiers, par une société de gens de lettres*）が有名であり、真っ先に思い浮かぶであろうからだ。[5] しかも紛らわしいことに、彼らは英国のイーフレイム・チェンバーズの『サイクロペディア、または諸芸諸学の百科事典』（*Cyclopaedia, or, An Universal Dictionary of Arts and Sciences*）から影響を受けている。フランスの啓蒙思想家による「百科全書」は広く世の耳目を集め、現在ではこちらの方が知名度も高い（ディドロらアンシクロペディストを「百科全書派」とする呼称が日本で定着するのは、文部省『百科全書』の後、ずいぶんと遅いのだが）。

その他にも「百科全書」と呼ばれるものは国内外に幾種類も存在するが、「百科全書」という翻訳語の淵源が文部省『百科全書』にある事実は、正しく理解されなければならない。

文部省『百科全書』は、民間書肆によって翻刻されたり合本版が刊行されたりしているので、文部省のみが出版していたわけではない。しかし不要な混同を避けて、明治初期に文部省の企図で始まった国家的翻訳プロジェクトである当該書を他と峻別するために、十九世紀英国のエディンバラを中心に活躍したチェンバーズ兄弟（ウィリアムとロバート）が編集出版した*Chambers's Information for the People*を起点テクストとして、日本語へと訳出したテクストを「文部省『百科全書』」とした次第である。

ただし文脈から明らかな場合は、煩雑さを避けるために単に『百科全書』とすることもある。

「翻訳学」

「translation studies ＝翻訳学」という等価は、果たしてどの程度まで定着してきただろうか。「翻訳研究」や「トランスレーション・スタディーズ」などとする場合もあり、日本語の定訳がまだない。ジェレミー・マンディによる翻訳理論の概説書 *Introducing Translation Studies* が『翻訳学入門』として邦訳され[6]、日本通訳翻訳学会の学会誌が『通訳翻訳研究』(*Interpreting and Translation Studies*) であることなどから、「翻訳学」「翻訳研究」などが比較的よく用いられるが、人口に膾炙してきたとまでは言えないかもしれない。個別の「翻訳論」ではなく、翻訳そのものを学術研究の対象としたことを明確にするために、本書の副題に「翻訳学」を入れた。

ちなみに「翻訳学」という語は、一九七〇年代初めにすでに用いられていた。聖書翻訳研究者のユージン・ナイダによる *Toward a Science of Translating* が一九七二年に『翻訳学序説』として邦訳出版されているのである。だが、もとのタイトルに translation studies という語は含まれていなかった[7]。

また「西洋」ということばについても、本書に頻出するので説明しておいた方が良いだろう。齋藤毅は、このことばの持つ「独特のひびき」を、「ヨーロッパやアメリカをさす地理上の区分」というだけでなく、「学ぶべき文明の栄えている地域」あるいは「優れた異質の文明圏」であり、「ある種の憧憬の念や羨望感」とともに用いられたために生じたものと説明する[8]。別言すれば、「地理上の名辞であるよりも、一種のイデオロギー」としての「西洋」である[9]。江戸期にもすでに新井白石『西洋紀聞』などがあったが、この語の定着にはやはり、幕末明治期に福澤諭吉の『西洋事情』がベストセラーとなった影響が大きいと思われる。「西洋」という一枚岩の実体が存在するわけではないことを前提としながらも、本研究では便宜的にこの語を用いる。

私たちが無意識に想定している翻訳についての思い込みが、私たちの用いることばの深層を蔽っている。翻訳というプリズムを通して日本の近代に向き合う試みは、翻訳を反射鏡として現代の私たちの思考を映し出すことにもなるだろう。文部省『百科全書』という翻訳テクストを明治期日本のコンテクストに定位して、翻訳学の視点から読解する意義はいま現在へとつながるのだ。それはつまり、近代日本をめぐる思索はその根底で翻訳論的転回を要するものであり、この国の文明開化を近代日本語という翻訳語の出来事として直視することになるのである。

二　『百科全書』研究の意義

文部省『百科全書』は、英国ヴィクトリア朝の啓蒙書 *Chambers's Information for the People* を起点テクストとする翻訳テクストであり、これまで個別的に研究されてきたものも含まれている。たとえば代表的なテクストとしては、菊池大麓訳『修辞及華文』(RHETRIC AND BELLES-LETTRES) がある。これは坪内逍遥が『小説神髄』で長く引用していることもあり、明治初期の「文学」や「修辞学」についての理論概説として知られている。[10] しかしながら、同時代の『明六雑誌』などの研究と比較しても、『百科全書』には全体として詳らかにされていない諸側面が多く残されている。いわば研究未開の地なのだ。したがって本研究では、文部省『百科全書』をめぐる書誌情報を精査し、明治初期に実施された大規模な翻訳プロジェクトとして検証する作業が必要となる。いまでは忘れられた感のあるテクストを翻訳学の視点から読み解くと同時に、国家的翻訳事業について地道な事実確認をおこなうこともこの研究の意義のひとつである。国立公文書館、国立国会図書館、東書文庫、全国の大学図書館、さらには英国図書館をはじめとする海外の図書館などが所蔵する一次資料を丹念に調べる覚悟も要請されよう。

文部省『百科全書』に関する数少ない先行研究の一つは、福鎌達夫による研究書『明治初期百科全書の研究』（風間書房、一九六八年）であり、著者病没後に刊行された。著者が入院中の病室に資料を持ち込んで命を削り最期まで執筆した様子が、編者の「あとがき」から生々しく伝わってくる。これは、文部省『百科全書』に関する包括的な研究の名著であること疑いないが、著者が目論んだ形での完成は、残念ながら病魔のため遂げられなかった。同時期のもう一冊、杉村武『近代日本大出版事業史』（出版ニュース社、一九六七年）では、出版文化史という観点から明治初期の文部省の出版事業に着目し、そのなかで『百科全書』も対象として取り上げているが、テクストの内容にまで踏み込んだものではない[11]。そして福鎌の研究から十年の歳月を経て重要な展開を見せたのが、菅谷廣美『「修辞及華文」の研究』（教育出版センター、一九七八年）であった。書名が示すごとく、菅谷の関心は『修辞及華文』に特化するが、全体の基礎資料に関する新事実も加えられており、福鎌と杉村による先行研究を補完する。

いずれの労作も貴重な水先案内ではあるが、本研究はこれら時の試練を経た代表的先行研究に導かれながらも、単純な事実誤認は訂正し、翻訳学による新たな可能性へとこの翻訳テクストを開くことを試みる。

文部省『百科全書』に関するこれまでの研究は翻訳学からのアプローチではなかったし、すでに菅谷の研究から三十年以上が過ぎている。この間、関連する新たな研究論文も散発的に発表されてきた。本書では相対的に新しい諸研究の成果も最大限に活用しながら、時には相反する情報の断片を丁寧に照合して新たな知見を紡ぎ出し、さらに翻訳という視角をダイナミックに加えることに意義を置く。

三　本書の構成

本書の各章を要約して以下に簡単に紹介しておこう。

この序章「文部省『百科全書』への招待」ではまず、本研究の目的と意義を明確にしたうえで全体の概要を示す。そして第一章では、「等価」を鍵概念として欧米の翻訳学史を再構築し、スキャンダルを補助線として日本における翻訳論へとつなげる。日本の文脈で野上豊一郎と柳父章の言説を対比的に検討することによって、翻訳と等価をめぐる主要な論点を整理し、本書における等価概念の位置づけを明確にする。

第二章では、本研究が分析対象とする文部省『百科全書』というテクスト生成へとつながる翻訳機関の歴史的変遷を踏まえて、この国家的事業の輪郭を描く。明治初期の大規模な国家的翻訳プロジェクトとしての全体像に焦点を合わせる次第である。明治政府の文明開化を翻訳という視点から考察しながら、『百科全書』に関係する史実、人物、書誌情報などを前景化し、後続のテクスト分析への準備作業としたい。

第三章から第九章までは、文部省『百科全書』を総体として読解するために、各章でテーマを設定して、以下のテクスト群へのアプローチを試みる。(12)

天文学　気中現象学　地質学　地文学　植物生理学　植物綱目　動物及人身生理　動物綱目　物理学　重学　動静水学　光学及音学　電気及磁石　時学及時刻学　化学篇　陶磁工篇　織工篇　鉱物篇　金類及錬金術　蒸汽篇　土工術　陸運　水運　建築学　温室通風点光　給水浴澡掘渠篇　農学　菜園篇　花園　果園篇　養樹篇　馬　牛及採乳方　羊篇　豚兎食用鳥籠鳥篇　蜜蜂篇　犬及狩猟　釣魚篇　漁猟篇　養生篇　食物篇　食物製方　医学篇　衣服及服式　人種　言語　交際及政体　法律沿革事体　太古史　希臘史　羅馬史　中古史　英国史　英国制度国資　海陸軍制　欧羅巴地誌　英倫及威爾斯地誌　蘇格蘭地誌　愛倫地誌　亜細亜地誌　亜弗利加及大洋州地誌　北亜米利加地誌　南亜米利加地誌　人心論　骨相学　北欧鬼神誌　論理学　洋教宗派　回教及印度教仏教　歳時記　修身論　接物論　経済論　人口救窮及保険　百工倹約訓　国民統計学　教育論　算術及代数　戸内遊戯方　体操及戸外遊戯　古物学　修辞及華文　印刷術及石版術　彫刻及捉影術　自然神教及道徳学　幾何学　聖書縁起及基督教　貿易及貨幣銀行　画学及彫像

百工応用化学　家事倹約訓　（青史社による復刻版タイトル九十一編）

第三章では、私たちの身体所作を翻訳語から振り返る。「身体教育」から「体育」という近代日本語が成立する一方で、「スポーツ」の翻訳漢語が未成立であったことに着目し、「体操」「運動」という翻訳語と相俟って、近代国家のなかで国民の身体が規律・訓練されたことを明らかにする。

第四章は「言語」について大槻文彦の翻訳行為に光を当てる。日本初の近代国語辞書『言海』の編纂者が、文部省『百科全書』に翻訳者としてかかわり、辞書編纂と同時期に『言語篇』というテクストを訳していたことはあまり知られていない。彼の翻訳行為によって何が遂行されたのかを、「言語」という根源的な主題のもとで論じていく。

第五章で扱う「宗教」が明治十年代に成立した翻訳語である事実は、宗教学の先行研究から明らかになっているが、これまで文部省『百科全書』の宗教関連のテクスト群が宗教学のなかで注目されたことはなかった。「宗教」という翻訳語は、逆説として非「宗教」を誕生させ、靖国体制の鋳型を成立させることになった。こうしたコンテクストのなかで、「宗教」がゆらぎながら立ち上がる翻訳テクストを読み、その帰結を問う。

第六章は「大英帝国」という不可解なことばを考える。「帝国」という翻訳語が蘭学の訳語から英学へと受け継がれた結果、何が起こったのか。大日本帝国が範としたのは、果たして「大英帝国」であったのか。「帝国」ということばが今もなお更新され続けている理由を問い直してみたい。

第七章の「骨相学」では、近代のまなざしが何を視るようになったのかを探りながら、「神経」や脳機能から文学の語りまでを多角的に論じる。ここでは、視ることの近代が文化を超えて翻訳されたテクストを読む。「科学」と疑似科学の近代が、「骨相学」的な視線とどのように交差したのか。

第八章で探究するのは、文部省『百科全書』の理系分野のテクスト群である。『百科全書』全体のおよそ半数を占めるこれら自然科学テクストの読後感には、近代英学の近世蘭学からの継承がまず浮上する。しかもその継承は一見すると見えにくくなっている。そこには蘭学からのフィクショナルな離脱があったのではないか。

第九章では、文部省『百科全書』をめぐる制度の流通と消費という観点から、もう一度この翻訳テクスト全体を読み返す。そして『百科全書』という書物を総体として眺めるなかで、第八章までのテーマで十分に扱えなかった翻訳テクストを中心に近代の視覚と学知の制度化について考え、さらに新聞広告という制度からも「百科全書」という近代へと接近する。

終章では、以上で論じた内容を振り返り、近代における漢語名詞としての翻訳語のふるまいを考える。最後に「翻訳」という語彙そのものにもこだわり、日本の近代化を再考するうえで翻訳論的転回を主張して、文部省『百科全書』を読解した総括を行う。

なお、本書における外国語文献の引用では既訳を参照しているが、部分的に改訳した箇所もあり、既訳のないものは拙訳である。日本語文献では基本的に新字体を用いて引用し、翻訳テクストの重要なルビや傍線はできる限り再現した。ただし参考文献として使用した引用元の表記が原本と異なる場合もある。□による囲みは引用者による強調である。年代表記については、「西暦（元号）」を便宜的に用いた。明治初期の文部省『百科全書』を読解するなかで、同時代辞書としては、主にジェームス・カーティス・ヘボンの『和英語林集成』（初版一八六七年、再版一八七二年、第三版一八八六年）、ならびに柴田昌吉・子安峻編『附音挿図 英和字彙』（一八七三年）を中心に確認し、その他の辞書類も必要に応じて活用した。

注

（1）その意味では、本書における翻訳テクストへのアプローチは、どのように翻訳すべきかという規定的（prescriptive）研究ではなく、翻訳とは何であるかについての記述的（descriptive）研究、つまり翻訳研究者のギデオン・トゥーリーが提唱した「記述的翻訳研究」に近い立場ではある。起点テクスト（source text）と翻訳テクスト――あるいは目標テクスト（target text）――の「等価」（equivalence）を規定的に問うものではなく、すでにあらかじめ想定されたものとしての「等価」を問題化する。ただし、翻訳者の規範（norm）までをも直接的に考究するものではない。ちなみに起点テクストとは、一般的には「原著」や「原文」と言われているものである。だが「オリジナル」というニュアンスから自由になるために、本書では起点テクストという用語を意図的に採用したい。また言語に関しては、たとえば英語から日本語への翻訳においては、英語が起点言語（source language）、日本語が目標言語（target language）となる。

（2）ここでの「翻訳論的転回」との謂いは、欧米翻訳学における translational turn（あるいは translation turn や turn to the translation）から想を得たものではない。似た言い回しなのは偶然以上のものではなく、これらの翻訳語でもないが、必ずしも無関係とも言えないかもしれない。日本の近代を「訳された近代」とする本研究の主題に通底するキーワードとして、終章で再び触れることにする。

（3）柳父章『未知との出会い――翻訳文化論再説』（法政大学出版局、二〇一三年）でのインタビュー「翻訳との出会い」（一九九―二五〇頁）と「著作目録」を参照されたい。

（4）柳父章「近代――地獄の「近代」、あこがれの「近代」」『翻訳語成立事情』岩波新書、一九八二年、四三―六四頁。

（5）フランスの「百科全書」については、桑原武夫編『フランス百科全書の研究』（岩波書店、一九五四年）およびジャック・プルースト『百科全書』平岡昇・市川慎一訳（岩波書店、一九七九年）など文献も少なくない。

（6）ジェレミー・マンデイ『翻訳学入門』鳥飼玖美子監訳、みすず書房、二〇〇九年。

（7）ユージン・ナイダ『翻訳学序説』成瀬武史訳、開文社出版、一九七二年。

（8）齋藤毅『明治のことば――文明開化と日本語』講談社学術文庫、二〇〇五年、四三―七七頁。

（9）橋川文三・飛鳥井雅道・河野健二「近代主義と反近代主義」、古田光・佐田啓一・生松敬三編『近代日本社会思想史』有斐閣、一九六八年、一四三―一九〇頁。

（10）たとえば亀井秀雄『「小説」論――『小説神髄』と近代』（岩波書店、一九九九年）などの研究がある。

（11）同書の朝日新聞社内用プリント版は、さらに十四年前に遡る（『朝日新聞調査研究室報告 社内用44』、一九五三年）。

（12）文部省『百科全書』の出版事情は複雑で、第二章で詳述するようにタイトルのゆらぎがある。ここでは現代版異本とも言える青史社による復刻版（一九八三—八六年、文部省版と有隣堂版などの混合）に依拠している。

訳された近代——文部省『百科全書』の翻訳学

目次

訳された近代

文部省『百科全書』の翻訳学

第一章　翻訳研究における「等価」言説——スキャンダルの罠

一　翻訳の理論と「等価」

翻訳の理論と実践を研究対象として近年盛んになった翻訳学では、「等価」（equivalence）をめぐる言説が編成されてきた[1]。これまでに翻訳と等価については語りつくされた感があるかもしれないが、本研究では欧米と日本での異なる立場からの歴史的前提を踏まえて再考する必要があると考える[2]。本章ではまず、欧米での翻訳学の成立と等価の系譜を概観するが、等価という概念への筆者の着目は、言語形式であれ意味内容であれ、異言語テクスト間の等価性へのナイーヴな希求とは一線を画すものである。この点を明確にするために、ポストコロニアル翻訳研究を取り上げたうえで、次に近代日本の翻訳論へと目を転じ、等価という切り口で野上豊一郎と柳父章の言説を対比する。

翻訳行為は異文化コミュニケーションを遂行する複雑な言語行為である。そして、翻訳が生み出す等価は、スキャンダルを招く翻訳の出来事だ。英語の scandal という語は「醜聞」などと訳されもするが、本書ではカタカナ語「スキャンダル」を用いる。「醜聞」も「スキャンダル」も scandal の翻訳語であり、どちらにしても原語からのずれは不可避である。ＯＥＤによると、scandal の語源には trap（罠）の意味が潜むという。[3]

聖書学者の佐竹明によれば、英語「スキャンダル」（scandal）はギリシャ語「スカンダロン」（skandalon）に由来するが、この語は七十人訳聖書でヘブライ語「モーケーシュ」（mōqesh）と「ミクショール」（mikhshōl）の訳語として用いられた。[4] 前者は「罠」を意味し、後者は「つまずく」という動詞「カーシャル」（kāshal）からの派生語である。スキャンダルという語からは、翻訳研究分野では有名なローレンス・ヴェヌティが一九九八年に著した *The Scandals of Translation: Toward an Ethics of Difference* も想起されるだろうが、語本来の意味合いも同時に確認されたい。本書では、等価とスキャンダルを不即不離のキーワードとして（ことばの意味は、ずれながら反復するのが常なのだが）論を進める。

翻訳と等価の関係を論じるためには多層的な分析が不可欠だ。翻訳行為に等価という概念を介入させることは危うい賭けでもあり、メアリ・スネル＝ホーンビーが批判するように、等価などという概念は異なる言語間にシンメトリーが存在するかのような幻想を生み出すかもしれない。[5] しかしながら、それでもと言うべきか、だからと言うべきか、翻訳学においては等価の記憶を途絶できない。等価概念を翻訳から抹消するのは、等価というスキャンダルを不可視のまま忘却することになるからである。等価が幻想であればこそ、なおさら等価という幻想を可視化するためのメタ的思考が必要であろう。アンソニー・ピムも「翻訳のユーザーが翻訳について信じていることの多くが実は幻想であり、幻想は幻想として分析可能」であると述べている。[6]

日本の文脈ではどうか。わが国には翻訳実践と格闘した漢文訓読以来の長い経験がある。その過程での理論的関心はどうであったのか。たとえば、近世の国学者、漢学者、洋学者らが残した論考のなかで、私たちは翻訳についての言説に出会う。伴蒿蹊『国文世々の跡』『訳文童喩』や荻生徂徠『訳文筌蹄』などは、江戸期の翻訳論として読むことが可能だ。[7] ここには、昭和初期の谷崎潤一郎『文章読本』における「西洋の文章と日本の文章」まで連綿とつながる、文章論的な翻訳論の系譜がある。[8] ただし本章では、翻訳学における等価概念との照応に鑑みて、このような伝統的な翻訳論をいったん切断した論考を取りあげる。日本で翻訳の等価と向きあった対蹠的な言説として、ロマンチックな等価幻想に呪縛された野上豊一郎の翻訳論と、翻訳語と翻訳文体に隠蔽された等価スキャンダルを暴く柳父章の翻訳論に注目したい。

二　欧米翻訳学事始

翻訳における言語学的側面

二十世紀後半から欧米を中心に翻訳についての学術研究が体系化されたのは、翻訳と等価に関する言語学的な研究を契機とする。

等価ということばを用いた初期の翻訳研究には、フランス語と英語の間での比較文体論がある。ジャン＝ポール・ヴィネーとジャン・ダルベルネによる一九五八年の著作 *Stylistique comparée du français et de l'anglais*（英訳タイトル *Comparative Stylistics of French and English: A Methodology for Translation*）では、翻訳方略のひとつとしての等価が論じられていた。(9) 彼らは、「直接的翻訳」（direct translation）と「間接的翻訳」（oblique translation）という翻訳方法を示して、それを七つの手順（「直接的翻訳」を「借用」（borrowing）・「なぞり」（calque）・「直訳」（literal translation）の三つ、「間接的翻訳」を「転位」（transposition）・「調整」（modulation）・「等価」（equivalence）・「翻案」（adaptation）の四つ）に分類したのだ。ここでの等価とは諺や熟語など定型表現を翻訳するために用いる方略のひとつであり、ピムは、このような方略による等価を「自然的等価」（natural equivalence）としている。(10)

言語学者のローマン・ヤコブソンも同時期に、翻訳研究におけるメタ言語としての等価概念を持ち出している。翻訳の言語学的側面を取り上げた論文のなかで言語記号（verbal signs）を対象として、「言語内翻訳」（intralingual translation）という「換言」としての「同一言語内の別の記号による言語記号の解釈」、「言語間翻訳」（interlingual translation）という「本来の翻訳」としての「別の言語による言語記号の解釈」、「記号間翻訳」（intersemiotic translation）という「変異」としての「非言語記号体系の記号による言語記号の解釈」の三種類に翻訳を分類した。そして、「言語間翻訳」の場合を次のように説明した。

ある言語から別の言語への翻訳は、ある言語のメッセージを他の言語による個々のコード単位に置き換えるのではなく、メッセージ全体で置き換えるのだ。そのような翻訳は間接話法であり、翻訳者は別の情報源から受け取ったメッセージを再びコード化して伝える。かくして翻訳とは、二つの異なるコードにおける二つの等価なメッセージを伴うものである。[11]

ヤコブソンは言語学的な観点から、等価関係にあるメッセージとして翻訳テクストを捉えた。いわゆる「直訳」か「意訳」かという、古代ギリシャのキケロ以来何世紀にも及ぶ「不毛な議論」[12]から一歩踏み出して、翻訳は言語学的研究の対象となったのである。[13]ただし言語学的アプローチは、のちに翻訳学の「文化的転回」（cultural turn）を提唱する研究者から批判されることになる。[14]狭義の静的な言語的等価性は、翻訳学のスキャンダルとなったとさえ言えるだろう。だがもう少し、等価の系譜を辿ってみよう。

等価の諸相

一九六〇年代には、アメリカで聖書翻訳に携わっていたナイダによる等価言説が登場した。これは、代表的著作二冊が七〇年代に邦訳されて、日本でも早くから紹介された。一九六四年の *Toward a Science of Translating* は一九七二年に『翻訳学序説』として、一九六九年の *The Theory and Practice of Translation* は一九七三年に『翻訳――理論と実際』として邦訳が刊行されている。前者は、生成文法に基づき翻訳を「科学」として研究するという姿勢が当時としては画期的であった。また後者の起点テクストは、チャールズ・テイバーとの共著であるが、日本語版ではさらにノア・ブラネンが加わることで、翻訳のために改作されるというユニークな方法を採用しており、日本で広く読者を得た[15]。

ナイダの有名な分類は、起点テクスト志向の「形式的等価」(formal equivalence)と受容者志向の「動的等価」(dynamic equivalence)である[16]。そして、ナイダ自身は動的等価によって翻訳から異質性を排除し、「起点言語のメッセージに対して最も近い自然な等価」を目指した。この志向性は、ナイダが聖書翻訳者であったことと密接に関係する。つまり、絶対的な神のことばを異言語に翻訳することで、異教徒を改宗させるという切迫した要請があったのである。

ドイツの翻訳研究者ヴェルナー・コラーは、対照言語学がラングの「対応」(Korrespondenz)を研究する一方で、翻訳研究ではパロール間の「等価」(Äquivalenz)が対象になると指摘している[17]。このように翻訳を言語分析するなかで、等価の議論はいくつかのバリエーションに進展し、その分類の多様化という道を歩んだ。そして等価への関心は、翻訳類型の二項対立に発展していった。たとえば、ユリアーネ・ハウスの「顕在化翻訳」(overt translation)と「潜在化翻訳」(covert translation)[18]、ピーター・ニューマークの「意味重視の翻訳」(semantic translation)と「コミュニケーション重視の翻訳」(communicative translation)[19]、クリスティアーネ・ノルトの「記録としての翻訳」(documentary translation)と「道具としての翻訳」(instrumental translation)[20]などの二項的な翻訳方法は、コミュニケーション行為としての翻訳がどのような等価を規定的に志向しているのかをとらえたものである。ピムに従えば、これらは「方向的等価」(directional equivalence)という概念でまとめることもできる[21]。

等価を超えて

翻訳についての言語学的研究は異言語間における等価への探求から出発し、等価を類型化し分類するという点では一定の精緻化もなされた。だが、ギデオン・トゥーリーの「記述的翻訳研究」(descriptive translation studies)では、等価を超えて反対方向から眺めることになった。つまり、翻訳において等価はすでにそこに存在する、と措定したのだ。[22]

翻訳とは何かという難問に対するトゥーリーの答えは明快だ。それは、翻訳であると見なされているものが翻訳であるという、同義反復と思えるものの、虚を突いた定義であった。そして、翻訳テクストが所与の起点テクストの翻訳であれば、そこに等価の関係がすでに成立していることを前提とする。このように、翻訳と等価をア・プリオリに仮定してしまえば、その関係を成り立たせる社会文化的な「翻訳規範」(translational norm)の分析へと向かうことが可能となる。

トゥーリーによれば、翻訳とは「規範に支配された活動」(norm-governed activity)である。[23] 翻訳者の翻訳行為は、拘束力のある規則と個人的な特異性の間に拡散する連続体としての「規範」(norm)に制約され遂行される。この規範という概念は社会学からの援用で、不安定な社会文化的特性を有するものであり、それゆえに交渉可能である。等価を前提として翻訳規範の交渉を明らかにしようとするトゥーリーらの研究は、翻訳の等価を規定的概念から歴史的概念へと変容させた。そして翻訳規範の研究は、「翻訳の普遍性」(universal of translation)を求める道へと向かったが、等価そのものを生成する翻訳行為のイデオロギー性は不問とされた。

スキャンダル、不可視性、ポストコロニアル

翻訳テクストに対する言語学的な等価分析を拒み、記述的翻訳研究の規範概念が価値観を手放したことに異議申し立てをしたのは、アメリカで活躍するイタリア語と英語間の翻訳者かつ翻訳研究者のヴェヌティである。また、ポスト構造主義の影響を受けたテジャスウィニ・ニランジャナは、ポストコロニアルな観点から十九世紀インドにおける植民地政策と翻訳の問題系を論じた。両者の主張に共通するのは、起点言語と目標言語の間に力の

不均衡があれば、翻訳は非対称的な権力関係から逃れることができないという立ち位置から、英語への翻訳に顕現する暴力性に抗議する姿勢である。ポストコロニアル翻訳研究では、言語学的等価性の分析そのものがスキャンダルとなる。

翻訳のスキャンダルと不可視性

ヴェヌティは翻訳のスキャンダルと翻訳者の「不可視性」（invisibility）を問題とする。特に英語圏において、文化的・経済的・政治的に翻訳と翻訳者が周辺化されている現実に注意を喚起し、英国や北アメリカなど、いわゆるアングロ・アメリカ文化における翻訳の位置づけを問題視するのである。ヴェヌティによれば、「透明性という幻想」を生み出し、翻訳行為が隠蔽される状況が翻訳のスキャンダルである。[24]

一般的に現代のアングロ・アメリカ文化では、違和感のない滑らかな翻訳文体、つまり翻訳でありながら翻訳ではないかのような翻訳が好まれる傾向にある。これには出版社・編集者・評者・読者など出版業界内外の関係者の指図や意見が深くかかわっている。そのような環境下での翻訳実践の結果として、異質性や他者性を消去した翻訳作品が生産される。翻訳は原作の二次的な派生物として消費され、翻訳者は不可視の存在となるのである。[25]

「受容化翻訳」（domesticating translation）と「異質化翻訳」（foreignizing translation）という二つの方略を提示するヴェヌティは、異質な外国語で書かれた起点テクストを自民族中心的な翻訳テクストとして受容する同化的翻訳方略を激しく批判した。[26] 同化と異化という翻訳方略の起源となっているのは、ドイツ・ロマン主義の神学者フリードリヒ・シュライアーマハーによる一八一三年の講義録「翻訳のさまざまな方法について」である。[27]

翻訳者が辿る道はどういったものでしょうか。私が見たところでは道は二つしかありません。著者をできるだけそっとしておいて読者の方を著者に向けて動かす、あるいは読者の方をできるだけそっとしておいて著者を読者に向けて

動かす、このどちらかしかありません。(28)

シュライアーマハーは異化作用の手法によって、「著者をできるだけそっとしておいて読者の方を著者に向けて動かす」ことを推奨したのだが、これがヴェヌティの異質化翻訳へと受け継がれたのだった。ただしヴェヌティは、「マイノリティ化翻訳」(minoritizing translation) という語も使用している。(29) 英語への翻訳行為における異化的方略の呼びかけには、英語帝国主義に対するマイノリティ言語の抵抗という構図が読み取れる。(30)

ヴェヌティはアングロ・アメリカ文化における近代日本文学の受容のされ方に関して、第二次世界大戦後一九五〇~六〇年代に英訳された川端康成、三島由紀夫、谷崎潤一郎などの「日本的」作品が、他の作家たちをおしのけて正典となった経緯にも言及している。(31) 覇権的な言語としての英語への翻訳という出来事では、どの作家が誰によって選択され、それがどのような方略で翻訳されたのかを検証することで、翻訳行為の「オリエンタリズム」が露呈されることにもなろう。

ポストコロニアル翻訳研究

ポストコロニアルなアプローチからの翻訳研究では、異なる言語間の不均衡な権力関係が問題となる。そして、翻訳行為がもたらす言語間の不平等性に闘争が挑まれる。このような非対称性は、現代の翻訳学では特に英語という支配的な言語へと翻訳される際に顕著となる。スーザン・バスネットとハリシュ・トリヴェディが編集した *Postcolonial Translation: Theory and Practice* は、そのような論考を集成した論文集である。(32) また、ガヤトリ・スピヴァックは「翻訳の政治学」において、西洋のフェミニズムを非難しながら、抑圧されたアイデンティティが英語に翻訳されることによって歪曲され続けてきたと論じる。(33)

ニランジャナによる *Siting Translation: History, Post-structuralism, and the Colonial Context* では、ポストコロ

ニアルな文脈において民族や言語の間の不平等と非対称を明らかにするために、翻訳実践の役割を位置づけた。[34] ポール・ド・マン、ジャック・デリダ、ヴァルター・ベンヤミンらを読解しながら、植民地における「従属化（主体化）」（subjection/subjectification）がどのように実践されてきたのかという点で、翻訳の果たした役割を定置するのである。

整合的で透明なテクストと主体を創出するときに、翻訳は多様な言説を横断して植民地の文化を定置することに参与する。そして、植民地の文化が歴史的に構築されたものでなく、あたかも静的で不変なものであるかのように思わせる。翻訳はすでに存在する何かの透明な現前として機能する。だが、その「オリジナル」は実際には翻訳を通してもたらされるのである。逆説的に言えば、翻訳はまた、植民地の人々にとっての「歴史」における場所をも提供するのだ。[35]

こうしてニランジャナは英語への翻訳をつうじて、植民地の主体（臣民）や歴史が逆説的に構築され、「東洋」のイメージが書き換えられた点を糾弾し、「支配者なき植民地主義」（absentee colonialism）という表現で翻訳の責任を問うのである。[36]

言語間の非対称性の力学は、近代日本での翻訳実践においても見過ごされてはならない。ただしここには、西洋語と日本語、日本語と旧植民地の諸言語という二重に非対称的な権力関係が介在している。このうち西洋語からの翻訳について言えば、西洋の植民地支配下にはなかったにもかかわらず、日本が西洋語への過剰な模倣と擬態を示した点で、ニランジャナの「支配者なき植民地主義」は、小森陽一の「自己植民地化」とも通底する。[37] 小森によれば、自己植民地化とは近代日本において「欧米列強という他者に半ば強制された論理によって、自発性を装いながら植民地化する状況」である。

あたかも自発的意志であるかのように「文明開化」というスローガンを掲げて、欧米列強を模倣することに内在する自己植民地化を隠蔽し、忘却することで、植民地的無意識が構造化される。(38)

福沢諭吉は一八七五年の『文明論之概略』で、文明開化の度合いを「文明・半開・野蛮」という三段階に相対化していた。(39)この見方では、欧米列強の「文明」に対しては「半開」でしかない日本が、「野蛮」な周辺地域を領土化するために、「野蛮」を発見し続けると同時に、「文明」への擬態と模倣が常に要請される。国を挙げて文明開化を掲げた近代日本では、よく知られているとおり翻訳主義が採用された。(40)その結果、矢野文雄『訳書読法』の「序」で述べられているように、「方今訳書出版ノ盛ナルヤ、其ノ数幾万巻、啻ニ汗牛充棟ノミナラザルナリ」という状況が生まれたのである。(41)明治政府にとって、西洋の科学技術や社会制度などを翻訳することは死活的に重要な国家事業であり、開化啓蒙期の日本の翻訳は、西洋語と等価である（と仮構された）翻訳語と、それを統辞的に配列する翻訳文体とで西洋文明を表象していた（はずだと思い込まれた）。ここにポストコロニアルな視線を照射すれば、翻訳行為によって遂行された等価が西洋文明への擬態を可能にし、模倣に隠された自己植民地化へと導いたと言える。

三　近代日本の翻訳論

以上が、現代の翻訳学からとらえられた近代日本の翻訳状況の基本的構図である。

ここからは、わが国の翻訳論のなかでも、とりわけ等価への見果てぬ夢を抱いた野上豊一郎と、翻訳語と翻訳文体におけるスキャンダルを暴いた柳父章の言説に的を絞って論じたい。両者の翻訳論を対比的に読むことで、日本の等価言説の両極が見えてくるだろう。

野上豊一郎の翻訳論――浪曼的等価[42]

夏目漱石門下の英文学者、野上豊一郎は能の研究者としても著名であるが、日本の翻訳学史上重要な『飜訳論――飜訳の理論と実際』を著している。まず一九三二年に小冊子『飜訳論』が「岩波講座　世界文学」シリーズの一冊として刊行された。これは一九三八年の『飜訳論――飜訳の理論と実際』において「飜訳の理論」という章として再録され、さらに「飜訳の態度」「日本文学の飜訳」「謡曲の飜訳について」「蒟蒻問答」などが追加された。この一九三八年版の『飜訳論』は、二〇〇頁超の本格的な翻訳理論書である。同時代評は概ね良好であり、多くの書評も出た。とりわけ小林秀雄は、「大変面白く読み、教へられる処が多かつた。恐らく外国にも類書はないだろう。あつてもこんなに飜訳上の諸問題を綿密に論評したものは無いだらう」と絶賛している[43]。

しかし野上豊一郎の翻訳論がその後、翻訳理論として継承発展されることは特になかったと言わざるをえない。そして一九七〇年代以降は日本語の「翻訳調」批判を背景として、野上の「直訳」擁護的な主張は実務者から厳しく攻撃された[44]。もっとも近年では翻訳の文化史という観点から、野上の翻訳論の再評価も提起されるようになった[45]。だが筆者は、野上の言説は等価の陥穽にはまったスキャンダルとして再読できると考える。野上豊一郎の翻訳論は、いわば浪曼的等価なのである。

野上が翻訳論を発表した戦間期の一九三〇年代とは、どのような時代であったのか。保田與重郎らが文学同人誌『日本浪曼派』を創刊したのが一九三五年である。野上自身は『日本浪曼派』の同人ではなかったが、伝統美への回帰と西洋近代への屈折したまなざしのなかで、彼の翻訳論は発表された。『飜訳論』の冒頭は、「世界が一つの読書サークルを形作らうとしたのは大分以前のことであつた。西洋で逸早くそれは形づくられ、思想的に国境はとつくに取りはづされ、東洋でも日本は率先してそれに参加した」とはじまる[46]。翻訳に対する野上の考え方は、日本が欧米諸国と比肩しようとした時代の思潮と重なる。

野上は色のメタファーを随所で用いて、翻訳が究極的に目指す透明性を語る。「無色的飜訳」や「単色版《モノクローム》的飜訳」などの言説は、西洋語と日本語の関係が対等であることを前提としたものだ。そして、異言語間に存在する壁を否認する強い欲望が見え隠れする。さらに目を引くのは、もうひとつのキーワード「等量的飜訳」である。これについては、『飜訳論』以前の論考「飜訳可能の標準について」でも次のように表現されていた。

> 飜訳はAの国語で言ひ表はされてある事なり心持なりを、その通りにBの国語で言ひ表はさうとするのであつて、其の際、原物に盛られた思想感情の同じ分量が複製の中にも盛られねばならぬのである。盛られたものが原物に比較して過多に失する場合も、不足の場合と同様に失敗である。ただ表現する言葉が違ふだけのことで、中身は全く同じ本質で、同じ分量でなければならぬ。[47]

ここに述べられた「思想感情の同じ分量」「同じ本質で、同じ分量」という考えが、『飜訳論』では、「等量的飜訳」として明確に概念化されることになる。「西洋のものを日本のものらしく書き直す」という意味での等価ではなく、「西洋のものを西洋のものらしく日本語で表現する」ために、「従来の日本文の文脈を破」り、新たな表現様式を創出することを志向したものであった。西洋が日本語で表象できるという、ある種ロマン主義的な等価性を追い求めたのである。
しかしながら、実はこの概念化そのものが、野上独自の考えとは言い切れないという疑念が残る。『飜訳論』の理論的著述の全体に西洋近代の翻訳論が色濃く投影されているからだ。[48]
野上とほぼ同時代を生きた英国の古典学者ジョン・パーシヴァル・ポストゲイトは、一九二二年に *Translation and Translations: Theory and Practice* を刊行している。[49] ポストゲイトは、「同等」(commensurateness) という語を繰り返し用いたが、この語の意味するところは、「翻訳は量と質において、オリジナルに忠実でなければならない。量と質は自立したものではなく、量への無関心は質へと影響しないはずはない」というもので、量と質の両面からの等価である。[50] 野上の「等量的飜訳」という概念はつまり、彼が読んでいたポストゲイトをそのまま踏襲していることになる。

完全な飜訳は、第一に、原作の表現が一語一語の末まで正確な意味を把握して伝へられなければならぬ。次に、用ひられた国語の特性が原作の国語の特性を最近似の度合に於いて連想させるものでなければならぬ。最後に、さうやつてまとめ上げられた飜訳は、全体として、措辞・語法の点から見ても、文勢・格調の点から見ても、原作のそれ等と同質・同量のうつしとなつてゐなければならぬ。[51]

野上は翻訳における忠実性の理想を掲げるが、それは西洋語と日本語との透明な等価性という幻想にのっとった帰結であった。西洋の翻訳論、とりわけポストゲイトの理論的論考を引き写した野上の翻訳論は、二重の意味で等価のスキャンダルに翻弄されたとはいえないだろうか。いわゆる「日本回帰」のようなイデオロギーとは距離をおいていたとはいえ、第二次世界大戦前の時代の空気のなかで、いわば浪漫的等価の罠にはまったのではなかったか。

柳父章の翻訳論——日本語のスキャンダル

translation studies という名称が初めて提唱されたのは、一九七二年の国際応用言語学会でのジェイムズ・ホームズの発表である。[52] 日本ではこの年に、柳父章の最初の著作『翻訳語の論理——言語にみる日本文化の構造』が刊行されている。[53] 本著作でもその後の一連の翻訳論においても、「等価」という語を直接用いるか否かにかかわらず、柳父の翻訳論は近代日本語に潜む等価幻想を暴くものとなっている。『翻訳語成立事情』のなかで翻訳語が成立した歴史を考える際に柳父は、「単にことばの問題として、辞書的な意味だけを追うというやり方を、私はとらない。ことばを、人間との係わりにおいて、文化的な事件の要素という側面から見ていきたいと思う。とりわけ、ことばが人間を動かしている、というような視点を重視したい」と述べる。[54]また、『近代日本語の思想――翻訳文体成立事情』では、「日本の近代を、西洋近代から到来した文明の言葉の事件として、その文字の翻訳という側面から迫ってみたい」とする。[55]こうして、「文字の出来事」として、翻訳語と翻訳文体に隠された日本語のスキャンダルが明らかにされる。

翻訳語の成立

翻訳語という「不透明」なことばを大量に生産した近代日本語の歴史を振り返りながら、柳父は西周の述懐を引用する。[56]

本邦従来欧州性理ノ書ヲ訳スル者甚タ稀ナリ是ヲ以テ訳字ニ至リテハ固ヨリ適従スル所ヲ知ラス且漢土儒家ノ説ク所ニ比スルニ心性ノ区分一層微細ナルノミナラス其指名スル所モ自ラ他義アルヲ以テ別ニ字ヲ選ヒ語ヲ造ルハ亦已ムヲ得サルニ出ツ

これは、一八六九年のジョセフ・ヘヴン著 *Mental Philosophy* の西周訳『心理学』(一八七五―七六年)における凡例からの一節である。西に代表される当時の知識人翻訳者が、「固ヨリ適従スル所ヲ知ラス」という訳字について、「語ヲ造ルハ亦已ムヲ得サルニ出ツ」という方針に従って翻訳と格闘したことが窺える。西洋語からの翻訳のために使用された膨大な漢語には、漢籍からの借用もあれば新造語もあり、この現象自体は従来の国語学的研究でも指摘されてきた。[57] けれども、翻訳研究として重要となるのは、それらの語彙が翻訳プロセスで等価として選択された、あるいは選択されたがゆえに、等価であるという幻想が生まれた点である。翻訳行為の遂行によってこそ等価は成立する。等価なことばが訳語となるのではなく、訳語となることで等価と見なされるというパラドックス。旧来から存在していたか、新たに造語されたかの如何を問わず、近代日本語における翻訳語としての漢語が、過去を継承しながらも切断し、西洋語の等価物として誕生したのである。

柳父は翻訳語を意味の乏しいことばであると言った。[58] しかも、それは誰にも気づかれにくい。いわば日本語における翻訳語のスキャンダルなのだ。翻訳語は異言語との参照関係にあるため、意味は此岸にはなく彼岸にあるのかもしれない（あるいは、どこにもない）のだが、その事実自体は等価幻想によって隠蔽される。翻訳行為は虚構としての等価を生み出すが、この日本語の出来事はそもそも、日本人が漢字という文字を受け入れた古代にまで遡るという。

哲学者の中村雄二郎は、国語学者の時枝誠記の日本語文法論について次のように述べて、時枝の「言語過程説」は「事としての言語観」の上に築かれるものとした。

> 時枝によれば、日本の伝統的な言語論の特色は、一般にヨーロッパの言語学が言語を物として見る傾向がつよいのに対して、言《こと》と事《こと》を同一視するような考え方がつよいことにある。だが、どうしてそういう特色が生まれたのだろうか。それは言う事の根本に心があって、心が発動されて言語になるというように見なされてきたからであろう。[59]

中村は『古今和歌集』の序文「やまと歌は人の心を種として、よろづの言の葉とぞなれりける」も引きながら、「心が発動されて言語になる」ことを説明する。だが、「言《こと》と事《こと》を同一視するような考え方」というのは、文字以前の状況を想定すれば想像に難くないのではないか。文字をあてる前には「言」「事」という区別はなく、ただ

「コト」という「やまとことば」の音声があったにすぎない（もっともそれを知るよすがはなく、今となっては文字のみが残されているだけなのだが）。

『万葉集』のなかでは「事」「言」の文字がいずれも「コト」にあてられている。[60] とはいえ、柳父によれば、古代人たちは「事」と「言」という別の概念を持つ借字を無頓着に混用していたのでもなく、その区別に無知であったのでもない。つまり、「事」と「言」を「同一視」しているのではなく、両者はやまとことばの「コト」という根源的に同一のことばだったのであり、意識的に混用できたのである。[61]

柳父は『万葉集』における「タマ」についても、「玉」「珠」「霊」「魂」の表記文字があてられている点を分析している。「コト」と「タマ」を合わせれば「コトダマ」ということばとなり、現在では「言霊」という文字で普通は表記される。この結果、上代日本人の言霊信仰を解釈する際に、その解釈の方向づけが既に解釈以前に与えられてしまっていることを、柳父は鋭く見抜く。

このコトは、「言」であるか、「事」であるか、また、このタマは、「玉」であるか、「霊」であるか。問題は、いかなる文字か、である。果して、いずれかの文字の概念で割り切れるのか、という問題、そればかりではない、およそ何らかの漢字に置き換え得る言葉なのか、ということは、今までほとんど問題にされてこなかったように思われる。[62]

やまとことばと漢字の等価性という思い込みは、このように気づかれにくい。

一般的に言って、日本人は、外来の文字を、必ずしもその原語の概念どおりに受けとめてきたのではない、と私は思う。このことは、近代以降、ヨーロッパ文明の言葉を翻訳語として受け入れて後の事情についても、基本的に変わりはない、と思う。[63]

古代においては漢字という文字を受け入れ、さらに明治期には漢字二字の多くの翻訳語が誕生した。近代の翻訳語では、西洋語という異言語の意味をまた別の異言語に起源をもつ漢字で表記している事実は無意識のなかに沈められて、西洋語と等価な意味をもつとされる近代日本語が成立した。ここでの起源の忘却は、むしろ起源の再利用とも言うべきものかもしれない。齋藤希史は「漢字世界の起源を書き換えようという新たな試み」として、「日本という国家のための古典が定位され、漢語の起源がそこに求められる」と指摘している。(64)

翻訳文体の思想

近代日本の翻訳論として最も有名な言説のひとつは、おそらく二葉亭四迷による例の「原文にコンマが三つ、ピリオドが一つあれば、訳文にも亦ピリオドが一つ、コンマが三つ」というくだりを含む「余が飜訳の標準」であろう。続く部分はこうである。

出来上つた結果はどうか、自分の訳文を取つて見ると、いや実に読みづらい、佶倔聱牙だ、ぎくしやくして如何にも出来栄えが悪い。従つて世間の評判も悪い、偶々賞美して呉れた者もあつたけれど、おしなべて非難の声が多かつた。(65)

後になって四迷が得た日本近代文学における言文一致文体への高い評価とは裏腹の、この「佶倔聱牙」の翻訳文体とは何であったのか。この点を考える糸口を、柳父章『近代日本語の思想——翻訳文体成立事情』が示している。それは、大日本帝国憲法の文体に頻出するような「主語」構文であり、小説においては三人称代名詞「彼」「彼女」、学術論文においては未知難解な抽象名詞で始まる「センテンス」の成立である。近代日本語は言文一致ということ過程を経て成立したと言われるが、文字通りに「言」(音声言語)と「文」(書記言語)とを一致させることは不可能であり、西洋語からの翻訳が近代日本語構文の形成に深く関与している。

近代日本語に、「主語」らしい文法要素がつくられ、またこの「主語」を受けて、文を結ぶ「である。」という文末語もつくられた。それは、〔…〕上から下へ天降ってくる演繹的論理を導く新しい機能であったが、とにかく西洋語の主語の翻訳という使命を果たしていた。それによって、近代西洋の法律、文学などの思想内容を持ち運んでくる役割を果たしていた。とりわけ、最先端の新しい未知の概念を持ち運んでくるのに有効であったようである。[66]

日本語文体の諸相は、西田幾多郎の哲学や時枝誠記の日本語文法論などと関連して論じられることがある。西田の「述語論理」と時枝の「言語過程説」を結びつけて、両者の共通性から、「日本語の論理」を言語主体ではなく「場所の論理」とする見方である。[67]

柳父はこのような見解を一応は認めつつ、翻訳文体に注目して、独自の論を展開する。大槻文彦以来、西洋文法をモデルとして日本語文法を論じてきた反省として、異端の言語学者・三上章の「主語廃止論」に理解を示しながらも、近代日本語の「主語」を括弧つきで用いる立場である。

柳父の翻訳論の核心にあるのは、翻訳との出会いを契機に日本語が引き受けてきた矛盾である。日本列島で漢字が使用され始めて以来続いてきた、異質な文化の文字と語彙文法を受容した日本語が孕む等価への思い込みが呼び出される。翻訳による異文化との出会いは、日本語文体の思想をも変容させてきたのだった。

時枝の説く「陳述」は、伝統的な日本文においては、「辞及び陳述を客体的なものから切離して、主体的なものの表現」と考えられている。その文法構造を受けて考えるならば、近代以後に翻訳の場でつくられた「である。」や「た。」

や「ル形」は、客観的な判断の内容を包み込んでいる、と言えるだろう。すなわち、客観的判断内容を「主体的なものの表現」で包み込むといういわば矛盾した構造である。それは、結局近代日本語における翻訳文の持つ本質的な矛盾ともいえるのではないか。西洋舶来の客観的、論理的内容や、人間世界についての客観的叙述は、いったん翻訳者や学者や作家の「主体的なものの表現」に納められ、そこで「主体的」な変容をこうむる。(68)

たとえば、英語のbe動詞によってA＝Bという関係を定義する構文は、「(主語)は〜である。」と近代日本語では翻訳されるが、その意味は、「発言者の立場から整序され、色づけされ、つくりなおされる」のである。そして、「主語」の空間に置かれた名詞が抽象的な翻訳語である場合には、その客観的な意味内容が明確でなくとも、主体的な解釈をつうじて価値づけされて評価され、次第に定着していく。このような構文装置に仮託して、夥しい西洋の思想や学術テクストが日本語へと翻訳されてきた。

柳父が指摘するように、「未知な概念を未知なままで、この構文を通じて受け取ることに、私たちはそれなりに慣れてきた」のかもしれない。(69)と同時に、翻訳行為の遂行性を無意識の淵へと閑却したために、等価が幻想にすぎないことは忘却されて、あたかも自明の意味が存在しているかのようにふるまうことにも慣らされてきた。ここに、等価というスキャンダルの罠が仕掛けられているのである。

四　日本の翻訳学

ここまで、翻訳学における「等価」という鍵概念を確認したうえで、日本の翻訳言説と接合し、野上豊一郎が夢見、柳父章が暴いた等価幻想を明らかにした。従来は別々に語られてきた欧米系の翻訳学と日本の翻訳論に等価という補助線を引いてみた次第である。そこから浮かび上がってくるのは、そもそも別の言語であるほかない二つの言語が同じ意味をもつと考えてしまう、スキャンダルに満ちた罠である。

翻訳不可能論にもかかわらず現実に翻訳は存在し、異言語間のコミュニケーション行為は遂行されている。等価という概念は気まぐれでさえある。翻訳の等価は、ないと言えばないし、あると言えばある。その意味で、想像された等価概念を虚構と呼ぶこともできる。欧米の翻訳学史においては、等価への求心力が遠心力に転じて、翻訳の等価は時代遅れの幻想とされつつある。等価の探求が翻訳学の成立に寄与した反面、文化的転回が等価をスキャンダルにした。だが日本では、特に明治以降の近代化のなかで翻訳を考察するためにも、等価という概念は幻想であれ何であれ、さらには幻想であればこそ、可視化しておくべきものと筆者は考える。柳父も指摘するように、他者との「未知不可解な出会い」の場で生じる翻訳は、日本語をめぐる出来事である。特に「近代化＝西洋化」という啓蒙の図式を成立させるためには、西洋の言語と等価であると虚構された翻訳語と翻訳文体が必要であった。

原作の派生物としての翻訳、著者性を有しない翻訳者は不可視の存在とみなされる傾向にある。翻訳実践の歴史にはすでに長い時間が流れているが、翻訳学として学術的に体系化され始めたのが二十世紀後半であるのも故なきことではない。若い学問の典型として、翻訳学も学際性に富む領域であり、言語学、文学、歴史学、哲学、社会学、心理学、人類学、コミュニケーション学などの諸学問やその下位領域との関連は深い。translation studiesという名称はcultural studies（カルチュラル・スタディーズ）を想起させるが、ともに現代的な問題への関心を共有している。現在の日本では、とりわけ三・一一の東日本大震災と原発事故を契機とした思考と相俟って、政治・文化・自然科学や技術に関わるさまざまなテクストの読み直しが求められている。このような時代のなかで翻訳テクストを読む際には、日本語に記憶された等価幻想の可視化が避けて通れない。そのための議論に一つの足がかりを提供することが本書の目的である。

注

（1）本章でのキーワード「等価」は equivalence の翻訳語で、equal「等しい」+ value「価値」という意味合いのことばである。煩雑になるので、以下基本的には「 」を外して用いる。

（2）たとえば、モナ・ベイカー、ガブリエラ・サルダーニャ編『翻訳研究のキーワード』藤濤文子監修・編訳（研究社、二〇一三年）の「Equivalence 等価」では、「等価は翻訳理論の中心概念である」一方で、「等価概念をどのように扱うかについては立場が大きく分れている」（五三頁）と解説するが、欧米の文脈に終始したものとなっている。

（3）現代日本の英和辞典でも、その語源についてギリシャ語 skandalon に言及し、「わな、つまずきの石」『ジーニアス英和大辞典』（大修館書店、二〇〇一年）、「わな、精神的わだかまりの原因」『ランダムハウス英和大辞典』（小学館、一九九四年）などと解説する。

（4）佐竹明「スキャンダルの思想――聖書にそくして」『現代思想』第四巻第六号、一九七六年、一一〇―一一五頁。

（5）Snell-Hornby, M. (1988). *Translation studies: An integrated approach*. Amsterdam and Philadelphia: John Benjamins.

（6）アンソニー・ピム『翻訳理論の探求』武田珂代子訳、みすず書房、二〇一〇年、六六頁。

（7）杉本つとむ『江戸の文苑と文章学』（早稲田大学出版部、一九九六年）も参照。

（8）谷崎潤一郎『文章読本』中央公論社、一九三四年。

（9）Vinay, J.-P. and Darbelnet, J. (1958/1995). *Comparative stylistics of French and English: A methodology for translation*. Amsterdam and Philadelphia: John Benjamins.

（10）ピム前掲書、一一―四一頁。

（11）Jakobson, R. (1959/2004). On linguistic aspects of translation. In Venuti, L. (Ed.), *The translation studies reader, second edition* (pp. 138–143). London and New York: Routledge.

（12）Steiner, G. (1975/1998). *After Babel: Aspects of language and translation*. London, Oxford and New York: Oxford University Press.

（13）ここでは「直訳」「意訳」という語を便宜的に用いたにすぎない。英語の literal translation と free translation あるいは word-for-word translation と sense-for-sense translation などに厳密に対応するわけではない。

（14）翻訳学における「文化的転回」（cultural turn）の用語は、Snell-Hornby, M.（1990）. Linguistic transcoding or cultural transfer: A critique of translation theory in Germany. In Bassnett S. and Lefevere, A.（Eds.）, *Translation, history and culture*（pp. 79–86）. London and New York: Routledge による。

（15）ユージン・ナイダ『翻訳学序説』成瀬武史訳、開文社出版、一九七二年。ユージン・ナイダ、チャールズ・テイバー、ノア・ブラネン『翻訳──理論と実際』沢登春仁・升川潔訳（研究社出版、一九七三年）は起点テクストそのままの邦訳ではない。ブラネンによる「日本語版への序」には、ナイダの監修のもとで、「原著にある聖書の例文を大幅に削除したり、他の文学からの例を代りに挿入したり、新しい例をもつけ加えたりしているので、翻訳というよりは原著を活かした改作」（viii頁）であると説明されている。

（16）「形式的等価」（formal equivalence）は、「形式的対応」（formal correspondence）と言われることもある。

（17）Koller, W.（1979/1989）. Equivalence in translation theory. In Chesterman, A.（Ed.）, *Readings in translation theory*（pp. 99–104）. Helsinki: Oy Finn Lectura Ab.

（18）House, J.（1977）. *A model for translation quality assessment*. Tübingen: Gunter Narr. および House, J.（1997）. *Translation quality assessment: A model revisited*. Tübingen: Gunter Narr.

（19）Newmark, P.（1981）. *Approaches to translation*. Oxford and New York: Pergamon.

（20）Nord, C.（1997）. *Translating as a purposeful activity*. Manchester: St. Jerome.

（21）ピム前掲書、五五頁。

（22）Toury, G.（1995）. *Descriptive Translation Studies and beyond*. Amsterdam and Philadelphia: John Benjamins.

（23）*Ibid.*, pp. 53–69.

（24）Venuti, L.（1995/2008）. *The translator's invisibility: A history of translation, second edition*. London and New York: Routledge.

（25）*Ibid.*, pp. 1–34.

（26）他にも自民族中心主義の翻訳を批判しているのは、たとえば現代フランスの翻訳理論家ベルマンであり、彼は「翻訳の倫理学」を主張した（アントワーヌ・ベルマン『他者という試練──ロマン主義ドイツの文化と翻訳』藤田省一訳、みすず書房、二〇〇八年、一二─一六頁）。また時代も場所も異なるが、明治期日本で「翻訳王」と呼ばれた森田思軒は「翻訳の苦心」と題する談話のなかで、「其の言葉の姿の西洋と東洋と違ツて居るのを、違ツて居るまゝ幾分が見せたい」と、異化への志向を語った（加藤周一・丸山真男校注『翻訳の思想』岩波書店、一九九一年、二九二—二九三頁）。

（27）フリードリヒ・シュライアーマハー「翻訳のさまざまな方法について」、三ッ木道夫編訳『思想としての翻訳——ゲーテからベンヤミン、ブロッホまで』白水社、二〇〇八年、二四—七一頁。

（28）同書、三八頁。

（29）Venuti, L. (1998). *The scandals of translation: Towards an ethics of difference*. London and New York: Routledge.

（30）*Ibid.*, pp. 9-20.

（31）*Ibid.*, pp. 67-75.

（32）Bassnett, S. and Trivedi, H. (Eds.). (1999). *Postcolonial translation: Theory and practice*. London and New York: Routledge.

（33）ガヤトリ・スピヴァック「翻訳の政治学」鵜飼哲・本橋哲也・崎山正毅訳、『現代思想』第二十四巻第八号、一九九六年、二八—五二頁。

（34）Niranjana, T. (1992). *Siting translation: History, post-structuralism, and the colonial context*. Berkeley, CA: University of California Press.

（35）*Ibid.*, p. 3.

（36）*Ibid.*, p. 8.

（37）小森陽一『ポストコロニアル』岩波書店、二〇〇一年。

（38）同書、一五頁。

（39）福澤諭吉『文明論之概略』戸沢行夫編、慶應義塾大学出版会、二〇〇九年。

（40）加藤周一「明治初期の翻訳」、加藤・丸山校注前掲書、三四二—三八〇頁。および丸山真男・加藤周一『翻訳と日本の近代』（岩波新書、一九九八年）など参照。

（41）矢野文雄（号は龍渓）による『訳書読法』は一八八三年に刊行された翻訳書案内である。その「序」は吉浦生が書いている。

(42) romanを「浪漫」と漢字表記した嚆矢は夏目漱石である。一九〇八年の「創作家の態度」という小説論に、「一度かう云ふ風に推し立てられると、スコットは浪漫主義で浪漫主義はスコットであると云ふ風にアイデンチファイされる様になります」とある。しかしながらここでは野上との同時代性を考慮して、その後の文学機関誌『日本浪曼派』（一九三五―三八年）に倣って「浪曼」と表記する。日本浪曼派については、橋川文三『日本浪曼派批判序説』（講談社文芸文庫、一九九八年）およびケヴィン・ドーク『日本浪曼派とナショナリズム』小林宣子訳（柏書房、一九九九年）などを参照。

(43) 小林秀雄「野上豊一郎の『飜訳論』」『東京堂月報』（一九三八年三月号）（『小林秀雄全集　第四巻』新潮社、一九六八年、二五四―二五六頁に収録）以外にも、同時代の評価は複数の書評から確認できる。阿部知二「野上豊一郎『飜訳論』」（『文學界』一九三八年五月号）、本多顕彰「野上氏の創見多き翻訳論」（『東京日日新聞』一九三八年四月二十七日付）、小林英夫「野上豊一郎氏著『飜訳論』」（『東京朝日新聞』一九三八年五月九日付）、中島健蔵「『飜訳論』の示唆――野上豊一郎氏の近著について」（『帝国大学新聞』一九三八年）などが主なものであり、いずれも肯定的な論調である。なお大山定一は、吉川幸次郎との『洛中書問』（筑摩書房、一九七四年。初出は一九四四年六月から十二月の『学海』誌上）において、野上の『飜訳論』に対する否定的な意見を述べている。

(44) たとえば、別宮貞徳『翻訳を学ぶ』（八潮出版社、一九七五年）など。

(45) 鈴木貞美「野上豊一郎の「創作」的翻訳論をめぐって」『文学』第十三巻第四号、二〇一二年、一五〇―一六九頁。

(46) 野上豊一郎『飜訳論――飜訳の理論と実際』岩波書店、一九三八年、一頁。

(47) 野上豊一郎「飜訳可能の標準について」『英文学研究』第三冊、一九二一年、一三一―一五三頁。

(48) 長沼美香子「野上豊一郎の翻訳論」『通訳翻訳研究』第十号、二〇一〇年、五九―八三頁。

(49) Postgate, J. P.（1922）. *Translation and translations: Theory and practice*. London: G. Bell and Sons.

(50) *Ibid.*, p. 65. 参考までに起点テクストの該当箇所を引用すれば、"A translation must be true to its original in Quantity as well as Quality. The two are not independent, and inattention to the former cannot fail to affect the latter."

(51) 野上、一九二一年、九三頁。

(52) Holms, J. S.（1988/2004）. The name and nature of translation studies. In Venuti, L.（Ed.）, *The translation studies reader, second edition*（pp. 180–192）. London and New York: Routledge.

(53) 柳父章『翻訳語の論理——言語にみる日本文化の構造』法政大学出版局、一九七二年。
(54) 柳父章『翻訳語成立事情』岩波新書、一九八二年、四七頁。
(55) 柳父章『近代日本語の思想——翻訳文体成立事情』法政大学出版局、二〇〇四年、一九五—一九六頁。
(56) 柳父、一九七二年、一〇頁。
(57) たとえば、森岡健二編著『近代語の成立——明治期語彙編』(明治書院、一九六九年)、佐藤亨『幕末・明治初期語彙の研究』(桜楓社、一九八六年)、高野繁男『近代漢語の研究——日本語の造語法・訳語法』(明治書院、二〇〇四年)など。
(58) 柳父が繰り返し述べてきた主張であるが、たとえば最近の著作では、柳父章『未知との出会い——翻訳文化論再説』法政大学出版局、二〇一三年、二二八頁。
(59) 『中村雄二郎著作集Ⅶ 西田哲学』岩波書店、一九九三年、六九頁。
(60) 柳父、一九七二年、八八—一三五頁。
(61) ただし、廣松渉『もの・こと・ことば』(ちくま学芸文庫、二〇〇七年、一九頁)や藤井貞和『日本人と時間——〈時の文法〉をたどる』(岩波新書、二〇一〇年、一〇—一八頁)などでも引用されている『岩波古語辞典』の大野晋の説によれば、古代社会では「言」と「事」が未分化であったとしたうえで、奈良時代以後は次第に分離されていったとする。
(62) 柳父、一九七二年、八九頁。
(63) 同書、八九—九〇頁。
(64) 齋藤希史『漢字世界の地平——私たちにとって文字とは何か』新潮社、二〇一四年、五二—五三頁。
(65) 二葉亭四迷「余が飜訳の標準」『二葉亭四迷全集 第四巻』筑摩書房、一九八五年、一六六—一七〇頁(なお初出は『成功』第八巻第三号、一九〇六年)。
(66) 柳父、二〇〇四年、一四一頁。
(67) 中村前掲書、六三—七四頁。
(68) 柳父、二〇〇四年、一六二頁。
(69) 同書、一六七頁。

第二章　文部省『百科全書』という近代——ふぞろいな百科事典

一　国家的翻訳プロジェクト

わが国が近代化を模索する歴史の曲がり角で、国を挙げての文明開化がスローガンとなった時代、翻訳はまさに国家的な事業であった。本章ではいよいよ、明治新政府の文部省主導で実現した翻訳プロジェクトである『百科全書』に光をあて、その書誌と人物群像をめぐる基礎資料を精査し基本情報を整理することで、この国家事業を検証してみたい。翻訳テクストを取りまくコンテクストも含めた事業の全体像へと迫ってみたいのである。

明治初めには周知のように、地租改正、徴兵令、学制、改暦など新政府による改革が矢継ぎ早に実施された。一八七一（明治四）年七月、廃藩置県が断行された四日後に、「大学ヲ廃シ文部省ヲ被置候事」という太政官布告で急設された文部省は、明治初期の出版活動の中心でもあった。杉村武は出版文化史という観点から、「出版印刷がまず政府自らの手で行われ、各省また盛んに出版活動を行いその太宗が文部省であったこと」を指摘している。[1] 一八七三（明治六）年から十余年にわたって刊行された文部省『百科全書』は、英国ヴィクトリア朝の啓蒙書 *Chambers's Information for the People* の翻訳テクストである。国家的翻訳プロジェクトとして着手され、文字通り百科全書的な内容が多くの洋学者の手で近代日本語へと訳出されて、和漢学者の校正を経て陸続と出版された。

このプロジェクトのスケールは特筆に値しよう。明治政府の翻訳事業としては最大級規模のものであり、その関係者は文部省を中心としたネットワークをゆるやかに形成していた。当時の洋学者が総動員されたという表現も誇張ではなく、そのなかには箕作麟祥や西村茂樹をはじめ、若き日の高橋是清、菊池大麓、大槻文彦など錚々たる人物が多数名を連ねている。洋学者ばかりでなく、国学者や漢学者も加わり、旧幕臣としてすでに功績のあった者から後代に目覚しく活躍することになる気鋭の若手を含む多彩な人材が、徳川幕府と明治政府、官と民、洋学と漢学、英学と蘭学などの対立的要素が混沌たる時代のなかで、この翻訳事業のために集められた。重層的な人脈がさまざまに交差したことは間違いない。

文部省『百科全書』の翻訳事業に関する公文書がほとんど残されていないために、底本や出版状況には不明な点も残る。加えて、編名のゆらぎや、起点テクストの新版を用いた別の翻訳者による改訳などが、全体像を分かりにくくしている。日本各地の民間書肆が翻刻し多様な装幀で刊行された各種異本が、いまでは図書館や古書店の片隅でひっそりと息をひそめている。雑多に現存する複数の『百科全書』は、デジタル化の進んだ情報化社会にあっては、時代の波に取り残されて忘れられた「ふぞろいな百科事典」にすぎないのかもしれない。そもそも「ふぞろい」と「百科事典」は語義矛盾なのだが、まさしくそうとしか形容しようのないのが文部省『百科全書』なのである。この点は書誌情報のなかで詳しく触れたい。

時代遅れの「ふぞろいな百科事典」から私たちは何を読み解くのか。テクストに接近するための準備作業として、まずはこの翻訳事業につながる歴史的背景を踏まえて、翻訳行為をめぐる諸事情を概観しよう。

二　翻訳機関の変遷

フェートン号事件以降

近代日本の幕開けは、一八五三（嘉永六）年の黒船来航、そして翌年の日米和親条約（神奈川条約）という不平等条約の調印を契機とする。だが、英学の歴史を振り返るならば、一八〇八（文化五）年のフェートン号事件にまで遡らなければならない。開国まで半世紀を残す江戸幕府の鎖国体制下、オランダ船籍と偽った英国の軍艦が長崎港に入港し食糧などを要求したこの事件の衝撃を受けて、英学による日本の近代化は用意され始めた。江戸幕府はオランダ語の通詞らに英語学習を命じるとともに、初の英和辞書『諳厄利亜興学小筌』や『暗厄利亜語林大成』を編纂させたのである。

また近代日本の翻訳諸機関の濫觴は、フェートン号事件の三年後一八一一（文化八）年五月に設置された幕府天文台翻訳局（蛮書和解御用あるいは和蘭書籍和解御用）にあり、ここは蘭学者らによる西洋百科事典『厚生新編』の翻訳事業の舞台ともなった。この翻訳局の新設は天文方高橋景保の提案によるもので、「当時外国文書翻訳の必要が外交関係に促されて次第に多く、それを長崎通詞に任しておいては火急の間にあわぬ場合が多かったため」とされる(2)。景保は江戸幕府の天文方・書物奉行として活躍しながら、伊能忠敬の測量をも支援し、実測に基づいた日本地図「大日本沿海輿地全図」を完成に導いたが、一八二八（文政十一）年のシーボルト事件の際に投獄されて翌年獄死した。悲運の最期を遂げた景保が一部監修し、阿蘭陀通詞の馬場貞由（佐十郎）や仙台藩医で蘭学者の大槻玄沢（磐水）ら複数の翻訳者が協力したのが『厚生新編』であり、「蘭学者には必携の書であり西欧文化移入に大きな役割を演じた」という西洋百科事典の翻訳テクストである(3)。

江戸時代の限られた海外情報窓口としては、長崎で活躍していた阿蘭陀通詞が広く知られているかもしれない。

彼らは幕府の下級役人であり、語学力を駆使して通訳や翻訳を含む幅広い外交貿易業務をこなしていた。[4]だが他方で、フェートン号事件の後に江戸に設置された翻訳局のもとで、幕末洋学史上最大級の『厚生新編』という翻訳プロジェクトが着手されていたことはあまり知られていない。

わが国初の翻訳百科事典である『厚生新編』は、フランス人のノエル・ショメールが一七〇九年に編纂した日用家庭百科 *Dictionnaire œconomique* を改訂したオランダ語訳増補版 *Huishoudelijk Woordenboek* からの重訳であり、日本語版は医学や本草学を中心とした抄訳であった。馬場貞由の翻訳を大槻玄沢が補佐する形で、このプロジェクトは始められている。地理書翻訳のため江戸の天文方に出仕していた馬場が役目を終えて長崎に帰る時期となり、語学の才に長けた彼を引き止めるために、この翻訳事業が計画されたとも言われる。これが長期の事業となり、他にも宇田川玄真・榕菴、大槻玄幹・玄東、湊長安、小関三英、箕作阮甫、杉田立卿・成卿、竹内玄同など、多数の蘭学者がかかわることになった。部門別の分類がなされており、内容は多岐にわたる。項目数では本草・植物に関するものが最多で、ついで医療関係が多いのが特徴である。[5]

この『厚生新編』は江戸幕府の翻訳事業であった。およそ三十年を費やした結果、一八三九（天保十）年には翻訳が七十巻にまで及んだが、稿本は幕府に納められて保管されたままになった。[6]幕府崩壊で静岡に移された後、結局一九三七（昭和十二）年になって葵文庫から出版の運びとなったという隠れた百科事典である。長い間刊行されることもなく、『厚生新編』は一般の人々に広く活用される機会を逸したものの、翻訳に携わった蘭学者の知識欲を大いに刺激したはずだ。

こうして見ると、日本の近代化のなかで翻訳は、明治政府が江戸幕府から継承した重要な事業のひとつでもあった。明治初期の文部省『百科全書』は、わが国で刊行された近代的百科事典の出版史上、記念碑的な位置を占めるが、それまでの翻訳行為を継承したテクストでもあるのだ。大槻如電（修二）による『新撰洋学年表』の明治「十年丁丑」の欄には、次のように記されている。

百科全書　第一篇　天文地文地質気象　文部省刊行
文化辛未幕府天文台に翻訳局を置く其第一着手厚生新編百科全書也此局変転六十又年是歳立て大学となる而して文部先此書を刊行す首あり尾ありと云ふべし(7)

補足すれば、「文化辛未」とは一八一一（文化八）年、「変転六十又年」は文部省創設に至るまでの翻訳機関変遷の期間を指す。日本で最初に翻訳出版された西洋式百科事典である『厚生新編』は、江戸幕府の翻訳事業による成果物であり、それに続き明治政府が刊行した文部省『百科全書』とともに、「首あり尾あり」として位置づけているのである。

翻訳機関のそれから

一八五三（嘉永六）年のペリー来航のため幕府の外交事務はさらに増加し、天文台翻訳局での業務も拡大した。一八五五（安政二）年には翻訳局が天文台から分離されて洋学所となり、その翌年には幕府直轄の洋学研究教育機関として蕃書調所が創設される。(8)「洋学」から「蕃書」への回帰は、幕府内の漢学者らの意向を反映したものであろうが、古賀謹一郎が頭取（校長）に就き、当時の高名な洋学者たちが集められた。翻訳書の開版（上梓）に際しても草稿の検閲業務が天文方から引き継がれ、その検閲記録は『開版見改元帳』に残されている。一八六〇（万延元）年以降は授業科目も増えて、オランダ語に加え英語・フランス語・ドイツ語などの語学が充実し、さらに「化学・器械学・物産学・画学・数学」などが教授された。その後、機関名は変遷するが、翻訳業務は引き継がれ、外交文書以外にも外国新聞や雑誌なども扱ったようだ。*Nederlandsch Magazijn*（『和蘭宝函』として知られるオランダの雑誌）を抄訳した内容は、『官板玉石志林』や『度日閑言』に窺えるし、「新聞」と名の付いた本邦初の『官板バタビヤ新聞』は、バタヴィア（現・ジャカルタ）のオランダ総督府から出されていた機関紙を抄訳したものである（後に『官板海外新聞』として継承）。ただし、これらは公刊されず、主に幕府内で閲覧された。蕃書調所は一八六二（文久二）年に洋書調所、一八六三（文久三）年には開成所と改称されるが、翻訳機関としての機能は継続された。改称名からは、「蕃書」と呼ぶ漢学者の抵抗は弱体化したと考えられよう。この機関はさらに一八六八（明治元）年の開成学校、一八六九（明治二）年の大学校（大学南校、大学東校）、一八七一（明治四）年七月の文部省、一八七七（明治十）年四月の東京大学にまでつながる。[9]『東京帝国大学五十年史』によると、一八六九（明治二）年十月に「我邦ニ有益実用アル洋書ヲ繙訳シ国家政教ヲ翼賛シ以テ開化ヲ進ムル」ことを目的として大学南校に「繙訳局」が置かれ、その規則についても詳細に定められた。[10]

大学南校繙訳局

明治二年十月本校内に繙訳局を設く。左に掲ぐるところの同局規則に拠れば同局の目的は有益なる洋書を訳して其の流伝を弘くし、以て政教を翼賛し、開化を進むるに在り。蓋し当時民間には未だ有力なる飜訳出版の機関存せず、西洋学術の紹介も微々たるものなりしかば、政府自ら訳書出版の事に当らんとし此の局を設けたるものなるべし。

大学南校繙訳局規則

一　当校に繙訳局ヲ開ケル所以ノ者ハ我邦ニ有益実用アル洋書ヲ繙訳シ国家政教ヲ翼賛シ以テ開化ヲ進ムルニ在リ

一　訳文ハ務メテ質実簡潔ナランヲ要シ苟モ文華ヲ衒フ事ヲ禁ス

一　校合者疑難ノ條アラハ訳者ニ就キ質問シテ之ヲ校合スヘシ妄ニ私意ヲ以テ改竄スヘカラサル事

一　写字生版下ハ勿論中清書及ヒ草稿タリトモ字画務メテ端正ヲ主トス草体読難キノ字ヲ書スベカラス

一　訳書彫刻ハ写字生ノ中彫刻掛リ二員ヲ置テ之ヲ掌ラシムル事

一　局中置附ノ書籍ハ写字生ノ中書籍掛リ二員ヲ定メテ之カ管轄出納ヲ掌サトラシムル事

但博士助教以下校合者ニ至ルマテ書籍ヲ宅下スル時ハ右掛リ二員ノ中ヘ談スヘシ

一　急繙訳及ヒ急校合急写字等アル時ハ時刻ニ拘ハラス夙出晩退勉励スヘキ事

但休暇ノ日ト雖モ時宜ニ依リ出局或ハ居宅ニテ其業ニ従事スヘシ

一　疾病ニテ出務ヲ謝スル時ハ博士ハ互ニ其旨断状ヲ以テシ助教及ヒ写字督務ハ博士監督ヘ断状ヲ以テシ写字生ハ写字督務ヘ断状ヲ以テシ之ヲ長官ノ聴ニ達スベシ

但当病ニテ退局ノ時ハ当人ヨリ断ニ及フ事右ニ准ス

明治四年七月文部省設立の後間もなく同局は文部省に移管せられたり。

そして文部省創設の二カ月後には文部省編輯寮が置かれ、翌一八七二（明治五）年九月にそれが編書課と反訳課となる。その後も目まぐるしい変遷を経て、一八七七（明治十）年の東京大学創立にいたるわけだが、このような洋学教育行政機関によって翻訳行為の実践が着実に継承されて、文部省『百科全書』という大規模な事業が実現した。

文部省『百科全書』への着手

I　箕作麟祥の役割

文部省『百科全書』という翻訳プロジェクトは、文部省編輯寮のトップの座にいた二十代の若き箕作麟祥（一八四六―九七年）が中心となって企図した事業であった。箕作家は学者の家柄で、麟祥（「りんしょう」もしくは「あきよし」と読む。幼名は貞太郎、後に貞一郎）の祖父は蘭学者の箕作阮甫、父は阮甫の養子省吾である。従兄弟で数学者の菊池大麓（東大総長、文部大臣などを歴任）も、このプロジェクトで『修辞及華文』を翻訳している。

箕作麟祥

麟祥は幼少時から漢学や蘭学を修めた（なお、英学は中浜万次郎に師事）。本邦初の翻訳百科事典『厚生新編』の訳出作業に加わった阮甫を祖父に持ったことが、文部省『百科全書』への着手に直接間接的に何らかの影響を及ぼしたであろうとの想像は難くない。麟祥は十代半ばで蕃書調所の教官となった俊才で、祖父・阮甫より家督を相続した（父・省吾は麟祥が幼い頃に夭折）。フランス語を短期間で修得して一八六七（慶応三）年に徳川昭武のパリ博覧会行に随行し、翌年帰朝後、明治政府に入る。そして兵庫県御用掛を務めた後に、一八六九（明治二）年に翻訳御用掛、大学中博士となる。また麟祥が開いた家塾には、大井憲太郎や中江篤介（兆民）らもいたという。一八七〇（明治三）年に制度取調兼任、翌年に文部少博士兼司法少判事、編輯寮専務に就任した。一八七三（明治六）年には太政官翻訳局長になり、この頃は『明六雑誌』にも投稿している。太政官翻訳局については、次のような説明がある。

政府は明治五年十月四日、太政官正院のうち外史の所管に、右の業務（外国人から政府要人宛の書簡や外国法制の翻訳、外国新聞の抄訳など）を管掌させるため、翻訳局を創設した。翌六年五月二日には太政官職制章程を改めて、同局を内史所管に移した。明治八年九月二十二日に至り、太政官正院には法制局、修史局の二局のみを残して、他の局課を全廃したので、翻訳局も当然廃止された。この間、明治六年五月四日から同八年九月十五日まで、箕作麟祥が翻訳局長に補せられた。[11]

また大槻文彦による『箕作麟祥君伝』では、彼の人望について「大隈重信氏の談」を紹介する。

初め、明治政府に於て、一番、必要を感じたのは、外国の語、それから外国の文を飜訳することであつた、新に政府を組立て、さうして、総て、外交を引受けると同時に、外政の改革を行ふに付いて、外国人を雇ふとか、外国人と往復するとか、契約をするとか云ふに、たゞ、普通の通弁では、不慥《ふたしか》である、相当の学問のある人で、且人格が慥《たしか》で、信用の置ける、さうして、多少、一般の政治の上にも、社会の上にも、相当の人格を具へた人でなければ、政府の機密若しくは、政府の将来の方針と云ふやうなことを、打明けて話をすることは出来ない、さう云ふ人が、必要であつて、さうして、さう云ふ人は、甚だ乏しいのである、

然るに、箕作麟祥君は、英学と、仏学と、両方が出来て、さうして、あゝ云ふ人でありまするから、十分に信用を置いて、何事も打明けて、話をすることが出来、あの人の学力と、あの人の口とを仮りて、十分の働きをなさしむる必要があり、又実際に於て、十分の働きを現はしたことであつた、さう云ふ訳で、箕作君は、政府全体に重んぜられたのである、(12)

このように箕作麟祥はその学識と語学力で明治政府から絶大なる信任を得ていたので、大事業である文部省『百科全書』にも着手できた。そして彼の活躍は文部省にとどまらず、むしろ司法省での民法編纂などで後世に名を遺すことになる。(13)

さて創設当初の文部省では、学制頒布(麟祥はその中心にもいた)に伴う教科書の編纂が差し迫った任務であった。『文部省第一年報』の「編書事務」の説明を参考までに見ておこう。(14)

○編書事務

初メ文部省ヲ置クヤ学科教授ノ書欠乏ナルヲ以テ明治四年九月編輯寮ヲ置キ教科書ヲ編輯ス是ヨリ先キ大学ニ語彙掛アリ俗訳掛アリ南校ニ反訳局アリ東校ニ医書反訳掛アリ是ニ至リ尽ク之ヲ編輯寮ニ収ム而シテ編ム所ノ書其宜ヲ得サ

ルヲ以テ五年九月遂ニ之ヲ廃シ更ニ東京師範学校中ニ於テ之ヲ編輯シ又別ニ省中ニ於テ編書課ヲ置キ以テ専ラ教科書ノ欠乏ヲ補フ其既ニ刻スル所ノ書数左ノ如シ

政法書	反訳和文	十三部	三十二冊
物理書	同	二部	五冊
植物書	同	二部	二枚
農学書	同	一部	八冊
医　書	同	二部	二冊
修身学	同	一部	二冊
文　典	同	一部	二冊
習字書	同	一部	一冊
字　書	同	一部	七冊
語学書	編輯和文	二部	二冊
図	反訳和文	二部	二枚
幼童翫嬉品		七種	図百二枚 器六種
経済書	同	一部	七冊
化学書	同	一部	二冊
地理書	同	四部	書二十一冊 図四帖
地質学	同	一部	二冊
兵　書	同	三部	七冊
歴　史	編輯和文	六部	二十一冊
読　本	同	一部	一冊
画学書	同	二部	三冊
統計学	反訳和文	一部	一冊
単語篇	同	二部	五冊
雑　書	編輯和文	二部	二冊
地球儀		一基	

総計としては、「書五十二部（百三十三冊・二枚・図二枚・同四帖）」「翫嬉品七種（画百二枚・器六種）」「地球儀一基」とまとめられる。この『文部省第一年報』は一八七三（明治六）年のものだが、同年に刊行が始まった文部省『百科全書』の最初の二編、牧山耕平訳・川本清一校『百工応用化学篇』と箕作麟祥訳『教導説』が含まれているか否かは定かではない。

Ⅱ　西村茂樹の役割

一八七三（明治六）年十一月に森有礼の推薦で文部省編書課長となったのが西村茂樹（一八二八―一九〇二年）である。[15] 西村は文部省『百科全書』のもうひとりの立役者であり、自ら『天文学』を翻訳するとともに、プロジェクト内の校正者グループをまとめる立場にあった。当時の文部省の状況については、西村本人が「往時録」で晩年に回顧したものが残されている。「チヤムバー氏の原書を訳するもの」というくだりの前後を引用しておく。

西村茂樹

○明治六年十一月廿五日、文部省五等出仕に補せられ、編書課長を命せらる、文部省創立以来首として中学小学の課業書を編輯せざる可らざることと定めたれども、未た其方を得ず、又前文部卿大木喬任氏の時より、種々の書の編纂に着手し、頗る紛雑の観あり、余が編書課長となりたる時、課員の分担せる所は伊藤圭介、日本産物誌を編纂し、阪田蒡、資治通鑑に訓点を加へ、田中義廉小学読本を編し、榊原芳野、稲垣千頴別種の読本を編し、小野寺丹下、魯語辞書を編し、浅岡一、和仏字書を編し、桑田親五、合衆国小史を編し、大槻修二、久保吉人、小澤圭二郎は本邦辞書を編し、山本信実は算術書を編し、木村正辞、黒川真頼は本邦歴史を編し、川田剛は（官吏に非ず報酬を与へて編輯せしむ）大日本史の後を継ぎて歴史を編す、内田五観は暦を編し（此時暦は文部省の管理となり居れり）南部義籌、仮字文典を編す、又省中に反訳課あり、河津祐之、其課長となり、洋学者を以て課員とす、亦教育用の西書を翻訳す、然るに此頃は洋書を読む者は多く和漢の書に通ぜず、是を以て訳成る毎に、必す漢文に通する者をして其文を修正せしむ、是を校正といふ、又前文部卿の時より百科全書の編あり、是は英人チヤムバー氏の原書を訳するものにして、其訳者は本省の官吏に限らず、広く世間の洋学者に托す、是又脱稿の上、本課にて是を校正して出版するなり、此校正者は皆編書課中にあり、那珂通高、大井潤一、清水世信、宮崎愚、内村耿之介、小林病翁、長川新吾、のごとき是なり、本課に属する画家には狩野良信、北爪有卿あり、板下書には松井甲太郎あり、又加藤弘之の国法汎論、内田正雄の輿地誌略も本課にて是を校正し出版するなり、故に本課は編集の外、又彫刻製本の分課を置き、吏員をして是を掌らしむ、明治十年一月朝廷にて官制の大改革あり、文部省にても同しく改革を行ひ、編書課に於ても教科必用の外は尽く其編纂を廃す、[16]

洋学者が翻訳した原稿に漢学者が手を加えることを「校正」と述べている点が興味深い。『百科全書』に限らず、「此頃は洋書を読む者は多く和漢の書に通ぜず、是を以て訳成る毎に、必す漢文に通する者をして其文を修正せしむ、是を校正といふ」という手順が一般化していたことが窺える。このような校正作業を担当する和漢の学者を編書課長の立場からまとめていた西村の経験は、さらなる大規模編纂事業へとつながっていく。この点については終章で、あらためて言及することにしたい。

翻訳ビジネスと「賃訳」

現代では「翻訳家」という職業があるので、ビジネスとしての翻訳という考え方にも違和感はない。専門書や文学書などの場合は、研究者や文学者が翻訳することも多いが、いずれにせよ、翻訳行為には何らかの対価が支払われる。

民間の翻訳会社の先駆けは、社会主義者の堺利彦が一九一〇（明治四十三）年十二月に設立した「売文社」であるとされる。[17] 赤旗事件で投獄中であったために大逆事件の難を危うく逃れた堺は、出獄前から文筆ビジネスの構想を練っていた。彼の『売文集』の「序（売文社の記）」によると、得意先に配布した「売文社営業案内」には、「(イ) 新聞、雑誌、書籍の原稿製作。(ロ) 英、仏、独、其他外国語の和訳。(ハ) 和文の外国語訳 (英訳、仏訳、独訳等)。(ニ) 演説、講義、談話等の筆記。(ホ) 趣意書、意見書、報告書、祝辞、祝文、広告文、書簡文、其他一切文章の立案、代作、及び添削。(以下略)」とある。英語は堺自身、フランス語は大杉栄、ドイツ語は高畠素之などが担当し、しかも「社中で出来ない事は、それ〴〵特約の専門家にやツて貰ひますから、何卒御安心の上、御用命を願ひます」とも書いており、[18] 昨今の翻訳会社で一般的となっている外注 (アウトソーシング) 方式を採用している点に先見性が感じられる。

この売文社のヒントになったのは硯友社の社則第六条であった。[19] これは尾崎紅葉が起草し、『我楽多文庫』の第一号 (一八八八年五月発行) に掲載されたものである。社則全九条の第六条には、「本社は小説の起草。劇場の正本。小説の反訳 (潤筆は一字につき千金づゝ申受候) 広告の案文。歌句戯文の添削批評等の御依頼に応じ可申候。但し建白書の草案起稿其外政事向の文書は命に替へても御断申上候」と冗談めかした調子の内容も書かれている。

注目すべきは、このような翻訳ビジネスの初期形態が文部省『百科全書』の翻訳事業に見られる点である。明治初めの文部省では、ある種の外注システムを当時すでに採用していたのだ。翻訳の出来高に応じて料金を支払う形態は、かつて「賃訳」と呼ばれていた。

石井研堂『明治事物起原』の「賃訳所の始め」によれば、「依頼に応じて、洋文翻訳をやる所は、明治五年秋に始まれり」とのことであり、「この時代は、翻訳の仕事が多く、「賃訳」といふ新しい言葉さへ出来せり」という。そして、翻訳所 (神田雉子町三十番地) の雑誌広告として、「十行二十字一枚につき　英文和訳　金一円、和文英訳　金三分」を挙げている。[20]

この時期は、折しも文部省『百科全書』プロジェクトが着手された頃である。石井は『明治事物起原』に「百科全書の賃訳」という項目も設けて、大槻文彦の『箕作麟祥君伝』からの引用として、佐原純一による談話を紹介している。

私は南校に居て、明治四年の七月か八月に、編輯寮の大属になりましたが其時、箕作麟祥先生が、編輯頭をやつて居られました。其時分先生が頭になつて、フルベツキの持つて居たチャンブルの百科全書——インフヲルメーションオフピープルとかいふもの百科ばかりあるので、あれを割訳にしようといつて引つぽといて、賃訳に出しました。編輯寮に勤めて居る者でも、学校の教員をして居る者でも、福沢の人たちでも誰でも英書の読める者には、訳させたものです。〔…〕

牟田口元学は、少外史か何か勤めて居ましたが、箕作先生を嫌つて、官吏たる者が、賃訳をするのは、不都合千万だといふことを、屢言つて居ました。尤も、箕作先生の収入は、多い方で、多い時には給料よりも多いこともありました。百科全書の中の、心理学などは、むづかしくつて、誰も訳し手がない。そんなのは、十行二十字の草稿を、一枚四円で、箕作先生が翻訳されました。休みの日などには、一日に余ほど出来ました。他の人の翻訳は、一番安いのが十行二十字一枚一円でした。(21)

ただし、この内容には『箕作麟祥君伝』の実際の記述との齟齬もあるので、部分的に石井自身の意見が混在していると思われる。たとえば、「フルベツキの持つて居たチャンブルの百科全書」というくだりは『箕作麟祥君伝』そのものにはない。この点は底本の入手経路とも関連する重要な内容なので、あとで詳しく検討したいが、いまは石井の私見も含めて、『明治事物起原』における「百科全書の賃訳」についての記述として参照するにとどめておこう。

石井はまた文部省『百科全書』について、「速成杜撰のものながら、明治初年、国民の新智識を普遍ならしむるには、多少の効果ありしなり」と、辛口のコメントも添えている。「速成杜撰」云々の真偽のほどは別にしても、十行二十字一枚一円から四円という途方もなく高額の翻訳料が事実とすれば、牟田口元学のように批判的な見解も当然であろう。いずれにせよ、『百科全書』は時間も予算も膨大な「賃訳」事業だったことは確かである。大槻文彦の回想にも「当時諸藩などから洋書の飜訳を頼みに来る。むづかしいものは十行二十字一枚で二円から三円ぐらゐ、やさしいものでも一円から五十銭出した。これを賃訳と云つた。書生に金廻りのよい者があり、私なども取つたものだ」という談話が残っている。[22]「賃訳」の相場として、石井の記述を裏付ける貴重な証言である。

田口卯吉（鼎軒）は、「明治十五年の始め我社に於て始めて予約刊行の法を設け広く購求者を募りて経済書中重要のものを翻訳出版するに着手せり、抑も予約刊行のものたる其書大部にして出版に資本を要するものに行ふものなり」と述べた後に、『百科全書』の翻訳料にも触れている。[23]

> 近日我文部省にて翻訳せられたるチヤムブル氏の百科全書あり、丸屋書店より予約を以て刊行せり、聞くが如くは此書の如きは一枚（十行二十字）一円以上二円の翻訳料にて数多の学士をして数年間翻訳せしめたるものなりと、其費額定めて大ならん、我政事類典の如きも多く之に譲らざるものなり、然るに我社に於ては石川暎作一人を以て之を訳し他少しく之を補助し期を違へずして二十四ヶ月を以て之を完備せり、官民事業を為すの差之を以て明かなるべし、然れども是れ豈に我社の功ならんや、皆な江湖の賜なり[24]

ここでの「一枚（十行二十字）一円以上二円」は、先に挙げた相場をやや控えめにした翻訳料であるが、それでも当時としてはかなりの高額になる。萌芽的な翻訳ビジネスとしても、文部省『百科全書』の規模は突出していた。文部省の箕作麟祥と西村茂樹が主導した出版事業に、「賃訳」というビジネス形態が組み込まれて、文部省内外の人材に高額の翻訳料が支払われたのである。当時の東京には福澤諭吉の慶応義塾以外にもすでに洋学私塾が多数あり、㉕そのようなネットワークを通して洋学者に翻訳が発注され、出来高に応じて翻訳料が計算されるビジネスが成立したのである。

洋学者が翻訳した訳稿の大半は、国学・漢学者が仕上げた。校正作業の主力は西村茂樹の率いる文部省編書課員（編書課は報告課を経て編輯局に改組）である。翻訳テクストに残された「校」「重校」「同校」「訂」「刪訂」「校閲」などの違いが厳密に何を意味するのかは定かでないし、どの程度まで筆を入れたのかは想像するしかない。たとえば『植物綱目』では、「長谷川泰 原訳」「榊原芳野 刪訂」と本文冒頭に記されているし、『造家法』では「大鳥圭介 校閲」が「都筑直吉 訳」よりも先に置かれている（大半は翻訳者を本文冒頭、校正者を末尾に記載）。これらは、校正者の存在がかなり可視化された事例と言えよう。

文部省『百科全書』の校正作業とは直接関係しないが、箕作麟祥の訳稿の校訂について彼の門人たちが次のよ

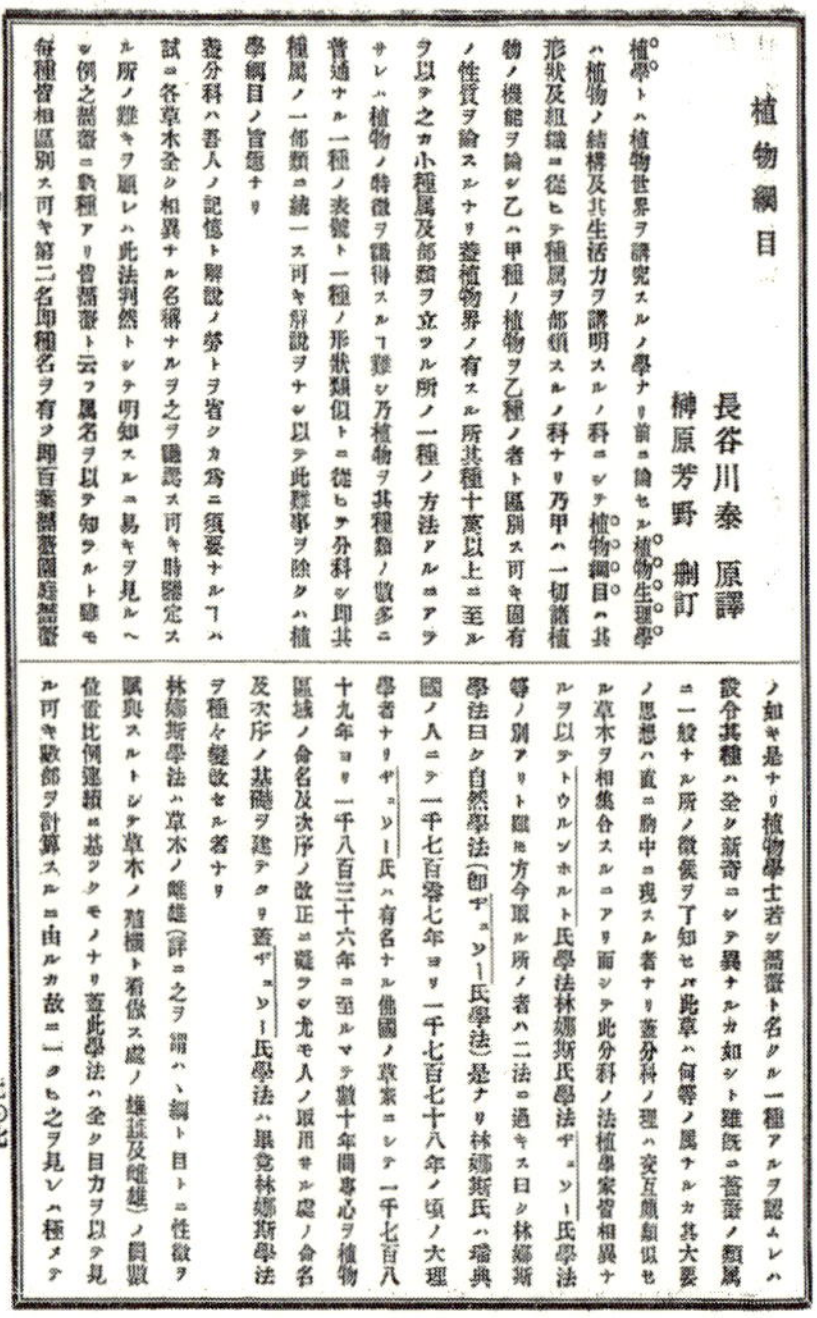
植物綱目

長谷川泰 原譯
榊原芳野 刪訂

植學トハ植物世界ヲ講究スルノ學ナリ前ニ論セル植物生理學ハ植物ノ結構及其生活力ヲ講明スルノ科ニシテ植物綱目ハ其形狀及組織ニ從ヒテ種屬ヲ部類スルノ科ナリ乃甲ハ一切諸植物ノ機能ヲ論シ乙ハ甲種ノ植物ヲ乙種ノ者ト區別ス可キ固有ノ性質ヲ論スルナリ蓋植物界ノ有スル所其種十萬以上ニ至ルヲ以テ之カ小種屬及部類ヲ立ツル所ノ一種ノ方法アルニアラサレハ植物ノ特徵ヲ識得スルコト難シ乃植物ヲ其種類ノ數多ニ普通ナル一種ノ表號ト一種ノ形狀類似トニ從ヒテ分科シ即其種屬ノ一部類ニ統一ス可キ解説ヲナシ以テ此難事ヲ除クハ植學綱目ノ旨趣ナリ

蓋分科ハ吾人ノ記憶ト解説ノ勞トヲ省クカ爲ニ須要ナルコハ試ニ各草木全ク相異ナル名稱ナルヲ之ヲ識認ス可キ時ヲ定スル所ノ難キヲ顧レハ此法判然トシテ明知スルニ易キヲ見ルヘシ例之諸薔薇ニ數種アリ皆薔薇ト云フ異名ヲ以テ知ラルト雖モ毎種皆相區別ス可キ第二名即種名ヲ有ス即百葉薔薇黄薔薇緑薔薇ノ如キ是ナリ植物學士若シ薔薇ト名クル一種アルヲ認ムレハ設令其種ハ全ク新奇ニシテ異ナルカ如シト雖既ニ薔薇ノ類屬ニ一般ナル所ノ徵候ヲ了知セハ此草ハ何等ノ屬ナルカ其大要ノ思想ハ直ニ胸中ニ現スル者ナリ蓋分科ノ理ハ交互類似セル草木ヲ相集合スルニアリ而シテ此分科ノ法植學家皆相異ナルヲ以テトウルンホルト氏學法林娜斯氏學法ザュッソー氏學法等ノ別アリト雖モ方今取ル所ノ者ハ二法ニ過キス曰ク林娜斯學法曰ク自然學法（即ザュッソー氏學法）是ナリ林娜斯氏ハ瑞典國ノ人ニテ一千七百零七年ヨリ一千七百七十八年ノ頃ノ大理學者ナリザュッソー氏ハ有名ナル佛國ノ草家ニシテ一千七百八十九年ヨリ一千八百三十六年ニ至ルマテ數十年間專心ヲ植物區域ノ命名及次序ノ改正ニ竭ラシ尤モ人ノ取用サル處ノ命名及次序ノ基礎ヲ建テタリ蓋ザュッソー氏學法ハ畢竟林娜斯學法ヲ種々變改セル者ナリ

林娜斯學法ハ草木ノ雌雄（詳ニ之ヲ謂ハ、綱ト目トニ性徵ヲ賦與スルトシテ草木ノ殖横ト着做スル處ノ雄蕊及雌蕊）ノ員數位置比例連續ニ基ツクモノナリ蓋此學法ハ全ク目カヲ以テ見ル可キ數部ヲ計算スルニ由ルカ故ニ一タヒ之ヲ見レハ極メテ

植物綱目　二〇七

『植物綱目』冒頭
「原訳」と「刪訂」を併記

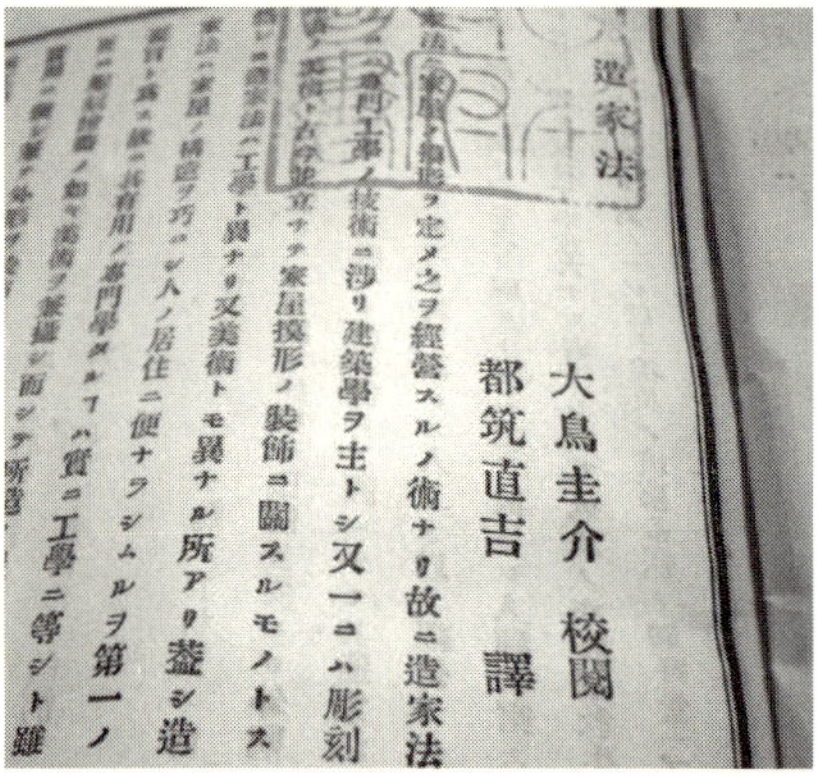
造家法
大鳥圭介 校閲
都筑直吉 譯
……定メ之ヲ經營スルノ術ナリ故ニ造家法
……ノ技術ニ渉リ建築學ヲ主トシ又一ニハ彫刻
……家屋模形ノ装飾ニ關スルモノトス
……異ナリ又美術トモ異ナル所アリ蓋シ造
……人ノ居住ニ便ナラシムルヲ第一ノ
……實ニ工學ニ等シト雖

『造家法』冒頭
「校閲」者が「訳」者に先行

うな逸話を語っている。参考までに、再び『明治事物起原』から引用する。

私が箕作麟祥先生の御世話になりて居ましたのは明治五六年、先生が権大内史をして居られた比、私は翻訳局等外で、先生の配下に居り、役所がひけてから、両国のお宅に、度々書物に参りました。その時、写したのは万国史と覚えて居ります。それは賃訳で、先生が翻訳をされ、私が中清書をしてそれを辻士革といふ人に廻す。辻がそれを校訂をします。処が、箕作先生は、辻の筆を入れたのを、校正とは言はせない、たゞ校字だけを許されました。それですから、本になつたものに、辻士革校とあり、校正とはありませぬ。辻といふ人は、文を直すのが中々上手でございました。先生の翻訳されたものを、私が中清書をし、辻が筆を入れたのを、先生が一応見て、それを私が浄写するといふ手順で、長い間やりました。

万国史の賃訳は、十行二十字で先生の御所得が一枚二円かで、辻が二十銭を頂き、私は二銭づゝ頂きました。

其時分、翻訳局は、正院の内にありました。岩倉公の屋敷の隣りで、二重橋から馬場先門へ行く道の左側、只今原になつて居る所にありました。其頃は、翻訳局とは言はなかつたかも知れませぬ。それから御廏の跡に引移りました。其の時は、確に翻訳局と云うて居ました。（池山栄明談）

箕作先生が、仏国法律を訳される時分には辻士革といふ人が居て、筆記をしました、それは先生が前に読んで置かれて、大抵午前の仕事にして、口訳をされました。午前だけで八九枚は翻訳が出来たやうに覚えて居ります。辻といふ人は、前は、開成所の筆記方をして居て、それから文部省に来た人で、校合をするのが役でありました、原書は読めなかつた人です。（鈴木唯一談）

辻といふは、ヘイ〳〵した漢学先生、妙な人でしたが、箕作先生から〈斯ういふ意味の字は〉と聞かれると〈それなら、斯ういふ字ではどうでございませう〉と言うて、字の工夫をする、それで、箕作先生が、翻訳をされると、辻が目を通すことに為つてゐました。（原田綱彦談）(26)

箕作個人の翻訳を校合する場合とは異なり、文部省『百科全書』では複数の翻訳者が関与したので、グループ作業に起因する一層の難しさもあったことだろう。丸善合本の末尾を飾り、一八八五（明治十八）年一月に追加された別冊『百科全書 索引』の凡例を読むと、訳語の不統一に悩む様子が伝わってくる。

百科全書ノ翻訳ハ数十人ノ手ニ成ルガ故ニ或ヒハ一事物ニシテ数様ノ訳語ヲ帯ヒ区々トシテ一定セサル者多シ此索引ノ如キハ今日世人ノ通用スル者ニ非サレバ捜索ニ不便ナラン故若シ捜索ニ不便ナリト思惟スル者アラバ更ニ今日通用ノ訳語ヲ命ジ原訳語ト共ニ各々其頭字ノ仮名文中ニ編入セリ例ヘハ元ト保険命トアルヲ別ニ生命保険ト訳シ闘牌トアルヲ歌加留多ト訳シ又捉影術トアルヲ写真術ト訳セルカ如シ他皆之ニ倣フ(27)

「賃訳」システムで料金を支払うことで、文部省内外の複数の洋学者が翻訳を担当し、出来上がった訳稿は主に文部省内の国学・漢学者が整えたものの、訳語の統一に踏み切るのは時期尚早であった。翻訳語のゆらぎを認識しながらも、いまだ機が熟していなかったのである。

こうした翻訳工程は、現代の翻訳会社では一般的となったアウトソーシング、つまり外注の原型であり、翻訳ビジネスの事始めとも言える。文部省『百科全書』は近代国家を目指す政府のプロジェクトとして、国民の啓蒙のために企画されたものであるが、翻訳がビジネスとなる可能性を予感させる先進的な事業でもあった。

三 『百科全書』の輪郭

訳された編名のゆらぎ

文部省『百科全書』の起点テクスト（*Chambers's Information for the People*）は、アルファベット順に配列された「百科事典」ではなく、九十二の大項目から成る啓蒙書であった。この点で、田口卯吉の「真正の百科全書にあらずチャンバーの「インフヲメーション」なり」との表現は確かに的を射たものであるし、柳田泉が「国民須知」と呼んだのももっともである。(28) *Chambers's Information for the People* は一八三〇年代の初版から一八七〇年代の第五版まで版を重ねたが、文部省『百科全書』の主たる底本であったと思われるいわゆる「無年紀英国版」（後述するように一八六七年刊の米国版と同一内容）の目次で、九十二項目の見出しを確認しておこう。

起点テクスト（*Chambers's Information for the People*）の目次

第一巻

ASTRONOMY, GEOLOGY, METEOROLOGY, PHYSICAL GEOGRAPHY, VEGETABLE PHYSIOLOGY, SYSTEMATIC BOTANY, ANIMAL PHYSIOLOGY – THE HUMAN BODY, ZOOLOGY, NATURAL PHILOSOPHY, MECHANICS – MACHINERY, HYDROSTATICS – HYDRAULICS – PNEUMATICS, OPTICS – ACOUSTICS, ELECTRICITY – GALVANISM – MAGNETISM – ELECTRO-MAGNETISM, CHRONOLOGY – HOROLOGY, CHEMISTRY, CHEMISTRY APPLIED TO THE ARTS, FICTILE MANUFACTURES, TEXTILE MANUFATURES, MINING – MINERALS, METALS – METALLURGY, THE STEAM-ENGINE, CIVIL ENGINEERING, INLAND CONVEYANCE, MARITIME CONVEYANCE, ARCHITECTURE, WARMING – VENTILATION – LIGHTING, SUPPLY OF WATER – BATHS – DRAINAGE, AGRICULTURE – CULTURE OF WASTE LANDS – SPADE HUSBANDRY, THE KITCHEN GARDEN, THE FLOWER GARDEN, THE FRUIT GARDEN, ARBORICULTURE, THE HORSE, CATTLE – DAIRY HUSBANDRY, THE SHEEP – GOAT – ALPACA, PIGS – RABBITS – POULTRY – CAGE-BIRDS, THE HONEY-BEE, THE DOG – FIELD-SPORTS, ANGLING, FISHERIES, PRESERVATION OF HEALTH,

FOOD – BEVERAGE, PREPARATION OF FOOD – COOKERY, MEDICINE – SURGERY, CLOTHING – COSTUME, INDEX, GLOSSARY OF TERMS, TITLES, &C.

第二巻

PHYSICAL HISTORY OF MAN – ETHNOLOGY, LANGUAGE, CONSTITUTION OF SOCIETY – GOVERNMENT, HISTORY AND NATURE OF LAW, HISTORY OF ANCIENT NATIONS, HISTORY OF GREECE, HISTORY OF ROME, HISTORY OF THE MIDDLE AGES, HISTORY OF GREAT BRITAIN AND IRELAND, CONSTITUTION AND RESOURCES OF THE BRITISH EMPIRE, MILITARY AND NAVAL ORGANISATION, EUROPE, ENGLAND AND WALES, SCOTLAND, IRELAND, ASIA – EAST INDIES, AFRICA – OCEANIA, NORTH AMERICA, SOUTH AMERICA – WEST INDIES, THE HUMAN MIND, PHRENOLOGY, LOGIC, NATURAL THEOLOGY – ETHICS, HISTORY OF THE BIBLE – CHRISTIANITY, RELIGIOUS CHURCHES AND SECTS, MOHAMMEDANISM – HINDUISM – BUDDHISM, SCANDINAVIAN MYTHOLOGY, &C. – MINOR SUPERSTITIONS, KEY TO THE CALENDAR, PRACTICAL MORALITY – PERSONAL AND GENERAL DUTIES, PRACTICAL MORALITY – SPECIAL SOCIAL AND PUBLIC DUTIES, POLITICAL ECONOMY, COMMERCE – MONEY – BANKS, POPULATION – POOR LAWS – LIFE-ASSURANCE, SOCIAL ECONOMICS OF THE INDUSTRIAL ORDERS, SOCIAL STATISTICS, EDUCATION, ENGLISH GRAMMAR, ARITHMETIC – ALGEBRA, GEOMETRY, DRAWING – PAINTING – SCULPTURE, GYMNASTICS – OUT-OF-DOOR RECREATIONS, INDOOR AMUSEMENTS, ARCHÆOLOGY, RHETORIC AND BELLES-LETTRES, PRINTING – LITHOGRAPHY, ENGRAVING – PHOTOGRAPHY, HOUSHOLD HINTS, INDEX, GLOSSARY OF TERMS, TITLES, &C.

第一巻には序文に続いて四十五項目、第二巻には四十七項目があり、それぞれ巻末に索引などが付く。その配

Contents

	No.		Page
ASTRONOMY,	1	...	1
GEOLOGY,	2	...	17
METEOROLOGY,	3	...	33
PHYSICAL GEOGRAPHY,	4	...	49
VEGETABLE PHYSIOLOGY,	5	...	65
SYSTEMATIC BOTANY,	6, 7	...	81
ANIMAL PHYSIOLOGY—THE HUMAN BODY,	8	...	113
ZOOLOGY,	9–12	...	129
NATURAL PHILOSOPHY,	13	..	193
MECHANICS—MACHINERY,	14	...	209
HYDROSTATICS—HYDRAULICS—PNEUMATICS,	15	...	225
OPTICS—ACOUSTICS,	16	...	241
ELECTRICITY—GALVANISM—MAGNETISM—ELECTRO-MAGNETISM,	17	...	257
CHRONOLOGY—HOROLOGY,	18	...	273
CHEMISTRY,	19	..	289
CHEMISTRY APPLIED TO THE ARTS,	20	...	305
FICTILE MANUFACTURES,	21	...	321
TEXTILE MANUFACTURES,	22	...	337
MINING—MINERALS,	23	...	353
METALS—METALLURGY,	24	...	369
THE STEAM-ENGINE,	25	...	385
CIVIL ENGINEERING,	26	...	401
INLAND CONVEYANCE,	27	...	417
MARITIME CONVEYANCE,	28	...	433
ARCHITECTURE,	29	...	449
WARMING—VENTILATION—LIGHTING,	30	...	465
SUPPLY OF WATER—BATHS—DRAINAGE,	31	...	481
AGRICULTURE—CULTURE OF WASTE LANDS—SPADE HUSBANDRY,	32, 33	...	497
THE KITCHEN GARDEN,	34	...	529
THE FLOWER GARDEN,	35	...	545
THE FRUIT GARDEN,	36	...	561
ARBORICULTURE,	37	...	577
THE HORSE,	38	...	593
CATTLE—DAIRY HUSBANDRY,	39	...	609
THE SHEEP—GOAT—ALPACA,	40	...	625
PIGS—RABBITS—POULTRY—CAGE-BIRDS,	41	...	641
THE HONEY-BEE,	42	...	657
THE DOG—FIELD-SPORTS,	43	...	673
ANGLING,	44	...	689
FISHERIES,	45	...	705
PRESERVATION OF HEALTH,	46	...	721
FOOD—BEVERAGES,	47	...	737
PREPARATION OF FOOD—COOKERY,	48	...	753
MEDICINE—SURGERY,	49	...	769
CLOTHING—COSTUME,	50	...	785
INDEX, GLOSSARY OF TERMS, TITLES, &c.,	51, 52	...	801

Contents

	No.		Page.
PHYSICAL HISTORY OF MAN—ETHNOLOGY,	53	...	1
LANGUAGE,	54	...	17
CONSTITUTION OF SOCIETY—GOVERNMENT,	55	...	33
HISTORY AND NATURE OF LAWS,	56	...	49
HISTORY OF ANCIENT NATIONS,	57	...	65
HISTORY OF GREECE,	58	...	81
HISTORY OF ROME,	59	...	97
HISTORY OF THE MIDDLE AGES,	60	...	113
HISTORY OF GREAT BRITAIN AND IRELAND,	61–63	...	129
CONSTITUTION AND RESOURCES OF THE BRITISH EMPIRE,	64	...	177
MILITARY AND NAVAL ORGANISATION,	65	...	193
EUROPE,	66	...	209
ENGLAND AND WALES,	67	...	225
SCOTLAND,	68	...	241
IRELAND,	69	...	257
ASIA—EAST INDIES,	70	...	273
AFRICA—OCEANIA,	71	...	289
NORTH AMERICA,	72	...	305
SOUTH AMERICA—WEST INDIES,	73	...	321
THE HUMAN MIND,	74	...	337
PHRENOLOGY,	75	...	353
LOGIC,	76	...	369
NATURAL THEOLOGY—ETHICS,	77	...	385
HISTORY OF THE BIBLE—CHRISTIANITY,	78	...	401
RELIGIOUS CHURCHES AND SECTS,	79	...	417
MOHAMMEDANISM—HINDUISM—BUDDHISM,	80	...	433
SCANDINAVIAN MYTHOLOGY, &c.—MINOR SUPERSTITIONS,	81	...	449
KEY TO THE CALENDAR,	82	...	465
PRACTICAL MORALITY—PERSONAL AND GENERAL DUTIES,	83	...	481
PRACTICAL MORALITY—SPECIAL SOCIAL AND PUBLIC DUTIES,	84	...	497
POLITICAL ECONOMY,	85	...	513
COMMERCE—MONEY—BANKS,	86	...	529
POPULATION—POOR-LAWS—LIFE-ASSURANCE,	87	...	545
SOCIAL ECONOMICS OF THE INDUSTRIAL ORDERS,	88	...	561
SOCIAL STATISTICS,	89	...	577
EDUCATION,	90	...	593
ENGLISH GRAMMAR,	91	...	609
ARITHMETIC—ALGEBRA,	92	...	625
GEOMETRY,	93	...	641
DRAWING—PAINTING—SCULPTURE,	94	...	657
GYMNASTICS—OUT-OF-DOOR RECREATIONS,	95, 96	...	673
INDOOR AMUSEMENTS,	97	...	705
ARCHÆOLOGY,	98	...	721
RHETORIC AND BELLES-LETTRES,	99	...	737
PRINTING—LITHOGRAPHY,	100	...	753
ENGRAVING—PHOTOGRAPHY,	101	...	769
HOUSEHOLD HINTS,	102	...	785
INDEX, GLOSSARY OF TERMS, TITLES, &c.,	103, 104	...	801

Chambers's Information for the People の目次

列は自然科学に始まり、社会科学や人文科学が緩やかにまとまっているという印象だ。基本は一項目につき二段組の一六頁分だが、なかには三二頁、四八頁、六四頁に及ぶ例外もある（総頁数は、第一巻が八二四頁、第二巻が八二六頁）。

　これらをほぼ全訳した翻訳テクストである文部省『百科全書』は、まず一項目毎に分冊本として、翻訳ができたものから順不同に出版されていった。最初期の分冊本は木版和装で、一八七三（明治六）年七月の牧山耕平訳・川本清一校『百工応用化学篇』を皮切りに、続いて同年九月には箕作麟祥訳『教導説』が刊行された。この『教導説』には、翻訳テクスト以外にも「百科全書叙（古屋矯）」「凡例」「緒言」が加わり、さらに今後の出版に向けての予告も兼

百科全書篇名

星學 二冊 地質學 二冊 氣中現象學 二冊
理科地理學 二冊 植物生理學 二冊 植物綱目篇 四冊
動物生理學 附人身生理學 二冊 動物綱目篇 八冊
物理學 二冊 重學 附器械之理 二冊 動静水學 附氣学 二冊
光學 附音学 二冊 越歴 附瓦爾華尼、磁石力 越歴多露磁石力 二冊 時學 附時計 二冊
化學 二冊 百工應用化學 二冊 陶磁製造篇 二冊
織工篇 二冊 礦山學 附金石 二冊 金類篇 附冶金術 二冊
蒸氣機 二冊 土木術 二冊 陸運篇 二冊
水運篇 二冊 建築學 二冊 暖室篇 附通風通光 二冊

百科全書　辛　文部省

給水篇 附浴、浴泉方 二冊 農學 附荒地種藝方 鍬鋤耕作方 四冊 菜園篇 二冊
花園篇 二冊 果園篇 二冊 養樹方 二冊
馬 二冊 家畜篇 附乳汁採方 二冊 羊 附山羊、白露羊 二冊
豚 附兔、食用之禽、籠鳥 二冊 蜜蜂篇 二冊 犬 附狩猟 二冊
釣魚篇 二冊 漁猟篇 二冊 養生篇 二冊
食物篇 二冊 食物製方 附割烹 二冊 醫學篇 二冊
衣服篇 附服式 二冊 人種之説 二冊 言語篇 二冊
交際篇 附歌体 二冊 法律之沿革事體 二冊
太古史 二冊 希臘史 二冊 羅馬史 二冊
中古史 二冊 英國史 二冊 英國制度國資 二冊

海陸軍制 二冊 地誌 欧羅巴 二冊 地誌 英倫威爾斯 二冊
地誌 蘇格蘭 二冊 地誌 愛倫 二冊 地誌 亜細亜、附東印度 二冊
地誌 亜非利加、附大洋群島 二冊 地誌 北亜米利加 二冊 地誌 南亜米利加 附西印度 二冊
人心論 二冊 骨相説 二冊 明理學 二冊
造化妙用説 附人道学 二冊 西洋經典縁起 附基督教説 二冊
洋教宗派之説 二冊 回教 附印度教、佛教 二冊
蘇干地那威神學 附諸小派 二冊 歳時記 二冊
脩身論 二冊 接物論 二冊 經濟論 二冊
貿易論 附貨幣 バンク 二冊 戸籍 附教貧法 ライフアシユアランス 二冊 百工倹約訓 二冊
國民統計學 二冊 教導説 二冊 英吉利文法 二冊

百科全書　卆二　文部省

算術 附代数学 二冊 幾何學 二冊 畫 附彩色彫刻 二冊
體操 附戸外嬉戯方 四冊 戸内遊戯方 二冊 古物學 二冊
善論學 二冊 刷板術 附石板術 二冊 彫刻術 附寫真術 二冊
家事倹約訓 二冊

通計九十二篇 二百冊

『教導説』の「百科全書篇名」

ねて、次の九十二項目の編名が掲載されている。(29)

箕作麟祥訳『教導説』一八七三（明治六）年「百科全書篇名」

星学　地質学　気中現象学　理科地理学　植物生理学　植物綱目篇　動物生理学附人身生理学　動物綱目篇　物理学
重学附器械之理　動静水学附気学　光学附音学　越歴附瓦尓華尼磁石力越歴多露磁石力　年契附時計　化学　百工応用化学　陶磁製造篇　織工篇
礦山学附金石　金類篇附治金術　蒸気機　土木術　陸運篇　水運篇　建築学　暖室篇附通風、通光　給水篇附浴、治水方
農学附荒地種芸方鍬鋤耕作方　菜園篇　花園篇　果園篇　養樹方　馬　家畜篇附乳汁採方　羊附山羊、白露羊　豚附兎、食用之鳥、籠鳥　蜜蜂篇
犬附狩猟　釣魚篇　漁猟篇　養生篇　食物篇　食物製方附割烹　医学篇　衣服篇附服式　人種之説　言語篇　交際篇附政体
法律之沿革事体　太古史　希臘史　羅馬史　中古史　英国史　英国制度国資　海陸軍制　地誌欧羅巴　地誌英倫、威勒斯
地誌蘇格蘭　地誌愛倫　地誌亜細亜、附東印度　地誌亜非利加、附大洋群島　地誌北亜米利加　地誌南亜米利加附、西印度　人心論　骨相説　明理学　造化妙用説附人道学
西洋経典縁起附基督教説　洋教宗派之説　回教附印度教、仏教　蘇干地那威神学附小派　歳時記　修身論　接物論
経済論　貿易論附貨幣《バンク》　戸籍附救貧法《ライフアッシュランス》　百工倹約訓　国民統計学　教導説　英吉利文法　算術附代数学　幾何学
画附、彩色、彫刻　体操附戸外嬉戯方　戸内遊戯方　古物学　善論学　刷板術附石板術　彫刻術附写真術　家事倹約訓

通計九十二篇　二百冊

当初は、基本各二冊（四冊、六冊、八冊予定もあり）で、九十二項目全二百冊の「百科全書」シリーズとする見込みであったようだ。しかしながら、その後の出版では改題され、装丁も和装から洋装に途中で切り替わり、それに伴い冊数も減った。分冊本の八十八番目に出版された吹田鯛六訳・保田久成校『羊篇』にも、次のように九十二項目の編名が「百科全書総目録」として記されている。『教導説』からおよそ十年の時を経て、かなりの変更があるが、当時すでに出版されていたタイトルを必ずしも反映しておらず、最終的にはさらなる変更が加えられた。

吹田鯛六訳・保田久成校『羊篇』一八八二（明治十五）年「百科全書総目録」

天文学《アストロノミー》　地質学《ゼオロジー》　気中現象学《メテオロジー》　地文学《フィシカル、ゼオグラフイー》　植物生理学《ウエジテーブル、ヒシヨロジー》　植物綱目《システマチック、ボタニー》　動物及人身生理《アニマル、フイシヨロヂー、エンド、ゼ、フユーマン、ボデー》　動物綱目《ゾーロジー》　物理学《ナチユラル、フイロソフイー。マタル。モシヨン、エンド、ヒート》　重学及器械《メカニック。マシネリー》　動静水学及気学《ハイドロスタチツクス。ハイドローリツクス。ペニユーマチツクス》　光学及音学《オプチツクス。アコースチツク》　電気及磁石《エレクトリシチー。ガルヴアニズム。マグネチズム。エレクトロ、マグネチズム、》　時学及時刻学《クロノロジー。ホロ、ジー》　化学《ケミストリー》　百工応用化学《ケミストリー、エツプリード、ツー、ゼ、アーツ、》　陶磁製造《フイクタイル、マニユフアクチユールス》　織工《テキスタイル、マニユフアクチユールス》　礦物学《ミーニング、ミネラルス》　金類及治金術《メタルス。メタルラルジー》　蒸気機《ゼ、スチームエンジーン》　土工術《シウイル、インジニーリング》　陸運《インランド、コンベイーンス》　水運《マリタイム、コンベーンス》　建築学《アーチテクチユール》　温室通風点光《ウオーミング。ウエンチレーシヨン。ライチング》　給水浴澡掘渠《シヤツプレー、オフ、ウオートル。バス。ドレーネージ》　農学《アグリカルチユール。カルチユール、オフ、ウオスト、ランド。スペード、ハズバンドリー》　菜園《ゼ、キッチエン、ガーヅン》　花園《ゼ、フロウエル、ガーヅン》　果園《ゼ、フルート、ガーヅン、》　養樹《アルボリカルチユール、》　馬《ゼ、ホールス、》　牛及採乳方《カットル。デーレー、ハズバンドリー》　羊、山羊及白露羊《ゼ、シープ。ゴート。アルパカ、》　豚、兎、食用鳥、籠鳥《ピッグス。ラビット。ポートリー。ケージ、ボイルド、》　蜜蜂《ゼ、ホニービー》　犬及狩猟《ゼ、ドッグ。フイールド、スポルツ。》　釣魚《エングリング》　漁猟《フイッシエリース》　養生《プレセルヴエーシヨン、オフ、ヒールス》、　食物《フード。ベヾレージス》　食物製方《プレパレーシヨン、オフ、フード。クークリー》　医学《メジシヤイン。サルジエリー》　衣服及服式《クロッシング。コスチユーム、》　人種説《フイシカル、ヒストリー、オフ、マン。エスノロジー》　言語《ラングエエジ》　交際及政体《コンスチチユーシヨン、オフソサイチー。カバルメント》　法律沿革事体《ヒストリー、エンド、ナチユール、オフ、ロウス、》　太古史《ヒストリー、オフ、アンシエント、ネーシヨンス》　希臘史《ヒストリー、オフ、グリース》　羅馬史《ヒストリー、オフ、ローム、》　中古史《ヒストリー、オフ、ゼ、ミツドル、エージス、》　英国史《ヒストリー、オフ、グレート、ブリテイン、エンド、アイランド》　英国制度国資《コンスチチユーシヨン、エンド、レソールチス、オフ、ブリツチス、エンパイル》　海陸軍制《ミリタリー、エンド、ネバル、オルガニゼーシヨン、》　欧羅巴地誌《ユーロープ》　英倫及威勒斯地誌《エングランド、エンド、ウエールス、》　蘇格蘭地誌《スコットラント》　愛倫地誌《アイランド》　亜細亜地誌《アジア。エースト、インジアン》　亜非利加及大洋群島地誌《アフリカ。オセアニア》　北亜米利加地誌《ノルス、アメリカ》　南亜米利加地誌《ソウス、アメリカ。ウエスト、インヂース、》　人心論《ゼ、ヒユーマン、マインド》　骨相論《フレノロジー》　明理学《ロジツク》　造化妙用及人道学《ナチユーラル、テオロジー。エジツクス》　経典史及基督教《ヒストリー、オフ、ゼ、バイブル。クリスタニチー》　洋教宗派《レリジアス、チヨルチス、エンド、セクツ》　回教及印度教仏教《モハンメダニズム。ヒンドイズム。ブツヂーズム》　北欧鬼神誌《スカンジナヴイアン、ミトロジー。ミノル、シヤツペルスチシヨン》　歳時記《ケイ、ツー、ゼ、カーレンダル》　修身論《プラクチカル、モラルチー。パーソナル、エンド、ジエネラル、ヂユーチース、》　接物論《プラクチカル、モラルチー。スペシアル、ソシアル、エンド、パブリツク、ヂユーチース》　経済論《ポリチカル、エコノミー》　貿易及貨幣銀行《コンメルス。モニー。バンクス、》　人口窮救及保険《ポピレーシヨン。プーア、ロウス。ライフ、アッシユランス》　百工倹約訓ソシアル、エコノミクス、オフ、ゼ、インチユストリアル、オルドルス　国民統計学ソシアル、スタチスチック　教育論エヂユケーション　英吉利文法イングリス、グランマル　算術及代数アリスメチック。アルヂブラ、
幾何学ゼオメトリー　画学及彫像ドローイング　ペインチング。スカルプチユール　体操及戸外遊戯ジムナスチック。アウト、オフ、ヅールレクレーションス　戸内遊戯方インヅール、エミユーズメント　古物学アルケオロジー　修辞及美文レトリツク、エンド、ベルレス、レツトルス　印刷及石板術プリンチング。リソグラフイー　彫刻及捉影術エングラビング。ホトグラフイー。　家事倹約訓ハウスホルド、ヒンツ、

通計九十二

これら二つの総目録を比較すると、たとえば『教導説』は一八七三（明治六）年に和装上下二冊で出版された後、一八七八（明治十一）年の洋装一冊本では『教育論』へと改題された、という事実が裏付けられる（「教導」から「教育」への変更については第三章で詳述）。しかしながら事はそれほど単純ではない。たとえば、『越歴』ではなく『電気篇』として一八七四（明治七）年に和装上下二冊で出版された後に、さらに『電気及磁石』と改題されたことまでは分からない。『天文学』『地文学』も『星学』『理科地理学』からの改題ではなく、最初からこのタイトルで一八七六（明治九）年に出版された。また『論理学』は（『明理学』ではなく）、すでに一八七八（明治十一）年に出版されていたにもかかわらず、この変更は反映されていない。ちなみに『英吉利文法』は結局出版されなかった。一八七三（明治六）年と一八八二（明治十五）年時点のずれに加えて、錯綜した情報も含まれているのである。また些細な点ではあるが、「編」や「篇」の有無、外題と内題の差異など微妙な違いもある。ひとまず最終的に翻訳された九十一編のタイトルとして、有隣堂からの一揃いの合本全二十冊で確認しておくことにしよう。[30]

有隣堂合本二十冊九十一編（明治十年頃〜十九年頃）
第一冊（天文学　地質学　気中現象学　地文学）　第二冊（植物生理学　植物綱目　動物及人身生理　動物綱目）　第

三冊（物理学　重学　動静水学　光学及音学　電気及磁石）第四冊（時学及時刻学　化学　百工応用化学篇　陶磁工　織工）第五冊（鉱物篇　金類及錬金術　蒸汽篇　土工術　陸運）第六冊（水運　建築学　温室通風点光　給水浴澡掘渠）第七冊（農学　菜園　花園　果園篇　養樹篇）第八冊（馬　牛及採乳方　羊、山羊及白露羊　豚兎食用鳥籠鳥篇）第九冊（蜜蜂篇　犬及狩猟　釣魚　漁猟）第十冊（養生　食物篇　食物製方　医学）第十一冊（衣服及服式　人種説　言語篇　交際及政体）第十二冊（法律沿革事体　太古史　希臘史　羅馬史　中古史）第十三冊（英国史　英国制度国資　海陸軍制）第十四冊（欧羅巴地誌　英倫及威爾斯地誌　蘇格蘭地誌　愛倫地誌　亜細亜地誌　亜弗利加及大洋州地誌）第十五冊（北亜米利加地誌　南亜米利加地誌　人心論　骨相学　論理学）第十六冊（自然神教及道徳学　聖書縁起及基督教　洋教宗派　回教及印度教仏教　北欧鬼神誌）第十七冊（歳時記　修身論　接物論　経済論　貿易及貨幣銀行）第十八冊（人口救窮及保険　百工倹約訓　国民統計学　教育論）第十九冊（算術及代数　幾何学　画学及彫像　体操及戸外遊戯　戸内遊戯方）第二十冊（古物学　修辞及華文　印刷術及石版術　彫刻及捉影術　家事倹約訓）

合本は有隣堂のみでなく、一八八三（明治十六）年に丸善商社出版からも異なる装丁と内容で刊行が始まった。翻訳テクストの出版事情を探ってみよう。

『百科全書』の出版事情

各種の版の出版状況は非常に複雑である。文部省の事業としては、一八七三（明治六）年から各編の木版和装分冊本による刊行が不規則に始まった。急速な西洋化の波が押し寄せるなかで途中から活版洋装分冊本へと変更されたが、和装分冊本も同時に翻刻されていた。さらに合本が民間書肆から予約出版されるようになり、有隣堂の二十冊や丸善商社出版の十二冊・三巻（別冊『索引』を加えれば十三冊）なども企画され、その新聞広告からも当時の出版状況を窺うことができる（第九章参照）。さらに教科書用に地方で翻刻された異本もあり、その書誌的な豊かさは――「ふぞろい」であるということだが――多様な使用形態があったことを彷彿させる。近年では、国立国会図書館の近代デジタルライブラリー（一部は館内限定公開）でも閲覧できるし、青史社とゆまに書房からそれぞれ異なる版が復刻されてもいる。[31] この二種類の復刻版におけるタイトルを挙げておく。

【青史社復刻版】

天文学　気中現象学　地質学　地文学　植物生理学　植物綱目　動物及人身生理　動物綱目　物理学　重学　動静水学　光学及音学　電気及磁石　時学及時刻学　化学篇　陶磁工篇　織工篇　鉱物篇　金類及錬金術　蒸汽篇　土工術　陸運　水運　建築学　温室通風点光　給水浴澡掘渠篇　農学　菜園篇　花園　果園篇　養樹篇　馬　牛及採乳方　羊篇　豚兎食用鳥籠鳥篇　蜜蜂篇　犬及狩猟　釣魚篇　漁猟篇　養生篇　食物篇　食物製方　医学篇　衣服及服式　人種　言語　交際及政体　法律沿革事体　太古史　希臘史　羅馬史　中古史　英国史　英国制度国資　海陸軍制　欧羅巴地誌　英倫及威爾斯地誌　蘇格蘭地誌　愛倫地誌　亜細亜地誌　亜弗利加及大洋州地誌　北亜米利加地誌　南亜米利加地誌　人心論　骨相学　北欧鬼神誌　論理学　洋教宗派　回教及印度教仏教　歳時記　修身論　接物論　経済論　人口救窮及保険　百工倹約訓　国民統計学　教育論　算術及代数　戸内遊戯方　体操及戸外遊戯　古物学　修辞及華文　印刷術及石版術　彫刻及捉影術　自然神教及道徳学　幾何学　聖書縁起及基督教　貿易及貨幣銀行　画学及彫像　百工応用化学　家事倹約訓

【ゆまに書房復刻版】丸善三巻本

（上巻目録）天文学　地質学　気中現象学　地文学　植物生理学　植物綱目　動物及人身生理　動物綱目　物理学　重学　動静水学　光学及音学　電気及磁石　時学及時刻学　化学篇　百工応用化学篇　陶磁工　織工篇　有要金石編

金類及錬金術　蒸汽篇　土工術　陸運　水運　温室通風点光　給水浴澡掘渠　菜園　花園　果園篇　養樹篇
（中巻目録）馬　牛及採乳方　豚兎食用鳥籠鳥篇　蜜蜂篇　犬及狩猟　釣魚　漁猟　養生　食物篇　食物製方　医学
衣服及服式　人種篇　交際篇　法律沿革事体　太古史　希臘史　羅馬史　中古史　英国史　英国制度国資　海陸軍制
欧羅巴地誌　英倫及威爾斯地誌　蘇格蘭地誌　愛倫地誌　亜細亜地誌　東印度地誌　亜弗利加地誌　大洋州地誌　北亜米利加地誌　南亜米利加地誌　西印度地誌
（下巻目録）人心論　骨相学　論理学　自然神教及道徳学　洋教宗派　回教及印度教仏教　北欧鬼神誌　歳時記　修身論　接物論　経済論　貿易及貨幣銀行　人口救窮及保険　百工倹約訓　国民統計学　教育論　算術及代数　画学及彫像　戸内遊戯方　体操及戸外遊戯　古物学　修辞及華文　印刷術及石版術　彫刻及捉影術　家事倹約訓　経典史
造家法　牧羊篇　農学　幾何学

文部省印行（印刷・発行）の木版和装分冊本、活版洋装分冊本、有隣堂合本などを取り混ぜて底本とした青史社復刻版（九十一編）と、ゆまに書房による丸善三巻本の忠実な復刻版（上巻三十編・中巻三十三編・下巻三十編の計九十三編）を比較すると、タイトル名や配列に違いがあることが分かる。とりわけ後者が特異なのは、『言語篇』が欠落しているにもかかわらず、合計九十三編と増えている点である。この理由は地誌に関する三編において、内容の改変なく六編分に水増ししたものが含まれているからだ（「亜細亜（及東印度）地誌」→「亜細亜地誌」＋「東印度地誌」、「亜弗利加及大洋州地誌」→「亜弗利加地誌」＋「大洋州地誌」、「南亜米利加（及西印度）地誌」→「南亜米利加地誌」＋「西印度地誌」）。ここであえて二種類の復刻版を比較に用いたのは、これまでの先行研究で検討される機会がなかった新たな現代版異本だからである。もちろんこれ以外にも、国立公文書館、国立国会図書館、東書文庫、全国の大学図書館などにはオリジナルの各版が所蔵されており、できる限りの確認を試みたのは言うまでもない。

現存する書籍と関連文書をもとに、文部省『百科全書』の出版状況を整理してみると、要点はこうなる。一八七三（明治六）年に刊行開始の文部省分冊本（一八七五（明治八）年までの最初期十五編初版は木版和装本二冊）は、一八八二（明治十五）年で八十八編となり、途中一八七七（明治十）年からは合本版も順不同で刊行が始まった。合本全二十冊のなかで一八八三（明治十六）年の時点では、第四冊、第七冊、第十一冊、第十六冊、第十九冊を除く合本の十五冊分が出されていた。[32] そして遅くとも一八八六（明治十九）年までには『聖書縁起及基督教』『幾何学』『言語篇』の三編が加わり、九十一編の翻訳テクストが一応は揃うことになる。[33] また文部省印行と並行して、複数の民間書肆からの和装本や洋装本も各種翻刻され続けた。

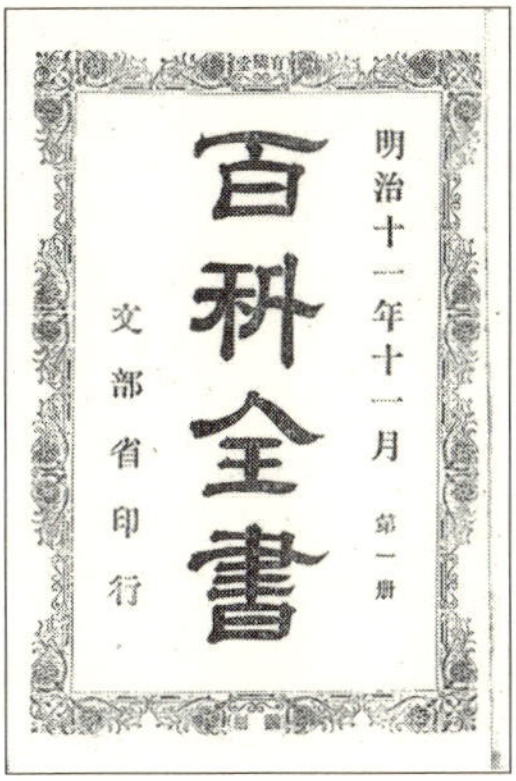

有隣堂合本全 20 冊
第 1 冊の扉

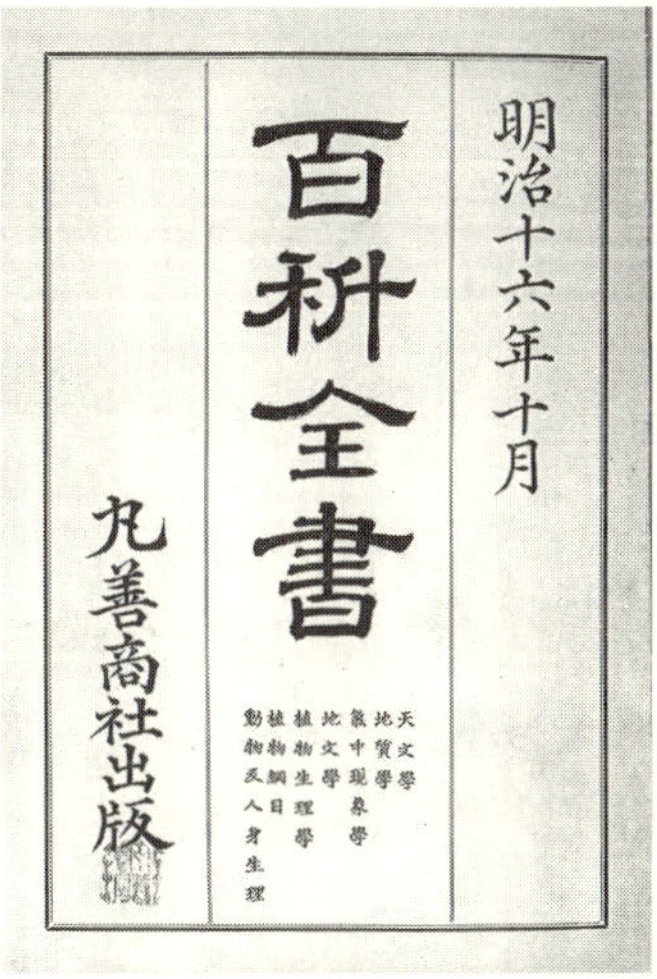

丸善合本全 12 冊
第 1 冊の扉

他方これとは別に、新たな翻訳者による新たな起点テクスト第五版からの改訳作業が、一八八三（明治十六）年から刊行が始まった丸善版の合本には六編含まれることになった（奥付によれば、全十二冊の第一冊は「明治十五年十一月十八日飜刻出版御届」「明治十六年十月出版」、全三巻の上巻は「明治十五年十一月十八日飜刻出版御届」「明治十七年一月出版」、別冊『索引』は「明治十七年十二月二十四日出版御届」「明治十八年一月出版」）。改訳されたのは、文部省分冊本八十八編のうち、『鉱物篇』（文部省版）→『有

文部省版・有隣堂版			丸善版		
起点テクスト (無年紀版)	翻訳テクスト	担当者	起点テクスト 第５版	翻訳テクスト	担当者
MINING－ MINERALS	鉱物篇	鈴木良輔 訳 清水世信 校	USEFUL MINERALS	有要金石編	松田武一郎 訳
AGRICULTURE	農学	松浦謙吉 訳 木村一歩 校	AGRICULTURE	農学	玉利喜造 訳
ARCHITECTURE	建築学	関藤成緒 訳 秋月胤永 校	ARCHITECTURE	造家法	都築直吉 訳 大鳥圭介 校
THE SHEEP－ GOAT－ALPACA	羊篇	吹田鯛六 訳 保田久成 校	THE SHEEP－ GOAT－ALPACA	牧羊篇	勝嶋仙之介 訳
HISTORY OF THE BIBLE－ CHRISTIANITY	聖書縁起及基督教	吹田鯛六 訳	HISTORY OF THE BIBLE	経典史	原彌一郎 訳
GEOMETRY	幾何学	佐原純一 訳	GEOMETORY	幾何学	原彌一郎 訳

改訳６編

左から改訳丸善版洋装分冊本『経典史』『造家法』『牧羊篇』『農学』
国立公文書館蔵

要金石編』（丸善版）、『農学』（文部省版）→『農学』（丸善版）、『建築学』（文部省版）→『造家法』（丸善版）、『羊篇』（文部省版）→『牧羊篇』（丸善版）の四編と、有隣堂合本で追加された三編のうち、『聖書縁起及基督教』（有隣堂版）→『経典史』（丸善版）、『幾何学』（有隣堂版）→『幾何学』（丸善版）の二編である（改訳された丸善版のなかには、合本のみならず分冊本も現存）。最初から起点テクスト第五版を用いて翻訳された『言語篇』は、有隣堂合本には入ったが、丸善合本では欠落している（『天文学』の起点テクストも最初から第五版であったが、一八七六（明治九）年に文部省分冊本として刊行され、その後の有隣堂と丸善の合本にも所収）。また『英吉利文法』のみは翻訳された形跡がどこにもなく、結局どの版にも未収である。総計すれば、のべ九十七（九十一＋改訳六）編が文部省『百科全書』の翻訳テクストということになる。[34]

起点テクスト第五版からの改訳六編を一覧にすれば、右頁の表のとおりである。

四　起点テクストについて

チェンバーズ社（W. & R. Chambers）

文部省『百科全書』の起点テクスト *Chambers's Information for the People* についても、詳しく見ておきたい。これは、十九世紀の英国エディンバラで出版社を起業した兄ウィリアム・チェンバーズ（一八〇〇―八三年）と弟ロバート・チェンバーズ（一八〇二―七一年）が編んだ啓蒙書である。[35] 柳田泉は「国民須知」として紹介して、その目的を「新時代（産業革命以後の第十九世紀）のイギリス人の啓蒙運動に必要な新知識の供給」と説明している。[36] 書名に含まれた information と people は、彼らがどのような読者を考えていたのかを示唆しているのである。近年の研究書でアイリーン・ファイフも述べているように、「people は一般の人々というよりも十九世紀の労働者階級を意識したものであり、information ということばは knowledge と意識的に差別化した出版戦略だっ

ウィリアム・チェンバーズ（エディンバラのチェンバーズ通りに立つ彫像）

ロバート・チェンバーズ

た」[37]。

Chambers's Information for the People の初版（一八三三―三五年）は小冊子で刊行され、改訂版（一八四二年）以降に二巻本が登場して第五版（一八七四―七五年）まで続き、この最終版には一八八〇年代の重刷も出た。第五版の編集実務を担当したアンドリュー・フィンドレーター（一八一〇―八五年）は、全十巻に及ぶ本格的な百科事典として名高い *Chambers's Encyclopaedia*（初版一八五九―六八年）の編集者でもある。

チェンバーズ兄弟は、エディンバラの南に位置するピーブルズという町で生まれ育った人物である[38]。兄弟の伝記的事実を簡潔に確認しておくと、彼らの父は手織り工で、職人仕事が機械化する時代の波に乗れず一家は貧しい生活を強いられたようだ。兄のウィリアムは十四歳で家を出てエディンバラの書店で徒弟となり、弟のロバートはなんとか学校生活を続けたが、父の失業で大学進学は断念せざるをえなかった。当時十六歳だったロバートは徒弟となるには年齢が行き過ぎ、専門職の訓練も受けていなかったので、兄が開店を予定していた近くに狭い敷地を借り、所蔵するありったけの本を並べて露店商を営んだ。こうしてチェンバーズ兄弟はさほど離れていない場所に、別々の書店を開くことになったのである。チェンバーズ社の前身はウィリアムとロバートが別々に始めた小さな書店であり、やがて兄弟は力を合わせて出版社の経営に乗り出した。ウィリアムは徒弟生活を終えて自らの書店を始めるにあたり、中古の印刷機を購入していた。その小型手動印刷機は古びて気まぐれで活字は摩耗していたが、店番が暇なときに印刷技術を学ぶには十分だったという。ふたりはそれぞれの書店を営みながら、兄は印刷技術の習得に、弟はエディンバラの歴史についての執筆に取り組んだ。一八二一年に兄弟は『万華鏡』（*Kaleidoscope: or Edinburgh Literary Amusement*）という定期刊行物を隔週で発行するが、このプロジェクトではロバートが記事を執筆し、ウィリアムが印刷と製本を担当している。雑誌そのものは好評であったが、元が取れる程度でさほど利益は上がらず、翌年の第七号で廃刊となったようだ。この時の経験をウィリアムは「腕試しになった」と回想している。

一八三二年二月に創刊した週刊新聞 *Chambers's Edinburgh Journal*（別名を *Chambers's Journal* とも言い、一八五四年からは *Chambers's Journal of Popular Literature, Science and Arts*）が成功を修めつつあったことが、出版社設立に直接的につながったと思われる。同年に小さな出版社として出発したが、後には従業員一五〇名、エディンバラに拠点を置く大手出版社へと成長して大成功した。その間一八五三年には、兄のウィリアムが初めてアメリカを旅行して最新鋭の蒸気印刷機を導入し、安価な書籍を世界中へと届けることが可能となっていた(39)。

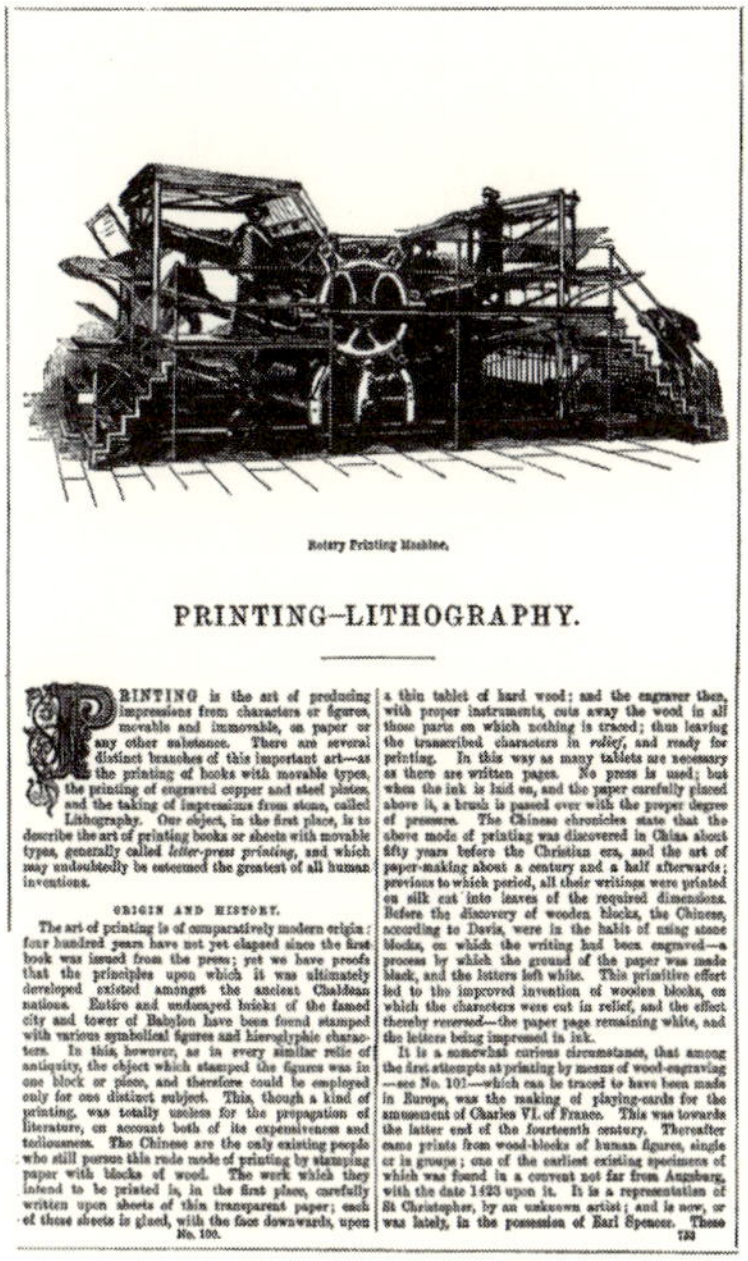

Rotary Printing Machine.

PRINTING—LITHOGRAPHY.

PRINTING is the art of producing impressions from characters or figures, movable and immovable, on paper or any other substance. There are several distinct branches of this important art—as the printing of books with movable types, the printing of engraved copper and steel plates, and the taking of impressions from stone, called Lithography. Our object, in the first place, is to describe the art of printing books or sheets with movable types, generally called *letter-press printing*, and which may undoubtedly be esteemed the greatest of all human inventions.

ORIGIN AND HISTORY.

The art of printing is of comparatively modern origin: four hundred years have not yet elapsed since the first book was issued from the press; yet we have proofs that the principles upon which it was ultimately developed existed amongst the ancient Chaldean nations. Entire and undamaged bricks of the famed city and tower of Babylon have been found stamped with various symbolical figures and hieroglyphic characters. In this, however, as in every similar relic of antiquity, the object which stamped the figures was in one block or piece, and therefore could be employed only for one distinct subject. This, though a kind of printing, was totally useless for the propagation of literature, on account both of its expensiveness and tediousness. The Chinese are the only existing people who still pursue this rude mode of printing by stamping paper with blocks of wood. The work which they intend to be printed is, in the first place, carefully written upon sheets of thin transparent paper; each of these sheets is glued, with the face downwards, upon a thin tablet of hard wood; and the engraver then, with proper instruments, cuts away the wood in all those parts on which nothing is traced; thus leaving the transcribed characters in *relief*, and ready for printing. In this way as many tablets are necessary as there are written pages. No press is used; but when the ink is laid on, and the paper carefully placed above it, a brush is passed over with the proper degree of pressure. The Chinese chronicles state that the above mode of printing was discovered in China about fifty years before the Christian era, and the art of paper-making about a century and a half afterwards; previous to which period, all their writings were printed on silk cut into leaves of the required dimensions. Before the discovery of wooden blocks, the Chinese, according to Davis, were in the habit of using stone blocks, on which the writing had been engraved—a process by which the ground of the paper was made black, and the letters left white. This primitive effort led to the improved invention of wooden blocks, on which the characters were cut in relief, and the effect thereby *reversed*—the paper page remaining white, and the letters being impressed in ink.

It is a somewhat curious circumstance, that among the first attempts at printing by means of wood-engraving—see No. 101—which can be traced to have been made in Europe, was the making of playing-cards for the amusement of Charles VI. of France. This was towards the latter end of the *fourteenth* century. Thereafter came prints from wood-blocks of human figures, single or in groups; one of the earliest existing specimens of which was found in a convent not far from Augsburg, with the date 1423 upon it. It is a representation of St Christopher, by an unknown artist; and is now, or was lately, in the possession of Earl Spencer. These

No. 100. 793

当時の蒸気印刷機
Chambers's Information for the People より

チェンバーズ社の出版物には押しなべて、日々の葛藤から人々が抜け出すための手助けとなるという大義があった。大手出版社として繁盛し裕福になっても、過ぎし日の苦労を忘れず、人々の教育や自己啓発に役立つ出版事業を続けようと努めたのだ。十九世紀前半の英国では、店員、仕立屋、大工、工場労働者にも読み書き程度の能力はあったが、彼らにとって書籍は高嶺の花で手が届かず、教育者にとってすら高額だった。このような時代にあってチェンバーズ社は、最低限の教育を受けたものの金銭的に余裕のない読者のニーズに焦点を合わせた数少ない若手出版社のひとつだったという[40]。

一八六五年から四年間、兄ウィリアムはエディンバラ市長を務め、その功績は同市内の「チェンバーズ通り」として、いまも地元の人々の記憶に留められている。市長時代の会社経営は、弟ロバートの息子である甥（父と同名）に任せられたが、一八七一年に弟が亡くなり、ウィリアムが再び出版社の運営を支援した。しかし一八八三年に兄もこの世を去った。ウィリアムには子どもがおらず、彼亡き後のチェンバーズ社は甥ロバートに引き継がれたのであった。

さて、幕末明治期の日本と関係の深いチェンバーズ社の書籍を挙げるならば、文部省『百科全書』の他にも、福澤諭吉の著訳書などがある。一八六七（慶応三）年に著した『西洋事情 外編』は、同社の *Political Economy, for Use in Schools, and for Private Instruction* に基づいて執筆されたものであるし[41]、一八七二（明治五）年の『童蒙教草』は同社の *Moral Class-Book* を起点テクストとした福澤訳の翻訳書である。また、明治初期に広く使用された自然科学の入門書である小幡篤次郎訳『博物新編補遺』（一八六九年）も、ロバート・チェンバーズ著 *Introduction to the Science* の翻訳書である。

川戸道昭は、アンデルセン童話の日本での受容においてチェンバーズ社の『スタンダード・リーディング・ブックス』が果たした役割を指摘している。一八七五（明治八）年の『東京英語学校教則』には「在期中チャンブル氏第二読本ヲ卒ラシム」の記載があり、東京英語学校、東京開成学校、東京大学予備門など一部の有名校で、「マッチ売りの少女」などの英訳が英語教材として使用されたことも確認できる。明治十年前後に広く使用されていたアメリカのハーパー社（Haper & Brothers）による『ウィルソン・リーダー』と比較して、チェンバーズ社の読本は文学作品が豊富であり、「日本でもっとも早い段階の西洋文学との出会い」を用意したことになる。

のちに坪内逍遥が一九〇〇（明治三十三）年に編集した『国語読本』にも、チェンバーズ社の読本からの文学作品が翻案されて登場する。「チェンバーズの英語リーダーというのは、日本の読者がはじめてアンデルセンの作品と出会うきっかけを作ったばかりか、全国の学校に西洋童話を普及させたという点で、近代文学史上忘れがたい教科書であった」と川戸は評価している(42)。

先にも述べたが、フランスのいわゆる「百科全書派」が参考にした『サイクロペディア』を編纂したのは、イングランド湖水地方出身のイーフレイム・チェンバーズ（一六八〇頃―一七四〇年）であった。彼の活躍した時代は、チェンバーズ兄弟と一世紀以上も開きがあるのだが、同姓の英国人という偶然や「百科全書」というキーワードによって混同されることが少なくない。別人である点は再度ここでも強調しておきたい。

『百科全書』の底本

文部省『百科全書』はかつて、「チャンブルの百科全書」と呼ばれていた。丸善合本の冒頭に置かれた中村正直（敬宇）と関根柔（痴堂）による「百科全書序」、そして「例言」では、次のように述べられている(43)。

百科全書序

人之思想日変日新而無窮已者也是故世之学術亦日変日新而無窮已者也今日賢哲之思想與其学術其所至既近于極耶猶與極相遠耶抑猶其初歩耶均不得而知也唯吾所知則人之思想其必発達而不衰滅也世之学術其必上進而不下退也何以明之即就百科全書之屢経改訂可以証焉拠原序曰此書自始印四十年于今而板五改其間学術之変進人智之開達実為迅速故今所印比諸初板全然不同者多矣中村子曰嗚呼欧米之所以文明富強其在于此歟蓋由思想之変新而致学術之変新由学術之変新而致邦国之景象亦由以変新蒙昧者浸仮而文明矣貧弱者浸仮而富強矣成迹彰々可得而徵已如我邦維新之事亦人心変新之結果也思想既已変新則学術不得不変新亦其勢也是以人心喜新事競新切或沉酣西籍或翹企新訳今此書世人多需用者而書舗

得以供給焉謂文明富強之兆在此豈夸言乎哉抑此書博綜百科之竅要洵為人智之宝庫専門世業之士得之則彼此有所触発而可免面墻之歎各般人民得之則可以広智識明物理而各效其用然則此書之行其於翼賛世運之開進豈曰小補之哉

明治十六年癸未十月

敬宇中村正直撰

百科全書序

此編英国学士産伯爾氏之所撰凡九十篇自天文地理博物教育政治法律経済以至農医工作芸術遊戯諸科凡天地間不可不知之事細大不遺本末皆備学者苟有得於此於所謂格物致知修身齊家治国平天下之工夫有思過半者矣嚮者我文部省摘訳若干篇鏤版許飜刻以広其伝而未有補遺以成全書者丸善社主人憾之間請補訳遺漏兼訂正旧本以完之因発告四方以募同志未数月締約者抵一千余名於是第一版成属来序引余謂方今欧米之書陸続舶載其新奇可喜者何限而願望此書之成者其衆如此亦可以見人心開化之所趨向矣況於及此書行之久増長其学術智識之日乎其効更如何也姑書余之所感以為之序明治十六年歳在癸未秋九月

癡堂散人関根柔撰幷書

百科全書　例言

此ノ書原名ヲ「インフォルメーション、ファル、ゼ、ピープル」ト云フ英人ウイルレム、チャンブル及ロベルト、チャンブル氏嘗テ地球上ノ事物ニ就キテ其ノ大旨ヲ人ニ喩サンカ為ニ撰セシ所ナリ其ノ体タル天文学ヨリ始マリテ家事倹約訓ニ終ル篇ヲ分ツコト凡九十二詳細ヲ欠クニ似タリト雖亦以テ其ノ概略ヲ観ルニ足レリ乃篇ヲ分チテ数人ニ課シ次ヲ以テコレヲ訳セシメ百科全書ト名ツク刻将ニ成ラントシテ人其ノ多キヲ憂フ因リテ更ニ数篇ヲ合セコレヲ活字版ニ附ス観ル者ヲシテ披閲ニ便ナラシメンコトヲ欲スレハナリ此ノ書全部ヲ通シテコレヲ校スレハ語同シクシテ訳字同シカラサル者或ハコレ有リ地一ニシテ仮字ト漢訳トヲ異ニスル者モ亦或ハコレ有リ訳者各異ニシテ字ヲ下スコト同シカラサルニ由リテナリ

此ノ書原刻掲示スル所ノ篇目漸ヲ逐ヒテ改メタル者間コレアリ星学ヲ改メテ天文学トシ衣服篇ヲ改メテ衣服及服式トセルカ如キ是ナリ観ル者其ノ原刻ニ異ナルヲ以テコレヲ怪シムルコト勿カレ

「例言」で明記しているように、文部省『百科全書』の起点テクストが「インフォルメーション、ファル、ゼ、ピープル」つまり、*Chambers's Information for the People* であることは明らかである。ただし、翻訳をした底本の出版年についてはよく分かっていない。中村正直の序で「今而板五改」としているのは誤解を招くものであり、実際に第五版を翻訳したものは、先述のとおり丸善合本においても、ごく一部のみである。

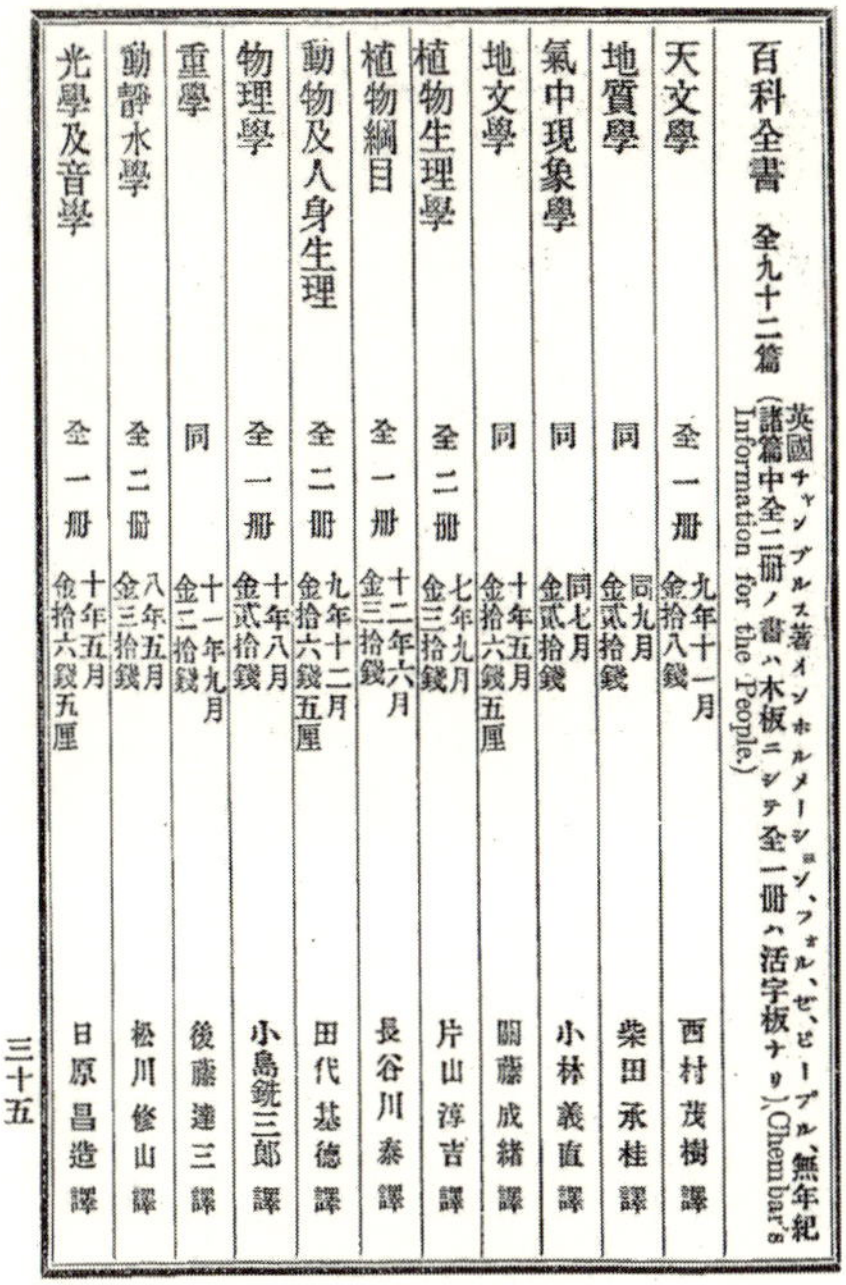

百科全書　全九十二篇　英國チャンブルス著インホルメーション、フォル、ゼ、ピープル、無年紀（諸篇中全二冊ノ書ハ木板ニシテ全一冊ハ活字板ナリ）Chembar's Information for the People.

天文學	全一冊	九年十一月	金拾八錢	西村茂樹譯
地質學	同	同九月	金貳拾錢	柴田承桂譯
氣中現象學	同	同七月	金貳拾錢	小林義直譯
地文學	同	十年五月	金拾六錢五厘	關藤成緒譯
植物生理學	全二冊	七年九月	金三拾錢	片山淳吉譯
植物綱目	全一冊	十二年六月	金三拾錢	長谷川泰譯
動物及人身生理	全二冊	九年十二月	金拾六錢五厘	田代基德譯
物理學	全一冊	十年八月	金貳拾錢	小島銑三郎譯
重學	同	十一年九月	金二拾錢	後藤達三譯
動靜水學	全二冊	八年五月	金三拾錢	松川修山譯
光學及音學	全一冊	十年五月	金拾六錢五厘	日原昌造譯

三十五

『文部省出版書目』

主たる分冊本の起点テクストについて、『文部省出版書目』では「インホルメーション、フォル、ゼ、ピープル、無年紀」と記載している。

百科全書　全九十二篇　英国チャンブルス著インホルメーション、フォル、ゼ、ピープル、無年紀（諸篇中全二冊ノ書ハ木板ニシテ全一冊ハ活字板ナリ）Chembar's Information for the People.

公的記録文書である『文部省出版書目』は掲載内容から一八八四（明治十七）年刊と推定されるもので、「書名・冊数・既未刊の別・値段・解説」などの情報を掲載している。蔵版書目としては『文部省報告』や『文部省年報』にも掲載があるが、『文部省出版書目』はその集成という位置づけになる。ここに「無年紀」と書かれているとおり、出版年の欠如する *Chambers's Information for the People* は確かに存在する。しかし、そもそも第五版より前は出版年の記載があっても版の表示がなく、確認作業をきわめて困難にしている。

文部省『百科全書』の起点テクストの入手経路やどの版を訳したのかの特定については、先行研究でも諸説が錯綜している。長期にわたる国家的大事業であったにもかかわらず史料が少なく、さらに無年紀の起点テクストが状況をさらに複雑にする要因となっているのである。

最新の先行研究としては、二〇〇五年に復刻された *Chambers's Information for the People*（第五版）に付された「別冊日本語解説」で松永俊男が詳細に検討している。

『インフォメーション』の初版は一八三三年から一八三五年にかけて、項目ごとの小冊子で刊行された。第二版以降の版では、分冊の他に二巻にまとめられたものも刊行された。『インフォメーション』二巻本の刊行年は、第二版（一八四二）、第三版（一八四八、一八四九）、第四版（一八五七）、そして最後が第五版（一八七四、一八七五）である。〔…〕『インフォメーション』のどの版でも、各項目は分冊の十六ページを単位としており、二分冊以上の項目については目次に複数の項目番号が付記されている。十六ページ単位で数えれば、初版と第二版はちょうど百項目、第三版は巻末索引を別にすると九十八項目、第四版と第五版は百項目である。(44)

実際には第五版以外の版には具体的な数字、つまり第何版とは明記されていないのだが、英国図書館の所蔵資料に依拠して英国版の刊行順に従えば、確かに松永が推測したような版の出版年となろう。

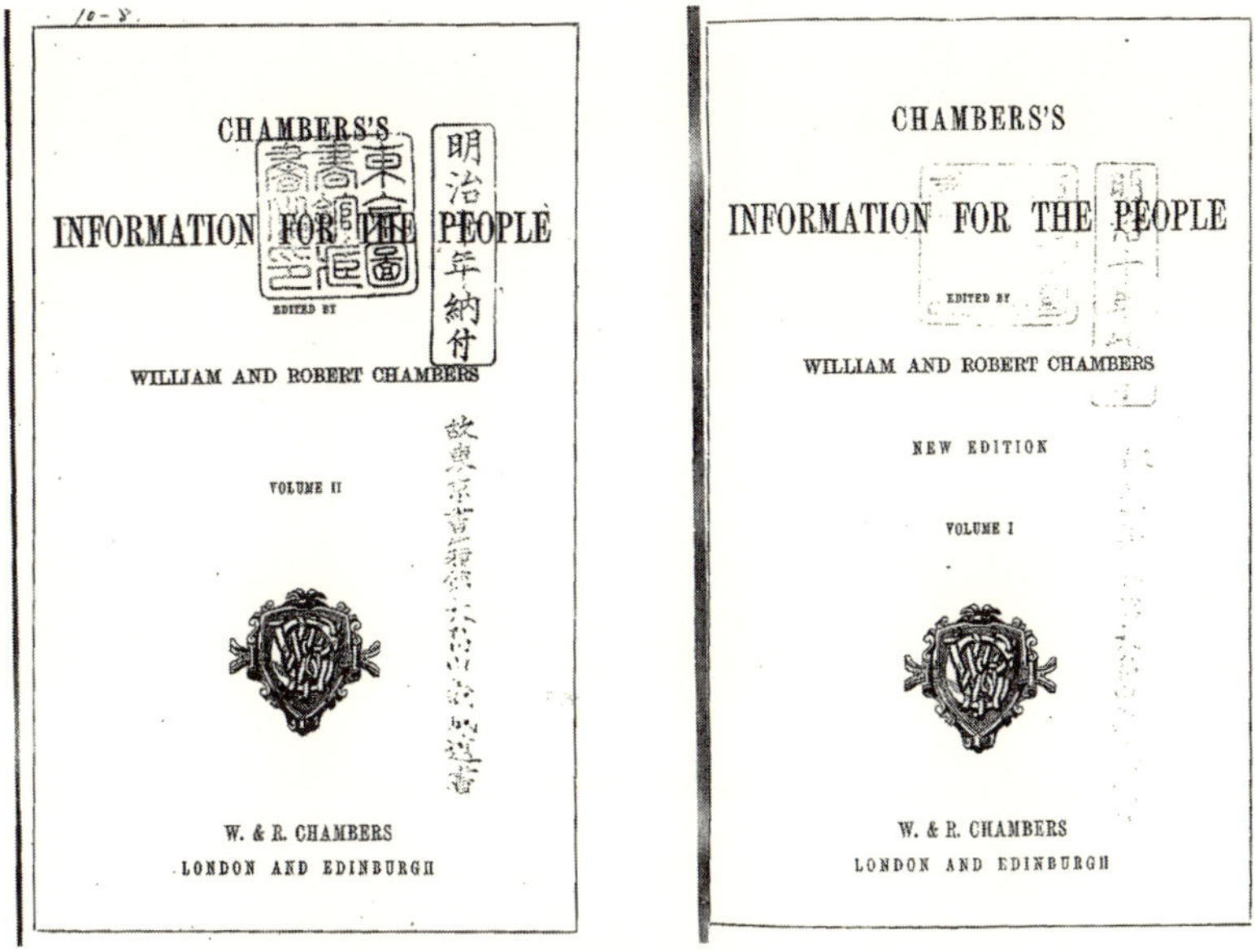

CHAMBERS'S
INFORMATION FOR THE PEOPLE
EDITED BY
WILLIAM AND ROBERT CHAMBERS
VOLUME II
W. & R. CHAMBERS
LONDON AND EDINBURGH

CHAMBERS'S
INFORMATION FOR THE PEOPLE
EDITED BY
WILLIAM AND ROBERT CHAMBERS
NEW EDITION
VOLUME I
W. & R. CHAMBERS
LONDON AND EDINBURGH

無年紀英国版 NEW EDITION 扉（右：第１巻　左：第２巻）
出版社：W. & R. CHAMBERS　出版地：LONDON AND EDINBURGH
「明治十年納付」「故東京書籍館長畠山義成遺書」の押印あり
国立国会図書館蔵

だがここで問題となるのは、文部省が底本とした書籍には出版年の記載がなかったという点だ。英国図書館の蔵書にはすべて出版年の記載があり、無年紀版そのものが確認できないのである（英国図書館のカタログに記載なし）。ただし、無年紀版を「第四版」とする根拠がないわけではない。それは、無年紀版の序文に次のように書かれているからだ。

AFTER the lapse of eight years since the completion of the *third* and improved edition of the INFORMATION FOR THE PEOPLE, it has become necessary, from the constant and rapid advance of every branch of Science and Art, that the work should undergo a further revision.

出版年の記載が欠如したこの版は、「第三版（改訂版）から八年後」に刊行された「第四版」と一応の推定はできる。この記述だけであれば、一八四九年版から八年後に刊行された一八五七年版に相当し、松永の解説に一応は矛盾しない。しかしながら、無年紀版の本文には一八六五年前後の統計数字が登場し、この版を一八五七年刊行とするには無理がある。また、個別の内容に関する松永の次のような解説も注目に値する。

> 原書の第四版と第五版、それとこの二十冊本〔有隣堂合本〕の訳文とを照合してみた。その結果、二十冊本の項目のほとんどは、原書第四版を忠実に訳したものであることを確認した。ただし、「天文学」と「言語」の二項目は原書第五版の訳であり、「海陸軍制」は原書第五版を基礎にして第四版の内容も加味し、さらに別の資料からのデータを付け加えている。この三点の分冊版の発行年は、「天文学」と「海陸軍制」が明治九年（一八七六）、「言語」が明治十二年（一八七九）である。この三点については、訳者が原書第五版（一八七四、一八七五）を非常に早い段階で入手していたことになる。[45]

この解説において特に注意しておきたいのは、「ただし、「天文学」と「言語」の二項目は原書第五版の訳であり、「海陸軍制」は原書第五版を基礎にして第四版の内容も加味し、さらに別の資料からのデータを付け加えている」の件である。なぜ『海陸軍制』のみに、このような奇異な特徴がみられるのか。これは、松永が分析した英国版「第四版（と想定したもの）」（一八五七年）と、文部省『百科全書』が底本とした無年紀版が異なることを示唆するのではないか。

福鎌達夫は「第四版」の刊行を一八六〇年代末と推定した根拠を以下のように説明する。

> この序〔無年紀版〕によると第三版の改訂版発行の八年後に第四版の新版が公けにされたわけであるが、さらにこれと同じくらいの年数をへだてて第五版が出されたとすれば、その刊行は、第五版の出版年次から逆算して一八六八年

の維新前後の頃ということになる。また杉村氏〔杉村武『近代日本大出版事業史』〕も指摘されているとおり、「百科全書」中の歴史や地誌の諸篇に記載されている各種の統計年次は大体一八五七年どまりだが、「海陸軍制」篇には一八六五年までの記録が収められているから、第四版の発行がそれ以前の筈はない。これらを総合して「百科全書」の底本の発行年次は一八六〇年代末とみるのが妥当であろう。またこの点からしても、一八五九年に来日したフルベッキが第五版はもとより第四版の原書を本国から持参したと推定するのは困難であり、たとえ所持していたとしても、来日後、長崎か東京で入手したものと考えられよう。(46)

福鎌は「第四版」を一八六〇年代末の刊行と仮定したが、杉村と福鎌が共通して指摘している事項、つまり『海陸軍制』に一八六五年までの統計数字が出現するという点は、この翻訳が起点テクストを第五版（一八七四―七五年）とすれば解決してしまうので、「第四版」の出版年を一八五七年とする松永の見解への反証とはならない。翻訳された『海陸軍制』とともに、その起点テクストの MILITARY AND NAVAL ORGANISATION も確認しなければならないだろう。すべての可能性を視野に入れて、現物を確認してみよう。

『海陸軍制』と、その潜在的な四つ（三種類）の起点テクスト（一八五七年英国版 NEW EDITION と無年紀英国版 NEW EDITION・一八六七年米国版 NEW AND IMPROVED EDITION と一八七五年英国版第五版）の MILITARY AND NAVAL ORGANIZATION を比較してみたところ、冒頭のイラストも含めて、『海陸軍制』は無年紀英国版・一八六七年米国版ときわめて正確な対応関係にある翻訳となっていることが判明した。年代（「一八六五年」）が頻出するが、他にも「一八六四年」「一八六五―六六年」も出現）を含む本文のみならず、各種図版も忠実に再現されている。英国版第五版やその他の混入は認められず、この点で松永が分析対象とした一八五七年英国版「第四版（と想定したもの）」は、文部省が主に底本とした無年紀版とは別物であると思われる。

以上の検証結果を踏まえて、文部省『百科全書』の起点テクストとなった無年紀版を一八六七年の刊行と想定

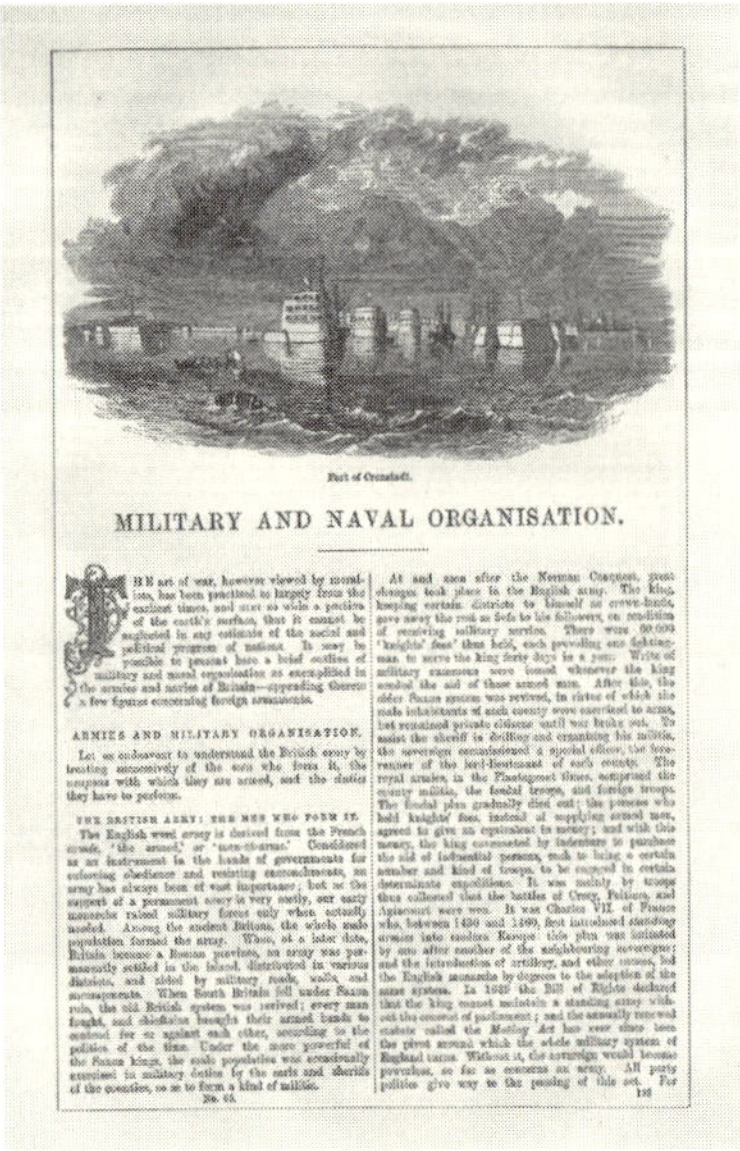
MILITARY AND NAVAL ORGANISATION.

1857 年英国版 NEW EDITION（筆者蔵）

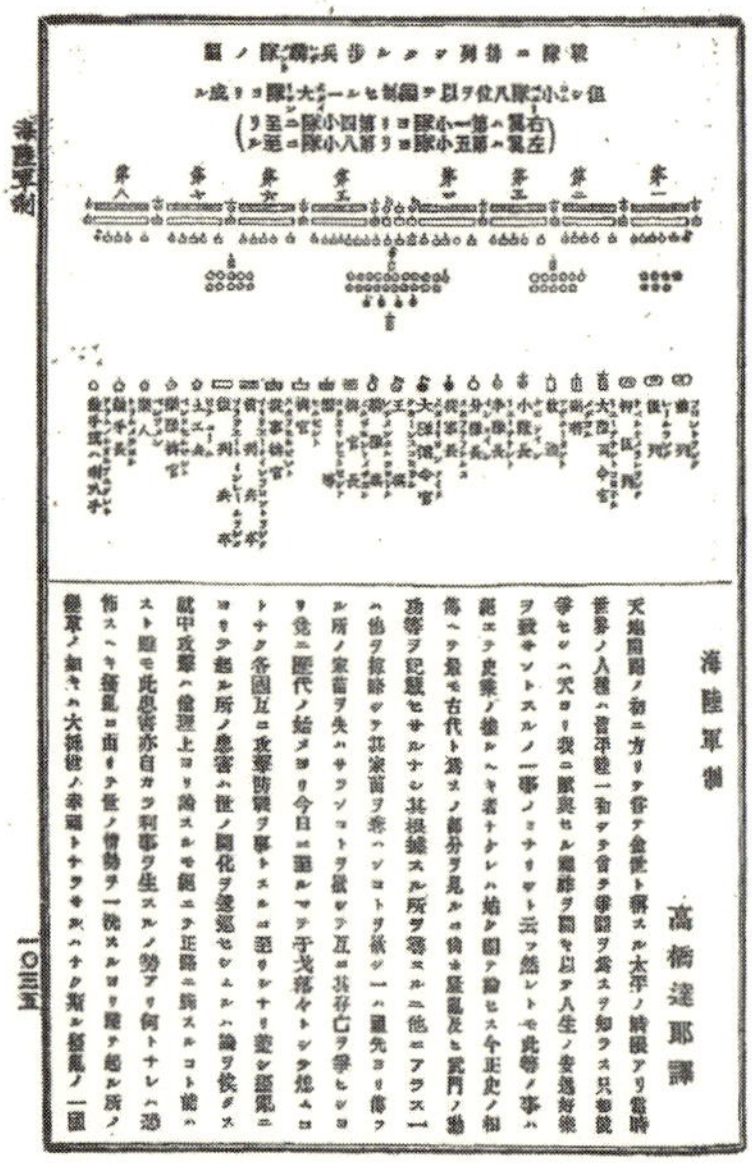
海陸軍制

高橋達耶譯

『海陸軍制』

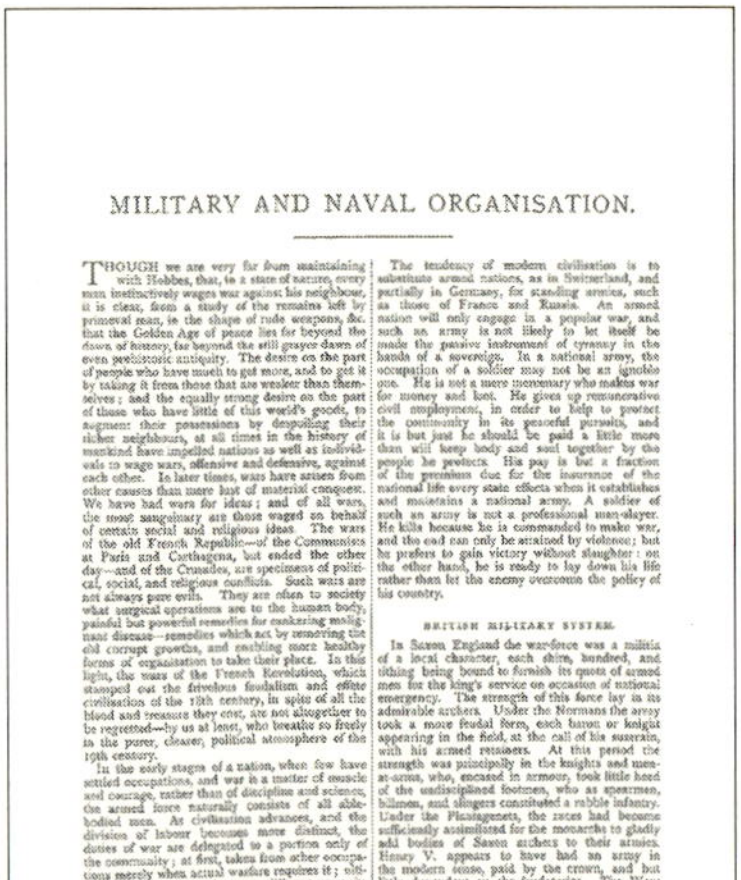
MILITARY AND NAVAL ORGANISATION.

BRITISH MILITARY SYSTEM.

1875 年英国版第 5 版

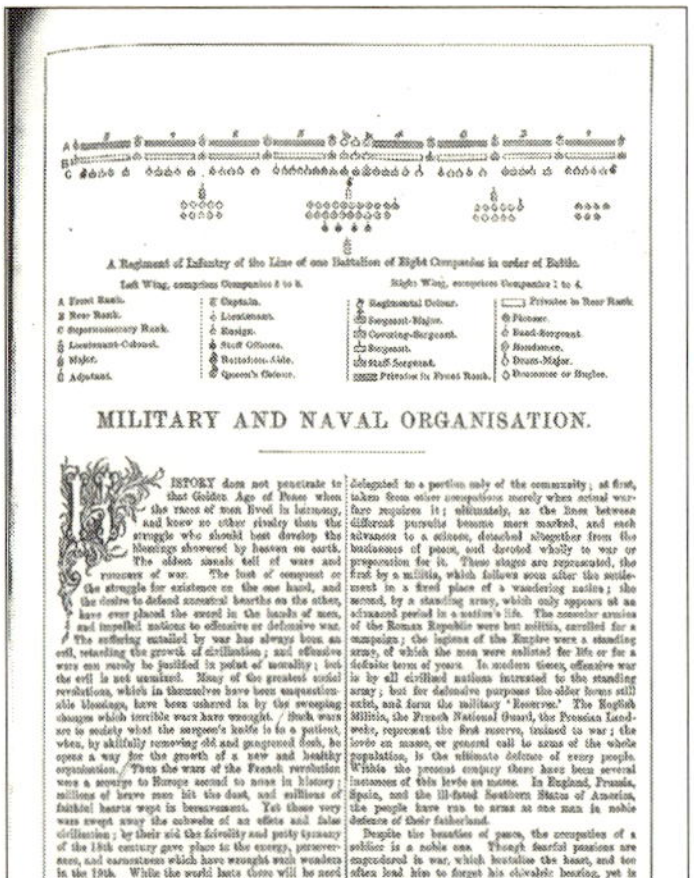
MILITARY AND NAVAL ORGANISATION.

無年紀英国版 NEW EDITION
1867 年米国版 NEW AND IMPROVED EDITION

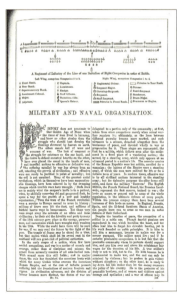

することに不都合はないだろう。さて、出版年は見当がついたが、出版地はどうであろうか。入手経路を考えるうえでも、英国版か米国版かという点は重要だ。国立国会図書館や東京大学図書館に所蔵されている無年紀版（NEW EDITION）には「LONDON AND EDINBURGH」の記載があり、「無年紀英国版」ということになるのだが、先述のとおり英国図書館はこのような無年紀版を所蔵していない。つまり、これは英国版であっても英国以外で出版された可能性が考えられる。

ところで、文部省『百科全書』の中心人物である箕作麟祥が訳したEDUCATIONは、まず『教導説』として刊行され、後に『教育論』と改題されている（第三章参照）。この問題をめぐる議論のなかで、起点テクストとその出版年やそれが日本に持ち込まれた時期を論じているのが、村瀬勉・早川亜里・田中萬年による論考「百科全書「教導説」の検討――箕作麟祥による「Education」の翻訳」である。[47] 彼らの主眼は訳語としての「教育」と「教導」を論ずることにあるが、英国版と米国版についても、興味深い事実を指摘している。一八六七年に刊行された米国版（Making of America からインターネット上で全文入手可能）と、国立国会図書館所蔵の「無年紀英国版」の内容（序文、目次、図版などを含めて）が同一であることから、彼らも「無年紀英国版」の出版年を一八六七年と推定しているのだ。そしてその前提となるのは、一八四〇年代、一八五〇年代、一八七〇年代の同時期にそれぞれ英国版と米国版が刊行されているものの、一八六〇年代の英国版の存在がないことである。だから「この欠落部分は「無年記《〔ママ〕》英国版」が埋め、したがって無年記《〔ママ〕》版の出版年は一八六七年とするのが妥当である。何故、「無年記《〔ママ〕》版」に限って無年記《〔ママ〕》なのかは不明である」と指摘する。[48] ただし、英国図書館所蔵の英国版（一八五七年）との関係には言及していない。

フィラデルフィアで出された複数の米国版には、アメリカ独自の内容を付加した米国版（J. B. Smith 社刊や J. L. Gihon 社刊など）と英国版と同一の内容の米国版（J. B. Lippincott 社刊）がある。ちなみに、一八五七年にリッピンコット社から刊行された版には出版地 PHILADELPHIA が記載された扉（内表紙）の次にさらに別の扉（内

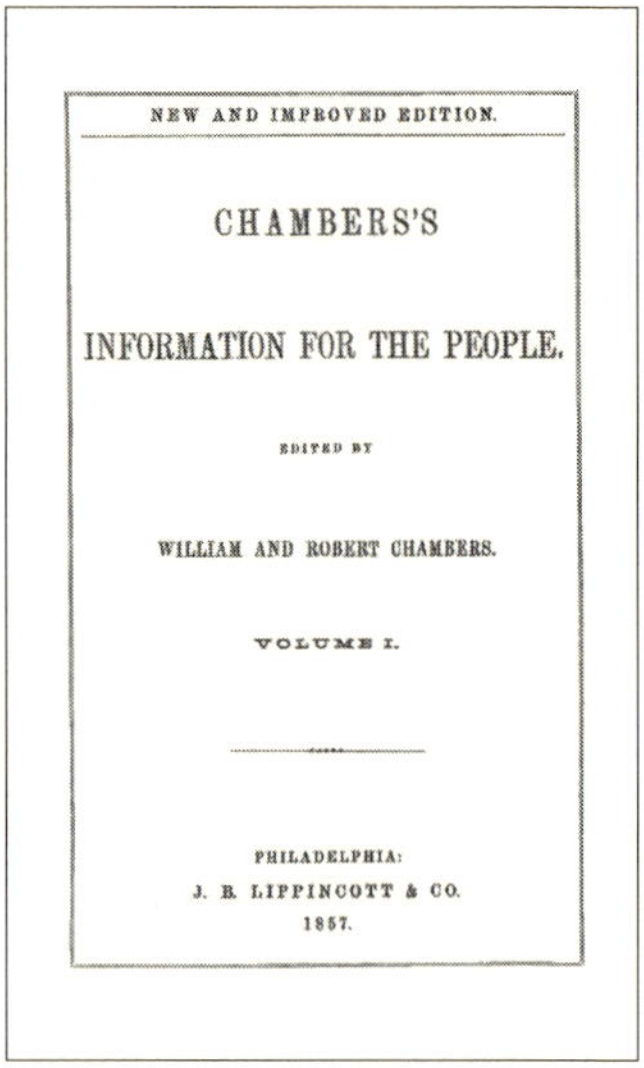
NEW AND IMPROVED EDITION.

CHAMBERS'S

INFORMATION FOR THE PEOPLE.

EDITED BY

WILLIAM AND ROBERT CHAMBERS.

VOLUME I.

PHILADELPHIA:
J. B. LIPPINCOTT & CO.
1857.

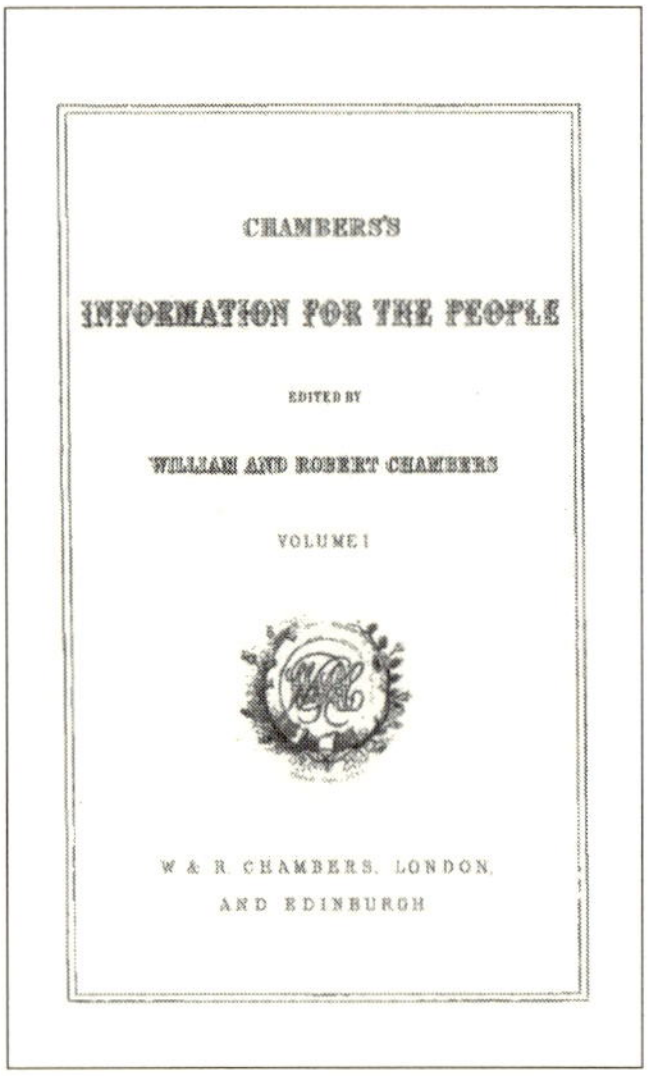
CHAMBERS'S

INFORMATION FOR THE PEOPLE

EDITED BY

WILLIAM AND ROBERT CHAMBERS

VOLUME I

W & R. CHAMBERS, LONDON,
AND EDINBURGH

右 : 1857年米国版 NEW AND IMPROVED EDITION 扉
左 : 同書のさらなる扉は英国版（序文は1848年）

表紙）が挿入されており、そこには出版地がLONDON AND EDINBURGHと記載されている。そして序文は、以下のような冒頭で始まる。

SIX years have now elapsed since the completion of 'THE INFORMATION FOR THE PEOPLE' in its second and improved form.

この序文の末尾には「Edinburgh, November 1, 1848」として、出版地と出版年月日が明記されている。つまりこれは、「第二版（改訂版）から六年後」に刊行された英国版「第三版」である。ということは、一八五七年のリッピンコット社からの米国版は、同時期の英国版「第四版」ではなく、英国版「第三版」（一八四八—四九年）に相当するということになる。そうであれば、一八六七年のリッピンコット社からの米国版と同一内容の「無年紀英国版」は、やはり松永が記したように一八五七年の英国版「第四版」なのか。だがしかし、ここでの鍵は先に確認したように、MILITARY AND NAVAL ORGANISATIONにある。

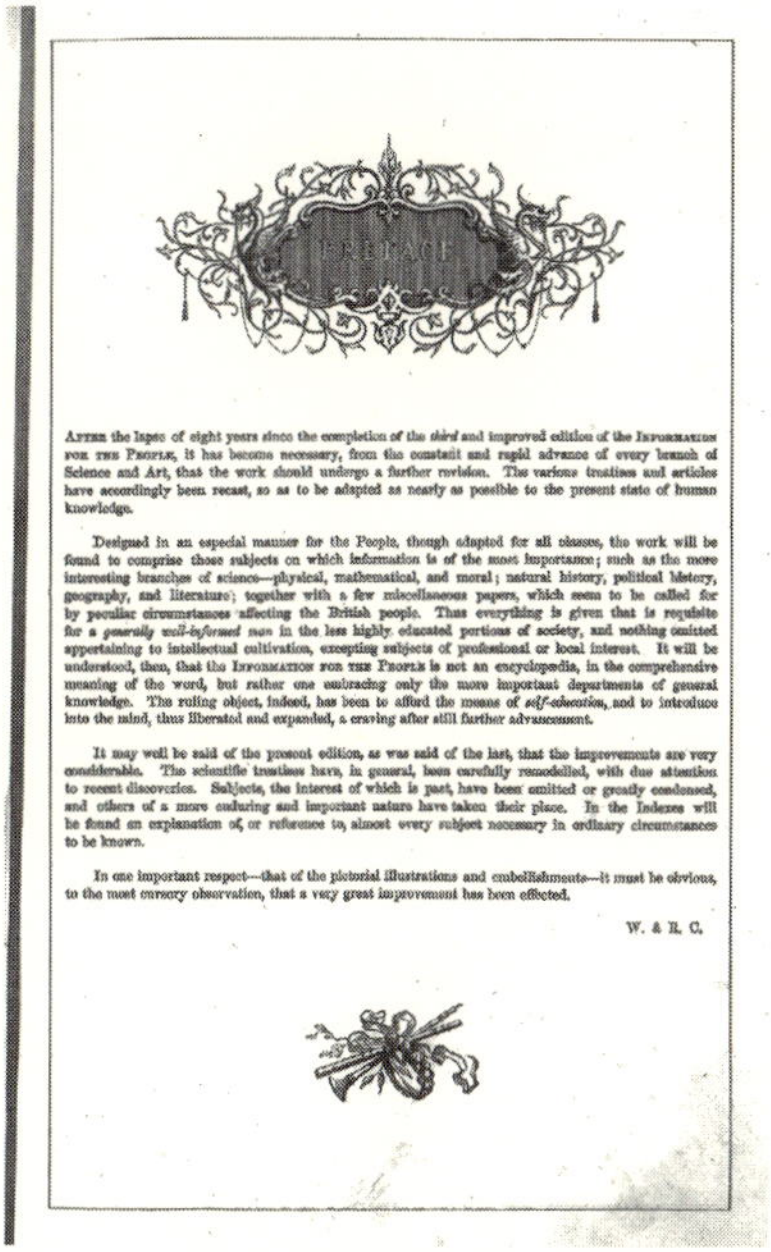

PREFACE

AFTER the lapse of eight years since the completion of the *third* and improved edition of the INFORMATION FOR THE PEOPLE, it has become necessary, from the constant and rapid advance of every branch of Science and Art, that the work should undergo a further revision. The various treatises and articles have accordingly been recast, so as to be adapted as nearly as possible to the present state of human knowledge.

Designed in an especial manner for the People, though adapted for all classes, the work will be found to comprise those subjects on which information is of the most importance; such as the more interesting branches of science—physical, mathematical, and moral; natural history, political history, geography, and literature; together with a few miscellaneous papers, which seem to be called for by peculiar circumstances affecting the British people. Thus everything is given that is requisite for a *generally well-informed man* in the less highly educated portions of society, and nothing omitted appertaining to intellectual cultivation, excepting subjects of professional or local interest. It will be understood, then, that the INFORMATION FOR THE PEOPLE is not an encyclopædia, in the comprehensive meaning of the word, but rather one embracing only the more important departments of general knowledge. The ruling object, indeed, has been to afford the means of *self-education*, and to introduce into the mind, thus liberated and expanded, a craving after still further advancement.

It may well be said of the present edition, as was said of the last, that the improvements are very considerable. The scientific treatises have, in general, been carefully remodelled, with due attention to recent discoveries. Subjects, the interest of which is past, have been omitted or greatly condensed, and others of a more enduring and important nature have taken their place. In the Indexes will be found an explanation of, or reference to, almost every subject necessary in ordinary circumstances to be known.

In one important respect—that of the pictorial illustrations and embellishments—it must be obvious, to the most cursory observation, that a very great improvement has been effected.

W. & R. C.

無年紀英国版 NEW EDITION
1867 年米国版 NEW AND IMPROVED EDITION
内容は 1857 年英国版と同一だが，年号の記載なし

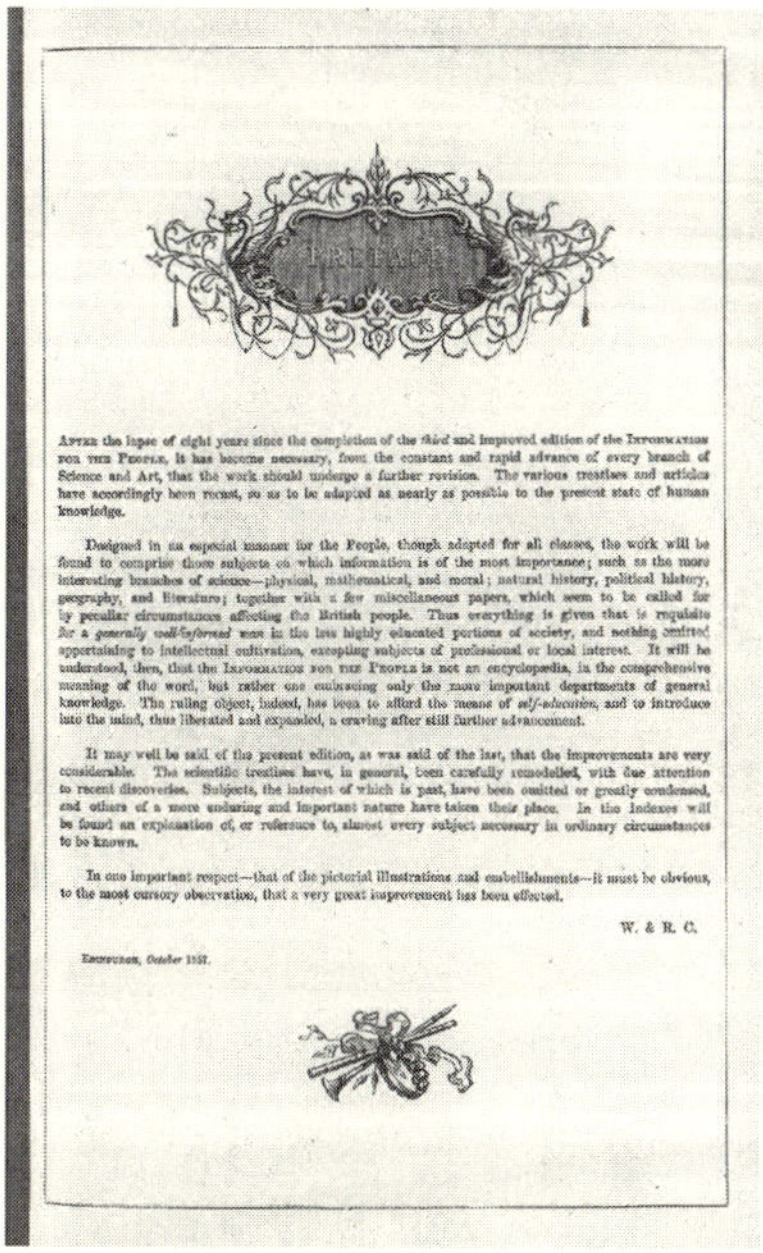

PREFACE

AFTER the lapse of eight years since the completion of the *third* and improved edition of the INFORMATION FOR THE PEOPLE, it has become necessary, from the constant and rapid advance of every branch of Science and Art, that the work should undergo a further revision. The various treatises and articles have accordingly been recast, so as to be adapted as nearly as possible to the present state of human knowledge.

Designed in an especial manner for the People, though adapted for all classes, the work will be found to comprise those subjects on which information is of the most importance; such as the more interesting branches of science—physical, mathematical, and moral; natural history, political history, geography, and literature; together with a few miscellaneous papers, which seem to be called for by peculiar circumstances affecting the British people. Thus everything is given that is requisite for a *generally well-informed man* in the less highly educated portions of society, and nothing omitted appertaining to intellectual cultivation, excepting subjects of professional or local interest. It will be understood, then, that the INFORMATION FOR THE PEOPLE is not an encyclopædia, in the comprehensive meaning of the word, but rather one embracing only the more important departments of general knowledge. The ruling object, indeed, has been to afford the means of *self-education*, and to introduce into the mind, thus liberated and expanded, a craving after still further advancement.

It may well be said of the present edition, as was said of the last, that the improvements are very considerable. The scientific treatises have, in general, been carefully remodelled, with due attention to recent discoveries. Subjects, the interest of which is past, have been omitted or greatly condensed, and others of a more enduring and important nature have taken their place. In the Indexes will be found an explanation of, or reference to, almost every subject necessary in ordinary circumstances to be known.

In one important respect—that of the pictorial illustrations and embellishments—it must be obvious, to the most cursory observation, that a very great improvement has been effected.

W. & R. C.

EDINBURGH, *October* 1857.

1857 年英国版 NEW EDITION
末尾に「EDINBURGH, *October* 1857」と記載
英国図書館蔵

「無年紀英国版」における実際のテクストが一八五七年の英国版「第四版」とは一致しないことが、今回の検証で明らかになっている。

文部省『百科全書』の起点テクストの版をひとつに限定する必要もないのだが、主として使用されたのが無年紀版であり、それが一八六七年に出版された米国版と同一内容であることはほぼ間違いない。

現時点で言えることは、非常に類似した内容の版が少なくとも三種類も——一八五七年の英国版（NEW EDITION）、一八六七年のリッピンコット社米国版（NEW AND IMPROVED EDITION）、一八六七年刊行と推定される「無年紀英国版」（NEW EDITION）——存在していることである。しかも、これら三種類の版に付された序文の文面はまったく同一である（ただし一八五七年英国版の序文末尾には、EDINBURGH, *October* 1857との記載あり）。

これは何を意味するのか。そのいずれもが、部分的にも全体的にも、何らかの形で文部省『百科全書』の翻訳プロジェクトで使用されたのかもしれない、ということだ。起点テクストを見極めようとしてもこのように定まらない事実こそが、長期にわたって大人数がかかわったこの国家的翻訳事業の規模の大きさと複雑さを雄弁に物語るのではないだろうか。

底本入手の経路

少なくとも『天文学』と『言語篇』を除く分冊本の起点テクストとなった無年紀版が出版された想定年（一八六七年）と、それと酷似した同類の版（一八五七年）の関係が明らかになることで、さらに別の未解決の問題、起点テクストにされた底本の入手経路の可能性が広がる。先行研究において従来否定的に扱われてきた説も現実味を帯びてくる点を、起点テクストの出版年から検討しておこう。三種類の近似の版を文部省『百科全書』の底本として仮定すると、入手経路としては一八五九年来日のグイド・フルベッキ、幕末に三度海外渡航した福澤諭吉、一八七一年に出発した岩倉使節団のすべてが入手ルートの射程内に入ってくるのである。

I　フルベッキのルート

フルベッキはオランダに生まれアメリカに移住したのち、一八五九（安政六）年に宣教師として来日した。長崎の済美館や致遠館などで英語を教え、一八六九（明治二）年に開成学校に赴任した人物である[49]。その後、一八七三（明治六）年に太政官の正院翻訳局と左院に勤務し、法典の翻訳などに携わった。いわゆる「お雇い外国人」のなかでも重要な役割を担ったひとりで、箕作麟祥との関係も深い。文部省『百科全書』の底本を所有していたのがフルベッキとする通説の出所は、石井研堂『明治事物起原』であった。再度引用して、大槻文彦『箕作麟祥君伝』と比べてみよう。

私は南校に居て、明治四年の七月か八月に、編輯寮の大属になりましたが其時、箕作麟祥先生が、編輯頭をやつて居られました。其時分先生が頭になつて、フルベツキの持つて居たチヤンブルの百科全書――インフヲルメーションオフピープルとかいふもの百科ばかりあるので、あれを割訳にしようといつて引つぽといて、賃訳に出しました。編輯寮に勤めて居る者でも、学校の教員をして居る者でも、福沢の人たちでも、誰でも英書の読める者には、訳させたものです。[50]

石井が『箕作麟祥君伝』の「佐原純一氏の談」から借用したとされる部分であるが、先に指摘しておいたとおり、実際には「フルベツキの持つて居た」という記述はない。ただ次のように書いてあるのみだ。

私は、もと、南校に居て明治四年の七月か、八月に、編輯寮の大属になりましたが、其時、編輯頭を箕作先生がやつて居られました、其時分先生が頭になつて「チャンブル」の百科全書――「インフォルメーション、オフ、ピープル」とか云ふもの、百科ばかりあるので、あれを割訳にしようと云つて引つほどいて、賃訳に出しました、編輯寮に勤めて居る者でも学校の教員をして居る者でも、福澤の人たちでも誰でも、英書の読める者には、訳させたものです[51]

福鎌達夫は、石井研堂のフルベッキ持参説を『箕作麟祥君伝』からの誤った引用としながらも、なおその可能性をまったく否定しているわけでもない。[52] 一八六九(明治二)年四月に開成学校に赴任以後、一九七一(明治四)年九月まで箕作麟祥と親しい間柄であったことや広範な教授活動から、フルベッキが複数の洋書を紹介できたであろうことは想像に難くないからだ。しかしながら、福鎌の想定する底本の出版年(一八六〇年代末)を根拠として、来日の際にフルベッキが持ち込んだという説には無理があるとするのである。[53]

ここで出版年の異なる類似した版の存在が重要となる。仮に一八六七年刊行と推定される無年紀版を持参しての来日は無理であっても、類似の一八五七年版であれば持ち込むことはできたであろう。あるいは、さらなる旧版を持参して、文部省関係者に紹介したことも考えられなくはない。フルベッキからの何らかの影響は否定できないだろう。

Ⅱ　福澤諭吉のルート

福澤諭吉は一八五八（安政五）年に江戸に出た。それ以前の福澤の洋学修業は長崎に始まり、大坂の緒方洪庵の適塾での基礎があったので、蘭学から英学への転向も首尾よくできたというのは有名な話だ。彼は幕府の外国方の翻訳方となり、外交文書などの翻訳に従事し、蕃書調所には直接関係しなかったが、洋学者との親交もあった。維新後には明治政府の官僚とはならず、民間人として活躍する道を選び慶応義塾を開校した。この私塾が一八七一（明治四）年に三田に移った時点で、塾生は三百余名に達しており、当時の私塾のなかでは圧倒的な数であった。多くの逸材を輩出し、翻訳者も育った。

すでに紹介したように、福澤には『西洋事情 外編』などチェンバーズ社と関係の深い著訳書が複数ある。彼はこの出版社について少なからぬ関心を持っていたはずで、*Chambers's Information for the People* を購入する機会がなかったとは考えにくい。

福澤は幕末に三たび欧米に渡航したが、まず一八六〇（万延元）年に初めての海外、アメリカ西海岸へと向かった。ワシントンに赴く幕府使節団を護衛する咸臨丸に乗船して太平洋を横断し、指揮官の勝麟太郎や通弁の中浜万次郎とともにサンフランシスコまで航海した。このとき彼らはアメリカで「ウエブストルの字引」（N. Webster 編の大辞典の要約版）を購入し持ち帰った。次に翌年一八六一（文久元）年、開市開港延期交渉の目的でヨーロッパ各地を訪問する使節団に、今度は正式の翻訳方として随行する。これは約一年にわたる欧州諸国への旅であり、この思い出として福澤は、「竜動に逗留中、外に買物もない、唯英書ばかりを買て来た。是れが抑も日本への輸入の始まりで、英書の自由に使われるようになったと云うのも是れからの事である」と述懐している。[54]三度目は一八六七（慶応三）年のアメリカへの再訪であり、サンフランシスコ上陸後に、パナマ経由でニューヨークやワシントンまで足を延ばしている。この折にも「有らん限りの原書」を購入したという福澤自身の回想は、時事新報社で記者をしたこともある土屋元作の次の記述と符合する。

此の三度目の洋行〔一八六七（慶応三）年、福澤の渡米〕は英学の歴史上最重要なるものなり、諭吉は此の時既に多少の資財を有し、又在塾の書生も諸藩の官費生多く、各々資金を藩に乞うて諭吉に託せしかば、彼は米国に於て多数の教科書を買求め、十二箇の箱に充たして持帰れり、其の頃横浜にてウエブスター三十両カツケンボス（物理書）十両位の相場なりしに福澤塾の書生はウエブスター四両、カツケンボス二両にて買ひ受くることを得たりとの噂伝はり、洋書の値段忽ちにして大下落を来せり、而して従来同塾備附の洋書とてはウエブスター一部カツケンボス及びチヤンバーの物理書各一部あるに過ぎざりしに此の時よりウエーランドの修身書及び経済に、テーラーの萬国史、ピンノツク仏国史、カツケンボスの米国史、チヤンバーの百科字典、パーレー萬国史、其の他中学教科書用の地理文典等一通り備りたれば、此に始めて政治、経済、倫理の学を講ずるを得、四方来学者漸く多きを加へたり[55]

ここでの「チャンバーの百科字典」は *Chambers's Encyclopaedia* かもしれないが、*Chambers's Information for the People* かもしれない。この点に関して杉村武は答えを保留しながらも、「海外使節や留学生の帰国の際買って帰るということはあり得たであろう」とし、福鎌達夫は「箕作の目にとまった「チャンブルの百科全書」というのも、案外この福澤の蔵書あたりであったかもしれない」との憶測を述べている。[56]決定的な確証は得られないが、いずれにせよ、福澤とチェンバーズ社の関係を考えると可能性は捨て難い。

すでに述べたとおり、文部省『百科全書』は最終的に丸善合本として一応は集大成された（かのように見える）。一八六九（明治二）年に福澤の勧めで丸屋商社（丸善）を創業した早矢仕有的が洋書輸入にも着手していたことは周知の事実である。[57]『百科全書』は、慶應義塾で学んだ福澤一門の多数の若き洋学者たちが翻訳を担当したプロジェクトでもあり、底本の入手に関しても、直接的にも間接的にも福澤諭吉の影は消し難い。

Ⅲ 岩倉使節団のルート（その一）——二等書記官の林董と小松済治

国立公文書館には *Chambers's Information for the People* 二巻本が合計で五組所蔵されている。そのうち、文部省『百科全書』の起点テクストとして直接使われたか否かは別にして、「無年紀英国版」と同じ内容でありながら出版年の記載された洋書二巻が二組も含まれている。二組の装丁は異なるが、どちらも NEW AND IMPROVED EDITION として、一八六七年に米国フィラデルフィアのリッピンコット社から刊行された米国版だ。

その一組は内務省から国立公文書館に移された「岩倉使節団受贈本」で、小口にマーブルが施された茶色革装の美本である。書籍文具店（JAMES DWYER）の小さな二センチ四方程度のシールが貼られた第二巻には、墨書きの「公書　使節用　弐冊之内」と、鉛筆書きのメモとして英語での書き込みがある。そのメモはところどころ解読不能なのだが、大意としては「使節団の二等書記官として任命されて随行することを誇りに思う。…東海岸に向かう途中、ユタ州のソルトレークシティで異常な大雪のために一週間行く手を阻まれた」というものだ。

岩倉使節団は、明治政府が列強との条約改正や欧米視察などを目的として派遣した大規模な使節団で、一八七一（明治四）年から七三（明治六）年にかけて欧米各国を訪問したが、最初の訪問先である米国でちょっとしたハプニングに遭遇した。サクラメントからロッキー山脈越えの途中、異例の大雪に見舞われてソルトレークシティに予定外の長い逗留を余儀なくされたのだ。この間に同市内のジェームス・ドゥイヤーという店で購入した二巻一組が国立公文書館の所蔵本というわけである。先の引用の「二等書記官」とは、林董あるいは小松済治であ

写真左から各2巻本で，「岩倉使節団受贈本」1867年リッピンコット社刊（旧内務省蔵），1867年リッピンコット社刊（旧大蔵省蔵），1874–75年第5版チェンバーズ社刊（旧司法省蔵），1874–75年第5版チェンバーズ社刊（旧法制局蔵），1884年第5版チェンバーズ社刊，計5組10冊。使用感がある旧大蔵省蔵本は緑色の布張り製本で，革装美本の岩倉本と外観は異なるが，中身はほぼ同じ（ただし，岩倉本では遺跡の絵となっている口絵が，旧大蔵省蔵本では鳥の絵）。旧司法省蔵本と旧法制局蔵本はどちらも赤茶色の布装で中身も同一。1884年第5版は1874–75年第5版の増刷（現在はすべて国立公文書館蔵）。

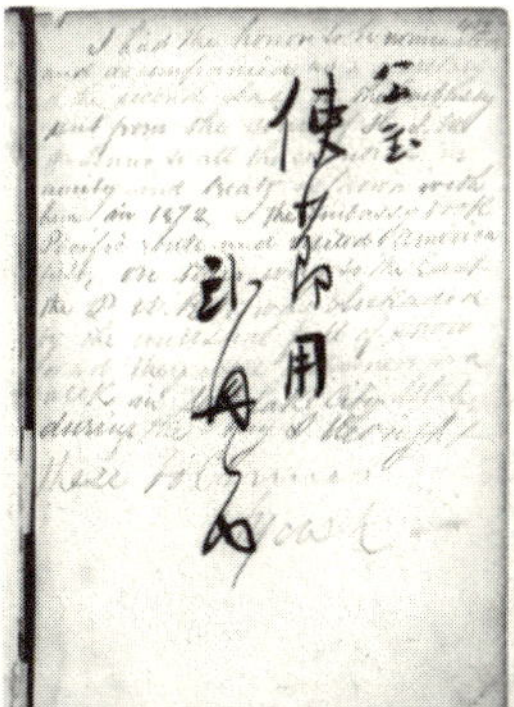

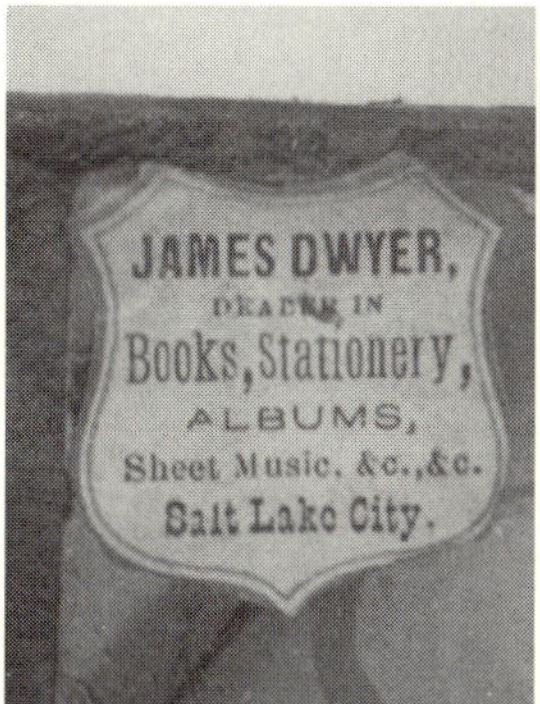

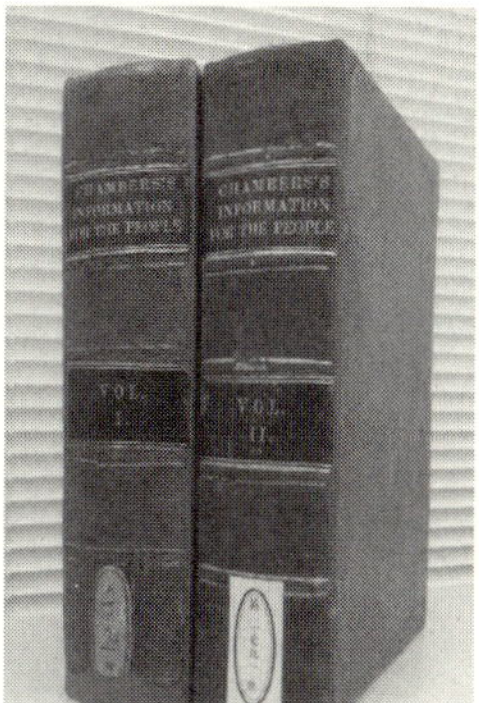

右：「岩倉使節団受贈本」書影
中：書籍文具店（JAMES DWYER）シール
左：第2巻「公書 使節用 弐冊之内」と鉛筆メモ

ろうと推察される[58]。林の口述を筆記した回想録『後は昔の記』にも、「途中積雪の為に封鎖せられ、ソールト・レーキ・シティーに滞留すること数周日にして、三月上旬華盛頓《ワシントン》に着す」とある[59]。

Ⅳ　岩倉使節団のルート（その二）――三等書記官の畠山義成

岩倉使節団に現地で参加した後発メンバーに畠山義成がいる。国立国会図書館が所蔵する「無年紀英国版」は、「畠山義成寄贈本」である[60]。

使節団員としての畠山は、久米邦武とともに『特命全権大使 米欧回覧実記』の筆録を担当した三等書記官であった。森有礼と同様に幕末の薩摩藩留学生のひとりであり、英国と米国に留学経験を持つ。明六社にも一時期参加していた開明派官僚のひとりである。東京開成学校長兼外国語学校長も務めたが、再渡米の帰路で急逝した[61]。文部省『百科全書』が主として使用した「無年紀英国版」の出版年を、一八六七年のリッピンコット社米国版と同じものと推定する先述の村瀬らの論考では、底本の入手経路について畠山義成の役回りに注目している。

畠山の留学は、一八六五（元治二）年、英国で始まり、一八六七年、米国に移動した。この年、CIP〔*Chambers's Information for the People* の略〕の米国版が刊行され、〔…〕無年記《ママ》英国版も刊行された。畠山はそれを購入し（米国移動後ならば米国版を購入したであろう）、米国に移動する際、日本に送付したか、あるいは一八七一（明治四）年四月に召還された際、日本に送付したか、誰かに委託し日本に持ち込んだという筋道の可能性を指摘しておきたい[62]。

国立国会図書館所蔵の「無年紀英国版」は、保存状態が非常に良い美本である。特に第一巻はオリジナルの装丁のままで、緑色の本革背表紙に金文字、外装全体も同じ緑色のハードカバー、内装には茶系色マーブル模様の厚紙が貼られている。各頁にも損傷はなく使用感はほとんどない。第二巻は残念ながら装丁は修理されており、

「紙の劣化がたいへん進んでおり、少しの力で崩れてしまう部分があります」という注意書きも貼られているものの、中身のいたみはそれほどではなく、書き込みなどは皆無で大切に保管されてきたことが窺われる。内容上は翻訳の底本となった可能性が高い書籍であるが、一連の翻訳作業に耐えた痕跡はどこにも残っていない。

以上検討してきたように、文部省『百科全書』の底本となった起点テクストの入手経路を確定的に明らかにすることはできないし、どれかひとつに決定するよりも、むしろ複数のルートと複数の底本を想定したほうが現実的かもしれない。部分的事実は明確にできるものの、慎重にパズルのピースすべてをはめ込む段階では、あくまでも可能性という推測の域を免れないのが現状である。

「ふぞろいな百科事典」が流通し消費されたのだから、異なる起点テクストが複数の関係者からもたらされて底本となったという想定も、この翻訳プロジェクトには似つかわしいとさえ思えてくる。

五　翻訳者と校正者の群像

文部省『百科全書』は、多数の翻訳者と校正者が関与した翻訳プロジェクトである。

起点テクスト九十一項目が訳出された。そのうち三つは二名による共訳であり、さらに六つは起点テクストを第五版に変えて新たな翻訳者が改訳した。これを単純計算すれば、延べにしてちょうど百名の翻訳者がかかわったことになる。さらに、ほとんどの翻訳テクストは校正者の手を経て刊行されている。結局、総勢で七十六名――内訳は翻訳者五十八名、校正者二十一名（うち三名は翻訳兼校正者）――がこの翻訳プロジェクトに少なくとも直接関与しており、これほどまでの多数の翻訳者と校正者が参加したという点でも、文部省『百科全書』は近代日本にとって最大級規模の翻訳出版事業と言ってよい。

先に引用した先駆的な研究者・福鎌達夫は、人間関係の観点から翻訳者四十七名と校正者十六名を、箕作麟祥のグループ、慶応義塾関係者、文部省関係者、大学東校関係者、洋々社関係者、その他に分類した。[63] 福鎌の視点は正鵠を射ており、全体像を概観する上で有益な枠組みである。だが福鎌の調査には翻訳者と校正者の全員が網羅されているわけではなく、情報の脱落や混乱も含まれる。加えて、個人が複数のグループに所属している場合が見えにくい。たとえば福澤門下で文部省出仕、あるいは洋々社メンバーで文部省出仕などという組み合わせも少なくないが、分類上は単純化されてしまっている。これらの点を踏まえて、最新データを整理し直す試みは有益であろう。

翻訳や校正を担当した七十六名のなかには、後世に伝記や自伝が残り、また個人全集が編纂された著名人もいれば、今では生没年すら不明の場合もあり、全員のプロフィールを詳らかにすることは容易ではない。けれども、この翻訳プロジェクトが文部省主導で始まったこと、そして慶応義塾に学んだ洋学者が多数含まれている点などは有力な手がかりとなる。この国家的事業のネットワークの中心に位置するキーパーソンとなるのは、間違いなく文部省時代の箕作麟祥と西村茂樹であり、それに加えて福澤諭吉の間接的影響も人材を輩出したという点で見逃せない。

プロジェクト関係者の来歴については、辞書事典類のほかに、個人全集や伝記・自伝などで解説されている場合もある。[64] いずれも有用な資料ではあるが、限定的であったり、相互矛盾する内容が含まれたりさえしているのが実情だ。そのため、複数資料を確認する作業が欠かせない。

翻訳者と校正者として直接関与した七十六名全員を「文部省・大学東校など官のネットワーク」「箕作麟祥（開成所・私塾）のネットワーク」「福澤諭吉（慶応義塾）のネットワーク」「西村茂樹（洋々社）のネットワーク」「その他」「不明」に大別して整理しておきたい。生年が判明している場合は生年順、生年不明の場合は五十音順に記載する。予想されるように、これら四つのネットワークは重層的に交錯する。個人が複数のネットワークに重複して所属する場合も散見するが、そのつど加えてある（二度目以降は「前掲」とのみ記載[65]）。

【文部省・大学東校など官のネットワーク】四十三名

松岡隣（一八二〇—九八年）『食物篇』共訳。備前岡山藩家老伊木家の家臣で蘭学者。児玉順蔵と手塚律蔵に学び、岡山藩兵学館で兵学、砲術、洋学を教授。教部省、文部省、兵庫県に勤務。一九一〇（明治四十三）年に従五位追贈。

坪井為春（一八二四—八六年）『養樹篇』『蜜蜂篇』『医学篇』翻訳。出羽米沢出身の蘭学者。幼名は大木忠益、号は芳洲。江戸で坪井信道に師事し、養子となる。薩摩藩医、蕃書調所教授手伝、西洋医学所教授を歴任。維新後は大学東校の大学少博士、中博士となる。一八七八（明治十一）年、埼玉県立医学校長に就任。代表的訳書に『医療新書』など。「坪井為春先生伝」『東京医事新誌』（第四三三—四三四号）に詳しい評伝あり。

秋月胤永（一八二四—一九〇〇年）『建築学』校正。本姓は丸山、字は子錫、通称は悌次郎。陸奥会津藩士で、昌平黌に学んだ漢学者。戊辰戦争で禁固処分となったが、後に東京大学予備門や五高で教えた。

小林病翁（一八二八—七七年）『法律沿革事体』『骨相学』校正。本名は虎三郎。象山に師事し、兵学関係の蘭書翻訳あり。長岡藩士時代の「米百俵」についての逸話は、山本有三の戯曲『米百俵』にもなり、近年の政治家にも引用された。文部省編書課員。小林を包括的に研究した坂本保富『米百俵の主人公 小林虎三郎——日本近代化と佐久間象山門人の軌跡』（学文社、二〇一一年）に詳しい。

西村茂樹（一八二八—一九〇二年）『天文学』翻訳。もと下総佐倉藩家老。号は泊翁。儒学を安井息軒、洋学を佐久間象山に学ぶ。一八七三（明治六）年、森有礼らと明六社の創立に参加。一八七五（明治八）年に文部省に出仕し、編書課長、編集局長、報告局長を歴任。一八七六（明治九）年には東京修身学社（後の日本弘道会）を創設。『古事類苑』を編纂し、宮中顧問官や華族女学校長も兼任。代表的著作は『日本道徳論』など。

小永井八郎（一八二九―八八年）『彫刻及捉影術』校正。号は小舟。洋々社メンバー。一八五九（安政六）年、幕府軍艦操練所の属吏になり、一八六〇（万延元）年の遣米使節団として渡航。維新後は一橋侯の侍読を経て、尾張侯明倫堂の教頭。文部省出仕、晩年に濠西塾を開く。

西坂成一（一八三一―八七年）『太古史』『英国史』『欧羅巴地誌』『愛倫地誌』『亜弗利加及大洋洲地誌』『南亜米利加地誌』校正。加賀藩の儒者。明倫堂助教・侍読を兼任。廃藩後には文部少助教、東京府訓導を歴任。代表的著作に『教女軌範』『訓蒙軌範』など。

榊原芳野（一八三二―八一年）『植物綱目』『動物綱目』『菜園篇』校正、『果園篇』共校。国学者で洋々社メンバー。和学を伊能穎則・深川潜蔵に、仏教学を行阿に学び、本所石原町に塾を開いた。昌平学校に出仕し、大学中助教を経て、一八七一（明治四）年に文部権大助教。一八七九（明治十二）年から『古事類苑』の編集に従事。

久保吉人（一八三四―九三年）『地文学』『重学』『光学及音学』『陶磁工篇』『水運』『花園』『養樹篇』『牛及採乳方』『豚兎食用鳥籠鳥篇』『犬及狩猟』『釣魚篇』『食物篇』『衣服及服式』『中古史』『英倫及威爾斯地誌』『蘇格蘭地誌』『亜細亜地誌』『北亜米利加地誌』『人心論』『洋教宗派』『回教及印度教仏教』『北欧鬼神誌』『修身論』『接物論』『人口救窮及保険』『算術及代数』『古物学』校正。号は「侈堂」。文部省編書課員。

片山淳吉（一八三七―八七年）『植物生理学』共訳。丹後出身、別名「淳之助」。蘭学塾と慶応義塾で学ぶ。慶応義塾卒業後、新銭座時代の教員をつとめる。文部省出仕となり、一八七二（明治五）年に物理教科書『物理階梯』を編集。

田代基徳（一八三九―九八年）『動物及人身生理』翻訳。豊前中津出身。緒方洪庵に師事。幕府の西洋医学所で学び、陸軍軍医監、陸軍軍医学校長を歴任。『文園雑誌』『医事新聞』『陸軍軍医学校業府』を創刊。代表的著作に『切断要法』『外科手術』など。

川本清一（一八三九―一九一八年）『人心論』翻訳、『百工応用化学』校正。別名「清次郎」。父は著名な蘭学者の川本幸民。開成所時代の箕作麟祥の門下生、一八六四（元治元）年に開成所助教、一八六六（慶応二）年に開成所英学教授手伝出役となる。一八七一（明治四）年に文部少教授、翌年に文部中教授、一八七四（明治七）年に太政官印刷局長。『明治五年官員全書』の編輯寮名簿には、「編輯権頭正六位川本清一摂津兵庫県人」とある。その後、外務省七等出仕を経て、一八七六（明治九）年に外務局記録局副長心得。多くの翻訳書があり、たとえば開成所助教時代の『歩兵制律』など。

若山儀一（一八四〇―九一年）『洋教宗派』翻訳。経済学者で、生命保険の創設者。江戸の医師西川宗庵の子だが、若山家の養子となり、緒方洪庵に学ぶ。開成所教授の後に、民部省や大蔵省に勤務。一八七一（明治四）年には岩倉使節団に参加し、税務と財政を研究。帰国後は太政官や宮内省などに勤め、保護貿易や税制改革を提唱。代表的著作に『保護税説』『泰西農学』など。

後藤達三（一八四一—九二年）『重学』翻訳。一八六九（明治二）年に大学少助教、一九七一（明治四）年に大学中助教を経て、一八八三—八四（明治十六—十七）年に文部省御用掛。『窮理問答』『博物問答』『農業問答』などの訳書。日本最初の全国的な規模の大日本農会で活躍した農政官僚。

飯島半十郎（一八四一—一九〇一年）『温室通風点光』『陸運』『蒸汽篇』共校。洋々社メンバー。幕臣で、浮世絵研究家。昌平黌で学んだ後、箱館奉行江戸役所書物御用出役。戊辰戦争では遊撃隊に参加。父、弟とともに箱館戦争を戦い、敗戦により降伏し監禁となる。赦免後、文部省編輯局出仕。一八七九（明治十二）年に農商務省山林局。地理や地誌書多数。

佐原純一（一八四一—一九二〇年）『算術及代数』『幾何学』翻訳。福山藩士の子息で、別名「純吉」。数学教育者。一八六六（慶応二）年に開成所数学教授出役、一八六九（明治二）年に開成学校三等教授、一八七〇（明治三）年に大学中教授、一八七二（明治五）年に文部省八等出仕。共学舎を町田久成や辻新次と組織し数学を教える。共学舎職員録では、一八八三—八四（明治十六—十七）年に文部省一等属、広島県士族。大槻文彦『箕作麟祥君伝』に佐原純一の談話として頻出。

秋山恒太郎（一八四二—一九一一年）『人種』『接物論』翻訳。越後国長岡藩生まれ。漢籍を学んだ後、一八六九年（明治二年）に腰の刀を質屋に入れて慶應義塾に入塾、洋学を修める。その後同塾で教員となり、数学を担当。中津藩で英学、会計を担当した後、文部省出版課長に推薦される。内務卿大久保利通の出版法改正のもと内務省に移るも、すぐに辞職。長崎師範学校校長となり、一八七九（明治十二）年に浜松中学校校長となる。宮城師範学校、女子高等師範学校校長を歴任。

長谷川泰（一八四二―一九一二年）『植物綱目』『骨相学』翻訳。医学者、政治家。漢方医長谷川宗斎の長男として越後国古志郡福井村生まれ。漢学者鈴木彌蔵に師事、父から漢方医学を学ぶ。一八六二（文久二）年、西洋医学修得のため下総佐倉の順天堂に入学し、佐藤尚中・松本順に師事。一八六九（明治二）年に大学東校の少助教、一八七四（明治七）年に長崎医学校校長に就任。一八七六（明治九）年、東京本郷元町に私立医学校の済生学舎を開校。東京府病院長・内務省衛生局長などを歴任し、医事行政に貢献。一八九〇（明治二十三）年に衆議院議員、一八九二（明治二十五）年に東京市会議員となる。一九〇三（明治三十六）年に政府の学制強化から済生学舎を廃校として、隠居。

小林義直（一八四四―一九〇五年）『気中現象学』『化学篇』『蒸汽篇』翻訳、『食物製方』共訳。もと備後福山藩士。藩儒江木繁太郎に儒学を、寺地舟里に蘭学を学ぶ。一八七二（明治五）年大学東校の大助教に就任。

永田健助（一八四四―一九〇九年）『動物綱目』『人口救窮及保険』『家事倹約訓』翻訳。別名「健之助」。慶応義塾卒業後に新銭座時代の教員として、地理書の素読を担当。文部省七等出仕、陸軍参謀本部御雇、大学南校教員を歴任。日本商業地理学の先駆者。代表的訳書は、一八七七（明治十）年の『宝氏経済学』(Millicent Garret Fawcett 著 *Political Economy for Beginners*)など。

小川駒橘（一八四四―一九二二年）『歳時記』翻訳。紀州和歌山出身。慶応義塾卒業後に新銭座時代の教員として、地理書並雑書を担当。一八七三（明治六）年に文部省翻訳課出仕、一八七五（明治八）年に内務省戸籍寮、長崎師範学校長。一八八〇（明治十三）年、横浜正金銀行創立に参加。

小林雄七郎（一八四五―九一年）『法律沿革事体』翻訳。もと越後長岡藩士。慶応義塾で英書を研究。文部省・大蔵省・工部省出仕後、翻訳や政治小説などの著述、郷里の子弟の育英事業に従事。一八九〇（明治二十三）年に衆議院議員。

関藤成緒（一八四五―一九〇六年）『地文学』『建築学』『犬及狩猟』『英国史』翻訳、『食物製方』共訳。備後福山出身。別名は「大友平五郎」、関藤陰養子。慶応義塾卒業後に文部省に入り、一八七二（明治五）年に大阪開成所小助教。一八七五（明治八）年に新潟師範学校三等教諭、一八八三（明治十六）年に秋田県師範学校長。

大島貞益（一八四五―一九一四年）『土工術』『北亜米利加地誌』『回教及印度教仏教』翻訳。郷里の但馬で漢学を修め、江戸で箕作麟祥に英学を学ぶ（開成所時代の門下生）。外務省翻訳局を経て、一八九〇（明治二十三）年から『東京経済雑誌』に「保護貿易論」を連載し、富田鉄之助らと国家経済会を設立。保護貿易論者の経済学者として著名。西田長寿『大島貞益』（実業之日本社、一九四五年）に「大島貞益著訳書論文一覧」あり。訳書に『英国開化史』や『人口論要略』など。

箕作麟祥（一八四六―九七年）『自然神教及道徳学』『教育論』翻訳。一八六七（慶応三）年には徳川昭武に随行して渡仏し、フランス語も堪能。一八七五（明治八）年司法省四等出仕、一八七六（明治九）年司法大丞、一八八〇（明治十三）年東京学士会院会員、元老院議官。一八八四（明治十七）年から会社条令、破産法、商法などの編纂委員や法律取調委員に任じ、一八八八（明治二十一）年に法学博士、司法次官、一八八九（明治二十二）年に和仏法律学校（現・法政大学）初代校長、一八九〇（明治二十三）年に貴族院議員、一八九六（明治二十九）年に行政裁判所長官。フランスの法律を翻訳紹介し、わが国の諸法典の編纂委員を務め、江藤新平・大木喬任・山田顕義のもとで法典整備に貢献した。政府のための翻訳量は厖大だったが、自身の著書らしきものは残していない。

大槻文彦（一八四七―一九二八年）『言語』『印刷術及石版術』翻訳。祖父は大槻磐水、父は磐渓、兄は如電（修二）という学者一族の出身。一八六二（文久二）年に開成所入学、一八六六（慶応二）年に洋学稽古人。一八七〇（明治三）年に大学南校に入学して英学・数学を修め、翌年箕作秋坪の私塾三叉学舎の塾長となる。一八七二（明治五）年に文部省出仕。『古事類苑』にもかかわる。宮城師範学校長、宮城県尋常中学校長、国語調査委員会主査委員を歴任。一八九九（明治三十二）年に文学博士。代表的著作は『言海』『広日本文典』『口語法別記』など。

横瀬文彦（一八四七―？年）『英国制度国資』翻訳。常陸出身で、ジャーナリストとして出発。『評論新聞』（一八七七年七月第十六号から同年八月第十八号）の編輯。第十六号の巻頭論文で「新聞紙条例」を批判し、罰金五円。その審理中は署名を避けて、同年九月第二十三号と第二十四号で復活するものの、十月第二十五号で病気退職を告知（実際は内密に継続か）。一八七六（明治九）年一月第六十二号「圧制政府顚覆スヘキノ論」の投書を支持し、新聞条例第十二条により禁獄三か月、罰金五十円。出獄後は『朝野新聞』に入社し、一八七七（明治十）年六月十六日第一一三八号から一八七八（明治十一）年八月二十九日第一四九四号まで印刷長。一八七九（明治十二）年には兵庫県勧業課に入り、学務課長になる。一八八二（明治十五）年に大蔵省出仕となり勤務を継続し、最終的には同省参事官となる。

柴田承桂（一八四九―一九一〇年）『地質学』『果園篇』『太古史』『古物学』翻訳。化学者、薬学者。一八六九（明治二）年に政府の貢進生となり、一八七一（明治四）年から文部省派遣の留学生としてベルリン大学で有機化学を修めるとともに、専門外の法学、歴史学、考古学なども意欲的に学ぶ。一八七四（明治七）年に帰国し、東京医学校製薬教場（東京大学薬学部の前身）の教授に就任。その後、内務省衛生局御用掛、東京・大阪両司薬場長など歴任。晩年は公職から退き、著訳書の執筆活動に専念。訳編に『衛生概論』、訳書に『扶氏薬剤学』など。

木村一歩（一八五〇―一九〇一年）『温室通風点光』『菜園篇』翻訳、『農学』校正。慶応義塾新銭座時代の教員として、地理書会読を担当。文部大助教、大蔵省国債寮。私塾の鞭駘義塾を創設。

百田重明（一八五〇―？年）『陸運』共校。丹後出身で、慶応義塾と開成学校で学ぶ。一八七一（明治四）年に海軍兵学寮、一八七三（明治六）年に大蔵省翻訳掛、一八七九（明治十二）年に文部省出仕、翌年開拓使属となり札幌で学事に尽力。『小学物理講義』（一八八一年）は片山淳吉口述・百田重明筆記。

宮崎駿児（一八五一―？年）『南亜米利加地誌』翻訳。父は静岡藩出身の医師、宮崎立元。慶應義塾卒業後、大蔵省を経て文部省、外務省に出仕。訳書にコウドレイ（Marcellus F. Cowdery）編『修身教訓』（文部省、一八七七年）、編書に『初等作文軌範』（錦栄堂、一八八三年）、『新撰小学博物書』（集英堂、一八八四年）など。

永井久一郎（一八五二―一九一三年）『水運』『豚兎食用鳥籠鳥篇』『希臘史』翻訳。尾張出身。名は匡温、号は禾原で、大沼枕山に漢詩を学んだ漢詩人でもある。永井荷風の父。米国留学後、文部省に出仕し、東京図書館長、会計課長を歴任。後に日本郵船の上海・横浜支店長就任。著作に『西遊詩』『雪炎百日吟稿』など。

梅浦精一（一八五二―一九一二年）『織工篇』翻訳。越後出身。大蔵省、内務省出仕の後、東京商法会議所を経て一

八八五（明治十八）年に石川島平野造船所（現ＩＨＩ）に入社し、後に社長就任。後藤毛織の社長、東京水力電気、名古屋瓦斯の取締役も歴任。

高橋是清（一八五四―一九三六年）『衣服及服式』翻訳。十四歳で藩費留学生として渡米、後に森有礼の書生となる。開成学校卒業後、文部省、農商務省、日本銀行に勤め、一九一一（明治四十四）年に日銀総裁に就任。蔵相、政友会総裁、首相などの要職を歴任したが、二・二六事件で青年将校の銃弾に倒れた。

菊池大麓（一八五五―一九一七年）『修辞及華文』翻訳。津山藩士の箕作秋坪次男で、一八八二（明治十五）年に菊池家の養子。幕府派遣留学生として、一八六六（慶応二）年に外山正一らと英国に出発、一八六八（明治元）年帰国。数学者、理学博士。東京帝国大学総長、第一次桂内閣の文部大臣、京都帝国大学総長、理化学研究所初代所長などを歴任。

高橋是清

菊池大麓

玉利喜造（一八五六―一九三一年）『農学』（丸善版）翻訳。薩摩出身の農学者。駒場農学校の第一期生で帝国大学教授となる。一八九九（明治三十二）年農学博士第一号。一九〇三（明治三十六）年に日本初の高等農林学校、盛岡高農の初代校長、一九〇九（明治四十二）年に鹿児島高農初代校長に就任。貴族院議員。

勝嶋仙之介（一八五八―一九三一年）『牧羊篇』（丸善版）翻訳。備後三原出身、わが国の獣医畜産界の生みの親。一八七七（明治十）年に駒場農学校に入学し獣医学を学び、卒業後は農学校助教心得。一八八七（明治二十）年に東京農林学校教授、一八八九―九一（明治二十二―二十四）年に欧州に留学、帰国後は帝国大学農科大学教授。中央獣医会創立にかかわり、長年会長をつとめる。獣医畜産関連の法律制定に参与。馬政委員会委員、臨時馬疫調査委員を歴任。代表的著作に『家畜医範 内科学篇』『家畜内科学』など。

河村重固（?―一八九二年）『給水浴澡掘渠篇』『牛及採乳方』『時学及時刻学』翻訳。福山藩の儒者。島田三郎（権大書記官）の抜擢で文部省に出仕した。河村重固・乙骨太郎乙・海老名晋の共訳として、メイヒュウ（Ira Mayhew）著『教育全論（眯氏）』（文部省編輯局、一八八五年）がある。半井桃水の従姉妹、河村千賀子の夫。

内田彌一（生没年不明）『画学及彫像』翻訳。明治政府の音楽取調掛にて一八八〇年から八二年まで西洋音楽の指導をしたメーソン（Luther Whiting Mason）の著作を、『音楽捷径』（一八八三年）、『音楽指南』（一八八四年）として翻訳。他にも音楽関係の訳書として、カリー（James Currie）著『楽典初歩』（一八八七年）など。

内村耿之介（生没年不明）『織工篇』『食物篇』『人種』『交際及政体』『海陸軍制』『画学及彫像』校正、『動静水学』『蒸汽篇』『土工術』『温室通風点光』共校。文部省編書課員。

大井潤一（生没年不明）『羅馬史』校正、『土工術』共校。文部省編書課員。

清水世信（生没年不明）『地質学』『気中現象学』『植物生理学』『動物及人身生理』『電気及磁石』『化学篇』『鉱物篇』『金類及錬金術』『給水浴澡掘渠篇』『漁猟篇』『養生篇』『食物製方』『医学篇』校正、『動静水学』共校。文部省編書課員。

長川新吾（生没年不明）『貿易及貨幣銀行』『家事倹約訓』校正。文部省編書課員。

【箕作麟祥（開成所・私塾）のネットワーク】十四名

（前掲）川本清一／佐原純一／大島貞益／箕作麟祥／永井久一郎／菊池大麓

堀越愛国（一八三五―一九二一年）『経済論』『国民統計学』翻訳。別名「亀之助」「英之助」。麟祥開成所時代の門下生で会訳社メンバー。堀達之助編・堀越亀之助訂正増補『改正増補 英和対訳袖珍辞書』（第二版、一八六六年）は、堀越亀之助（愛国）が編集主幹となり、初版本を八千語にわたって改訂して刊行したもの。

高橋達郎（一八四八―？年）『交際及政体』『海陸軍制』『百工倹約訓』翻訳。沼間守一が一八七八（明治十一）年に設立した政治結社「嚶鳴社」のメンバー。翻訳書に一八八六（明治十九）年の『宗教進化論』（起点テクストはスペンサーの *Principles of Sociology*, vol. III, pt VI, 1886, ch 26, Religious Retrospect and Prospect）など。

錦織精之進（一八五三―？年）『陶磁工篇』『金類及錬金術』『馬』『釣魚篇』『漁猟篇』『養生篇』『彫刻及捉影術』翻訳。別名「朔郎」。神保町の麟祥私塾「共学社」の門下生。一八七二（明治五）年から一八七七（明治十年）まで、海軍兵学校文官教授として英語科目を担当する。一八七六（明治九）年に明八義塾を創立。

須川賢久（生没年不明）『蘇格蘭地誌』翻訳。麟祥開成所時代の門下生。

薗鑑（生没年不明）『北欧鬼神誌』翻訳。別名「鑑三郎」。麟祥開成所時代の門下生で会訳社メンバー。後に英学を教えた。

牧山耕平（生没年不明）『百工応用化学』翻訳。神保町の麟祥私塾「共学社」の門下生。

塚本周造（生没年不明）『論理学』翻訳。神保町の麟祥私塾「共学社」の門下生。〔塚原周造（一八四七―一九二七年）と同一人物であれば、下総豊田郡出身で蘭学を学んだ後に開成所に入る。一八六四（元治元）年に開成所の教授心得となる。箕作麟祥塾と慶応義塾に学び、高知の藩校致道館の英学教師となる。一八七一（明治四）年に上京して、文部省と大蔵省の英書翻訳を担当。一八七二（明治五）年に大蔵省管船課で海事行政を整備、一八八〇（明治十三）年に前島密らと日本海員掖済会を創立。一八八六（明治十九）年に逓信省管船局長に就任、一八九六（明治二十九）年に東洋汽船を設立。〕

寺内章明（生没年不明）『百工倹約訓』校正。大槻文彦『箕作麟祥君伝』には、「訳語の選定、訳文の潤色に就きては、辻士革、寺内章明、市川清流等の力を借れり」（五八頁）とある。

【福澤諭吉（慶応義塾）のネットワーク】十四名

（前掲）片山淳吉／秋山恒太郎／永田健助／小川駒橘／小林雄七郎／関藤成緒／木村一歩／百田重明／宮崎駿児／永井久一郎

海老名晋（一八四六—九八年）『愛倫地誌』翻訳。日向延岡出身。慶応義塾卒業後は新銭座時代の教員として、地理書並雑書素読と英文講学を担当。横浜高島洋学校教員、岐阜師範学校長を歴任。

深間内基（一八四七—一九〇一年）『電気及磁石』翻訳。奥州三春出身。慶応義塾卒業後、一八七六（明治九）年に高知立志社教員の後、代言人（弁護士）となる。

日原昌造（一八五一—一九〇四年）『光学及音学』翻訳。長州豊浦出身。一八七一—七二（明治四—五）年頃に大阪舎密学校に学んだ後、福澤諭吉と知遇を得る。慶應義塾を一八七三（明治六）年までに卒業し、教員となる。一八八〇—八一（明治十三—十四）年頃に横浜正金銀行ロンドン支店勤務、一八八四（明治十七）年頃に支配人心得、一八八七（明治二十）年にサンフランシスコ支店支配人を歴任。辞任後は郷里の豊浦にて晴耕雨読の生活を送り、『時事新報』に豊浦生の名で論説を寄稿。(66)

四屋純三郎（一八五四—八四年）『亜細亜地誌』翻訳。日向延岡出身。慶応義塾を卒業後は教員として英文講学を担当。一八七九（明治十二）年には交詢社交詢雑誌編集委員となる。一八七四（明治七）年に『訓蒙二種』を海老名晋と共訳。

【西村茂樹（洋々社）のネットワーク】七名

（前掲）西村茂樹／大槻文彦／小永井八郎／榊原芳野／飯島半十郎

大井鎌吉（生没年不明）『羅馬史』『花園』翻訳、『論理学』校正。洋々社メンバー。津田仙・柳沢信大・大井鎌吉合訳・中村正直校正『英華和訳字典』（一八七九年）は、ロプシャイト（羅布存徳）の『英華字典』（一八六六―六九年）に依拠したもの。

平野知秋（一八一四―八三年）『歳時記』校正。洋々社メンバー。

【その他】十三名

大島圭介（一八三三―一九一一年）『造家法』（丸善版）校正。播磨赤穂出身、医師の家に生まれ、適塾で蘭学を修めて、江戸の江川塾で兵学を学び幕府歩兵奉行となる。「大鳥活字」考案。戊辰戦争では連戦連敗で投獄されたが、出獄後は新政府に出仕。工部大学校校長、学習院院長兼華族女学校校長など教育職を歴任。後に清国特命全権公使となり、一八九三（明治二十六）年には朝鮮駐在公使を兼務。枢密顧問官。代表的著作に『南柯紀行』『幕末実戦史』など。山崎有信『大鳥圭介伝』（北文館、一九一五年）、高崎哲郎『評伝大鳥圭介――威ありて、猛からず』（鹿島出阪会、二〇〇八年)、星亮一『大鳥圭介』(中公新書、二〇一一年)などの伝記がある。

保田久成(一八三六―一九〇四年)『羊篇』校正。学問所教授、奥儒者、目付。一八七六(明治九)年、義弟佐久間貞一の秀英舎(現大日本印刷)創業に資金提供。『印刷雑誌』主筆を経て、佐久間没後の一八九八(明治三十一)年に秀英舎社長就任。明朝活字「秀英書体」の作成者。

カステール(一八四三―七八年)『体操及戸外遊戯』『戸内遊戯方』翻訳。フルネームは「アブラハム・ティエリー・ファン・カステール」(Abraham Thierry van Casteel)、漢字表記は「漢加斯底爾」。ロッテルダムの裕福な貴族の家柄に生まれた。ジャワ経由で来日し新潟で会社を経営するが、一八七〇(明治三)年に破産。兵部省や豊津藩で語学教師をした後、一八七三(明治六)年から亡くなる一八七八(明治十一)年まで東京の私塾で語学教師。この間に『百科全書』の二冊を含む合計十一冊を翻訳した。

吹田鯛六(一八五〇―九七年)『羊篇』『聖書縁起及基督教』翻訳。彰義隊とともに旧幕府側で戦い、後に沼津兵学校第四期資業生となる。明治政府の内務省、大蔵省、農商務省などに出仕。高橋是清局長下で、特許局審議官も務めた。訳書として、ジェヴォンズ(William Stanley Jevons)著『労働問題』(経済雑誌社、一八九三年)など。

松田武一郎(一八六二―一九一一年)『有要金石編』(丸善版)翻訳。岡崎藩出身の鉱山技師。一八八三(明治十六)年に東京大学理学部採鉱冶金学科卒業後、三菱に入社した。一九〇八年には南満州鉄道撫順炭鉱の初代所長に就任。建築家、松田軍平の父。

鈴木良輔（生没年不明）『鉱物篇』『亜弗利加及大洋州地誌』翻訳。蘭学を修め、奇兵隊に医師として参加した。大学南校で英語を学び、開成学校で英語教師。一八八〇（明治十三）年に東京図書館（国立国会図書館の前身）の館長。集英社創設にかかわり、後に大日本印刷社長。

都筑直吉（生没年不明）『造家法』（丸善版）翻訳。訳書として、コックス（William Douglas Cox）著『克屈文典直訳』（丸屋善七、一八八三年）など。

中村寛栗（生没年不明）『植物生理学』共訳。中村寛栗・松川脩訳、田代基徳閲として、ユーマン（John Barlow Youmans）著『飲食要論』（蜩笑社、一八七四年）がある。

原彌一郎（生没年不明）『経典史』（丸善版）『幾何学』（丸善版）翻訳。一八八二年に『獄中憂憤余情』を編集し出版した。『欧米大家政治格言』（郁文堂、一八八二―八三年）の編訳、センソル著・田口卯吉・尾崎行雄序『欧米男女礼法』（叢書閣・中西屋、一八八七年）の訳書など。

前田利器（生没年不明）『貿易及貨幣銀行』翻訳。『改正増補 商業編』翻訳。他の訳書として、『独逸単語篇 註解』（愛智館、一八七一年）、ハインリッヒ・フォン・シーボルト編『理財要旨』（大蔵省、一八七九年）など。またカッケンボスの物理書とゴールドスミスの地理書を初学者用に抄訳した『図解理学大意』（一八七七年）。

松浦謙吉（生没年不明）『農学』『中古史』『修身論』翻訳。編訳書として、著者不明『地券心得農商必携』（一八八二年）など。

大瀧確荘（生没年不明）『時学及時刻学』校正。『東京誌略』（一八七七年）の編輯兼出版人。

平田宗敬（生没年不明）『物理学』『馬』『蜜蜂篇』『経済論』『国民統計学』校正、『果園篇』共校。儒者で私塾を開く。『新撰姫鏡』（「序」一八六七年十二月、「跋」一八六九年九月）の著者。島津斉彬の娘（暐姫）の侍読。

【不明】六名

大塚綏次郎『英倫及威爾斯地誌』翻訳。

小島銑三郎『物理学』翻訳。

高橋幹二郎『欧羅巴地誌』翻訳。

建部介石『食物篇』共訳。

塚本克己『陸運』翻訳。

松川脩『動静水学』翻訳。

翻訳者と校正者は全員男性で、プロジェクト参加時（翻訳書の初版刊行年）における翻訳者の平均年齢は三十歳代、校正者は四十歳代。翻訳者の方が校正者より若年という組み合わせ傾向が全般的に顕著である。これは洋学者と国学・漢学者の世代を反映し、翻訳者に対する校正者の権威を支えるものだとも言える。最年少としては『衣服及服式』を翻訳したときの高橋是清（二十三歳）、最年長は『歳時記』を校正したときの平野知秋（六十四歳）である。

キーパーソン再び――西村茂樹と箕作麟祥

文部省『百科全書』をめぐる人物ネットワークの要石は、すでに述べたように箕作麟祥と西村茂樹だが、二人の立ち位置を考えると、この翻訳プロジェクトのユニークさを特色づけているのは西村かもしれない。彼は一八七三（明治六）年から八六（明治十九）年まで、十年以上にわたって文部省のさまざまな編集活動の責任者的な立場にあった。

西村が文部省に出仕した当初、編書課には主に漢学者が集まり、小学、中学の課業書を編纂し、それと並列の関係で、反訳課が存在し、洋書の翻訳業務を行っていた。編書課は反訳課の成果である翻訳書を「校正」する業務も兼務していた。その後、明治十三年にはその二つは統合され、編輯局と名称を変更されている。(67)

新政府の文部省への五等出仕で編書課長となった西村は諸々の編集を担当し、そのひとつが文部省『百科全書』であった。省内の官吏だけでなく「広く世間の洋学者」に翻訳を依頼して、その訳稿が出来上がると、文部省内で校正して出版したという状況は、西村の回想「往時録」で確認したとおりである。(68) 繰り返しになるが、「此頃は洋書を読む者は多く和漢の書に通ぜず、是を以て訳成る毎に、必す漢文に通する者をして其文を修正せしむ、是を校正といふ」として校正の大切さに言及していた点は、重要なので強調しておきたい。西洋の書物の翻訳において、洋学はもちろんのことながら、漢学の素養が不可欠と考えられていたのだ。このために、プロジェクトの背後では、洋学系と国学・漢学系の異なる系列の学術結社のネットワークも交差する。その交点にいたのが西村茂樹だった。

明治の学術結社として最も有名なのは、一八七三（明治六）年、成熟した「都下の名家」が結成した明六社である。西村の「往時録」では、駐米弁務公使の任を終えて帰朝した森有礼が発案し、彼から相談を受けた西村茂樹が奔走して人選をしたことになっているが、創立社員の大半は旧開成所グループの洋学者であった。その点では西村は異系だが、最年長でもあり中心人物であったことは確かであろう。[69] 明六社は当初、西村茂樹、津田真道、西周、中村正直、加藤弘之、箕作秋坪、福澤諭吉、杉亨二、箕作麟祥、森有礼の十名で始まった（年齢順）。その演説会は公開されて広く知識人たちの人気を集め、『郵便報知新聞』における明六社の記事によれば、大槻文彦、秋山恒太郎、四屋純三郎など『百科全書』の翻訳者たちも出席していた。[70] 旧開成所の洋学者らは明治となって一時的に沼津や静岡などに分散していたが、明六社に結集して再び東京で旧交を温めたのである。

西村茂樹は『明六雑誌』第三十六号の「西語十二解　四月十六日演説」において、「文明開化」を英語「シヴィリゼーション」の訳語として、次のように述べている。

文明開化とは英国の語にてシヴィリゼーションといえる語の訳なり。支那人はこの語を訳して礼儀に進むとなす。わが邦の俗語に訳すれば人柄のよくなるということなり。シヴィリゼーションとは、もと拉丁のシヴィスという語より出たりという。シヴィスとは都府に住する人という義なり。何故に都人という語より転じて人柄のよきということになるかとならば、すべて都府に住する人は田舎に住む人に比すれば、その智識も開け風俗もよく、その身持も上品にあるゆえに、都人の義、転じて人柄のよきということになりしと見えたり。今シヴィリゼーションの字を拈出してその義を考うるに、余儕は決して人民の威勢や力量や富貴のことには考え到らず、ただ人民の人柄と人間の相互の交際のことにのみ考え到るなり。英国の名高き学士ミルの言に、すべて人間一身の身持の上よりこれを言うも、仲間の交際の上よりこれを言うも、シヴィリゼーションはサベージ（野蛮）の反対なりとあり。[71]

西村にとって「文明開化」の本義とは何よりも品位の向上にあったのである。彼は洋学も学んでいたが、幕府の開成所で洋学教職を専門としたことはなく、その点では箕作麟祥のような洋学ひと筋ではない。そのような志向性をもつ西村を中心とした集まりに、洋々社という学術結社があった。

洋々社は明六社ほどの知名度はないが、明治初期における国学と漢学系統の知識人による学術結社である。[72] 一八七五（明治八）年に西村茂樹の発起により、「洋々の楽しみをともにすること」を目的にして結成されている。国学者と漢学者、さらに洋学を主としながらも国学と漢学を兼ねた者たちが加わった興味深い集まりである。発足時の同人には、西村の他に大槻磐渓・阪谷素（朗廬）・大槻文彦・那珂通高・黒川真頼・榊原芳野・小永井八郎・木村正辞・依田学海がおり、最初は数名程度の会合だったが、次第に数も増加して後には総員三十九名を数えたという。毎月一回、各自の論説を持ち寄って研究し、その会合で報告された内容は機関誌『洋々社談』に掲載された。[73] 毎号とも八丁程度の小冊子で、飯島半十郎が編集を担当し（後に岡敬孝）、発行には朝野新聞社（後に報知社や巌々堂）が当たったようだ。創刊号には大槻磐渓「洋々社記」もあるが、全体としての執筆回数は西村茂樹が最も多い。『洋々社談』の論調は時事問題を避けた保守的傾向にあり、日本経済史関係、洋学への疑問や男女同権反対なども掲載されていた。文部省『百科全書』の翻訳者としては、西村茂樹と大槻文彦、校正者としては飯島半十郎、榊原芳野、小永井八郎、平野知秋、大井鎌吉が洋々社員である。

ちなみに、明六社に先立つ学術結社としては、幕末に会訳社という洋学者集団が開成所にあったことも記しておこう。柳河春三[74]を中心に、加藤弘之・箕作麟祥・渡部温などが翻訳新聞を出して幕府内で回覧していた。このような開成所から明六社へと続く洋学者の人脈を考えると、文部省『百科全書』という国家的翻訳プロジェクトにおける箕作麟祥の存在の大きさもまた、決して忘れてはならないことは言うまでもない。

＊＊＊

以上、テクストの成立と訳者たちを見てきた。次章からは、数多くの編のなかから一つのテーマを選ぶかたちで論じていきたい。

注

（1）杉村武『近代日本大出版事業史』出版ニュース社、一九六七年、九三頁。
（2）同書、一二七頁。
（3）同書、一二五―一三七頁。
（4）片桐一男『阿蘭陀通詞の研究』吉川弘文館、一九八五年。
（5）『厚生新編』については、杉本つとむ編著『江戸時代西洋百科事典――『厚生新編』の研究』（雄山閣出版、一九九八年）に詳しい。
（6）大槻玄沢は訳稿の写本を『生計纂要』と改題して密かに仙台藩に納めた。『生計纂要』については、佐藤昌介『洋学史論考』（思文閣出版、一九九三年、一一九―一四五頁）を参照されたい。
（7）大槻如電『新撰洋学年表』大槻茂雄、一九二七年、一五七頁。大槻如電原著・佐藤栄七増訂『日本洋学編年史』（錦正社、一九六五年）も参照。
（8）原平三『幕末洋学史の研究』新人物往来社、一九九二年、三一―六五頁。
（9）大久保利謙『日本の大学』創元社、一九四三年、一二五―一九五頁。
（10）東京帝国大学編『東京帝国大学五十年史　上冊』東京帝国大学、一九三二年、一七九―一八一頁。
（11）国立公文書館「『訳稿集成』『翻訳集成原稿』解題」『内閣文庫未刊史料細目　下』国立公文書館内閣文庫、一九七八年、二〇〇頁。
（12）大槻文彦『箕作麟祥君伝』丸善、一九〇七年、七二―七三頁。
（13）フランス民法を翻訳するなかで、droit civil を「民権」と訳して物議を醸したという有名なエピソードが残っている。箕作麟祥は近代日本の法典編纂に深く関わった。彼の法学における功績については、山中永之佑「箕作麟祥」、潮見俊隆・利谷信義編『日本の法学者』日本評論社、一九七四年、一―二六頁。
（14）『文部省第一年報』、一八七三年、一七七丁。
（15）高橋昌郎『西村茂樹』吉川弘文館、一九八七年、七二頁。

(16) 西村茂樹「往時録」『西村茂樹全集　第三巻』思文閣、一九七六年、六二二―六二三頁。
(17) 黒岩比佐子『パンとペン――社会主義者・堺利彦と「売文社」の闘い』講談社、二〇一〇年、一四頁。
(18) 堺利彦『売文集』丙午出版社、一九一二年、六一九頁。
(19) 畑有三「民友社と硯友社」、西田毅・和田守・山田博光・北野昭彦編『民友社とその時代――思想・文学・ジャーナリズム集団の軌跡』ミネルヴァ書房、二〇〇三年。
(20) 石井研堂『明治事物起原　四』ちくま学芸文庫、一九九七年、二六九―二七〇頁。
(21) 同書、三三三―三三五頁。
(22) 大槻文彦「大槻博士自伝」『国語と国文学』第五巻第七号、一九二八年、四三頁。
(23) 文部省『百科全書』の予約出版状況については、本書の第九章で詳述する。
(24) 田口卯吉（鼎軒）「予約刊行の盛衰」『東京経済雑誌』第二三一号、一八八四年。後に『田口鼎軒集』（大久保利謙編、筑摩書房、一九七七年、三五三―三五四頁）に所収。
(25) 杉村前掲書、一五八頁。
(26) 石井前掲書、二六九―二七〇頁。
(27)『百科全書　索引』丸善商社出版、一八八五年。
(28) 田口卯吉（鼎軒）「日本社会事彙の巻末に書す」（一八九一年五月）。経済雑誌社編『日本社会事彙』の初版は、一八九〇―九一年、再版は一九〇一―〇二年。柳田泉『明治初期の文学思想　下巻』春秋社、一九六五年、一三七頁。
(29) 掲載箇所は巻頭や巻末の場合があり、内容もやや異なるところがある。たとえば「年契」ではなく「時学」とするなど別バージョンもある。
(30) 目録タイトルと本編タイトルに「篇」の有無など差異がある場合、後者を採用する。文部省合本を引き継いで、有隣堂が全二十冊を完成させた。このため内表紙の意匠には、微妙に異なる二種類が混在している。本書では、合本全二十冊を便宜的に「有隣堂合本」とする。有隣堂は穴山篤太郎（生年不明―一八八二年）が一八七四（明治七）年に創業した出版社で、農業関係を専門とした。所在地は京橋区南伝馬町二丁目十三番地という当時の一等地であった。一八八一（明治十四）年二月頃上京した田山花袋が翌年にかけて丁稚奉公したこともある（田山花袋『東京の三十年』での回想）。一八九四（明治二十七）年に大野禎造が創業した有隣堂とは無関係。

（31）青史社版は一九八三—八六年に出ており、ゆまに書房版は丸善三巻本に加えて索引も忠実に復刻して一九八五年に刊行。青史社に直接問い合わせて確認できた情報によると、同社復刻版は主として国立国会図書館の蔵書を底本としている。

（32）『文部省出版書目』（一八八四年、三五—四三頁）とは若干異なる（注34参照）。

（33）有隣堂合本の目録タイトルには「経典史及基督教目録」とあるが、その本編タイトルは「聖書縁起及基督教」である。丸善合本の「経典史」と区別しやすいので、有隣堂合本としては「聖書縁起及基督教」を用いる。

（34）本章末の付表を参照。初版刊行年と書目は公的文書である『文部省出版書目』に記載の情報を主に採用しながら微調整する。たとえば一八七八（明治十一）年とされている『家事倹約訓』は一八七四（明治七）年刊の木版和装本が、一八八三（明治十六）年とされている『農学』は一八八一（明治十四）年刊の洋装本が、それぞれ国立公文書館に所蔵されている。このように少なくとも現物で確認できた明らかなものは正しておきたい。他にも刊行月にはわずかな誤差が見られる。また、翻訳者が個人的に第五版の起点テクストを用いて、「改正増補」版として改訳した『商業編』も国立公文書館に所蔵されているが、ここには含めないでおく（第九章参照）。

（35）チェンバーズ兄弟が興した出版社は現在、その社名を Chambers Harrap Publishers Ltd. と改称して、辞書・事典や教育関連書籍を中心に出版活動を継続する英国の老舗出版社である。ウィリアム・チェンバーズとロバート・チェンバーズの生涯および彼らの出版活動については主に次の二冊を参照した。

Chambers, W. and Chambers, R.（1883/2010）. *Memoir of William and Robert Chambers*. Memphis: General Books.（兄ウィリアムが弟ロバートの伝記として一八七二年に刊行した *Memoir of Robert Chambers with Autobiographic Reminiscences of William Chambers* の第十二版として、ウィリアムの死後一八八三年に出た増補版。チェンバーズ兄弟の生涯を詳細に辿ることができる）

Fyfe, A.（2012）. *Steam-powered knowledge: William Chambers and the business of publishing, 1820–1860*. Chicago, IL: University of Chicago Press.（ウィリアム・チェンバーズを中心に十九世紀英国の出版事業を論じた研究書）

（36）柳田前掲書。柳田の論考（一三六—一五三頁）は、坪内逍遥『小説神髄』との関連からのものであり、主眼は「明治初期の文学思想の発達に意外の貢献をすることになった」という「百科全書『修辞及華文』」についての解説である。また、『明治文化全集　第十二巻　文学芸術篇』（日本評論社、一九二八年、二—三頁）における高市慶雄「修辞及華文解題」にも、「原著は我国にブリタニカの行はるゝ以前、即ち明治初期の朝野学界に大いに重んぜられた百科全書」との記述がある。
(37) Fyfe, *op. cit.*, p. 67.
(38) *Ibid.*, p. 13.
(39) *Ibid.*, p. xvi.
(40) *Ibid.*, p. 14.
(41) 原著者はジョン・ヒル・バートン（一八〇九—八一年）であると、アルバート・M・クレイグ「ジョン・ヒル・バートンと福沢諭吉——『西洋事情外編』の原著は誰が書いたか」西川俊作訳、『福沢諭吉年鑑 十一』（福沢諭吉協会、一九八四年、一一—二六頁）が明らかにしている。
(42) 川戸道昭「明治のアンデルセン——出会いから翻訳作品の出現まで」、川戸道昭・榊原貴教編『明治期アンデルセン童話翻訳集成』ナダ出版センター、一九九九年、二三七—二七六頁。
(43) 丸善合本三巻本の上巻ではこの順序で配置されているが、先に刊行された丸善合本十二冊版では、中村による序のみが第二冊に入っている。
(44) 松永俊男「チェンバーズ『インフォメーション』と文部省『百科全書』について」『*Chambers's Information for the People*〔復刻版〕別冊日本語解説』ユーリカ・プレス、二〇〇五年、五頁。
(45) 同書、一五頁。
(46) 福鎌前掲書、五四—五五頁。
(47) 村瀬勉・早川亜里・田中萬年「百科全書「教導説」の検討——箕作麟祥による「Education」の翻訳」『職業能力開発総合大学校紀要 B人文・教育編』第三十五号、二〇〇六年、一—二二頁。
(48) 同論文、五頁。
(49) 通常「フルベッキ」と表記されるが、他の表記もある。フルベッキ（一八三〇—九八年）の日本での活動については、高谷道男編訳『フルベッキ書簡集』（新教出版社、一九七八年）や松浦玲監修・村瀬寿代訳編『新訳考証 日本のフルベッキ』（洋学堂書店、二〇〇三年）などの資料がある。
(50) 石井前掲書、三三三頁。

(51) 大槻前掲書、六九頁。
(52) 福鎌前掲書、四三—四五頁。
(53) 同書、五四—五五頁。
(54) 福澤諭吉「福翁自伝」『福翁自伝 福澤全集緒言』慶應義塾大学出版会、二〇〇九年、一五五頁。
(55) 土屋元作『新学の先駆』博文館、一九一二年、二六四—二六五頁。土屋元作(一八六六—一九三二年)は明治後期から昭和初期にかけてのジャーナリスト、号は大夢。
(56) 杉村前掲書、一三九頁。福鎌前掲書、六一頁。
(57) 早矢仕有的(一八三七—一九〇一年)は医師であったが慶応義塾で学び、一八六八(明治元)年に横浜に丸屋善八店を開業。翌年、丸屋商社を創業して、洋書や医療機器、薬品販売を手がけた。
(58) 林董(董三郎)(一八五〇—一九一三年)説は、板倉雅宣「刷印から印刷へ——文部省『百科全書』底本と大槻文彦訳「印刷術及石版術」」『印刷雑誌』(第九十一巻第一号、二〇〇八年、七三—七八頁)、小松済治(一八四八—九三年)説は、菅谷廣美『「修辞及華文」の研究』(教育出版センター、一九七八年)による。
(59) 林董『後は昔の記』時事新報社、一九一〇年、引用は由井正臣校注『後は昔の記 他——林董回顧録』平凡社東洋文庫、一九七〇年、四三頁。
(60) 本書には、「東京図書館蔵書之印」「明治十年納付」「故東京書籍館長畠山義成遺書」という朱印が捺されている。
(61) 田中彰『岩倉使節団『米欧回覧実記』』岩波現代文庫、二〇〇二年、五六—五七頁。
(62) 村瀬・早川・田中前掲論文、七頁。
(63) 福鎌前掲書、三七二—三七三頁(ただし、ここでの情報には誤記あり)。ちなみに洋々社は明治初期(明治八年四月—十三年三月)の学術結社。大学東校は幕府医学所を継承した明治政府の医学校が改編された医学教育機関で、東京大学医学部の前身である。
(64) 主な個人資料には、たとえば大槻文彦『箕作麟祥君伝』(丸善、一九〇七年)、大山敷太郎編『若山儀一全集』(東洋経済新報社、一九四〇年)、高橋是清『高橋是清自伝 上下』(中公文庫、一九七六年)、西田長寿『大島貞益』(実業之日本社、一九四五年)、日本弘道会編『西村茂樹全集』(思文閣、一九七六年)、丸山信編『福沢諭吉門下』(日外アソシエーツ、一九九五年)、山口梧郎『長谷川泰先生小伝』(同先生遺稿集刊行会、一九三六年)、山崎有信『大鳥圭介伝』

（北文館、一九一五年）など。また辞書事典類としては、上田正昭・西澤潤一・平山郁夫・三浦朱門監修『日本人名大事典』（講談社、二〇〇一年）、『国史大辞典』（吉川弘文館、一九七九―九七年）、『日本大百科全書』（小学館、一九九四年）、『日本国語大辞典　第二版』（小学館、二〇〇〇―〇二年）、宮武外骨・西田長寿『明治新聞雑誌関係者略伝』（みすず書房、一九八五年）、宮地正人・佐藤能丸・櫻井良樹編『明治時代史大辞典』（吉川弘文館、二〇一一―一三年）、安岡昭男編『幕末維新大人名事典　上下』（新人物往来社、二〇一〇年）など。個人の著訳書については、国立国会図書館、国立公文書館、全国大学図書館などの所蔵データも参照した。

(65)　文部省『百科全書』のタイトルは、青史社復刻版に依拠。

(66)　昆野和七「日原昌造の新聞論説について（前）――時事新報・倫敦通信の全容」『福澤諭吉年鑑』第十五号、一九八八年、一三〇―一六一頁、同「日原昌造の新聞論説について（後）」『福澤諭吉年鑑』第十六号、一九九〇年、九七―一二七頁。

(67)　西井正造「西村茂樹の文部省における事業構想――近代日本語の形成と歴史叙述」『教育研究』第四十七号、二〇〇三年、二七―四〇頁。

(68)　西村前掲書、六二三頁。高橋昌郎前掲書も参照されたい。

(69)　大久保利謙『明六社』講談社学術文庫、二〇〇七年、二二七―二七一頁。

(70)　同書、一〇一―一〇五頁。

(71)　西村茂樹「西語十二解　四月十六日演説」『明六雑誌』第三十六号、一八七五年。原文は漢字カタカナ交じりだが、引用は山室信一・中野目徹校注『明六雑誌（下）』（岩波文庫、二〇〇九年、二一五―二一六頁）による。

(72)　王暁葵「明治初期における知識人結社の文化史的意義――洋々社とその周辺」、明治維新史学会編『明治維新と文化』吉川弘文館、二〇〇五年、一八三―二一〇頁。本庄栄治郎「洋々社について」『日本学士院紀要』第二十七巻第一号、一九六九年、一一―一八頁。

(73)　洋々社の機関紙『洋々社談』は、一八七五（明治八）年四月九日の創刊第一号から一八八三（明治十六）年三月三十日の終刊第九十五号まで、ほぼ月刊で発行された。

(74)　柳河春三（一八三二―七〇年）は蘭学の後に英語とフランス語を学んだ洋学者で、日本人ジャーナリストの草分け的人物。一八五七（安政四）年紀州藩の寄合医師として蘭学所に勤め、やがて蕃書調所に出仕し、一八六四（元治元）

年に開成所教授に昇進した。この間の著訳書は医学・兵学が中心で、『洋学指針』『洋算用法』『法朗西文典』『写真鏡図説』など。柳河春三についての詳細は、尾佐竹猛『新聞雑誌之創始者柳河春三』（名古屋史談会、一九二〇年）、小野秀雄・杉山栄『三代言論人集　第一巻　柳河春三、岸田吟香』（時事通信社、一九六二年）参照。

付表　文部省『百科全書』全 97 編

（主として『文部省出版書目』に依拠したが，現物確認に基づき修正）

	初版刊行年	翻訳テクストと起点テクストのタイトル	翻訳者	校正者
1	1873（明治 6）年	百工応用化学篇　CHEMISTRY APPLIED TO THE ARTS	牧山耕平	川本清一
2		教導説　EDUCATION	箕作麟祥	
3	1874（明治 7）年	医学篇　MEDICINE – SURGERY	坪井為春	久保吉人
4		交際篇　CONSTITUTION OF SOCIETY – GOVERNMENT	高橋達郎	内村耿之介
5		人種篇　PHYSICAL HISTORY OF MAN – ETHNOLOGY	秋山恒太郎	内村耿之介
6		経済論　POLITICAL ECONOMY	堀越愛国	平田宗敬
7		家事倹約訓　HOUSHOLD HINTS	永田健助	長川新吾
8		養生篇　PRESERVATION OF HEALTH	錦織精之進	久保吉人
9		漁猟篇　FISHERIES	錦織精之進	清水世信
10		商業篇　COMMERCE – MONEY – BANKS	前田利器	長川新吾
11		植物生理学　VEGETABLE PHYSIOLOGY	中村寛栗 片山淳吉	清水世信
12		電気篇　ELECTRICITY – GALVANISM – MAGNETISM – ELECTRO-MAGNETISM	深間内基	清水世信
13	1875（明治 8）年	化学篇　CHEMISTRY	小林義直	清水世信
14		動静水学　HYDROSTATICS – HYDRAULICS – PNEUMATICS	松川脩	清水世信 内村耿之介
15		国民統計学　SOCIAL STATISTICS	堀越愛国	平田宗敬
16	1876（明治 9）年	百工倹約訓　SOCIAL ECONOMICS OF THE INDUSTRIAL ORDERS	高橋達郎	寺内章明
17		法律沿革事体　HISTORY AND NATURE OF LAW	小林雄七郎	小林病翁
18		気中現象学　METEOROLOGY	小林義直	清水世信
19		蜜蜂篇　THE HONEY-BEE	坪井為春	平田宗敬
20		食物篇　FOOD – BEVERAGE	松岡隣 建部介石	内村耿之介
21		海陸軍制　MILITARY AND NAVAL ORGANISATION	高橋達郎	内村耿之介
22		地質学　GEOLOGY	柴田承桂	清水世信
23		骨相学　PHRENOLOGY	長谷川泰	小林病翁
24		鉱物篇　MINING – MINERALS	鈴木良輔	清水世信
25		果園篇　THE FRUIT GARDEN	柴田承桂	平田宗敬 榊原芳野
26		養樹篇　ARBORICULTURE	坪井為春	久保吉人
27		豚兎食用鳥籠鳥　PIGS – RABBITS – POULTRY – CAGE-BIRDS	永井久一郎	久保吉人
28		天文学　ASTRONOMY（CIP 第 5 版）	西村茂樹	
29		給水浴澡掘渠　SUPPLY OF WATER – BATHS – DRAINAGE	河村重固	清水世信
30		牛及採乳方　CATTLE – DAIRY HUSBANDRY	河村重固	久保吉人
31		動物及人身生理　ANIMAL PHYSIOLOGY – THE HUMAN BODY	田代基徳	清水世信
32		金類及錬金術　METALS – METALLURGY	錦織精之進	清水世信
33		犬及狩猟　THE DOG – FIELD-SPORTS	関藤成緒	久保吉人
34		洋教宗派　RELIGIOUS CHURCHES AND SECTS	若山儀一	久保吉人
35		画学及彫像　DRAWING – PAINTING – SCULPTURE	内田彌一	内村耿之介
36		彫刻及捉影術　ENGRAVING – PHOTOGRAPHY	錦織精之進	小永井八郎
37	1877（明治 10）年	織工篇　TEXTILE MANUFATURES	梅浦精一	内村耿之介
38		古物学　ARCHÆOLOGY	柴田承桂	久保吉人
39		時学及時刻学　CHRONOLOGY – HOROLOGY	河村重固	大瀧確荘
40		馬　THE HORSE	錦織精之進	平田宗敬
41		蒸気機　THE STEAM-ENGINE	小林義直	内村耿之介 飯島半十郎
42		土工術　CIVIL ENGINEERING	大島貞益	内村耿之介 大井潤一
43		釣魚篇　ANGLING	錦織精之進	久保吉人
44		衣服及服式　CLOTHING – COSTUME	高橋是清	久保吉人
45		人口救窮及保険　POPULATION – POOR LAWS – LIFE-ASSURANCE	永田健助	久保吉人
46		地文学　PHYSICAL GEOGRAPHY	関藤成緒	久保吉人
47		光学及音学　OPTICS – ACOUSTICS	日原昌造	久保吉人
48		水運篇　MARITIME CONVEYANCE	永井久一郎	久保吉人

49		温室通風点光　WARMING – VENTILATION – LIGHTING	木村一歩	内村耿之介 飯島半十郎
50		物理学　NATURAL PHILOSOPHY	小島銑三郎	平田宗敬
51		回教及印度教仏教　MOHAMMEDANISM – HINDUISM – BUDDHISM	大島貞益	久保吉人
52	1878（明治 11）年	陶磁工篇　FICTILE MANUFACTURES	錦織精之進	久保吉人
53		菜園篇　THE KITCHEN GARDEN	木村一歩	榊原芳野
54		花園篇　THE FLOWER GARDEN	大井鎌吉	久保吉人
55		食物製方　PREPARATION OF FOOD – COOKERY	小林義直 関藤成緒	清水世信
56		太古史　HISTORY OF ANCIENT NATIONS	柴田承桂	西坂成一
57		南亜米利加及西印度地誌　SOUTH AMERICA – WEST INDIES	宮崎駿児	西坂成一
58		歳時記　KEY TO THE CALENDAR	小川駒橘	平野知秋
59		亜弗利加及大洋州地誌　AFRICA – OCEANIA	鈴木良輔	西坂成一
60		算術及代数　ARITHMETIC – ALGEBRA	佐原純一	久保吉人
61		中古史　HISTORY OF THE MIDDLE AGES	松浦謙吉	久保吉人
62		人心論　THE HUMAN MIND	川本清一	久保吉人
63		羅馬史　HISTORY OF ROME	大井鎌吉	大井潤一
64		北亜米利加地誌　NORTH AMERICA	大島貞益	久保吉人
65		英倫及威爾斯地誌　ENGLAND AND WALES	大塚綏次郎	久保吉人
66		愛倫地誌　IRELAND	海老名晋	西坂成一
67		北欧鬼神誌　SCANDINAVIAN MYTHOLOGY, &C. – MINOR SUPERSTITIONS	蘭鑑	久保吉人
68		修身論　PRACTICAL MORALITY – PERSONAL AND GENERAL DUTIES	松浦謙吉	久保吉人
69		重学　MECHANICS – MACHINERY	後藤達三	久保吉人
70		英国制度国資　CONSTITUTION AND RESOURCES OF THE BRITISH EMPIRE	横瀬文彦	
71		欧羅巴地誌　EUROPE	高橋幹二郎	西坂成一
72		希臘史　HISTORY OF GREECE	永井久一郎	
73		英国史　HISTORY OF GREAT BRITAIN AND IRELAND	関藤成緒	西坂成一
74		論理学　LOGIC	塚本周造	大井鎌吉
75	1879（明治 12）年	植物綱目　SYSTEMATIC BOTANY	長谷川泰	榊原芳野

76		修辞及華文　RHETORIC AND BELLES-LETTRES	菊池大麓	
77		体操及戸外遊戯　GYMNASTICS – OUT-OF-DOOR RECREATIONS	カステール	
78		戸内遊戯方　INDOOR AMUSEMENTS	カステール	
79		蘇格蘭地誌　SCOTLAND	須川賢久	久保吉人
80		亜細亜及東印度地誌　ASIA – EAST INDIES	四屋純三郎	久保吉人
81		接物論　PRACTICAL MORALITY – SPECIAL SOCIAL AND PUBLIC DUTIES	秋山恒太郎	久保吉人
82	1880（明治 13）年	自然神教及道徳学　NATURAL THEOLOGY – ETHICS	箕作麟祥	
83		印刷術及石版術　PRINTING – LITHOGRAPHY	大槻文彦	
84		動物綱目　ZOOLOGY	永田健助	榊原芳野
85		陸運　INLAND CONVEYANCE	塚本克己	飯島半十郎 百田重明
86	1881（明治 14）年	農学　AGRICULTURE – CULTURE OF WASTE LANDS – SPADE HUSBANDRY	松浦謙吉	木村一歩
87	1882（明治 15）年	建築学　ARCHITECTURE	関藤成緒	秋月胤永
88		羊篇　THE SHEEP – GOAT – ALPACA	吹田鯛六	保田久成
	〔有隣堂合本〕			
89	1883（明治 16）年	聖書縁起及基督教　HISTORY OF THE BIBLE – CHRISTIANITY	吹田鯛六	
90		幾何学　GEOMETRY	佐原純一	
91	（遅くとも 1886 年）	言語篇　LANGUAGE（CIP 第 5 版）	大槻文彦	
	〔丸善合本〕			
92	1883（明治 16）年	有要金石編　USEFUL MINERALS（CIP 第 5 版）	松田武一郎	
93	1884（明治 17）年	経典史　HISTORY OF THE BIBLE（CIP 第 5 版）	原彌一郎	
94		造家法　ARCHITECTURE（CIP 第 5 版）	都筑直吉	大鳥圭介
95		牧羊篇　THE SHEEP – GOAT – ALPACA（CIP 第 5 版）	勝嶋仙之介	
96		農学　AGRICULTURE（CIP 第 5 版）	玉利喜造	
97		幾何学　GEOMETORY（CIP 第 5 版）	原彌一郎	

* CIP: *Chambers's Information for the People*

第三章　「身体教育」という近代——文明化される所作

天文学　気中現象学　地質学　地文学　植物生理学　植物綱目　動物及人身生理　動物綱目　物理学　重学　動静水学　光学及音学　電気及磁石　時学及時刻学　化学篇　陶磁工篇　織工篇　鉱物篇　金類及錬金術　蒸汽篇　土工術　陸運　水運　建築学　温室通風点光　給水浴澡掘渠篇　農学　菜園篇　花園　果園篇　養樹篇　馬　牛及採乳方　羊篇　豚兎食用鳥籠鳥篇　蜜蜂篇　犬及狩猟　釣魚篇　漁猟篇　養生篇　食物篇　食物製方　医学篇　衣服及服式　人種　言語　交際及政体　法律沿革事体　太古史　希臘史　羅馬史　中古史　英国史　英国制度国資　海陸軍制　欧羅巴地誌　英倫及威爾斯地誌　蘇格蘭地誌　愛倫地誌　亜細亜地誌　亜弗利加及大洋州地誌　北亜米利加地誌　南亜米利加地誌　人心論　骨相学　北欧鬼神誌　論理学　洋教宗派　回教及印度教仏教　歳時記　修身論　接物論　経済論　人口救窮及保険　百工倹約訓　国民統計学　**教育論**　算術及代数　**戸内遊戯方**　**体操及戸外遊戯**　古物学　修辞及華文　印刷術及石版術　彫刻及捉影術　自然神教及道徳学　幾何学　聖書縁起及基督教　貿易及貨幣銀行　画学及彫像　百工応用化学　家事倹約訓(1)

一　身体の近代

私たちの「歩く」「走る」「泳ぐ」をはじめとする基本的な身体動作は、明治期に大きく変わった。「身体の零度」を論じるなかで三浦雅士も指摘しているように、日常的な身体動作さえ、現在のそれは明治以降における近代化によってもたらされた結果なのである。[2] ありふれた身近な動作なので気づきにくいが、私たちの身体動作は近代日本に導入された「身体教育」によって矯正されたのだった。和服を着たときの所作、ナンバ走り、日本泳法など伝統的な身体動作を思い浮かべてみれば、それらが特別な有標性を帯びて、現代の日常的な身体動作とは切断されていることは明らかであろう。

近代における身体の問題系は日本にのみ現象しているわけではない。たとえば、社会学者のノルベルト・エリアスは、暴力と文明の対立軸から十九世紀の英国におけるスポーツと議会制度を、まさに「文明化の過程」のなかで同時代的に発生したものだとした。[3] 近代スポーツは近代社会が生み出した身体ゲームであり、議会は近代国家のための政治ゲームなのだ。また、近代教育と結びついた身体の「規律・訓練」は、ミシェル・フーコーが主張するところとしてよく知られている。[4] さらに、フィリップ・アリエスによれば、中世ヨーロッパにはなかった「教育」は、「子供」とともに近代に誕生したことになっている。[5]

しかしながら日本では、「身体教育」が明治初期に physical education からつくられた翻訳語であること、sport の翻訳漢語が遂に成立しなかった事情なども記憶しておいてよい。本章では、私たちの身体が規律・訓練を経て文明化された過程を、明治期日本の翻訳の出来事として捉えなおしてみたいと考えている。具体的な翻訳テクストの読解を通して近代日本の身体と教育をめぐる翻訳語に焦点をあてることで、何が見えてくるのかを探る。

二　明治政府と「教育」

文部省『百科全書』の「教育」

『百科全書』を企図した中心人物のひとりは、当時文部省に出仕していた箕作麟祥であった。彼は自ら EDUCATION と NATURAL THEOLOGY‐ETHICS の翻訳を担当したが、ここで取り上げたいのは、この二編のう

和装上下２冊『教導説』

ち EDUCATION とその翻訳テクストである。EDUCATION の箕作麟祥訳は、一八七三（明治六）年九月にまず『教導説』として出版された。これは、分冊本『百科全書』のなかで二番目に早い刊行であった。上下二冊の和装本で出された『教導説』の「上篇」巻頭には、「百科全書叙」（古屋矯）や「凡例」「緒言」も付されており、他編と比較して明らかに別格扱いである。文部省『百科全書』全編のなかでも education をテーマとした本書は、明治政府の文部省にとって特別に重要な位置づけにあったと思われる。また、校正者の記載もなく、この翻訳事業における箕作麟祥の存在が際立った翻訳テクストである。

明治初期の「教育」思想を論じるなかで稲富栄次郎は、「箕作麟祥訳『百科全書　教導説』を以てその嚆矢」とし、「本書は当時相当に読まれたものと思われる」と一定の評価をしている。そして『教導説』は、「わが国においてエヂュケイション、即ち教育の意味を語源的に説明した最初のものであり、従って西洋的な教育の意味をわが国に紹介した最初のものであると言うことが出来る」と述べる。(6) ここで『教導説』を取り上げながらも、稲富が不用意にも「エヂュケイション、即ち教育」と書いてしまったのは、「education = 教育」という翻訳の等価が私たちの無意識の奥深くに成立している証左であろう。箕作が紹介した「西洋的な教育の意味」とは何であったのか。

箕作麟祥訳『教導説』から『教育論』へ

箕作訳『教導説』は、刊行から五年後の一八七八（明治十一）年に『教育論』へと改題されている。education

の訳語がなぜ「教導」から「教育」に変わったのかを問うことは、近代日本の「身体教育」の根幹を問い直すことにもなるはずだ。

箕作麟祥は多くの翻訳を手がけたが、彼自身の著作はほとんどなく、『百科全書』における「教導」から「教育」への変更の経緯に言及した記録もない。educationという概念についての理解が揺らいでいた現実が、やがては「教育」へと収束していったということであろうか。半面はそうかもしれないが、全面的にはそうではないと筆者は考える。

この問題を検討した村瀬勉らの論文では、その結論として「政治的・社会的背景が「教導」と「教育」の混用に対して顕わには影響を与えなかった」とし、『教導説』から『教育論』への改題は、歴史的経緯の中で箕作の視点が「教育」に落ち着いた結果であるとまとめている。[7] しかしながら翻訳研究の観点からは、異なる解釈の可能性も提起したい。近代日本の翻訳語としての「教育」の成立は、「education＝教育」という等価の政治性と無関係ではありえないのである。この点を箕作のテクストに探ってみよう。

『教導説』における箕作自身による緒言では、章立てを挙げながら全体を概観している。重要なので全文を引用する。

> 此書ハ英人「チャンブルス」氏所著ノ百科全書中ニ就キ児童教導ノ篇ヲ訳セシ者ナリ即チ通篇分テ六項トス曰ク総論曰ク体ノ教曰ク道ノ教曰ク心ノ教曰ク教導ノ用便ニ備フ可キ物曰ク専門教導及ヒ百工教導而シテ其要旨ハ固ト小学校教導ノ法ヲ概論セシ者ト雖トモ兼テ亦世ノ父母タル者其子ヲ教育スルニ欠ク可カラザル道ヲ弁明セシ書タリ故ニ今之ヲ訳スルモ亦人ノ父母タル者ヲシテ普ク教育ノ要ヲ知ラシムルニ在レハ或ハ原文ノ位置ヲ変易シ或ハ其義ヲ敷演シテ力メテ解シ易キヲ主トシ世人ヲシテ一読瞭然タラシムルヲ欲スト雖トモ訳文ノ体裁自カラ然ル能ハザル者アレバ篇内文詞ノ難渋ヲ免レスシテ読者ノ為メ便ナラザルヲ知ル覧者請フ之ヲ恕セヨ

明治六年初夏　　　　　　　　　　箕作麟祥　識

この緒言でまず目を引くのは、「教導」と「教育」が混在している点だ。翻訳者の語彙のなかには「教導」「教育」という選択肢があったうえで、編名としては「教導」を選んだことになる。一八七一（明治四）年の箕作麟祥訳『泰西勧善訓蒙』には「教育」が用いられていたのも、この語が当時すでに一般的であったからであろう。と同時に、彼は違和感を覚えていたのかもしれない。したがって文部省『百科全書』では、あえて「教導」の語を用いたとも言える。

箕作のこのような使い分けに関して、森重雄は、「教導」を学校の側に、「教育」を家庭の側に留保されたものであるとする。かくして『教導説』から『教育論』までの五年間は、「ヴァナキュラーの側に譲渡されていた「教・育」（しかしヴァナキュラーの側はこの言葉をなかなかうけとらない）が、近代学校装置をつうじて〈教育〉のバリアントへと下位化されつつその編成下に組み込まれた、つまり「植民地化」された、ということ」になる。[8]

森の指摘は、伝統的な「教育」から翻訳語としての「教育」への転換を鋭く見抜いている。[9]

箕作が緒言に挙げた章立てにあるように、「総論」（翻訳書のみ）、「体ノ教」（PHYSICAL EDUCATION）、「道ノ教」（MORAL EDUCATION）、「心ノ教」（INTELLECTUAL EDUCATION）、「教導ノ用便ニ備フ可キ物」（MECHANISM FOR EDUCATION）、「専門教導及百工教導」（SPECIAL AND INDUSTRIAL EDUCATION）という六章から構成されている。これらの章タイトルではeducationの訳語として、「教」と「教導」が用いられた。「教育」という語を知りながら、箕作の翻訳行為には「education＝教育」へのためらいが表出している。physical educationも「身体教育」という二字漢語の組み合わせではなく、あえて「体ノ教」（「からだのおしへ」と読む）という和語となっている。

『教導説』の本文では、「教導」を「エヂュケート」の訳語として紹介し、次のように定義した箇所がある。

教導ノ原語タル「エヂュケート」ノ字ハ元ト羅甸語「エヂュカーレ」ヨリ由来スル所ニシテ基本義ハ誘導ノ意ナリ故ニ其字義タルヤ能ク教導ノ旨趣ト相適ヒ而シテ其意ハ元来人ハ其天然粗魯不動ノ者タルカ故ニ必ズ外力ヲ以テ其心ノ能力ヲ誘導シ之ヲ活動セシメテ巧妙ニ至ラシメザルヲ得ザルニ在リ然レトモ教導ノ事ニ就キ確定の識見ヲ立テ又ハ教導ノ法ヲ実際ニ施行スル其良法ヲ撰マント欲スルニハ先ツ明カニ教導ヲ受ク可キ者ノ性質如何ヲ知ラザル可カラズ

The primary meaning of the term *educate*, from the Latin *educare*, to lead or bring out, does not ill express the first great principle of the science. It may be held to assume that the human being is naturally in a comparatively rude and inert condition, and that external forces must be applied to draw forth his faculties into their full activity and power, and bring them to their highest degree of refinement and nicely of application. Before correct views can be entertained with regard to education, or proper steps can be taken for working it out in practice, it is obvious that a distinct notion ought to be attained as to the character of the being to be educated.

起点テクストにはなく翻訳者が付加した「教導ノ原語タル」や「能ク教導ノ旨趣ト相適ヒ」という説明で、educate は「教導」として了解される。educate はラテン語 educare に由来し、lead または bring out を意味するが、この語源を踏まえたうえで、箕作は「教導」と訳出したのであろう。

一八七八（明治十一）年に『教育論』と改題された翻訳テクストでは、本文においても「教導」が「教育」に機械的に置き換えられた。もとの「教導」に単純な修正が施されているのみであり、これならば翻訳者本人による手直しを必ずしも必要としない。この変更の結果、「教育」が「エヂュケート」として再定義されることになる。つまり、先の定義部分はこう変わった。

教育ノ原語タル「エヂュケート」ノ字ハ元ト羅甸語「エヂュカーレ」ヨリ由来スル所ニシテ基本義ハ誘導ノ意ナリ故ニ其字義タルヤ能ク教育ノ旨趣ト相適ヒ而シテ其意ハ元来人ハ其天然粗魯不動ノ者タルカ故ニ必ズ外力ヲ以テ其心ノ能力ヲ誘導シ之ヲ活動セシメテ巧妙ニ至ラシメザルヲ得ザルニ在リ然レトモ教育ノ事ニ就キ確定の識見ヲ立テ又ハ教育ノ法ヲ実際ニ施行スル其良法ヲ選マント欲スルニハ先ツ明カニ教育ヲ受ク可キ者ノ性質如何ヲ知ラザル可カラズ

一八七二（明治五）年に教部省に置かれた「教導職」からの連想を持ち出すまでもなく、教部省と文部省との合併や分離と「教導」という語とは無関係ではあるまい[10]。文部省との合併が決定されたのを受けて教部卿の嵯峨実愛は、「当省之義ニ於てハ段々評議も有之候処教導之事も自ら文部省教育ニ関し候儀も有之候間文部教部ヲ併セラレ候方便宜も可有之」という文面を含んだ書簡を送ったことがあった[11]。ここで嵯峨は、教部省の「教導」と文部省の「教育」という使い分けをしている。神官僧侶による伝統的な教旨の「教導」と西洋近代を目指す「教育」という二項対立ゆえに、「education＝教育」は西洋思想に基づく国民教育という文脈で社会進化論的な重要性を帯びてくるのである。

箕作麟祥は文部省出仕と並行して司法省兼勤であったが、一八七五（明治八）年には司法省出仕となり、文部行政から司法の分野へと翻訳行為の場を本格的に移していった。以後は、一八七七（明治十）年に司法大書記官・翻訳課民法編纂課両課長・民法編纂委員兼務、一八八〇（明治十三）年に太政官大書記官・法制局勤務、一八八六（明治十九）年に商法編纂委員などを歴任している[12]。箕作麟祥不在の文部省における『教導説』から『教育論』への改変は、翻訳者本人の意図よりも、「教育」という語に対する政治的要請が背後に見えかくれする。文部省は「教導」ではなく「教育」という翻訳語を欲望していたのである。学制取調掛の箕作麟祥らによって構想されたフランス式の「学制」（一八七二年）からアメリカ式の「教育令」（一八七九年）への方向転換は、彼の文部省から司法省への異動後であった。

近代国家の国民というフィクションを誕生させるために、とりわけ「教育」は文明開化政策で不可欠である。そして「education ＝ 教育」という翻訳語が要請され、この翻訳の等価が自明化されるなかで、やがては翻訳語であること自体、忘却されていくことになる。

「教育」とは

「教育」という漢語は古く漢籍に登場する。孟子の『尽心上』には、「得天下英才而教育之」とある。だが、このような儒教的用法での「教育」はその後、中国語では死語同然のものとなり、現在の中国語における「教育」は日本の翻訳語を逆輸入したことばであると指摘されている。[13] 日本の辞書では、一八六六（慶応二）年の『改正増補 英和対訳袖珍辞書』に「Educate-ed-ing. 教育ス」「Education. 同上ノ事」、ヘボンの『和英語林集成』では一八七二（明治五）年の再版から「教育」が登場する。

明治初期には、「教育」を書名に含む翻訳書が数々出版された。たとえば、西村茂樹訳『教育史』（一八七五年）、小泉信吉・四屋純三郎訳『小学教育論』（一八七七年）、石橋好一訳『法国教育説略』（一八七九年）、尺振八訳『斯氏教育論』（一八八〇年）、西邨貞訳『小学教育新編』（一八八一年）、添田寿一訳『倍因氏教育学』（一八八三年）、土屋政朝訳『教育学』（一八八三年）、甲斐織衛訳『教育汎論』（一八八三年）、菊池大麓訳『職業教育論』（一八八四年）、橋本武訳『教育汎論』（一八八四年）等々がある。また、一八七七（明治十）年には文部省『日本教育史略』が刊行されている。これは、一八七六年のアメリカ独立百年を記念した万国博覧会の出品展示用として作成した *An Outline History of Japanese Education* を稿本としており、文部省のダビッド・モルレーや大槻修二らが執筆を担当したものである。また、「教育博物館」という名称の公共施設も一八七七（明治十）年に上野公園内に開設された（東京博物館が移転を機に改称。現在の国立科学博物館の前身）。「教育」ということばは、当時かなり流通していたと考えてよい。

社会進化論で著名な英国人ハーバート・スペンサーによる一八六一年の著作 *Education: Intellectual, Moral, and Physical* の邦訳が、尺振八訳『斯氏教育論』や有賀長雄訳註『標註斯氏教育論』（一八八六年）である。この「教育」論で主張されていたのが、「知育」「徳育」「体育」の三育主義であった。スペンサーの *Social Statistics* は松島剛訳『社会平権論』（一八八一―八四年）としてわが国でベストセラーとなり、自由民権運動の支柱にまでなったが、このようなスペンサー・ブームも背景にあって、彼の「教育」論は明治政府の文部行政へと浸透したと見られる。

同時期には伊澤修二の『教育学』も出版された。伊澤は一八七五（明治八）年から七八（明治十一）年まで文部省から派遣されて、アメリカの師範学校などの調査に従事している。その三年間のアメリカ留学中にマサチューセッツ州立ブリッジウォーター師範学校で聴講した際のノートをもとに、帰国後に『教育学』として刊行したのである。この著作は「日本における教育学のはじまり」にあって、日本人による「教育」学書の嚆矢とされるものである。(14)

伊澤の『教育学』における「第一篇　総論」では、「身体上ノ教育即チ体力ヲ育成スルハ体育学ノ専科ニ属スル所ニシテ其目的タルヤ支体ヲ発育シ機器ヲ完成シ以テ精神ノ舎ル所ノ家屋即チ身体ヲ強健ニシテ心力発育ノ基ヲ為スニ在ルナリ」と、「身体教育」つまり「体育」を定義している。当時流行したスペンサー流の三育主義が踏襲されて、「精神上ノ教育」としての「智育」と「徳育」、そして「身体上ノ教育」としての「体育」へと「教育」が分類されている。さらに「第四篇　体育」には、「体育ノ目的」への言及がある。「体育ノ目的トスル所ハ身体ノ健康ヲ保全シ其発育ヲ助成シテ各部偏長ノ弊ナカラシメ以テ智徳養成ノ基本ヲ作リ且支体ノ強力ヲ増加スルニ在リ」という点で、「体育」は「智育」「徳育」の基礎となるものであった。また、巻末には附録として「教育学用語和英対訳分類一覧」も掲載されており、「教育 Education」をはじめとして、「身体上ノ教育即チ体育 Physical Education」「運動 Exercises」「軽体操 Light Gymnastics」「重体操 Heavy Gymnastics」など一連の用語が日本語と英語で列挙されている。ちなみに、伊澤が帰朝直後に出版したのは、進化論を紹介したトマス・ヘンリー・ハクスリーの講演集の抄訳『生種原始論』（一八七九年。さらに一八八九年には『進化原論』として全訳）であった。彼の「教育」思想の底流には進化論があると思われる。

三 「身体教育」の行方

文部省『百科全書』と「身体教育」

文部省『百科全書』のなかで「身体教育」に直接関係するのは、『体操及戸外遊戯』（GYMNASTICS – OUT-OF-DOOR RECREATIONS）である。翻訳者はオランダ人のカステール（漢字表記は「漢加斯底爾」）であり、彼は『百科全書』の『戸内遊戯方』（INDOOR AMUSEMENTS）も担当している。二編とも一八七九（明治十二）年に分冊本が出版された。カステールのフルネームは Abraham Thierry van Casteel で、彼は一八四三年にロッテルダムで生まれ、一八七八年十一月九日に日本で病死した。したがって、『体操及戸外遊戯』と『戸内遊戯方』は翻訳者カステール没後に刊行されたものである。(15)

『体操及戸外遊戯』は「gymnastics ＝体操」と「out-of-door recreations ＝戸外遊戯」に内容が二分されるものの、ここでは「体操」と「戸外遊戯」が一冊にまとめられて、「戸内遊戯」とは分離されている点が肝要である。明治期の「身体教育」における『百科全書』の影響に関して、木下秀明は「体育」概念の形成との関係で次のように指摘する。

『百科全書』（文部省、明治十二年）に、『体操及戸外遊戯』と『戸内遊戯方』の二冊がみられるように、遊戯という性質から纏めず、運動と非運動的なものという区分が行われている。このように戸外遊戯が体操と一緒にされると、その目的もまた、体操の目的である体育を予想させることとなり、遊戯のうち、戸外遊戯だけが体育法として展開することとなる。(16)

書名の示すとおり、『百科全書』では「体操」と「戸外遊戯」が関連づけられており、両者が「身体教育」の対象となったのだ。一八七八（明治十一）年十月に文部省直轄で設立された「体操伝習所」の名称とも相俟って、「体操」や「戸外遊戯」を通して国民の身体を教育する「体育」の誕生へとつながるのである。この点は、一八八五（明治十八）年に坪井玄道と田中盛業が編纂した『戸外遊戯法　一名戸外運動法』の緒言でも窺える。

身体錬成ノ法ハ元来合式体操（軽運動）ノミヲ以テ足ルモノニ非ス又併セテ戸外運動（遊戯法）ヲモ研究セザルベカラズ蓋シ戸外遊戯ノ利益タル啻ニ身体ノ強健ヲ増進スル而已ナラズ亦大ニ心神ヲ爽快ニシ優暢快活ノ気風ヲ養成シ児童体育上実ニ欠ク可ラザルノ一科トス(17)

ここでは「体操（軽運動）」から「戸外運動（遊戯法）」への拡張と、教育としての「児童体育」に注目している。坪井玄道は、体操伝習所の教師としてアメリカから招聘されたジョージ・アダムス・リーランドの通訳者でもあった。『戸外遊戯法　一名戸外運動法』の緒言に先立って本書冒頭に置かれた西邨貞の「戸外遊戯法序」では、欧米諸国の「ナシヨナル、ゲーム」つまり「国戯」に相当する遊戯が日本にはないこと、そしてそれは「ナシヨナル、ソング」つまり「国歌」のように「自然ニ産出スルモノ」であるとも述べられている。しかしながら、山住正己が唱歌教育史のなかで音楽取調掛の国歌選定事業とその困難について詳述しているように、「国歌」は自然に生まれたものではない。[18]「国歌」としての「君が代」は、「国技館」（一九〇九年に開館）で興行される相撲が「国技」と見なされるのと同様に、近代日本による発明なのだから。

カステール訳『体操及戸外遊戯』における「体操」

文部省『百科全書』の『体操及戸外遊戯』を概観するために、目録とそれに対応する GYMNASTICS – OUT-OF-DOOR RECREATIONS の項目を併記してみよう。

体操ノ修練	GYMNASTIC EXERCISES.
指示凡則	General Directions.
体勢及運動法	Positions and Motions.
「インジアンクラブ」	Indian Club Exercises.
「リーピング」法及「ヴヲールチング」法	Leaping – Vaulting.
重量搬担ノ術	Carrying Weights.
逍遥法及歩走術	Walking – Running.
歩行術ノ習練	TRAINING – PEDESTRIAN FEATS.
郊野ニ遊歩スル少年ノ誡	Advices to Young Men on Walking Excursions.
戸外ノ嬉戯	OUT-OF-DOOR RECREATIONS.
游泳	SWIMMING.
「スケツチング」（氷上ヲ溜行スル法）	SKATING.
氷上溜行術ノ示誨	Practical Directions for Skating.

「カルリング」法　CURLING.
「カルリング」遊戯ノ定則　Laws and Regulations for Curling.
「クリケット」法　CRICKET.
「ゴルフ」戯　GOLF.
弓術　ARCHERY.
「ヤッチンク」及「ボーチング」ノ事　YACHTING – BOATING.
「シンチー」及「ハーリング」ノ事　SHINTY – HURLING.
「ファイフス」「ラッケッツ」及ヒ「テニス」ノ事　FIVES – RACKETS – TENNIS.
蹴鞠　FOOT-BALL.
「クオイツ」ノ事　QUOITS.

カステール訳『体操及戸外遊戯』では「gymnastics ＝体操」について、「体操《ジムナースチック》ハ身体及ヒ筋骨ヲ強壮ニセン為ノ運動」(Gymnastics are those exercises of the body and limbs which tend to invigorate and develop their power.) と定義される。「体操」とは身体を強壮にする「exercises ＝運動」であり、左ルビで示されたように「ジムナースチック」なのである。そして、それは次のように「教育」の対象となる。

是等ノ害ヲ避ン為ニ筋骨軟弱ナル幼童ニハ体操法ヲ以テ教育ノ一部ト為サズンハアルヘカラス故ニ間暇アラハ必体操ヲ修練スヘシ
To avert, as far as possible, these imperfections, gymnastics ought to form a part of education in youth, when the joints and muscles are flexible, and time is permitted for the various kinds of exercises.

ここでの「是等ノ害」とは、「体操」を修練しなかった場合のさまざまな身体的な不健康状態を指すが、「体操」を「教育ノ一部」としている点が注目される。そして「体操」に適した場所、服装、時間帯なども続いて指示されていく。

「running = 走術」は、「第十図」に示されているような姿勢となる。これは、上半身と下半身が同期するナンバ走りとは異なり、右足と左手を前に出す身体作法である。

凡ソ走ルトキハ胸ノ上部ヲ少シク前面ニ托シ頭ハ少シク後面ニ倚ルヘシ何トナレハ前ニ托スル所ノ重量ニ抵抗シテ平均スレハナリ且胸膈ハ突出スルニ任スヘシ肩胛ハ正クシテ動カサルヲ要シ手臂ノ上部ハ体ノ両側ニ密接シ肘ハ曲ケテ鋭角度ノ形ヲ為シ

The upper part of the body is slightly inclined forward; the head slightly thrown backward, to counteract the gravity forward; the breast is freely projected; the shoulders are steady, to give a fixed point to the auxiliary muscles of respiration; the upper parts of the arms are kept near the sides; the elbows are bent, and each forms an acute angle;

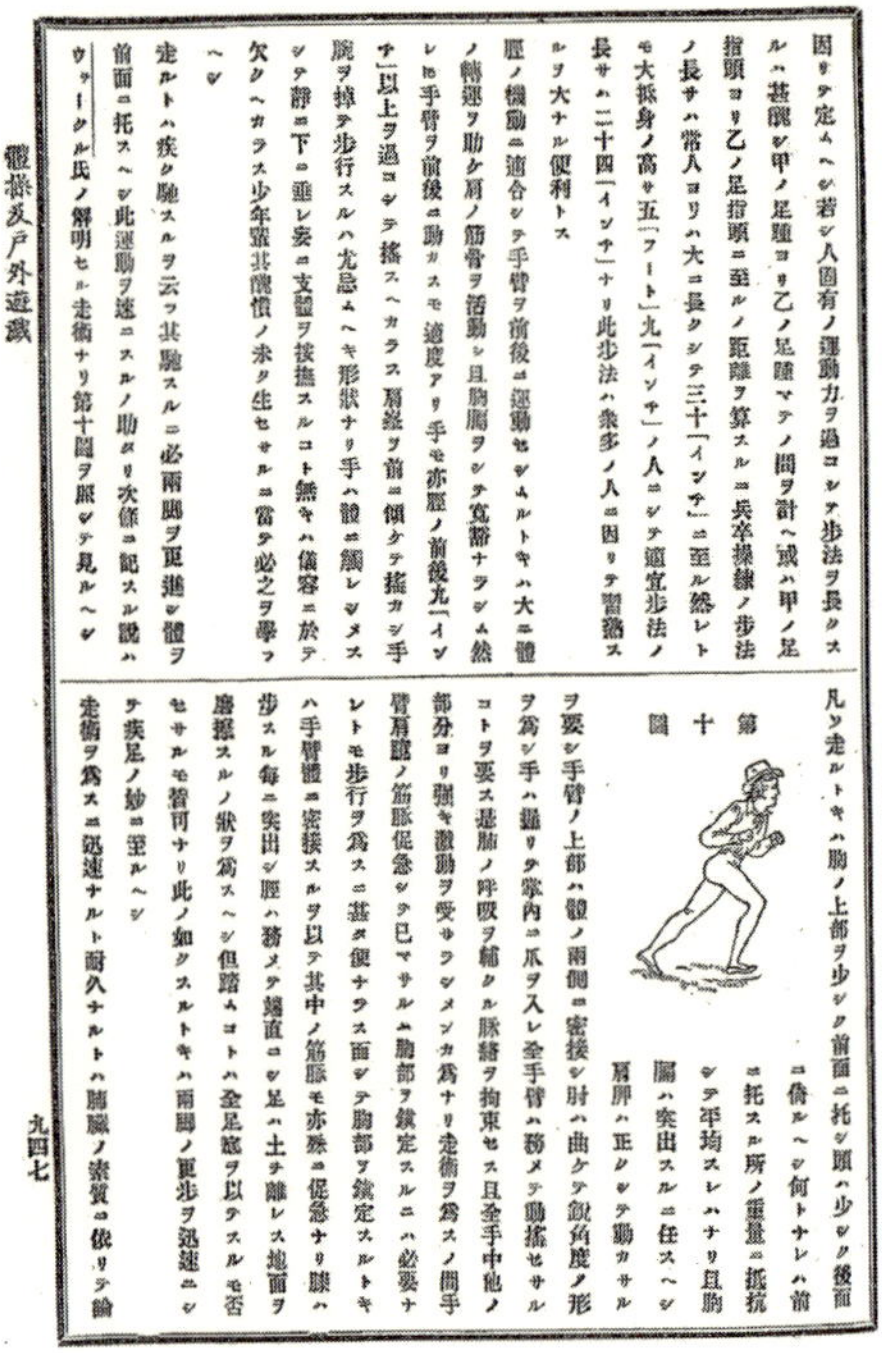
體操及戸外遊戯

囲リテ定ムヘシ若シ人固有ノ運動力ヲ過ゴシテ歩法ヲ長クスルハ甚謬シ甲ノ足踵ヨリ乙ノ足踵マテノ間ヲ計ヘ或ハ甲ノ足指頭ヨリ乙ノ足指頭ニ至ルノ距離ヲ算スルニ兵卒操練ノ歩法ノ長サハ常人ヨリハ大ニ長クシテ三十「インチ」ニ至ル然レトモ大抵身ノ高サ五「フート」九「インチ」ノ人ニシテ適宜歩法ノ長サハ二十四「インチ」ナリ此歩法ハ衆多ノ人ニ因リテ習熟スルヲ大ナル便利トス

腰ノ機動ニ適合シテ手臂ヲ前後ニ運動セシムルトキハ大ニ體ノ轉運ヲ助ケ肩ノ筋骨ヲ活動シ且胸膈ヲシテ寛豁ナラシム然レトモ手臂ヲ前後ニ動カスモ適度アリ手モ亦腰ノ前後九「インチ」以上ヲ過ゴシテ搖スヘカラス肩經ヲ前ニ傾ケテ搖カシ手腕ヲ掉テ歩行スルハ尤忌ムヘキ形狀ナリ手ハ體ニ觸レシメスシテ靜ニ下ニ垂レ姿ニ支體ヲ接捶スルコト無キハ儀容ニ於テ欠クヘカラス少年輩其醜慣ノ未タ生セサルニ當テ必之ヲ學フヘシ

走ルトハ疾ク馳スルヲ云フ其馳スルニ必兩脚ヲ更進シ體ヲ前面ニ托スヘシ此運動ヲ速ニスルノ助タリ次條ニ記スル說ハウヲークル氏ノ解明セル走術ナリ第十圖ヲ照シテ見ルヘシ

凡ソ走ルトキハ胸ノ上部ヲ少シク前面ニ托シ頭ハ少シク後面ニ倚ルヘシ何トナレハ前ニ托スル所ノ重量ニ抵抗シテ平均スレハナリ且胸膈ハ突出スルニ任スヘシ肩胛ハ正クシテ動カサルヲ要シ手臂ノ上部ハ體ノ兩側ニ密接シ肘ハ曲ケテ銳角度ノ形ヲ爲シ手ハ握リテ掌内ニ爪ヲ入レ全手臂ハ務メテ動搖セサルコトヲ要ス是肺ノ呼吸ヲ輔クル脉絡ヲ拘束セス且全手中他ノ部分ヨリ強キ激動ヲ受ケラシメンカ爲ナリ走術ヲ爲スノ間手臂肩體ノ筋脈促急シテ巳マサルハ胸部ヲ鎮定スルニハ必要ナレトモ歩行ヲ爲スニ甚タ便ナラス而シテ胸部ヲ鎮定スルトキハ手臂體ニ密接スルヲ以テ其中ノ筋脈モ亦隨ニ促急ナリ膝ハ歩スル毎ニ突出シ脛ハ務メテ端直ニシ足ハ土ヲ離レス地面ヲ磨擦スルノ狀ヲ爲スヘシ但踏ムコトハ全足底ヲ以テスルモ否セサルモ皆可ナリ此ノ如クスルトキハ兩脚ノ更歩ヲ迅速ニシテ疾足ノ妙ニ至ルヘシ

走術ヲ爲スニ迅速ナルト耐久ナルトハ肺臟ノ素質ニ依リテ論

第十圖

九四七

『体操及戸外遊戯』の「第十図」

また「歩く」（walking の訳語としては「逍遥」）という基本的な身体動作は、「体術ノ習練及兵卒ノ操練」（gymnastic or drill exercises）に必須の要素となる。教育訓練なくしては正しく歩くことさえできないのであった。

緩徐或ハ厳正ナル体勢ニテ逍遥スルコトハ体術ノ習練及兵卒ノ操練ニ於テ実ニ欠クヘカラサル術ナレハ必習熟スヘシ天然伶俐ニシテ自ラ能ク逍遥歩走ヲ為ス者ハ甚稀ナリ
The art of walking with ease, firmness, and grace, forms a necessary part of gymnastic or drill exercises. Few persons walk well naturally.

一八七二（明治五）年の学制では教科名として「体術」が用いられていた。これが翌年には「体操」となり、第二次世界大戦中に「体練」、そして戦後には「体育」という学校教育の科目になった。

カステール訳『体操及戸外遊戯』における「戸外遊戯」

『体操及戸外遊戯』という翻訳テクストでは「体操」にはじまり、「歩く」や「走る」という身体の基本的な動作が説明された後、「戸外ノ嬉戯」（OUT-OF-DOOR RECREATIONS）としてゲーム的「スポーツ」のルールが詳細に紹介される。とりわけ「curling ＝カルリング」、「cricket ＝クリケツト」、「golf ＝ゴルフ」などについては、非常に詳細な記述があるのが特色である。部分的に抜き出しておこう。

カルリング
此遊戯ハ各々対手ノ党ヲ為シテ行フモノナリ而シテ此技ヲ倣スノ日ハ各人円形ノ堅石直径凡ソ九「インチ」ナル者ヲ携持スベシ其石ノ下面ハ匾クシテ平滑ナサシメ上面ハ鼻紐ヲ着ケ置クベシ

The game is played by a party forming rival sides, each individual being possessed of a circular hard stone, of about nine inches in diameter, flat and smooth on the under side, and on the upper, having a handle fixed to the stone.

クリケット

此遊戯ハ他ノ技ニ勝レテ少年輩ニハ殊ニ良キ戯トス而シテ此技ヲ行フニ耳目聡明意気快速ニシ且体軀快爽ニシテ能ク動クトキハ甚タ欣慰ナルモノナリ此戯ハ草ヲ短ク苅リタル広野ノ平坦ニシテ砂石又ハ潅木ナキ場所ニ於テ為ス可シ

This is one of the best of all out-of-door sports for youth. It requires quickness of mind and eye, great agility of limb, and, properly conducted, is highly exhilarating and amusing. The game is played on an open, well-shaven green, which is level, and

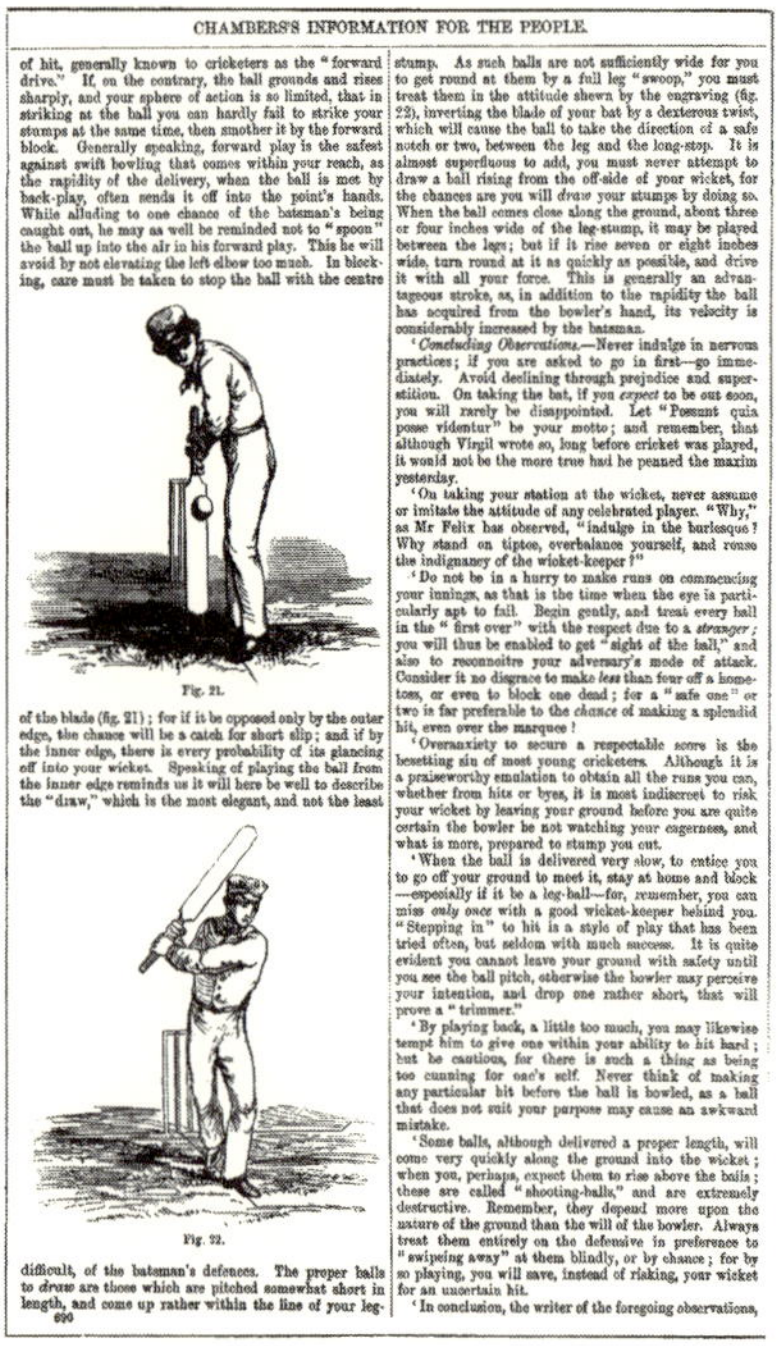

CHAMBERS'S INFORMATION FOR THE PEOPLE.

of hit, generally known to cricketers as the "forward drive." If, on the contrary, the ball grounds and rises sharply, and your sphere of action is so limited, that in striking at the ball you can hardly fail to strike your stumps at the same time, then smother it by the forward block. Generally speaking, forward play is the safest against swift bowling that comes within your reach, as the rapidity of the delivery, when the ball is met by back-play, often sends it off into the point's hands. While alluding to one chance of the batsman's being caught out, he may as well be reminded not to "spoon" the ball up into the air in his forward play. This he will avoid by not elevating the left elbow too much. In blocking, care must be taken to stop the ball with the centre

Fig. 21.

of the blade (fig. 21); for if it be opposed only by the outer edge, the chance will be a catch for short slip; and if by the inner edge, there is every probability of its glancing off into your wicket. Speaking of playing the ball from the inner edge reminds us it will here be well to describe the "draw," which is the most elegant, and not the least

Fig. 22.

difficult, of the batsman's defences. The proper balls to *draw* are those which are pitched somewhat short in length, and come up rather within the line of your leg-stump. As such balls are not sufficiently wide for you to get round at them by a full leg "swoop," you must treat them in the attitude shewn by the engraving (fig. 22), inverting the blade of your bat by a dexterous twist, which will cause the ball to take the direction of a safe notch or two, between the leg and the long-stop. It is almost superfluous to add, you must never attempt to draw a ball rising from the off-side of your wicket, for the chances are you will *draw* your stumps by doing so. When the ball comes close along the ground, about three or four inches wide of the leg-stump, it may be played between the legs; but if it rise seven or eight inches wide, turn round at it as quickly as possible, and drive it with all your force. This is generally an advantageous stroke, as, in addition to the rapidity the ball has acquired from the bowler's hand, its velocity is considerably increased by the batsman.

'*Concluding Observations.*—Never indulge in nervous practices; if you are asked to go in first—go immediately. Avoid declining through prejudice and superstition. On taking the bat, if you *expect* to be out soon, you will rarely be disappointed. Let "Possunt quia posse videntur" be your motto; and remember, that although Virgil wrote so, long before cricket was played, it would not be the more true had he penned the maxim yesterday.

'On taking your station at the wicket, never assume or imitate the attitude of any celebrated player. "Why," as Mr Felix has observed, "indulge in the burlesque? Why stand on tiptoe, overbalance yourself, and rouse the indignancy of the wicket-keeper?"

'Do not be in a hurry to make runs on commencing your innings, as that is the time when the eye is particularly apt to fail. Begin gently, and treat every ball in the "first over" with the respect due to a *stranger;* you will thus be enabled to get "sight of the ball," and also to reconnoitre your adversary's mode of attack. Consider it no disgrace to make *less* than four off a home-toss, or even to block one dead; for a "safe one" or two is far preferable to the *chance* of making a splendid hit, even over the marquee!

'Overanxiety to secure a respectable score is the besetting sin of most young cricketers. Although it is a praiseworthy emulation to obtain all the runs you can, whether from hits or byes, it is most indiscreet to risk your wicket by leaving your ground before you are quite certain the bowler be not watching your eagerness, and what is more, prepared to stump you out.

'When the ball is delivered very slow, to entice you to go off your ground to meet it, stay at home and block—especially if it be a leg-ball—for, remember, you can miss *only once* with a good wicket-keeper behind you. "Stepping in" to hit is a style of play that has been tried often, but seldom with much success. It is quite evident you cannot leave your ground with safety until you see the ball pitch, otherwise the bowler may perceive your intention, and drop one rather short, that will prove a "trimmer."

'By playing back, a little too much, you may likewise tempt him to give one within your ability to hit hard; but be cautious, for there is such a thing as being too cunning for one's self. Never think of making any particular hit before the ball is bowled, as a ball that does not suit your purpose may cause an awkward mistake.

'Some balls, although delivered a proper length, will come very quickly along the ground into the wicket; when you, perhaps, expect them to rise above the bails; these are called "shooting-balls," and are extremely destructive. Remember, they depend more upon the nature of the ground than the will of the bowler. Always treat them entirely on the defensive in preference to "swipeing away" at them blindly, or by chance; for by so playing, you will save, instead of risking, your wicket for an uncertain hit.

'In conclusion, the writer of the foregoing observations,

690

CRICKET

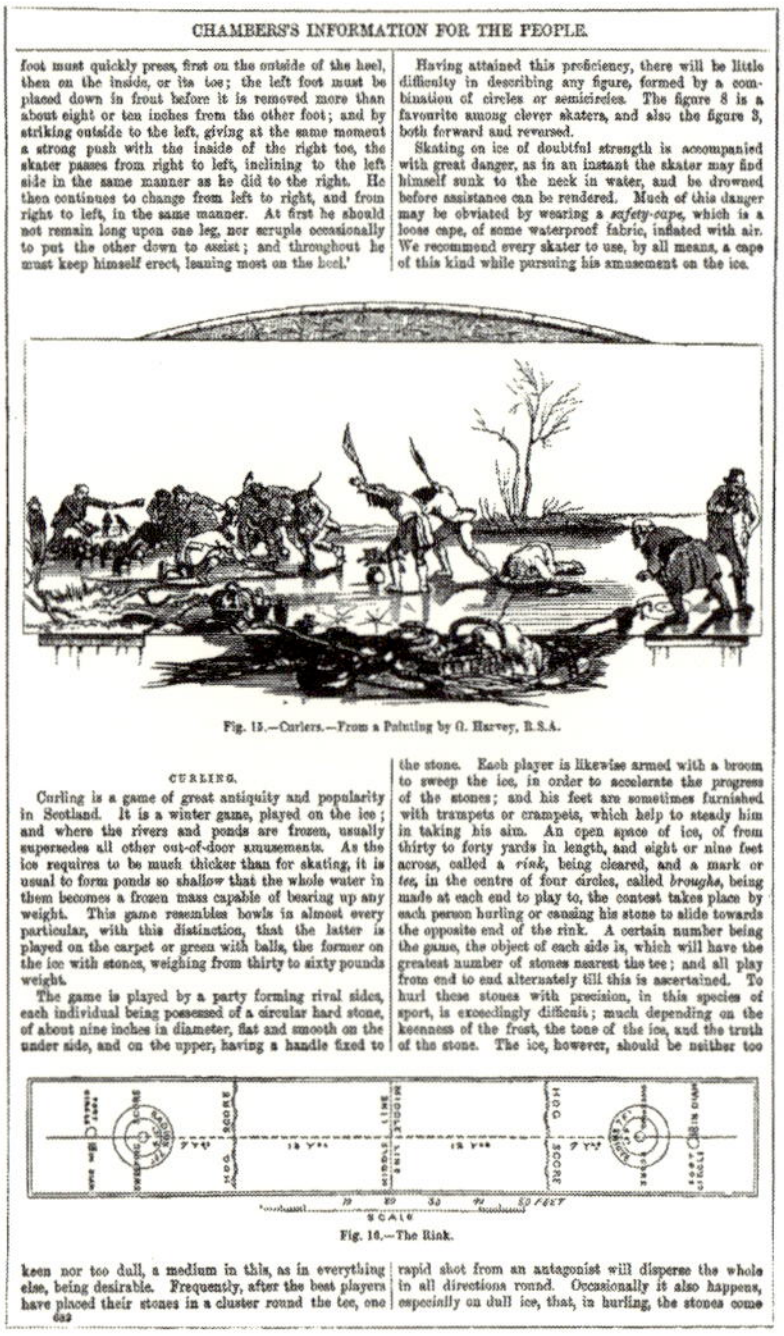

CHAMBERS'S INFORMATION FOR THE PEOPLE.

foot must quickly press, first on the outside of the heel, then on the inside, or its toe; the left foot must be placed down in front before it is removed more than about eight or ten inches from the other foot; and by striking outside to the left, giving at the same moment a strong push with the inside of the right toe, the skater passes from right to left, inclining to the left side in the same manner as he did to the right. He then continues to change from left to right, and from right to left, in the same manner. At first he should not remain long upon one leg, nor scruple occasionally to put the other down to assist; and throughout he must keep himself erect, leaning most on the heel.'

Having attained this proficiency, there will be little difficulty in describing any figure, formed by a combination of circles or semicircles. The figure 8 is a favourite among clever skaters, and also the figure 3, both forward and reversed.

Skating on ice of doubtful strength is accompanied with great danger, as in an instant the skater may find himself sunk to the neck in water, and be drowned before assistance can be rendered. Much of this danger may be obviated by wearing a *safety-cape*, which is a loose cape, of some waterproof fabric, inflated with air. We recommend every skater to use, by all means, a cape of this kind while pursuing his amusement on the ice.

Fig. 15.—Curlers.—From a Painting by G. Harvey, R.S.A.

CURLING.

Curling is a game of great antiquity and popularity in Scotland. It is a winter game, played on the ice; and where the rivers and ponds are frozen, usually supersedes all other out-of-door amusements. As the ice requires to be much thicker than for skating, it is usual to form ponds so shallow that the whole water in them becomes a frozen mass capable of bearing up any weight. This game resembles bowls in almost every particular, with this distinction, that the latter is played on the carpet or green with balls, the former on the ice with stones, weighing from thirty to sixty pounds weight.

The game is played by a party forming rival sides, each individual being possessed of a circular hard stone, of about nine inches in diameter, flat and smooth on the under side, and on the upper, having a handle fixed to the stone. Each player is likewise armed with a broom to sweep the ice, in order to accelerate the progress of the stones; and his feet are sometimes furnished with trampets or crampets, which help to steady him in taking his aim. An open space of ice, of from thirty to forty yards in length, and eight or nine feet across, called a *rink*, being cleared, and a mark or *tee*, in the centre of four circles, called *broughs*, being made at each end to play to, the contest takes place by each person hurling or causing his stone to slide towards the opposite end of the rink. A certain number being the game, the object of each side is, which will have the greatest number of stones nearest the tee; and all play from end to end alternately till this is ascertained. To hurl these stones with precision, in this species of sport, is exceedingly difficult; much depending on the keenness of the frost, the tone of the ice, and the truth of the stone. The ice, however, should be neither too

Fig. 16.—The Rink.

keen nor too dull, a medium in this, as in everything else, being desirable. Frequently, after the best players have placed their stones in a cluster round the tee, one rapid shot from an antagonist will disperse the whole in all directions round. Occasionally it also happens, especially on dull ice, that, in hurling, the stones come

682

CURLING

free from stones or shrubs.

ゴルフ

「ゴルフ」ハ専ラ蘇格蘭民間ノ戯ナリシカ近年「リンクス」ノ近所ニ住メル人ハ貴賤ノ別ナク皆之ヲ玩ハサルモノナシ蘇格蘭ニテ「リンクス」ト唱フルモノツウィード河ノ南ニ於テハ「コンモン」ト呼フ此ハ此戯ヲ奏スルニ欠ク可カラサルモノナリ但シ「リンクス」有ル処ニハ「ゴルフ」ノ戯無キヲ得ザルニ至レリ

Golf is one of the principal national Scottish pastimes, and has of late years become a favourite amusement with all classes who are fortunate enough to reside near *links*. Links, or, as they are termed south of the Tweed, commons, are indispensable for the pursuit of this recreation, and it may be stated, as a rule, that wherever links occur in Scotland, there also occurs golf.

出版文化史の観点から杉村武は、「訳者の変りだね」としてオランダ人のカステールを簡単に紹介した後に、「わが国でゴルフについて数頁をついやし詳しく紹介したのは「体操及戸外遊戯」が最初であろう」とコメントしている。(19)

このように近代スポーツのルールが書記言語で明文化された背景には、十九世紀英国のパブリック・スクールにおける教育イデオロギーの成立があると思われる。(20) クリケットやフットボール（サッカーとラグビー）などの集団スポーツが人格陶冶のために用いられたのだ。他校との対抗試合に必要な共通ルールが整備され、ジェントルマンとしてのエリートを育成するためのパブリック・スクールで生まれた「アスレティシズム」(athleticism)という教育イデオロギーは、やがて世紀末にかけてのボーア戦争をはさんだ帝国主義と連動する形で過熱していった。集団競技で培われる協調性や男性性に基づく英雄崇拝と相俟って、「健全なる精神は健全なる身体に宿る」

というような身体壮健の思想（もっとも、これは古代ローマの風刺詩人ユウェナリスの一節 orandum est, ut sit mens sana in corpore sano だが、本来の意味から歪曲されて軍国主義的に誤用されたもの）は、戦時においては帝国主義ゲームに勝利をもたらす資質へと接合されるのである。

明治政府の「身体教育」

一八七五（明治八）年九月の『文部省雑誌』第十六号には、小林儀秀訳「米国ボストン教育新聞紙抄」に「身体教育」が登場する。ただし、physical education が「身体教育」という定訳になっていたわけではない。当時の他の訳語としては、先述した文部省『百科全書』の箕作麟祥訳『教導説』における「体ノ教」、あるいはスペンサーを翻訳した尺振八訳『斯氏教育論』で「体軀ノ教育」とした例などもあった。いずれにせよ「身体教育」という翻訳語そのものは一般的な用語として普及せずに、「体」と「育」を組み合わせた「体育」として定着して今に至っている。

文部省の初代文部卿は大木喬任、そして文部大丞として出仕したのは田中不二麿であった。田中は岩倉米欧使節の理事官となって随行したが、この使節団の目に留まりアメリカから招聘されたのがダビッド・モルレーである。彼は一八七三（明治六）年六月から一八八一（明治十四）年七月まで日本に滞在し、文部省の最高顧問である文部省学監として文部行政に影響を及ぼした御雇い外国人である（この時期、彼の通訳を務めたのは高橋是清）。一八七九（明治十二）年には教育令が施行されて学制が廃止となるが、この新しい教育令はアメリカ人モルレーの主張する自由主義教育を基調としたものであったという。

来日後間もないモルレーが、一八七三（明治六）年十二月に田中不二麿（この時は文部大輔）に宛てた「学監米人博士ダウキッド、モルレー申報」では、次のようにスペンサー流の三育主義が説かれている。

蓋国家平安ノ極度ニ至ルハ人民ノ教育ニ在リ故ニ教育ハ政府至大ノ職業ト言ヘシ元来人民身体ノ康寧知識ノ敏捷修身ノ完全等是皆教育ニ因テ成ルモノナリ今其理ヲ説カンニ教育ハ人材ヲ陶冶スル基本ニシテ勉テ人ヲシテ其身体ヲ運動シテ健全ヲ得セシメ且能ク人ノ智ト道トヲ開発ス夫智識有テ能ク事物ヲ興シ道理有テ能ク善悪ヲ弁シ体力有テ能ク之ヲ施行ス故ニ此三者完全ナレハ即チ是教育ヲ受ケタル人ト云フヘシ(21)

モルレーは「教育」の対象を「身体」「知識」「修身」とし、身体の運動を奨励した。そして一八七八（明治十一）年には体操伝習所が設立され、アマースト大学からリーランドが来任し、体育教師の育成が始まった。体操伝習所での「身体教育」の具体的な方針は、先にも述べたとおり、アメリカ留学帰りの伊澤修二を中心に展開されることになった。伊澤はその後、東京師範学校長、体操伝習所主幹、音楽取調掛長（のちに東京音楽学校初代校長）、文部省編輯局長（教科書検定制度を実施）なども歴任した。日本の近代的学校教育における「体育」や「音楽」という科目の揺籃期に、活力統計という身体検査や遊戯「蝶々の歌」を学校現場に導入したのも彼であった。近代的な身体や唱歌と体操伝習所や音楽取調掛のかかわりを考えれば、文部官僚としての伊澤の果たした役割は大きい。さらに伊澤は、日清戦争後には台湾総督府民政局の学務部長心得に就任し、国民の身体と唱歌へのまなざしは領土を拡張していくことになる。(22)

さて、体操伝習所での「普通体操」には、もうひとつの「体操」が後に加わることになる。それは、一八八五（明治十八）年に初代文部大臣に就任した森有礼が推進した「兵式体操」である。すでに森は一八七九（明治十二）年、東京学士会員例会で「教育論——身体ノ能力」について演説し、日本人の身体改良を力説していた。富国強兵の気運が高まるなかで、一八八三（明治十六）年に改正された徴兵令では、「現役中殊ニ技芸ニ熟シ行状方正ナル者及ヒ官立公立学校（小学校ヲ除ク）ノ歩兵操練科卒業証書ヲ所持スル者ハ其期未タ終ラスト雖モ帰休ヲ命スルコトアル可シ」（第二章十二条）と、中等以上の教育での「歩兵操練」を規定したことなどに森の政策が反映されている。[23] 一八八六（明治十九）年の学校令公布以降は「普通体操」とともに、「兵式体操」が並行して学校体育で実施されることになったが、その前年には軍事教練の「歩兵操練」から「兵式体操」へと名称が変更されていた。次第に体育教員には軍関係者が多くなり、学校での「身体教育」において「兵式体操」が強化されていったのだ。[24]

「兵式体操」という「身体教育」とともに積極的に用いられたのが、西洋音楽の音階（七音音階）を基調にした唱歌教育である。そして学校教育においても歌われた軍歌は、俗歌の追放という唱歌教育の課題に合致した。[25] 文部省の方針は、「高等小学校男生徒ニハ兵式体操ヲ課スルノ際軍歌ヲ用ヰ体操ノ気勢ヲ壮ニスルコトアルヘシ」（「文部省訓令第六号」『官報』第三三五四号、一八九四年九月一日付）であったのだ。明治期の軍歌は、一八九四（明治二十七）年に開戦した日清戦争以来にわかに流行したが、大日本帝国初の本格的な対外戦争での戦意高揚に利用されたばかりでなく、巷に西洋的な韻律が浸透する契機ともなった。学校という「身体教育」の制度は、「兵式体操」と軍歌を組み合わせることで、国民を近代的身体へと調教したのである。当時の社会進化論や優生学的な文脈のなかで、たとえば高橋義雄の『日本人種改良論』が主張したように、日本人種の劣性なる身体は西洋人という理想の他者へと改良可能な対象として再定義されていたと言えよう。[26]

日清戦争に先立つこと数年、一八九〇（明治二十三）年の「教育ニ関スル勅語」（いわゆる「教育勅語」）は、一九四八年に廃止されるまで半世紀以上にわたり、学校行事の基本的な規範であった。さらに一九一一（明治四十四）年の朝鮮教育令や一九一九（大正八）年の台湾教育令は、植民地での教育行政全般の基本となっていた。このような「教育」は臣民へと下賜される規範であり、箕作麟祥訳『教導説』で定義されていた「エヂュケート」の原義からは乖離してしまったことになる。翻訳語としての「教育」は、儒教的概念に仮託して education との等価を虚構として構築したのである。

四　「体育」とは

体操、運動、スポーツ、体育

確認しておくと、「physical education＝身体教育」つまり「体育」は明治期に成立した翻訳語である。近代日本の身体を規律・訓練した「education＝教育」とともに、国民の身体を近代的なそれへと文明化した活動としての「gymnastics＝体操」「exercises＝運動」「sports＝スポーツ」も翻訳語である。

現代の私たちにとっても、「体育大会」「運動会」「スポーツ大会」はいずれも特別な身体活動の催事であるし、そのような場への参加者は「体操服」「運動着」「スポーツウエア」などを着用する。また、「国民体育大会」の英訳はNational Sports Festivalであるが、これは「日本体育協会」（英名Japan Sports Association）が開催地都道府県や文部科学省（英名Ministry of Education, Culture, Sports, Science and Technology）と共催する国民の身体活動であり、「スポーツ基本法」（旧「スポーツ振興法」）に定められた行事である。ここでは「体育＝sports」が成立しているし、文部科学省は「education＝教育」「culture＝文化」「sports＝スポーツ」「science＝科学」「technology＝技術」という夥しい翻訳語を内包する行政機関であることが解読される。

翻訳語は重なりながらも、ずれていく。たとえば、「運動」不足を解消するために「スポーツ」ジムに通ったり、「体育」会が「運動」クラブの団体であったりする。だが、「体育」教師がラジオ「体操」を教えることはあっても、天体「運動」についてはは定かではないだろう。「体操」「運動」「スポーツ」「体育」という翻訳語は、相互に近似的なものを指標できる一方で、原語との狭間で意味が微妙にずれている。

「運動」の二面性

明治期の日本で「運動」という翻訳語が一般的になる過程において、「運動会」の成立を看過することはできない。近代日本において運動会が成立した過程では二つの系譜があったとされる。(27) 海軍兵学寮の「athletic sports ＝競闘遊戯」と体操伝習所の「体操演習会」は別々の契機で始められたものである。一八七四（明治七）年の海軍兵学寮では、イギリス海軍顧問教師団のアーチボルド・ルシアス・ダグラス中佐を中心にして、競技性の強い種目（徒競走、競歩、跳躍など）と娯楽性の高い種目（二人三脚、障害物競走、豚追い競争など）から成る競闘遊戯会が開かれた。この系譜には、一八七八（明治十一）年の札幌農学校や一八八三（明治十六）年の東京大学での運動会などが入る。他方、体操伝習所では、一八八一（明治十四）年と翌年に体操演習会が実施されている。ここでは軽体操などが披露されて、参観した教育関係者への普及が図られた。この系譜には東京体育会の大演習会など、運動方法の実演とその啓蒙活動が含まれる。つまり、「運動」会には「スポーツ」と「体操」の系譜が共存することになるのだ。

いずれの系譜にせよ、このような運動会という装置は、国民の身体を文明化する出来事であった。競闘遊戯会も体操演習会も、どちらも西洋化された身体活動を集団的に展覧する新しい催事（近代日本の祭事）であったことに変わりはない。

しかも、運動会の形成過程には、明治政府による「運動」の奨励と抑圧という二面的な政策が関与する。就学意欲を高める展覧の場での学校教育の可視化が奨励されながらも、政治的意味の過剰としての自由民権「運動」への取締りが強化された時代でもあったのだ。したがって「書生運動会」（壮士運動会）は禁止され、弾圧された。

さて、夏目漱石『吾輩は猫である』第七章冒頭の「吾輩は近頃運動を始めた」という一文は、「猫の癖に運動なんて利いた風だと一概に冷罵し去る手合いに一寸申し聞けるが、さう云ふ人間だつてつい近年迄は運動の何たるを解せずに、食つて寐るのを天職の様に心得て居たではないか」と続く。「吾輩」にとっての「運動」とは、

「西洋から神国へと伝染した輓近の病気」のようなものでもあった。小森陽一は、『猫』における「吾輩」の「蟷螂狩り」や「鼠狩り」という暴力的な「運動」を帝国主義戦争の文脈において、「「運動」という名の殺戮」として分析する。[28] そして、「運動」という翻訳語の射程に、movement, motor, momentum, mobility, sport(s) などを含める。movement には物体の空間的移動ばかりでなく、目的達成の活動としての政治運動や学生運動も入ってくるし、motor は生理学的あるいは解剖学的な運動神経、momentum は運動量、mobility は運動性なのだ。さらに sport は遊戯的な「運動」であるばかりでなく、「突然変異」というダーウィニズムの鍵概念でもあるという。

「スポーツ」という概念

十九世紀の英国社会で進化した近代の「スポーツ」は、野蛮な暴力行為を排除した娯楽的な身体競技である。古代ギリシャの格闘技では相手が死亡するまで勝負はつかなかったが、文明化された文化装置としての「スポーツ」では肉体は行使するが、その競争は非暴力的でなければならない。エリアスの「スポーツと暴力に関する論文」では、次のように述べている。

> 「スポーツ」(sport) という言葉はそのより古いかたちである「遊び」(disport) という言葉とともに、さまざまな娯楽や楽しみを意味するものとしてイギリスで使われた。〔…〕時がたつにつれて、「スポーツ」という言葉は、肉体の行使が重要な役割を果たす娯楽の特殊な形態――イギリスで最初に発達し、そこから世界中に広がったある種の娯楽の特殊な形態――を意味する専門用語として標準化された。[29]

日本語の「スポーツ」は言うまでもなく sport(s) の音訳である。つまり、この概念と等価となる翻訳漢語は現在でも成立していないのだ。それゆえに「sports = スポーツ」という現象は、「体育」や「運動」などと交錯する。

多数の近代「スポーツ」、とりわけ十九世紀英国のジェントルマンが生み出したルールに則った競技「スポーツ」が、明治時代の日本に紹介されて普及した。ただし、それら個々の競技の総称は「スポーツ」ではなく、当初は「(戸外) 遊戯」「(戸外) 運動」と呼んでいた。木下秀明は、「体育」「運動」「遊戯」の混用を sport の概念から説明する。

明治三十年代にみられる"sport"の概念の邦訳について、その傾向を纏めてみると、一部には、運動教育を意味する体育とは無関係に、スポーツの特質に注目して、大人の高度の遊び技であることを示す表現法を創造しようとする傾向が見られる。しかし、その主流は、運動教育を意味する体育の手段として展開した「運動」、「遊戯」などの「体育」的語感の強い表現を使用する傾向によって占められている。(30)

sport という概念に相当する日本語はなかったが、当初は「スポーツ」というカタカナ語の使用には向かわなかった。文部省『百科全書』の『体操及戸外遊戯』においても、「sports = スポーツ」は一度も登場しない。国語辞書における「スポーツ」という単語は、一八九一(明治二十四)年の『言海』では立項されず、一九三二(昭和七)年の『大言海』でようやく「スポウツ 戸外遊戯、屋外運動競技」と説明されるに至る。このような「スポーツ」の欠如が、「体育」と「運動」が同義的に使用される一因となったのであろう。

五　国民国家の「スポーツ」

運動会を近代の「マツリ」とするのは、吉見俊哉「ネーションの儀礼としての運動会」である。吉見によると、

「運動会は、明治日本に導入された近代の〈台本〉が〈演出〉されていく過程と、この国の人々が育んできた日常的実践、すなわち〈パフォーマンス〉が交差し、せめぎあいながらも接合していく地点に誕生し、矛盾をはらんだ社会戦略的な場として発達してきた」[31]。そうであれば、その台本がどのような言葉で書かれていたのかという視点を加えてもよいだろう。

明治期の日本では、physical education から「身体教育＝体育」が誕生して、国民の身体が「教育」された。「体育」という「教育」制度は、明治政府による日本人の身体の国民国家化であった。その意味で、「education＝教育」という翻訳語の成立は重要である。だが箕作麟祥訳『教導説』から『教育論』への工作が見えない手によってなされたように、翻訳の等価は恣意的な虚構であり、原義からのずれは隠蔽されてしまう。

本章では、身体の「教育」が「体育」として誕生する時代のなかで、文部省『百科全書』の『教導説』と『体操及戸外遊戯』という翻訳テクストに出現した翻訳語を契機として、「身体教育」という近代を再考した。「ジムナースチツク」とルビが付された「体操」には、やがて「普通体操」と「兵式体操」が包摂され、sports の意味を代替した「運動」が政府の抑圧と奨励の対象となった明治期に、近代日本の身体は「教育」によって規律・訓練されたのだった。そして「大英帝国」に起源をもつ数多くの「スポーツ」は、「運動」「体育」「体操」という翻訳語としての近代日本語と共鳴しながら、今もなお私たちの身体を文明化し続けている。

注

（1）青史社の復刻版（一九八三―八六年）のタイトルに依拠。後続章の冒頭も同様。

（2）三浦雅士『身体の零度――何が近代を成立させたか』講談社、一九九四年。

（3）ノルベルト・エリアス『文明化の過程 上――ヨーロッパ上流階層の風俗の変遷』赤井慧爾・中村元保・吉田正勝訳、法政大学出版局、二〇一〇年、およびノルベルト・エリアス『文明化の過程 下――社会の変遷・文明化の理論のため

の見取図』波田節夫・溝辺敬一・羽田洋・藤平浩之訳、法政大学出版局、二〇一〇年。
（4）ミシェル・フーコー『監獄の誕生――監視と処罰』田村俶訳、新潮社、一九七七年。
（5）フィリップ・アリエス『〈子供〉の誕生――アンシァン・レジーム期の子供と家族生活』杉山光信・杉山恵美子訳、みすず書房、一九八〇年、およびフィリップ・アリエス『〈教育〉の誕生』中内敏夫・森田伸子訳、新評論、一九八三年。
（6）稲富栄次郎『明治初期教育思想の研究』福村書店、一九五六年、二一九―二二〇頁。
（7）村瀬勉・早川亜里・田中萬年「百科全書「教導説」の検討――箕作麟祥による「Education」の翻訳」『職業能力開発総合大学校紀要　B人文・教育編』第三十五号、二〇〇六年、一―二二頁。
（8）森重雄『モダンのアンスタンス』ハーベスト社、一九九三年、一四〇頁。
（9）ただし、森の指摘は緒言にのみ当てはまる。村瀬らの前掲論文も分析しているように、「教導説」の本文では、「教導」が学校側、「教育」が家庭側という分類には必ずしもなっていない。
（10）両省の合併問題については、狐塚裕子「明治五年教部省と文部省の合併問題」『清泉女子大学人文科学研究所紀要』（第十六号、一九九四年、一二九―一五六頁）が詳しく論じている。
（11）国立国会図書館蔵『岩倉具視関係文書』の「黒田清綱子蔵秘牘写」における「嵯峨実愛書翰宍戸璣・黒田清綱宛」明治五年十月十五日。
（12）大槻文彦『箕作麟祥君伝』（丸善、一九〇七年）など参照されたい。
（13）王智新「中国における近代西洋教育思想の伝播と変容について（1）――一八六〇年から一九一一年まで」『宮崎公立大学人文学部紀要』第七巻第一号、一九九九、四一―六五頁。
（14）伊澤修二『教育学』白梅書屋、一八八二―八三年。教育学史の視点からの位置づけについては、村井実編「日本における教育学のはじまり」『原典による教育学の歩み』（講談社、一九七四年）を参照されたい。
（15）橋本美保『明治初期におけるアメリカ教育情報受容の研究』風間書房、一九九八年。
（16）木下秀明『日本体育史研究序説――明治期における「体育」の概念形成に関する史的研究』不昧堂出版、一九七一年、一三八頁。
（17）坪井玄道・田中盛業編『戸外遊戯法　一名戸外運動法』金港堂、一八八五年。

(18) 山住正己『唱歌教育成立過程の研究』東京大学出版会、一九六七年。
(19) 杉村武『近代日本大出版事業史』出版ニュース社、一九六七年、一五七頁。
(20) 村岡健次「「アスレティシズム」とジェントルマン——十九世紀のパブリック・スクールにおける集団スポーツについて」『近代イギリスの社会と文化』ミネルヴァ書房、二〇〇二年、九九—一三二頁。
(21) 『文部省第一年報』、一八七三年、一四二丁。
(22) 伊澤修二の生涯全般については上沼八郎『伊沢修二』(吉川弘文館、一九八八年)、特に洋楽受容史との関連では奥中康人『国家と音楽——伊澤修二がめざした日本近代』(春秋社、二〇〇八年)に詳しい。
(23) 森有礼が師範学校での兵式体操を重視していた点は、長谷川精一『森有礼における国民的主体の創出』(思文閣、二〇〇七年)、また兵式体操の内容については、奥野武志『兵式体操成立史の研究』(早稲田大学出版部、二〇一三年)も参照されたい。
(24) 岸野雄三・竹之下休蔵『近代日本学校体育史』日本図書センター、一九八三年。
(25) 田甫桂三編『近代日本音楽教育史Ⅱ』学文社、一九八一年。
(26) 高橋義雄『日本人種改良論』石川半次郎、一八八四年。高橋は時事新報の記者であり、本書の序は福澤諭吉による。鈴木善次『日本の優生学——その思想と運動の軌跡』(三共出版、一九八三年)も参照されたい。
(27) 木村吉次「明治政府の運動会政策——奨励と抑圧の二面性」、吉見俊哉・白幡洋三郎・平田宗史・木村吉次・入江克己・紙透雅子『運動会と日本近代』青弓社、一九九九年、一二九—一五五頁。
(28) 小森陽一『漱石論——二十一世紀を生き抜くために』岩波書店、二〇一〇年、三五—五四頁。
(29) ノルベルト・エリアス「スポーツと暴力に関する論文」、ノルベルト・エリアス、エリック・ダニング『スポーツと文明化——興奮の探求』大平章訳、法政大学出版局、一九九五年、二二七頁。
(30) 木下前掲書、二六二頁。
(31) 吉見俊哉「ネーションの儀礼としての運動会」、吉見ほか前掲書、一〇頁。

第四章　「言語」という近代——大槻文彦の翻訳行為

天文学　気中現象学　地質学　地文学　植物生理学　植物綱目　動物及人身生理　動物綱目　物理学　重学　動静水学　光学及音学　電気及磁石　時学及時刻学　化学篇　陶磁工篇　織工篇　鉱物篇　金類及錬金術　蒸汽篇　土工術　陸運　水運　建築学　温室通風点光　給水浴澡掘渠篇　農学　菜園篇　花園　果園篇　養樹篇　馬　牛及採乳方　羊篇　豚兎食用鳥籠鳥篇　蜜蜂篇　犬及狩猟　釣魚篇　漁猟篇　養生篇　食物篇　食物製方　医学篇　衣服及服式　人種　**言語**　交際及政体　法律沿革事体　太古史　希臘史　羅馬史　中古史　英国史　英国制度国資　海陸軍制　欧羅巴地誌　英倫及威爾斯地誌　蘇格蘭地誌　愛倫地誌　亜細亜地誌　亜弗利加及大洋州地誌　北亜米利加地誌　南亜米利加地誌　人心論　骨相学　北欧鬼神誌　論理学　洋教宗派　回教及印度教仏教　歳時記　修身論　接物論　経済論　人口救窮及保険　百工倹約訓　国民統計学　教育論　算術及代数　戸内遊戯方　体操及戸外遊戯　古物学　修辞及華文　**印刷術及石版術**　彫刻及捉影術　自然神教及道徳学　幾何学　聖書縁起及基督教　貿易及貨幣銀行　画学及彫像　百工応用化学　家事倹約訓

一　大槻文彦と「言語」

文部省『百科全書』プロジェクトの一冊『言語篇』は、大槻文彦（一八四八—一九二八年）が翻訳を担当している。この翻訳テクストについては、時枝誠記の『国語学史』に、「明治十九年大槻文彦博士は、チェンバース〔ママ〕

大槻文彦

の百科辞書中の言語篇を飜訳された。これは西洋言語学の我が国に紹介された嚆矢であつたらう」との言及がある。[1] しかしながら、これまでの国語学・日本語学や言語学の研究史において、大槻文彦訳述『言語篇』に光が当てられることはほとんどなかった。[2]

大槻文彦は、わが国初の「近代国語辞書」とされる『日本辞書言海』（一八八九—九一年）の編纂者として著名なばかりでなく、『広日本文典』をはじめとする文法書を著した日本語研究者の顔をもつ。祖父は蘭学者大槻玄沢（磐水）、父は儒学者磐渓、兄は修二（如電）という学者一族の家系であり、開成所と大学南校で英学や数学を修めた。横浜へ出て英語を学びながら西洋新聞の翻訳などもしたが、一八七二（明治五）年に文部省に出仕して、英和対訳辞書や教科書の編輯に従事した。成島柳北が讒謗律で入獄したために、朝野新聞の社説を担当したこともあった。一八七五（明治八）年設立の学術結社「洋々社」の会員として機関誌『洋々社談』に論文を活発に投稿したり、一八八三（明治十六）年には「かなのとも」を組織して（のちに「かなのくわい」と改称）国字問題に取り組んだりしている。著作物には、『北海道風土記』『琉球新誌』『小笠原新誌』などの領土論や『日本小史』という歴史書もある。また『古事類苑』の編纂にもかかわった。大槻の生涯は、一九〇九（明治四十二）年十月の『東京日日新聞』に連載された「大槻博士自伝」に詳しい。[3]

本章では、明治期の日本語と格闘した大槻文彦による翻訳テクストを分析する。まずは『言語篇』の全体像を素描したのちに、その翻訳テクストを起点テクストと合わせて読み解き、大槻文彦の翻訳行為を近代日本の言語研究というコンテクストのなかで考察する。大槻が『言語篇』で訳出した歴史主義的言語観は、十八世紀西洋での普遍主義（言語学においては普遍文法）から十九世紀の国民国家を単位とする比較研究（比較言語学）へと転回していた。このような西洋近代の言語学を初めて日本に紹介した『言語篇』という翻訳テクストは、結論を先取りすれば、language との等価を虚構化した近代日本語である「言語」という翻訳語の創発の場でもあったと言える。

二　『言語篇』の刊行事情

青史社による復刻版の文部省『百科全書』は、分冊された全九十一編が三～六冊毎に二十三巻にまとめられて函入りにされている。復刻版の表紙には「篇」がなく単に『言語』とあり、第十二巻に入っている。同巻には高橋是清訳・久保吉人校『衣服及服式』、秋山恒太郎訳・内村耿之介校『人種』、高橋達郎訳・内村耿之介校『交際及政体』がともに収められている。なお、『言語篇』には校正者の名前はない。

文部省『百科全書』の出版経緯は全体として複雑であるが、『言語篇』もその例外ではなく、刊行年に不明な点が残る。先に引用した時枝誠記『国語学史』を繰り返せば、「明治十九年大槻文彦博士は、チェンバースの百科辞書中の言語篇を飜訳された」とあり、「大槻文彦博士年譜」でも、十九年九月に「言語篇を訳述し刊行す」と記載されている。[4] ただし、この年は、文部省印行『言語篇』を有隣堂が翻刻出版した年であり、文部省による初版の刊行年ではないと思われる。有隣堂合本「文部省刊行　第十一

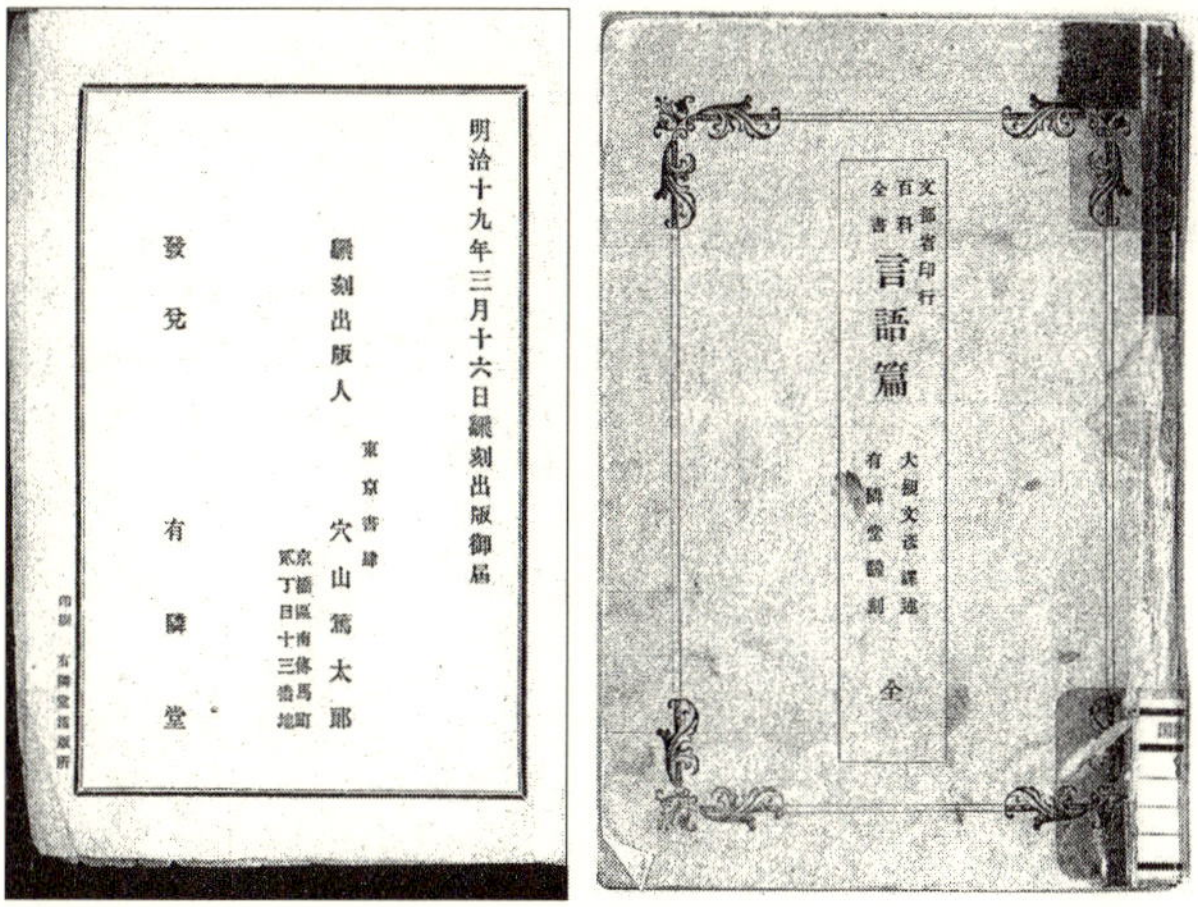

有隣堂分冊本『言語篇』表紙・奥付

有隣堂合本第十一冊　扉・背表紙

冊」、さらに「東京帝国大学附属図書館」印のある有隣堂分冊本の奥付によると、「明治十九年三月十六日飜刻出版御届」「飜刻出版人　東京書肆　穴山篤太郎」「発兌　有隣堂」「印刷　有隣堂活版所」が確認できる（東京大学図書館蔵）[5]。

青史社復刻版『言語』の表紙では「明治十二年三月」としているが、その根拠は不明である[6]。この一八七九（明治十二）年説を踏襲したのが、松永俊男の「チェンバーズ『インフォメーション』と文部省『百科全書』について」である[7]。だが、この時期の刊行であるならば、一八八三（明治十六）年八月までに出版された『百科全書』を一覧にしている『文部省出版書目』に含まれているはずであり、一八八三（明治十六）年から八五（明治十八）年に出版された丸善合本に『言語篇』が欠落している状況とも齟齬が生じる。

一九〇九（明治四十二）年の『東京日日新聞』に連載された大槻による「自伝」では、「萬国史略は師範学校の教科書で（八年出版）、英文の飜訳もので羅馬史略十巻（十四年出版）、印刷術及び石版術・言語篇（十四年十六年出版）は文部省の嘱託である」と回想している。実際には大槻文彦訳述『印刷術及石版術』は一八八〇（明治十三）年八月または九月の刊行であり、本人の記憶が若干ずれている可能性も否めない。とはいえ、『言語篇』の初版が明治十六年であれば、福鎌達夫の考証による「明治十六年末頃から明治十七年末まで」とする推定とも整合する[8]。

国立国会図書館、国立公文書館、全国の大学図書館などに『言語篇』初版の分冊本は所蔵されておらず、結局のところ初版の現物で出版年が確認できない。あるいは、初版分冊本は未刊行であったのかもしれない。いずれにせよ、明治十九年に有隣堂が翻刻した『言語篇』が時枝誠記の目に留まったのである。

三　文法をめぐる『言海』と『百科全書』

大槻文彦が西村茂樹から辞書編纂の官命を受けたのが一八七五（明治八）年、『言海』完成が一八九一（明治二十四）年である。文部省の事業として始まった『言海』は印刷直前まで進んでいながら、結局は国の事業として完遂されていない。やや時を置いて西村茂樹が発案し、文部省によって着手された『古事類苑』も、同様の運命を辿った。[9]その意味では、文部省『百科全書』の国家的翻訳プロジェクトも類似した帰結を迎えている（この点は、終章で再述する）。

大槻は『言語篇』（先述のとおり、初版は明治十二年説、十六年説など諸説あり、有隣堂翻刻版は明治十九年）の翻訳を『言海』の編纂と並行して行っていた。文部省『百科全書』全体としても、一八七三（明治六）年七月に刊行された文部省版分冊本の『百工応用化学篇』から一八八二（明治十五）年八月刊行の八十八冊目『羊篇』、一八八五（明治十八）年の丸善版別冊『百科全書 索引』までの期間は、大槻がひとりで『言海』に取り組んだ十七年間とほぼ重なる。両書は同時代の出版物なのである。

福澤諭吉は『言海』の出版を祝して、「言海以前日本に辞書なし」とまで言い切った。そして従来の「節用字引の類」との差異を「日本開闢以来始めて辞書の体裁を備へたる」と称賛した。[10]もっとも福澤は、『言海』を贈呈した大槻に向かって、「寄席の下足箱が五十音でいけますか」と顔をしかめ、それに対して大槻が「小学でもハヤ二十年来五十音を教へて居ることに思ひ至られなかつたのでもあらうか」と感想を漏らしたという逸話も残されている。[11]『言海』の「本書編纂ノ大意」で大槻は西洋の「アルハベタ」に倣ったと述べているが、先の逸話は「いろは」から「五十音」への転換期を象徴したものである。

西村茂樹も「言海序」で「追逐西国辞書之第一歩」と記しているし、『言海』の国語辞書としての近代性は広く認められていた。『言海』の近代的辞書編纂方法としては、「発音 Pronunciation」「語別 Parts of speech」「語原 Derivation」「語釈 Definition」「出典 Reference」など、*Webster's Royal Octavo Dictionary* やヘボン『和英語林集成』という西洋的近代辞書を模範としている。特に「語別 Parts of speech」という、現在の用語では「品詞」を見出し語に明記した点は、これまでの辞書にない『言海』の特色であったとされる。日本語の「品詞」を確定するための西洋文法は、『言海』の近代性と切り離すことができないだろう。

さて文部省『百科全書』の翻訳プロジェクトでは、起点テクストの ENGLISH GRAMMAR 一編のみが最後まで翻訳されていない。当時の日本には既存の「英文典」が多数あり、新刊の英文法書はもはや要請されていなかったのかもしれない。扉（内表紙）に「明治十一年十一月　第十八冊　百科全書　文部省印行」とある有隣堂合本「百科全書第十八冊目録」には『英吉利文法』という編名も含まれているが、「是ヲ邦語ニ訳スルトキハ其用ヲ為サズ故ニ今之ヲ省ク」と断り書きがある。翻訳されなかった理由が直接確認できるのは唯一これだけだが、翻訳が刊行されていなくとも、大槻が ENGLISH GRAMMAR を読んでいた可能性は否定できない。

国語学・日本語学の研究史において、大槻文法は国学系と洋学系の「折衷文法」と位置づけられてきた。このような評価は、『言海』の巻頭に摘録された「語法指南」をはじめ、後の『広日本文典』で展開された大槻文法に対するものだ。大槻自身も「ことばのうみのおくがき」のなかで、「数十部の語学書をあつめ、和洋を参照折中して、新にみづから文典を編み成して、終にその規定によりて語法を定めぬ」と述べている。

ところで、日本語における「文法」という漢語は元来、法令文や文章作法を指していた。一八七二（明治五）年の学制頒布で小学校に「文法科」が設置されたが、この「文法」という語を当時の人々はどのように受け止めたのであろうか。大槻は一八七五（明治八）年、『洋々社談』第七号に「日本文法論」を発表して、「方今我国ノ文学ニ就キテ最大ノ欠点トスルハ日本文典ノ全備セル者ナキナリ。是ナキハ独我国文学ノ基礎立タザルノミナラズ外国ニ対スルモ真ニ外聞悪シキ事ナラズヤ」と述べている。つまり、外国に対して自国の「日本文典ノ全備」が必要であると言うのだ。一八九七（明治三十）年の『広日本文典』では「言語に法則あるが故に、文章にも法則あり、其法則を文法といひ」と、法則としての「文法」に言及しているが、大槻文法が国家意識としての「文法」から出発した事実は確認しておいてよい。

四　「言語」とは

テクストの概要

大槻文彦が底本とした第五版 *Chambers's Information for the People* における LANGUAGE は、同書第二巻に収められており、一ユニット分の十六頁分（一七―三二頁）を割いている。

時枝誠記『国語学史』では『言語篇』の内容を簡潔にまとめて、総論として「言語の定義、言語研究の目的、比較沿革の二研究法」、各論として「声音の事、言語変化の理の事、方言の事、言語の系統の事、分類の事、言語起源由来の事、言語と人種との事等の問題であつた」としている。[12] 実際の目録は次のとおりである。ちなみに起点テクスト内には、これに相当する体裁はない。十六頁に及ぶ LANGUAGE 本文中の章立てが、翻訳テクストにおいては「言語篇目録」として別立てでの記載となっている。

総論
声音ヲ論ズ　THE VOICE.
言語ノ変化スル所以ヲ論ズ　HOW LANGUAGE CHANGES.
言語ノ構成ヲ論ズ　WORD-BUILDING.

方言ヲ論ズ　DIALECTS.
国語ノ分科ヲ論ズ　FAMILIES OF LANGUAGES.
グリム氏ノ法則　GRIMM'S LAW.
セミテック語科　THE SEMITIC FAMILY.
言語ノ模像《タイプ》ヲ論ズ　TYPES OF LANGUAGE.
各種ノ言語ハ皆一個ノ本源ヨリ出デタリヤ　ARE ALL LANGUAGES SPRUNG FROM ONE?
言語及ビ人種ノ混淆ヲ論ズ　MIXTURES OF LANGUAGES AND RACES.
語根《ルート》ヲ論ズ　ROOTS.
言語ノ由来ヲ論ズ　ORIGIN OF LANGUAGE.

この目録では、language が「言語」、word が「言語」、languages が「国語」「言語」と訳されている。また、本文中には、speech を「言語」と訳出している箇所もある。つまりは「language = 言語」という等価は、まだ成立半ばというところか。もっとも、私たちが「language = 言語」を等価と思い込んでいることも虚構にすぎないのだが。

翻訳テクストの「総論」に該当する起点テクストの冒頭部分には特に名称はなく、「総論」という区分は翻訳に際して追加されたものである。この「総論」における第一段落は次のように始まる。

言語《ランゲージ》トイフモノハ之ヲ概論スレバ知覚アル一生類ノ其思考シ或ハ感覚スル所ノモノヲ他ニ伝致スル方法ノ泛称トス譬ヘバ吾人常ニ眼ノ言語目ニテ相視テ意ヲ通ズルナリ或ハ鳥ノ言語ト言フガ如シ然レトモ通常ノ意義ニテハ言語トハ人類ノ交際上ニ於テ人声ニテ談話スル所ノ諸音ノ集合セル者ヲ謂フナリ又言語ヲ書ニ筆スル時ニ至リテハ其性質随テ変ズベシヤト問ハ

ンニ決シテ然ラズ此際ニ於テハ中間ニアリテコレヲ媒介スル記号ノ列序ヲ加フト雖トモ然レトモ言語ノ意味ヲ伝逓スル者ハ其記号ニアラズシテ尚其音ニ在ルナリ今茲ニ言語トイフ意義ハ此意義即チ説話ノ記号ニ由リテ吾人ノ思想ヲ他ニ通ズルノ謂ヒニシテ此篇中説ク所ハ即チ此旨趣ナリ

LANGUAGE in its widest sense signifies any means by which one conscious being conveys what it thinks or feels to another. Thus we speak of the language of the eyes, the language of birds. But in ordinary usage we understand by language the system of sounds uttered by the human voice in the intercourse of society – articulate speech. The writing of language does not alter its character in this respect; it only introduces an intermediate set of sighs or marks. The written characters do not convey the meaning directly, they only indicate certain sounds; and it is these sounds that are still the immediate vehicle of the thoughts. It is language in this sense – the communication of our thoughts by means of spoken signs – that is the subject of the present paper.

ここは本編全体の内容が要領よく提示された段落である。『言語篇』のテーマは、「説話ノ記号ニ由リテ吾人ノ思想ヲ他ニ通ズル」（the communication of our thoughts by means of spoken signs）という音声中心主義的な「言語」（language）について論じることなのである。

冒頭の「言語」はLANGUAGEの訳語であり、「ランゲージ」と左ルビで音訳も併記している。この「言語」という語は古く漢籍にもあるが、わが国では江戸時代までは漢音の「ゲンギョ」と呉音の「ゴンゴ」があり、明治に入って両語形が混交して「ゲンゴ」になったという（『日本国語大辞典』第二版）。『言語篇』初版が刊行されたと推測される一八八三（明治十六）年当時、「言語」はどのような音声だったのだろうか。確実に言えるのは、「ランゲージ」というシニフィアンがlanguageと「言語」を媒介しているということだけである。現代の私たちは「language＝言語」を自明のものとして思考しがちである。だが、はじめに

「language＝言語」があったのではなく、翻訳行為によって「language＝言語」が成立したと言える。「ゲンギョ」「ゴンゴ」と「ゲンゴ」は必ずしも同じシニフィエを共有しない。「ゲンゴ」には「ランゲージ」に媒介されたlanguageのシニフィエが混在するからである。

一八七三（明治六）年に刊行された柴田昌吉・子安峻編『附音挿図 英和字彙』では、訳語にルビを振っている。Languageには「語《ゴ》、言葉《コトバ》、話《ハナシ》、国語《コクゴ》、話法《カタ》、民《タミ》」、Speechには「説話《ハナシ》、言語《ゲンゴ》、国語《クニコトバ》、言葉《コトノハ》、公《コウ》言、演述《ノベタテ》、口演《コウジヤウ》」、Wordには「詞《コトバ》、字《ジ》、言語《ゲンゴ》、句《ク》、話《ハナシ》、論《ロン》、演舌《エンぜツ》、約束《ヤクソク》、暗号《アヒヅ》、指揮《サシヅ》、命令《メイレイ》、報知《シラセ》、俗諺《コトワザ》」とある。speechやwordの訳語としてではあるが、「言語」に「ゲンゴ」というルビが付されている早期の例が確認できる。ここですでに「ゲンゴ」という音声が辞書のなかで獲得されているのだが、それが当時どの程度広く使用されていたのかについての判断には慎重でありたい。他の辞書も見ておこう。

ヘボンの『和英語林集成』「英和の部」でlanguageを調べると、一八六七（慶応三）年の初版では「Kotoba, monoii」、一八七二（明治五）年の再版では「Kotoba, monoii, go」、一八八六（明治十九）年の第三版は再版と同様であり、いずれも「言語」を入れていない。同辞書の和英の部には、初版では「言語」に相当する立項はないが、再版ではGEN-GIYOの項に「ケンギョ、言語、n. Same as Gon-go」とあり、第三版では「GEN-GYO, or GENGO ゲンギョ 言語 n. Same as gongo」となって「ゲンゴ」という読みが登場する。再版のGON-GOと第三版のGONGOには、「ゴンゴ 言語 n. Words; speech; language」とある。つまり、一八七二（明治五）年までにlanguageと結びついた「言語」が、一八八六（明治十九）年には「ゲンゴ」という音声でも使用されるようになっていたことが想像される。なお、同辞書におけるspeechについては、初版で「Kotoba; monoi; hanashi」、再版と第三版で「Kotoba, mono-ii, hanashi」であり、「言語」は登場しない。またwordについては、初版から第三版まですべてに「ゴンゴ」としての「言語」が出現する。ちなみに、一八六九（明治二）年の斯維爾士維廉士（ウィリアムズ）『英華字彙』のLanguageには「話、言語」とあるが、一八八四（明治十七）年の羅布存徳（ロプシャイト）原著・井上哲次郎訂増『増訂英華字典』での訳語は「話、語」のみである。このように、language の訳語としての「言語」、さらにその音声についてのゆらぎが明治前半の辞書で確認できる。

一八九一（明治二十四）年に完成した『言海』の記述によれば、「げんご（名）言語 げんぎよニ同ジ」「げんぎよ（名）言語 コトバ。モノイヒ。」と説明されている。こうして大槻の辞書は、「ゲンギョ＝ゲンゴ」を定めたのである。さらに、「ことば（名）言葉（葉ハ、繁キ意ト云）（一）人の思想《オモヒ》ヲ口ニ言出スモノ。人ノ声ノ意味アルモノ。言《コト》。言ノ葉。モノイヒ。ハナシ。詞辞 言語（二）言葉ノ、ヒトツヒトツナルモノ。ヒトコト。…」とある。しかしながら、「ゲンギョ」が「言葉」を意味するものであるのならば、「言葉＝言語《ゲンギョ》」と「language ＝言語《ゲンゴ》」は両立しない。

ところで、一八八六（明治十九）年に帝国大学文科大学に設立された「博言学科」が、その後「言語学科」と改称されるのは一九〇〇（明治三十三）年である。一八九八（明治三十一）年には「言語学会」が創設、その二年後に機関誌『言語学雑誌』が創刊される。この時期には、「言語」は「ゲンゴ」という近代語の音声で定着していただろう。翻訳語としての「ゲンゴ」の普及によって「ゲンギョ」の記憶は次第に忘却され、「ゴンゴ」は「言語道断」など特定の読みに限定されるようになった。

大槻文彦は『言語篇』という翻訳テクストを「言語《ランゲージ》トイフモノハ」という「主語」で訳し始めた。この「トイフモノ」と左ルビの「ランゲージ」という余剰には、language を「言語」とする翻訳語それ自体への特別な扱いが表出している。つまり「言語ハ」と無防備に主題化することへの翻訳者のためらいがあるのだ。ここでの「言語」は、前近代の「ゲンギョ」「ゴンゴ」とは切断された、language の訳語としての、近代日本語を創出した「ランゲージというもの」なのであった。

UNIVERSAL GRAMMAR

起点テクスト第五版のLANGUAGEは、文部省『百科全書』の大多数が底本としている無年紀版でのLANGUAGEに変更が加えられている。世界の主な言語を比較しながら、進化論的に考察していくという十九世紀的な比較言語学の手法は無年紀版と第五版に共通するが、無年紀版のUNIVERSAL GRAMMARという章立てが第五版には欠けている。このために、『言語篇』を「西洋言語学」紹介の嚆矢と評価した時枝も見落としたのかもしれないが、第五版でもuniversal grammarが登場する箇所がある点にはもっと注目しておいてよい。無年紀版LANGUAGEの章立てを転記してみよう。

THE HUMAN VOICE – FORMATION OF LETTERS AND WORDS.
UNIVERSAL GRAMMAR.
ORIGIN AND PROGRESS OF LANGUAGE IN GENERAL.
THE LANGUAGES OF THE GLOBE.
Indo-European Languages.
Tartar, Tatar, or Turanian Languages/ Semitic Languages.
African Languages.
The Malay Languages.
Chinese Language.
American Languages.

このように無年紀版ではUNIVERSAL GRAMMARの章立てが明示的であり、これであれば当時の言語学者の注意をもっと喚起したであろう。

universal grammar を大槻は「普通文法」と訳しているが、現在では「普遍文法」という訳語のほうが定着している。ただし、二十世紀半ば以降の現代言語学において「普遍文法」という用語は、アメリカの言語学者ノーム・チョムスキーによる生成文法理論の概念（UGと略されることも多い）を指す場合が一般的となった。これは、人の言語獲得という根源的な問いから導き出された概念である。ただし、「普遍文法」あるいは一般文法という考え方そのものは、西洋言語学では十七世紀のポール・ロワイヤル文法以来の伝統として受け継がれてきたものである。

大槻は「普通文法」という訳語に「ユニブルサル、グラマ」と左ルビを付けている。言語研究の目的とは、まずある言語を理解したり、話したり、書いたりできるようになることであり、もうひとつが複数の言語を比較考究することで universal grammar を導き出すことなのだと述べた部分である。

> 蓋シ斯ク比較考究シテ得タル所ノ通用ノ事実ハ之ヲ各個国語ノ固有性ニ区別シテ以テ言語ノ通則即チ語法（普通文法《ユニブルサル、グラマ》）ト名ヅクル者ナリ
>
> It is the general facts thus arrived at by induction that form what are called the general principles or laws of language – universal grammar – as distinguished from the peculiarities of individual languages.

universal grammar は the peculiarities of individual languages から区別される。ここで重要なのは、「各個国語ノ固有性」が「普通文法」と区別されながら誕生してしまった点にある。日本語への翻訳行為によって、individual languages（個別言語）にすぎないものが「各個国語」となったのだ。大槻自身、その「国語」という虚構の「固有性」と格闘する只中にあったことは言うまでもない。

西洋の伝統的な universal grammar という概念を、おそらく日本に初めて紹介したのは『言語篇』であったであろう。しかし大槻はその後、この概念を発展させることはなかった。明治大正期の日本語研究で普遍文法的な言語観を主張したのは大槻ではなく、「語理学」「一般理論文法学」などにおける松下大三郎である。[13] 松下と『言語篇』との直接的な関係は不明だが、松下の文法論が当時主流とならなかったのは確かである。それは、ドイツ留学を契機として十九世紀最先端の言語研究を学んだ上田万年の言語観とは相容れないものであったからだ。上田は帰朝後の一八九四（明治二十七）年から東京帝国大学で博言学講座を担当し、ドイツで学んだ比較言語学を「科学的」言語研究の中心に据えたのである。[14]

『言語篇』で紹介された universal grammar という概念は、当時の日本語研究者ばかりでなく、大槻文彦本人からも無視されたことになる。上田万年やその一門にとっては、「十八世紀的な普遍文法論や松下の一般理論文法学に注目する理由がなかった」[15] という時代状況が大きく影響していると思われる。『言語篇』の中心は比較言語学であるが、西洋の言語研究には universal grammar が伏流水のように存在していた。だが明治期日本の言語研究は、いわば表流水のみを西洋から受け入れたのである。

比較言語学という進化論

ダーウィニズムの進化論が席巻した時代、西洋における言語学にもその波が押し寄せていた。山室信一は法学の観点から、当時の学問方法を普遍主義から歴史主義への転回として総括するが、これは言語学の潮流でもあった。

「啓蒙の世紀」十八世紀から「歴史の世紀」十九世紀への推移、それはまさしく普遍主義から個別主義への転換であり、歴史的個性への着目であり、それを前提とした比較の成立であった。その意味で生物進化論もまさに歴史主義の所産であり、歴史法学も比較法学も同時代の子であった[16]。

ここでは法学を言語学と読み替えるだけでよい。学問分野が国民国家を単位として成立するなかで、歴史主義的な比較言語学もきわめて十九世紀的な学問であったのだ。

起点テクストLANGUAGEの内容は、比較言語学の祖とされるウィリアム・ジョーンズや比較文法を確立したフランツ・ボップの言語研究、ゲルマン語の子音変化についての「グリムの法則」(Grimm's Law)、オノマトペに関するマックス・ミュラーなどへの言及を含み、比較研究に基づいて言語を進化論的に論じたものであった。『言語篇』によって明治初期の日本に紹介された「西洋言語学」の中心には、各言語を歴史的な語族に分類する言語理論が君臨していた。

比較言語学という研究手法は、十八世紀末にジョーンズ卿がカルカッタにあるアジア協会で行った講演に端を発する。植民地インドで判事をしていたジョーンズ卿は、サンスクリット語とギリシャ語・ラテン語との類似を指摘したのだった。この点を引用したLANGUAGEと『言語篇』の該当部分を見ておきたい。

サー・ウィルリヤム・ジョーンス氏嘗テ謂テ曰ク「語学者若シ希臘語羅甸語及ビ梵語ヲ撿究セバ其現今全ク生存セザル所ノ一種ノ言語ヨリ発生シタルコトヲ信ズベシ且セルテック語及ヒゴヂック語ノ如キハ希臘語及ヒ羅甸語ノ如ク類似ノ痕斯ク判然タラズト雖トモ亦梵語ト其起源ヲ同ジウスル者タルコトヲ信ズベキ理アリ又波斯《ペルシア》ノ古語モ梵語ト同族ナリ」ト

Sir William Jones declared that 'no philologer could examine the Sanscrit, Greek, and Latin without believing them to have sprung from the same source, which perhaps no longer exists. There is a similar reason, though not quite so forcible, for supposing that both the Gothic and the Celtic had the same origin with the Sanscrit. The old Persian may be added to the same family.'

こうして十九世紀の言語研究では、個別言語を比較しながら歴史的に辿るのである。さらに言語分類の原理を説明し、世界の主要言語を具体的に Isolating「孤立語」、Agglutinate「粘着語」（膠着語）、Inflectional「変尾語」（屈折語）に分類する。

第一、単綴語一名孤立語〔一〕支那語、此語ハ此種類ノ模範タル者ナリ〔二〕西蔵語、此語ハ稍々文法変化ノ端緒ヲ開ケリ〔三〕東方半島《イーステルン、ペニンシューラ》ノ言語、即チ暹羅語、安南語、緬甸語、日本及ビ朝鮮ノ言語ハ此種ニ属スルヤ否ヤ疑ヲ容ルベキ所アリ

I. *Monosyllabic or isolating*. – 1. Chinese, the typical language of this order. 2. Tibetan, which shews some beginnings of grammatical forms. 3. The languages of the Eastern Peninsula – Siamese, Anamese, Burman. Japanese and the language of Corea are doubtful.

この類型論では中国語、チベット語、シャム語、アンナン（安南）語、ビルマ語などは孤立語であり、日本語と朝鮮語は孤立語としては疑わしいとされている。そして、続いて Agglutinate「粘着語」（膠着語）と Inflectional「変尾語」（屈折語）が説明され、最後はこう結ばれる（ここでの these languages とは、Inflectional languages を指す）。

人類記録ノ開ケシ以来世ノ文明ヲ先導セシモノハ則此語ヲ談ズル人民ナリ

It is the peoples speaking these languages that have been the leaders of civilization within the historic period.

近代化を欲望する日本という国家にとって、その国語としての日本語もまた文明開化せねばならない対象となる。『言語篇』には、このような十九世紀の西洋言語学の概要がコンパクトにまとめられていた。

ところが二十世紀初頭、スイスの言語学者フェルディナン・ド・ソシュールの言語理論によって、十九世紀言語研究のパラダイムであった比較言語学は過去の遺物となった。周知のように、ソシュールの言語理論は彼の没後の一九一六年に *Cours de linguistique générale* としてまとめられ、その第二版（一九二二年）を底本とした小林英夫訳の初版『言語学原論』（のちに『一般言語学講義』と改訂）は、世界に先駆けた外国語訳として一九二八年に邦訳出版されている。このパラダイム・シフトにより、ソシュール以前の比較言語学の記述を主とした『言語篇』は、わが国の言語研究史のなかで忘却された。

五　ためらいがちな「言語」というもの

本章では、明治初期の国家的翻訳プロジェクトである文部省『百科全書』における大槻文彦訳述『言語篇』に焦点を当て、この翻訳書が時代状況とどのように切り結んできたか考察を深めた。

十九世紀の欧米列強のナショナリズムは、各国の「国語」辞書という文化装置としても現象した。たとえば、ドイツではグリム兄弟が始めた『ドイツ語大辞典』（*Deutsches Wörterbuch von Jacob Grimm und Wilhelm Grimm* 立案一八三八、刊行一八五四—一九六一年）、フランスではリトレの『フランス語辞典』（*Dictionnaire de la langue française* 一八六三—七三年）、アメリカではウェブスターの『アメリカ英語辞典』（*An American Dictionary of English Language* 初版一八二八年）、イギリスでは『オックスフォード英語辞典』（*Oxford English Dictionary* ＝ＯＥＤ 立案一八五七年、初版一八八四—一九二八年）という具合に。明治期の日本も近代国家となるために、近代的編纂方法による語彙と文法体系を渇望した。[17]

一八七五（明治八）年、大槻文彦が文部省からの官命を受けて編纂を開始した『言海』は、「十七年の辛勤」（西村茂樹祝辞）を経て結晶した日本初の近代国語辞書とされる。『言海』という近代は、その陰に隠れた『言語篇』という近代とも接合されるのである。『言海』の編纂作業とほぼ同時期に展開していたのが、文部省『百科全書』の翻訳プロジェクトである。その一編として大槻が翻訳した『言語篇』は、言語研究への根源的な問題を突きつける。「language ＝言語《げんご》」を自明の等価とする私たちの思考を拒絶するのだ。

国学の伝統とは切り離された明治期の「国語」研究は、時枝誠記が正しく総括したように、「国字国語問題に狂奔する」一方で、「西洋学術の水準にまで我が国の学問を高めて行く」[18]ことに傾注した。まさにその奔流のなかで大槻文彦は、universal grammar という概念や西洋の比較言語学を逸早く日本語で紹介するとともに、日本という国家を意識した領土論を著し、「かなのとも」を組織し、近代国家のための文法と辞書を創出した。もっとも、universal grammar は当時主流の言語研究における反普遍文法の流れから零れ落ち、また上田万年に先行した進化論的な比較言語学はソシュール言語学の登場で顧みられなくなった。

日本の言語研究のなかでは忘れられてきた『言語篇』を、本章では近代日本における翻訳テクストとして読み解くことを試みた。近代国語辞書としての『言海』と格闘しながら大槻がその一編の翻訳に取り組んだ *Chambers's Information for the People* には、西洋近代が凝縮されている。『言語篇』の読解を振り返り、再度強調しておきたいことは、「language ＝言語《ランゲージ》」というもののためらいがちな初発の予感である。「language ＝言語」という等価が存在していたのではなく、翻訳行為によって等価という幻想が遂行され既成事実化される。このような翻訳の出来事のひとつが大槻文彦訳述『言語篇』であり、翻訳行為の痕跡が刻印されたテクストなのである。

注

(1) 時枝誠記『国語学史』岩波書店、一九四〇年、一六七頁。
(2) 時枝誠記『現代の国語学』(有精堂出版、一九五六年)においても、「言語学が日本に輸入されたのは、上田万年の留学以前からのこと」(六頁)として『言語篇』の先行性が紹介されている。また『言語篇』を論じた最近の研究に、斉木美知世・鷲尾龍一『日本文法の系譜学』(開拓社、二〇一二年)がある。管見の限り、これは『言語篇』の内容にまで踏み込んだ唯一とも言える先行研究だが、翻訳学の視点ではない。
(3) この連載は、大槻文彦「大槻博士自伝」として『国語と国文学』(第五巻第七号、一九二八年、三八―五二頁)に再録。また、高田宏による伝記『言葉の海へ』(洋泉社、二〇〇七年)も参照されたい。
(4) 箟五百里「大槻文彦博士年譜」『国語と国文学』第五巻第七号、一九二八年、二三―三八頁。
(5) 有隣堂合本第十一冊と有隣堂分冊本の奥付情報はまったく同じである。
(6) 青史社復刻版の分冊本『言語』には、「本書の原本は有隣堂版を用い、表紙は新たに制作したものです」と記載されている。青史社に直接確認したところ、青史社復刻版全体は基本的には国立国会図書館所蔵本を底本としているということであったが、同図書館には明治十二年刊行の『言語』あるいは『言語篇』は見当たらない。
(7) 松永俊男「チェンバーズ『インフォメーション』と文部省『百科全書』について」『*Chambers's Information for the People*〔復刻版〕別冊日本語解説』ユーリカ・プレス、二〇〇五年、一五頁。
(8) 福鎌達夫『明治初期百科全書の研究』風間書房、一九六八年、二五頁。
(9) 熊田淳美『三大編纂物 群書類従・古事類苑・国書総目録の出版文化史』勉誠出版、二〇〇九年、一三〇―一四六頁。
(10) 福澤諭吉「大槻磐水先生の誡語その子孫を輝かす」(明治二十四年六月二十七日時事新報)、慶応義塾編『福澤諭吉全集 第十九巻』岩波書店、一九六二年、七七一頁。
(11) 前掲の「大槻博士自伝」四六頁。
(12) 時枝、一九四〇年、一六七頁。
(13) 斉木・鷲尾前掲書、三五頁。
(14) 上田万年講述・新村出筆録・柴田武校訂『言語学』教育出版、一九七五年。
(15) 斉木・鷲尾前掲書、三六頁。

(16) 山室信一「日本学問の持続と転回」、松本三之介・山室信一校注『学問と知識人』岩波書店、一九八八年、四九六頁。

(17) 西洋におけるナショナリズムと辞書については本田毅彦『大英帝国の大事典作り』(講談社、二〇〇五年)、日本における辞書の政治性については安田敏朗『辞書の政治学——ことばの規範とはなにか』(平凡社、二〇〇六年)、『言海』の編纂とその近代性については犬飼守薫『近代国語辞書編纂史の基礎的研究』(風間書房、一九九九年)に詳しい。

(18) 時枝、一九四〇年、一六七頁。

第五章　「宗教」という近代 ―― 靖国体制の鋳型

天文学　気中現象学　地質学　地文学　植物生理学　植物綱目　動物及人身生理　動物綱目　物理学　重学　動静水学　光学及音学　電気及磁石　時学及時刻学　化学篇　陶磁工篇　織工篇　鉱物篇　金類及錬金術　蒸汽篇　土工術　陸運　水運　建築学　温室通風点光　給水浴澡掘渠篇　農学　菜園篇　花園　果園篇　養樹篇　馬　牛及採乳方　羊篇　豚兎食用鳥籠鳥篇　蜜蜂篇　犬及狩猟　釣魚篇　漁猟篇　養生篇　食物篇　食物製方　医学篇　衣服及服式　人種　言語　交際及政体　法律沿革事体　太古史　希臘史　羅馬史　中古史　英国史　英国制度国資　海陸軍制　欧羅巴地誌　英倫及威爾斯地誌　蘇格蘭地誌　愛倫地誌　亜細亜地誌　亜弗利加及大洋州地誌　北亜米利加地誌　南亜米利加地誌　人心論　骨相学　**北欧鬼神誌**　論理学　**洋教宗派**　**回教及印度教仏教**　歳時記　修身論　接物論　経済論　人口救窮及保険　百工倹約訓　国民統計学　教育論　算術及代数　戸内遊戯方　体操及戸外遊戯　古物学　**修辞及華文**　印刷術及石版術　彫刻及捉影術　**自然神教及道徳学**　幾何学　**聖書縁起及基督教**　貿易及貨幣銀行　画学及彫像　百工応用化学　家事倹約訓

一　「宗教」と非「宗教」

靖国神社への政治家の参拝をめぐる議論は、対立する人々のあいだで噛み合うことがない。日本人の多くは、無「宗教」と指摘されたりすると、同意しながらも違和感を覚える。文化や歴史、政治や外交など複雑な要因が絡んでいる事柄だが、そこには私たちが普段は気づかない翻訳語のふるまいも関係しているのではないか。本章では、「宗教」言説としてこれまで読解されたことのない文部省『百科全書』の「宗教」に関する翻訳テクストに焦点を当て、「religion = 宗教」という等価をめぐる出来事について論じたい。そもそも religion はどのように訳出されていたのか。「religion = 宗教」という翻訳等価の成立過程は、明治政府が欲望した近代国家体制といかに切り結ぶのか。近代日本の「宗教」をめぐる記憶を辿りながら、religion を翻訳する行為から誕生した「宗教」が引き受けた二面性と、この翻訳語が同時に非「宗教」という領域を創出した帰結を問い直し、その根源に潜む翻訳語の宿命を近代日本語の出来事として探究する。

西洋では多義的なラテン語 religio から religion が派生したが、その概念はルネサンスや啓蒙主義時代を経た近代ヨーロッパで前景化して現在に至る。近代的概念として誕生した religion は、近年の「宗教」言説研究の潮流のなかでその概念そのものの再考を余儀なくされている。[1] 他方、近代日本では、西洋語を翻訳する行為によって旧来の「宗教」という漢語が再利用された点が注目に値する。近代日本語として生まれ変わった「宗教」は、西洋との出会いがもたらした religion からの翻訳語なのである。

もともと仏教用語であった「宗教」という漢語そのものは、唐代の法蔵『華厳五教章』や宋代の圜悟克勤《えんごこくごん》『碧巖録』に用例が見られるし、『望月仏教大辞典』における「宗教」の説明には、「宗の教旨、或は宗即ち教の意。又宗と教との併称」とある。[2] 仏教語の「宗教」とは、「宗」の「教」、または「宗」と「教」という二語から合成されたもので、仏教の各宗派の教えを意味していた。「宗教」というシニフィアンが同一であるために分かりにくいが、翻訳語としての「宗教」のシニフィエには religion との等価と同時に、上書きされる以前の漢語の意味も完全には消去されていない。

文部省『百科全書』における「宗教」をめぐる翻訳テクストを読むために、まずはコンテクストの検証から始めよう。

二　翻訳語としての「宗教」

自明な意味がそこにあるかのように現代の私たちが思い込む「宗教」は、religionから訳出された近代日本語である。しかしながらreligionの訳語としては当初、「宗教」のみが用いられていたわけではなかった。この翻訳語をめぐっては、すでに宗教学のいくつもの先学が論じており、明治十年代になって「宗教」という訳語が確立したことが定説となっている。(3)

早い時期に「宗教」という翻訳語に着目した相原一郎介は、「明治四五年頃出版の辞典には、未だ宗教といふ訳語は見当らない。之が定まつた訳語として世間に通用するに至つたのは、明治十年前後のことゝ推定せられる」と述べ、「Religionといふ語を邦語に飜訳しなければならぬ実際的必要があつたのは、辞典以外に於ては、差当り外交関係の文書に於てゞあつたらふと思ふ」として、辞書と外交文書における翻訳上の必要性を指摘した。(4)

実際に辞書類を調べてみると、一八七三（明治六）年に初版が刊行された柴田昌吉・子安峻編『附音挿図 英和字彙』では、「Religion, n. 教門《ケウモン》、法教《ハフ》」「Religious, a. 法教ノ、宗門《シウモン》ノ、精密《セイミツ》ナル、厳粛《オゴソカ》ナル、信心ナル」であり、「宗教」という訳語は見つからない。また、ヘボンによる『和英語林集成』の一八六七（慶応三）年の初版と一八七二（明治五）年の再版でも、「Religion, Oshiye; michi; hō; dō.」であり、「教」「道」「法」である。そして一八八六（明治十九）年の第三版になって漸く、「Religion, Oshiye; michi; hō; dō, kyōhō, kyōmon, shūkyō.」となり、「教法」「教門」という二字漢語と並んで「宗教」が登場するのである。ちなみに、一八八一（明治十四）年に初版が刊行された『哲学字彙』は、その後改訂増補版が一八八四（明治十七）年に、また英独仏和版が一九一二（大正元）年に出版されているが、いずれにも「宗教」はreligionの訳語として掲載されている。明治十年代には「宗教」という翻訳語が定着したとされる所以である。

外交文書においてはどうであろう。江戸幕府の鎖国政策のもとでキリスト教は禁圧されてきたが、幕末開国の時期には、西洋列強との関係でこの状況は変更を迫られた。在留外国人の信仰を取り決めた外交文書では、当時禁制であったキリスト教に言及する際に religion が用いられたので、それに対応する訳語も必要となったはずだ。そこに「宗教」は登場するのだろうか。

日米修好通商条約（Treaty of Amity and Commerce between the United States of America and The Empire of Japan）をはじめ、一八五八（安政五）年には日英修好通商条約・日仏修好通商条約・日露修好通商条約・日蘭修好通商条約（いわゆる安政五ヵ国条約）が相次いで締結された。これらの該当箇所では、いずれも「宗教」ではなく「宗法」や「宗旨」が用いられている。たとえば、日米修好通商条約の第八条を日本語と英語で併記すれば次のとおりである(5)。

日本に在る亜米利加人自ら其国の宗法を念し礼拝堂を居留場の内に置も障りなし並に其建物を破壊し亜米利加人宗法を自ら念するを妨る事なし亜米利加人日本人の堂宮を毀傷する事なく又決して日本神仏の礼拝を妨け神体仏像を毀る事あるへからす

双方の人民互に宗旨に付ての争論あるへからす日本長崎役所に於て踏絵の仕来は既に廃せり

Americans in Japan shall be allowed the free exercise of their religion, and for this purpose shall have the right, to erect suitable places of worship. No injury shall be done to such buildings, nor any insult be offered to the religious worship of the Americans.

American citizens shall not injure any Japanese temple or mia, or offer any insult or injury to Japanese religious ceremonies, or to the objects of their worship.

The Americans and Japanese shall not do anything, that may be calculated to excite religious animosity. The government of Japan has already abolished the practice of trampling on religious emblems.

在留米人の信教の自由を保障するために、日米修好通商条約第八条の英語版では幾度も religion や religious という単語が繰り返される。だが、それに対応する日本語は「宗教」ではなく、「宗法」「宗旨」なのだ。

外交文書に「宗教」が登場する早い例として相原一郎介が挙げるのは、一八六九（明治二）年に結ばれた独逸北部連邦との条約である。ここでドイツ語の Religion に対応する語として、「宗教」が用いられていたという。この語が当時どこまで一般的であったかは別にして、外交文書を翻訳するという行為において、英語の religion やドイツ語の Religion に対応する訳語が要請されたのは確かである。

また、一八六八（慶応四）年三月の太政官布告高札「五榜の掲示」において、「切支丹邪宗門ノ儀ハ堅ク御制禁タリ若不審ナル者有之ハ其筋之役所ヘ可申出御褒美可被下事」とキリスト教を「邪宗門」としたことに対して、翌月にアメリカ公使から抗議文書が寄せられた。そして、これを外国事務局が日本語へと翻訳する際に、「宗教」が用いられた例がある。(6)

While disclaiming any intention of interfering with the internal affairs of Japan, I deem it my duty to call Your Excellencies' attention to the fact that the Christian religion is the religion of the Country I have the honor to represent, …

日本御国内之事ニ拘り候念は無之候へとも耶蘇宗吾本国の宗教ニ有候事を御承知相成候様申上候は拙者識分と存候

ここにキリスト教が「邪宗門」ではなく「宗教」と表現されることになったのである。宗教史学者の鈴木範久は、この用例が近代日本語としての「宗教」の初出に近いと指摘する。(7) 外交関連の文書における「宗教」は、辞書類よりも古くまで遡ることが確認できるのだ。ただし、「宗教」という語が外交文書で使用されたからといって、この語が広く一般に普及していたということには必ずしもならない。

諸外国との外交関係において、「宗教」は明治政府にとって扱いにくい問題であったと思われる。一八七一（明治四）年に横浜を出港した岩倉使節団は、キリスト教に対して当初は無関心を装う意向であったようだが、帰朝後にその考えは一変した。一八七八（明治十一）年に使節団の報告書としてまとめられた久米邦武編『特命全権大使 米欧回覧実記』では、「宗教」が富国強兵のために有用であるとまで記している。「法教」は「人気を収め、規律に就しめる器具となして、其権謀を用ふるに似たり」と、文明国の国家装置としての価値を見出すに至るのである。(8) ここでは「法教」が用いられているが、『米欧回覧実記』全体では他にも、「宗教」「宗旨」「宗門」「教法」などさまざまな関連語彙が混在して使用されており、このことばのゆらぎが刻印されている。(9)

三　明治政府と「宗教」

幕末開国期の外交文書を通じて創出された「religion ＝宗教」が、他の訳語を次第に淘汰していく間に、どのようなコンテクストの変容があったのか。翻訳語「宗教」が定着した背景として、近代国家を目指す明治政府の「宗教」政策を想起する必要がある。

「宗教」の定着

「religion ＝宗教」という翻訳の等価が成立し定着する以前は、「宗教」に加えて「宗旨」「宗法」「宗門」「法教」「教法」「教門」「聖道」など実に多様な訳語が使用されていた。(10) 宗教学者の磯前順一は用語を分類して、「宗旨」のような非言語的な慣習行為である「プラクティス的意味」と、「教法」のような概念化された信念体系である「ビリーフ的意味」の二系統があると分析している。(11) 人口に膾炙していたのは、近世の制度と結びついたプラクティス系の前者であり、ビリーフ系の後者は経典や教義に長じた知識人層に限られたマイナーな語彙であったという。仏典出自の語義をもつ「宗教」は、少数派のビリーフ系統の抽象概念である。[12] 皮肉なことに、少数派の語彙であった「宗教」という漢語が結局は生き残ったことになる。

一八七三（明治六）年にはキリスト教禁止の高札が撤回され、日本国内でキリスト教が黙認されると、それまでは主に外交関連でのみ話題とされたreligionをより広く議論するために、共通のことばが要請されるようになったと考えられる。高札撤回の翌一八七四（明治七）年の『明六雑誌』では、森有礼が「宗教」と題する論文（『万国公法』英語版からreligionに関する部分の抄訳）を発表し、福澤諭吉も一八七五（明治八）年の『文明論之概略』から「宗教」という語を本格的に使い始めている。[13]

明治十年代に出版された著訳書で、知識人たちはキリスト教を中心に「宗教」を論じ始めた。もともと仏教用語であった「宗」と「教」から成る「宗教」という二字漢語（特定の宗派の教えという意）は、キリスト教という西洋由来の「religion = 宗教」を語りながら、近代日本語の翻訳語として再利用されたのである。

神道と「宗教」

神道が「宗教」（教派神道）と「祭祀」（神社神道）に分岐した時点で「日本型政教分離」が成立したと捉えたのは、民衆思想史の安丸良夫である。[14] 神社神道が「宗教」ではなく「祭祀」となったことで、明治国家の政教分離が実現したというロジックである。すなわち、のちに連合国軍最高司令官総司令部（GHQ）の神道指令によって「国家神道」と名指された「祭祀」という領域は、「religion = 宗教」から逸脱することで確保されていたことになる。「宗教」という翻訳語の鋳型はまた同時に、「宗教」の外側にはみ出した領域を必然的に残すのだ。

島薗進が村上重良による「国家神道」の輪郭を半ば継承して指摘したように、近代になって神社神道と皇室「祭祀」の複合体が天皇崇敬の国体論と結びつきながら、教育勅語や祝祭日行事というメディアを通して人々の日常へと普及し実践されていったのである。[15]

やや時間を戻して幕末期に遡れば、建武中興で南朝に忠義を尽くした楠木正成を尊ぶ「楠公崇拝」が尊皇攘夷派の間で流行し、朝廷への忠臣を顕彰する下地は用意されていた。東京招魂社が一八六九（明治二）年に建てられたのは、旧幕府勢力を倒した戊辰戦争の官軍兵士を祀るためであり、伝統的には死の穢れを忌む神道が、朝廷への忠死を慰霊し顕彰する招魂祭祀の場へと転化していくのである。[16] 一八七一（明治四）年に制定された社格制度のもとで、翌年には楠木正成を主祭神とする別格官幣社湊川神社が創建され、そして西南戦争後の一八七九（明治十二）年には東京招魂社も別格官幣社靖国神社と改称列格された。靖国神社が軍部の管理下にあった時代が記憶するように、近代日本における国家と神道との結びつきは、「日本型政教分離」のもとで明らかである。[17] 国家のために命を捧げた兵士の英霊を神として顕彰する靖国体制は、「宗教」から距離を置く「祭祀」装置として明治政府のなかに組み込まれていた。

民間団体としての「宗教」と国家の「祭祀」機関としての神社が分立し、祭政一致という明治政府の国家体制が当初の構想とは異なる形で具体化していく。まず、一八七一（明治四）年に神祇官が神祇省に格下げされたが、その神祇省も翌年には廃止となり、すべての「宗教」を管轄する行政機関として教部省が設置された。次に、一八七七（明治十）年に教部省が廃止されると、「宗教」に関する行政は内務省寺社局に移管する。一八八二（明治十五）年には神職は教導職が兼務できなくなり、一八八四（明治十七）年には教導職自体も廃止される。その後は、一九〇〇（明治三十三）年に内務省寺社局が神社局と宗教局に分かれることで、神道は他の「宗教」とは切り離された部局の下に置かれた。さらに一九一三（大正二）年には内務省宗教局は文部省へと移されたため、神社行政と「宗教」は一段と離されていった、と神道の非「宗教」化の経緯を辿ることができる。

ところで、一八八九（明治二十二）年に発布された大日本帝国憲法の第二十八条には、「日本臣民ハ安寧秩序ヲ妨ケス及臣民タルノ義務ニ背カサル限ニ於テ信教ノ自由ヲ有ス」と謳われた文言がある。制約つきではあるが

「信教ノ自由」が保障されて、仏教やキリスト教などに自由な「宗教」活動が一応許されたのである。他方で、神道は非「宗教」化したために国家機関と寄り添うことが可能となり、靖国神社や護国神社（招魂社）では、国家のために戦死した人々を神として国家が祀ることになった。

このように翻訳語「宗教」成立のコンテクストとして、明治政府と「宗教」をめぐる動きを追ってみると、幕末開国期に外交文書を翻訳するなかで出現した「religion ＝宗教」という翻訳の等価が、他を凌いで明治十年代に定着する過程は、近代国家としての日本が神道の祭祀的な位置づけを明確にした時期と軌を一にする。出自を辿れば「宗」と「教」に分離されていた仏教語は、文明開化を遂げるために西洋近代の religion を翻訳することで、「宗教」という漢字二字熟語としてのシニフィアン不変のままシニフィエをずらして反復した。そして、キリスト教信仰を語りながら定着した「宗教」という翻訳語の抽象概念は、他方で非「宗教」化した「祭祀」としての（国家）神道をも生成したのだった。近代日本語として誕生した「宗教」は、明治国家の「日本型政教分離」というイデオロギーと共犯関係をもつ翻訳語なのである。

四 『百科全書』における「宗教」

文部省『百科全書』は、宗教学の文献として扱われたことはなく、現代の宗教学者からも参照されるテクストではないが、「宗教」に直接関連する数編はもちろんのこと、関連用語が全編に頻出する。一八七三（明治六）年からおよそ十年間にわたって翻訳出版が実施されたので、「religion ＝宗教」という等価の成立ともほぼ同時代である。さらには、神道の非「宗教」化の制度史とも重なる。よって、文部省『百科全書』は「宗教」という翻訳語を考えるうえできわめて重要なテクスト群を擁している。だがこれまで、近代日本における「宗教」の問題を論じるなかで言及される機会もなく、忘れられた存在となっている。

religionに対応する訳語としては、『百科全書』全編を通して「教法」「法教」「宗教」などが混在しており、明治初期における「religion＝宗教」という等価のゆらぎが、現実味を帯びて鮮明に浮かび上がる。これらの翻訳テクスト群を丁寧に繙いていこう。

箕作麟祥訳『教導説』の「教法」

箕作麟祥訳『教導説』（のちに『教育論』と改題）は、第三章で論じたとおり、起点テクストEDUCATIONの翻訳テクストである。文部省『百科全書』全編のなかで二番目に早く、一八七三（明治六）年九月に和装二冊で印行された。『教導説』そのものは「宗教」をテーマとした内容ではないが、本文に先立つ凡例で『百科全書』の全体を説明しており、その際に「教法」という語が使われている。[18]

凡例

一 此書浩瀚ナルヲ以テ広ク洋学専門ノ士ニ命シ篇ヲ分テ之ヲ訳セシム而シテ其全備ヲ待ツトキハ曠シク歳月ヲ延ク故ニ篇次原本ニ依ラス成ルニ随テ上梓ス

一 毎篇訳者同シカラス文体訳語モ亦随テ異ナルモノ有リ将サニ全部ノ成ルヲ俟テ更ニ刪潤ヲ加ヘ一轍ニ帰セントス

一 原本洋教及ヒ回教ノ説アリ然レトモ彼ノ教法ハ我ニ在テ自カラ用ザル所故ニ今之ヲ訳セズ姑ク目次ニ其篇名ヲ存シ以テ原本ノ体裁ヲ示スノミ

この凡例において「洋教及ヒ回教ノ説」については、「彼ノ教法ハ我ニ在テ自カラ用ザル所故ニ今之ヲ訳セズ」と述べられているが、最終的には「彼ノ教法」に関する項目もすべて翻訳された。「洋教」や「回教」に直接該当するRELIGIOUS CHURCHES AND SECTSとMOHAMMEDANISM – HINDUISM – BUDDHISMは、それぞ

起点テクスト	翻訳テクスト	担当者
RELIGIOUS CHURCHES AND SECTS	洋教宗派	若山儀一 訳 久保吉人 校
MOHAMMEDANISM – HINDUISM – BUDDHISM	回教及印度教仏教	大島貞益 訳 久保吉人 校
SCANDINAVIAN MYTHOLOGY, &C. – MINOR SUPERSTITIONS	北欧鬼神誌	薗鑑 訳 久保吉人 校
NATURAL THEOLOGY – ETHICS	自然神教及道徳学	箕作麟祥 訳
HISTORY OF THE BIBLE – CHRISTIANITY	聖書縁起及基督教	吹田鯛六 訳
HISTORY OF THE BIBLE（CIP 第 5 版）	経典史	原彌一郎 訳

『百科全書』の「宗教」テクスト一覧

れ若山儀一訳・久保吉人校『洋教宗派』（一八七六年）、大島貞益訳・久保吉人校『回教及印度教仏教』（一八七七年）として、またSCANDINAVIAN MYTHOLOGY, &C. – MINOR SUPERSTITIONSも薗鑑訳・久保吉人校『北欧鬼神誌』（一八七八年）として出版されている。

他にも「宗教」に関連するものとしては、NATURAL THEOLOGY – ETHICSを箕作自身が『自然神教及道徳学』（一八八〇年）として翻訳している。さらに、文部省の分冊本では刊行された形跡のないHISTORY OF THE BIBLE – CHRISTIANITYは、吹田鯛六訳『聖書縁起及基督教』として有隣堂の合本で一八八三（明治十六）年の第十六冊に入り、丸善の合本では起点テクストを第五版に改めた原彌一郎訳『経典史』は一八八四（明治十七）年の下巻第四冊に収められている。これら文部省『百科全書』における「宗教」関連のテクストを、上の表で刊行順に一覧にまとめておこう。

箕作麟祥が一八七三（明治六）年に『教導説』の凡例を書いた段階では、「彼ノ教法」に関する翻訳は企図されていなかった。だが、この国家プロジェクトが一応の収束をみる明治十年代半ばまでには、これらのテクスト群すべてを翻訳出版する意義が見直されたことになる。「宗教」という翻訳語が定着し、近代日本の国家体制のなかで「国家神道」が制度化されていったのも、この時期である。

『回教及印度教仏教』における「法教」

『回教及印度教仏教』では一貫して「religion＝法教」を用いながら、一神教である「回教」（MOHAMMEDANISM）、多神教である「印度教」（HINDUISM）と「仏教」（BUDDHISM）を概説している。冒頭部分に顕著に示されているように、その視点はあくまでもキリスト教（耶蘇教）を意識したもので、「耶蘇教ヲ奉スル国」の「真神」に対して、「真神ヲ知ラサルノ民」は「仮神」を拝むとする立場である。

> 耶蘇教ヲ奉スル国ニ於テ用キル所ノ法教ノ二字ハ凡ソ我カ世界ヲ造クリ且ツ之ヲ宰スル所ノ真神ヲ敬信スルノ義ニシテ其真神ヲ敬信スルヨリ生スル所ノ礼拝式其他神ニ奉事スル諸儀式ヲ統ヘテ之ヲ法教ト称ス然リ而シテ此敬神ノ心ハ一ハ人類天賦ノ本性ニ本ツキ一ハ我カ住スル世界ノ形状ヨリ生スル者ニシテ人生自然ノ情感ナルカ故ニ独リ耶蘇教ノ国ノミニアラス真神ヲ知ラサルノ民ト雖モ此心事ニ触レ物ニ遇フテ自カラ発見ス故ニ其未タ真神ニ事フルヲ知ラサル者ハ必自カラ仮神ヲ造リテ之ヲ拝ス夫レ其然ル所以ノ者ハ蓋シ人ノ世ニ在ルヤ常ニ艱難危険ノ其身ニ随フアリ而シテ造化霊妙不測ノ奇工ヲ其間ニ呈シ或ハ人ヲシテ親愛已マサラシメ或ハ人ヲシテ驚怖措カサラシム而シテ人其理ヲ執ラントスルモ得ル能ハス又之ヲ制シテ己レカ欲スル所ニ従ハシメントスルモ亦能ハス是ニ於テカ喜懼ノ心交々至リ遂ニ其自力ノ恃ムニ足ラサルヲ悟リテ別ニ智力ノ己ニ勝ル者ヲ選ミ以テ之レニ依頼セント欲ス是レ法教ノ由テ生スル所ナリ

> RELIGION, in Christian countries, is generally understood as the feeling of reverence towards the Creator and Ruler of the world, together with all those acts of worship and service to which that feeling leads. The root of this sentiment lies in the very constitution of man and in the circumstances in which he is placed, and manifests itself abundantly even where the one supreme God of the Christian is unknown. Man is naturally religious, and if he is ignorant of the true God, he must make to himself false ones. He is surrounded by dangers and difficulties; he sees the mighty powers of

nature at work all around, pregnant to him with hope and fear, and yet inscrutable in their working, and beyond his control. Hence arises the feeling of *dependence* upon something more powerful than himself – the very germ of religion.

必ずしも逐語的な訳出とはなっていないが、「法教」の定義を、「我カ世界ヲ造クリ且ツ之ヲ宰スル所ノ真神ヲ敬信スルノ義ニシテ其真神ヲ敬信スルヨリ生スル所ノ礼拝式其他神ニ奉事スル諸儀式」(the feeling of reverence towards the Creator and Ruler of the world, together with all those acts of worship and service to which that feeling leads) としている。キリスト教的な神への畏敬の感情や行為が、ここでの「religion = 法教」の前提となっている。

この冒頭部に続くテクスト全体には、西洋の宗教研究者や東洋学者の著名な言説が手際よく引用されて、英国ヴィクトリア朝における東洋のreligionに対する知的到達点がまとめられている。近代日本の宗教学者、たとえば岸本能武太、加藤玄智、姉崎正治らに先駆けて、明治初期の文部省『百科全書』という翻訳書のなかで西洋の(比較)宗教学のエッセンスがすでに紹介されていたのだ。[19] ヒンドゥー教(印度教)や仏教に関する記述では、マックス・ミュラーの *Comparative Mythology* や *Buddhism and Buddhism Pilgrims*、ウジェーヌ・ビュルヌフの *Introduction to the History of Buddhism* などに依拠し、ブライアン・ホートン・ホジソンやホラス・ヘイマン・ウィルソンなどの名も挙げながら解説している。[20] そして最後に導き出されるのは、あくまでもキリスト教を至高とする結論であり、仏教については、「幾ンソ法教ト日フ可カラザルニ似タリ」と断定する。

なお、ミュラーの著作を本格的に日本に紹介したのは、英国で一八七九(明治十二)年から五年間、彼に師事し仏教を研究した南條文雄とされる。南條の翻訳によるミュラーの『比較宗教学』は、『帝国百科全書』のシリーズとして一九〇七(明治四十)年の刊行である。[21] この点でも、文部省『百科全書』でのミュラーの紹介は、かなり早い時期の先駆的なものであったと言える。

『聖書縁起及基督教』と『経典史』における「法教」と「宗教」

有隣堂版に収められた『聖書縁起及基督教』（一八八三年）は、HISTORY OF THE BIBLE – CHRISTIANITY の翻訳である。合本の背表紙と目録での編名は「経典史及基督教」であるが、本文冒頭では「聖書縁起及基督教」となっており、不一致だがその理由ははっきりしない。この合本第十六冊には他にも、『自然神教及道徳学』（一八八〇年）、『洋教宗派』（一八七六年）、『回教及印度教仏教』（一八七七年）、『北欧鬼神誌』（一八七八年）というように、いずれも「宗教」をテーマとする項目が入っている。合本への収録の配列は起点テクストどおりで、『聖書縁起及基督教』が二番目なのだが、翻訳された順序としては最後である。そのために、一八八三（明治十六）年八月までに刊行の分冊本を記載した『文部省出版書目』から漏れている。このような翻訳時期の遅れもあって丸善版の編集者は、独自の翻訳者に別途依頼したものと推測される。

丸善版下巻第四冊の『経典史』（一八八四年）は、起点テクスト第五版（一八七五年）の HISTORY OF THE BIBLE の翻訳である。聖書の歴史について解説した内容という点では、有隣堂版も丸善版も同じなのだが、起点テクストと翻訳者が異なる。それぞれの目録を対訳で比べておこう。

起点テクスト HISTORY OF THE BIBLE–CHRISTIANITY
吹田鯛六訳『聖書縁起及基督教』（有隣堂、一八八三年）の目録

希伯来聖書	THE HEBREW SCRIPTURES.
撒馬利亜語訳摩西ノ五経	The Samaritan Pentateuch.
希臘語訳旧約書	The Septuagint.
旧西里亜語訳聖書	The Old Syriac Version.
不経ノ諸書	The Apocrypha.

新約全書　THE NEW TESTAMENT.
‖英語訳聖書　THE ENGLISH BIBLE.
―基督教及基督教会　CHRISTIANITY AND THE CHURCH.
―基督教会　THE CHURCH.

起点テクスト第五版（一八七五年）HISTORY OF THE BIBLE
原彌一郎訳『経典史』（丸善商社出版、一八八四年）の目録

総論
希伯来経典　THE HEBREW SCRIPTURES.
飜訳書　VERSIONS.
撒馬利亜訳摩西之五経　The Samaritan Pentateuch.
七十士訳経典　The Septuagint.
旧齊利亜訳経典　The Old Syriac Version.
旧約全書非経之書　THE OLD TESTAMENT APOCRYPHA.
新約全書　NEW TESTAMENT SCRIPTURES.
新約全書ノ聖経　NEW TESTAMENT CANON.
原書ノ印刷出版　PRINTED EDITIONS OF THE TEXT.
経典飜訳書　BIBLE VERSIONS OR TRANSLATIONS.
基督教会　THE CHRISTIAN CHURCH.

起点テクストの第五版では大幅な書き換えがあったものの、主要な章立てはほぼ踏襲されたことが分かる。総論に始まり、ヘブライ語聖書（THE HEBREW SCRIPTURES）、サマリア五書（The Samaritan Pentateuch）、七十人訳聖書（The Septuagint）、古シリア語訳（The Old Syriac Version）、外典（The Apocrypha）、新約聖書（THE NEW TESTAMENT）などが、どちらの版でも中心的な構成要素となっている。また本文において一部重複する記述もある。

religionの訳語という観点で興味深いのは、吹田訳『聖書縁起及基督教』も原訳『経典史』も「法教」と「宗教」が混在し、しかも両編とも「宗教」の使用頻度が明らかに高いという傾向である。一八七七（明治十）年の大島訳『回教及印度教仏教』では一貫して「religion＝法教」であったが、一八八三（明治十六）年と一八八四（明治十七）年の翻訳テクストでは「法教」よりも「宗教」が優位となるまでに淘汰が進んでいた。まさに明治十年代には、「宗教」という近代日本語が一般化しつつあった証左である。

具体例を見ていくことにしよう。まずは、『聖書縁起及基督教』の冒頭近くにおける「religion＝法教」の例である。

> 夫レ然リ此等ノ四十記者其地位教育及ビ智力ノ相同ジカラザルコト斯ノ如クニシテ又其在世時代ノ前後相距ルコト二千年ノ遠キニ及ブモノ有リト雖トモ尚ホ其記スル所ノ道徳及ビ**法教**ニ係ル詩篇、史紀、預言及ビ其他ノ諸篇ヲ対照スルニ皆其事実、意見、感情及ビ精神ニ於テ相脗合スルコト寔ニ驚ク可キモノ有リ
>
> （吹田鯛六訳）
>
> And yet the forty authors, so unlike each other in rank, education, and quality of intellect, and living apart in the wide intervals of which the two extremes embrace a period of 2000 years, write poems, histories, prophecies, and doctrinal and didactic pieces on morality and religion, distinguished by a marvelously perfect harmony in facts, views, sentiment, and spirit.

ここでは、morality and religion が「道徳及ビ法教」と訳出されており、「morality = 道徳」と並んで「religion = 法教」が登場する。偶然にもこの部分は起点テクスト第五版でも一字一句違わないので、『経典史』の該当部分を次に挙げる。

其外尚ホ四十人ノ記者アリ其門地教育才智等互ヒニ相ヒ同シカラズ前後二千年ノ間ニ生死シ偕ニ道徳宗教ニ関シ諸般ノ詩史預言及ヒ伝教上ノ雑説ヲ著ハセリ而シテ其事蹟見解情操精神ノ如何ヲ問ハズ
（原彌一郎訳）

『経典史』の場合は、「morality = 道徳」と「religion = 宗教」である。しかもこの直後に、moral and religious truth という共通する表現が再び出現し、吹田訳では「道徳及ビ法教上ノ真理」、原訳では「道徳及ヒ宗教ノ真理」と訳出されている。『聖書縁起及基督教』と『経典史』の出版年の違いはわずか一年であるが、「道徳」の対概念として語られるシニフィアンが、前者は「法教」、後者は「宗教」となっているのだ。religion の訳語はこれほどまでに、不安定にゆらいでいた。

別の箇所では「religion = 宗教」に対して、「真正」のものとそうでないものという識別を示し、キリスト教（基督教）を「世界文明国所在ニ行ハレテ人間社会ノ萬方ニ普及」した「真正ノ宗教」と位置づけている。

サレバ前後相貫通セザルガ如ク見ユル此天與ノ教義モ容易ニ活動自在ノ力ヲ萬有セル真正ノ宗教トナリ其勢力及ビ進歩ノ形迹ハ歴史ニ徴シテ明ケシ今ヤ基督教ハ世界文明国所在ニ行ハレテ人間社会ノ萬方ニ普及セリト雖トモ余輩ハ迢カニ其本源模糊ノ昔時ニ遡テ更ニ之ヲ考フルコトヲ得ベキナリ
（吹田鯛六訳）

Thus, the apparently disjoined doctrines of revealed religion easily adjust themselves into a vital and energetic body of truth, the influence and movements of which in the world can be historically traced. From the commanding post which Christianity now holds among civilized nations; a post aloof from, yet dominant over, the depths and heights, the lengths and breadths of humanity, we can go back to its obscure origin.

『聖書縁起及基督教』と『経典史』の両方にみられる傾向として、「法教」よりも「宗教」の使用頻度が高いが、この一因として考えられるのは、起点テクストに religion が使われていない場合でさえも、「宗教」という訳語が使用されている用例があるからだ。

然リ而シテ新約書ノ落成以後ダモ尚ホ四五世紀ノ間英国ハ偶像教ニ沈溺シ爾後更ニ数世紀ヲ経過シテ纔カニ英語訳聖書ノ一全部ヲ備フルニ至レル故ニ第十四世紀間ノ我英国宗教上ノ状態ニ照シテ現今ノ我英国宗教上ノ状態ヲ観レバ余輩ハ「終リハ始メル可ク始メハ終リナル可シ」ト云ヘル古諺ノ応験ノ較著ナルニ感セザルヲ得ズ　（吹田鯛六訳）

And yet, for four or five centuries after the completion even of the New Testament canon, Britain was involved in paganism; and many more centuries had to pass before there was an entire copy of the Bible in the vernacular; so that, looking at what we are now, in the light of what we were for fourteen centuries, we see a striking accomplishment of the adage – 'The last shall be first, and the first last.'

活版印刷ノ発明以還経典ノ訳書ヲ飜訳センコト枚挙ニ遑アラズ以テ宗教改革ノ先駆ト為レリ就中其極盛ノ時ヲ第十五世紀ノ末トス　（原彌一郎訳）

After the invention of printing – especially after the latter part of the 15th century – the harbingers of a new ecclesiastical era appeared in numerous republications of the translated Bible…

それぞれは別の話題であるが、どちらの起点テクストにも religion やその派生語はまったくない。しかしながら、吹田訳では二つ、原訳では一つ「宗教」が登場する。「偶像教」（paganism）について述べた後に、吹田訳は what we are now や what we were に対応する訳出として、「我英国宗教上ノ状態」という表現を繰り返し用いた。他方、「活版印刷ノ発明」（the invention of printing）以後の「経典ノ訳書」（the translated Bible）の話題において、原訳は new ecclesiastical era を「宗教改革」としているのだ。[22]

ところで、文部省『百科全書』の菊池大麓訳『修辞及華文』は「宗教」を論じた翻訳テクストではなく、近代日本の文学理論に影響を与えた内容で知られている。一八七九（明治十二）年の刊行だが、「説服」（PERSUASION）の説明において、その例として「宗教」が登場する箇所がある。

> 耶蘇教々会ノ如キモ只其宗教ノ勢力ヲ世界ニ拡充スヘキノ期望ヲ以テ其鼓舞動作ニ従事シテ当然ナルヘシ
>
> A Christian assembly is supposed to be capable of being roused into action by the prospect of extending the power and influence of Christianity in the world.

起点テクストは religion ではなく、あくまでも Christianity について述べているのだが、訳語は「宗教」である。つまり「宗教」という翻訳語は、キリスト教信仰（Christianity）の上位概念として使用できたということになる。また、同テクストには religious という形容詞を「宗教上ノ」と訳している例もみられるが、ここでも「道徳及ヒ宗教」という対概念が示されている。「説服対言ノ方略ヨリシテ収ムル所ノ結果」（The ends most usually sought by means of persuasive address）が、次のように説明される。

道徳及ヒ宗教上ノ旨ヨリ期スル所ノ奨言ハ生霊ノ至大至重ナル本分ヲシテ肉体ノ情欲ヲ制セシムルニアリ

In moral and religious address, the larger and nobler ends of one's being are sought to be impressed and made predominant over present and passing impulses.

「宗教」と並んで語られている「moral＝道徳」は、一八七七（明治十）年の西村茂樹『日本道徳論』を持ち出すまでもなく、表層的な文明開化に対抗する保守反動勢力が好んだ鍵概念である。西村は文部省の出版事業にかかわる校正者を省内でまとめながら、同時期の一八七六（明治九）年に国民教化の目的で修身学社を創設しており、この組織はその後一八八四（明治十七）年に日本講道会へと改称され、一八八七（明治二十）年には日本弘道会となる。急進的な欧化政策により「道徳」が乱れているという懸念の声も、明治十年代には上がっていた。「宗教」が定着した同時代に、他方で「道徳」への傾斜もあったことは想起しておきたい(23)。

「宗教」を翻訳した洋学者たち

文部省『百科全書』の「宗教」をめぐるテクストを翻訳したのは、宗教学者ではなかった。そもそも「宗教学」という学問が日本にはまだなかった時代である（比較宗教学会の設立は一八九六（明治二十九）年、東京帝国大学の宗教学講座は一九〇五（明治三十八）年に開設）。『洋教宗派』を翻訳した若山儀一と『回教及印度教仏教』を翻訳した大島貞益は比較的知名度も高く、ともに明治期に経済分野で活躍した人物として全集や伝記なども揃っている。このような経済の専門家が翻訳したという事情によって、のちの宗教研究者たちが文部省『百科全書』に収められた一連の「宗教」テクストに邂逅する機会が奪われてきたのかもしれない。

若山儀一は、わが国で最初の近代的生命保険会社の設立にかかわった著名な経済学者である。一八四〇（天保十二）年に江戸の医師西川宗庵の子として生まれたが若山家の養子となり、緒方洪庵に学んだ。開成所教授を務めた後に、民部省や大蔵省に勤務している。岩倉使節団にも参加し、諸外国の税務と財政を研究して帰国後、この経験を生かして太政官や宮内省などに勤め、保護貿易や税制改革を提唱した高級官僚となった人物だ。代表的著作には『保護税説』『泰西農学』などがある。

大島貞益は保護貿易論の経済学者として著名である。『回教及印度教仏教』の他にも文部省『百科全書』では、『土工術』『北亜米利加地誌』を翻訳している。一八四五（弘化二）年に但馬で生まれ、郷里で漢学を修め、開成所では箕作麟祥に英学を学んでいる（『北欧鬼神誌』を翻訳した菌鑑（別名「鑑三郎」、生没年不明）も箕作の開成所時代の門下生）。ヘンリー・トマス・バックル著『英国開化史』の翻訳やトマス・ロバート・マルサスの人口論を日本に初めて紹介した抄訳も手がけた。外務省翻訳局を経て、一八九〇（明治二十三）年から『東京経済雑誌』に「保護貿易論」を連載しており、富田鉄之助らとともに国家経済会を設立した[24]。

『聖書縁起及基督教』を担当した吹田鯛六（一八五〇—九七年）は沼津兵学校を経て、明治政府に出仕した[25]。彼は文部省『百科全書』の『羊篇』の訳者でもあり、英国の経済学者ウィリアム・スタンレー・ジェヴォンズ著『労働問題』も訳している。丸善版の『経典史』を翻訳した原彌一郎は生没年不明だが、文部省『百科全書』のなかでは他にも丸善版の『幾何学』を翻訳している。また、『獄中憂憤余情』の編集、『欧米大家政治格言』の編訳、米国のセンソル著、田口卯吉・尾崎行雄序『欧米男女礼法』の翻訳などもある。

『洋教宗派』『回教及印度教仏教』『北欧鬼神誌』の校正者、久保吉人は一八三四（天保五）年に生まれ、校正当時は文部省編書課員であった。文部省『百科全書』のなかでは他にも、『地文学』『重学』『光学及音学』『陶磁工篇』『水運』『花園』『養樹篇』『牛及採乳方』『豚兎食用鳥籠鳥篇』『犬及狩猟』『釣魚篇』『食物篇』『衣服及服式』『中古史』『英倫及威爾斯地誌』『蘇格蘭地誌』『亜細亜地誌』『北亜米利加地誌』『人心論』『修身論』『接物論』『人口救窮及保険』『算数及代数』『古物学』など最も多くの校正を担当している。

箕作麟祥は教育や司法、特に民法にかかわる功績で後世に名を残したが、「宗教」とは直接関係しない。数学者の菊池大麓は修辞学を翻訳したことから文学研究者には知られているものの[26]、宗教研究者とは接点がない。以上のような人物たちによって「宗教」のテクストが訳された時代には、日本にはまだ近代学問としての「宗教学」は誕生していなかったし、その後の宗教研究でも文部省『百科全書』は等閑に付されたままである。本章では、翻訳テクストとして文部省『百科全書』を読むことで、「religion ＝宗教」という等価がゆらぎながらも着実に存在感を高めた痕跡を確認した。現時点では、文部省『百科全書』に関する宗教学的研究については寡聞にして知らないが、近代日本の「宗教」史の一側面に光を当てる貴重な翻訳テクスト群であることを強調しておきたい。

五　非「宗教」のカモフラージュ

二十世紀後半から欧米諸国を中心に、翻訳についての研究が学術研究として体系化されてきた。だがそれ以前にも、翻訳についての諸言説は、特に聖典との関係性のなかで繰り返し語られてきた。キケロから影響を受けた聖ヒエロニムスの聖書翻訳についての議論はとりわけ有名である。近年の言語学的な翻訳研究においても、ナイダの聖書翻訳をめぐる等価理論――形式的等価（formal equivalence）と動的等価（dynamic equivalence）――は、現代の翻訳学に多大な影響をもたらしている[27]。西洋の翻訳研究と「宗教」との関係は長く深い。

近代日本にとって「宗教」と翻訳の関係が特異であるのは、「religion ＝宗教」という等価が虚構化されているからだ。それは、「宗」と「教」という二字の漢語に仮託して、religion という西洋の概念を「宗教」と訳した結果なのである。「宗教」ということばは religion の翻訳語のひとつにすぎなかったが、非「宗教」の領域を出現させながら決定的な定訳の座を獲得した。結果として、「宗教」という近代日本語は、逆説的に近代日本の非「宗教」化を遂行したと言える。
哲学者の高橋哲哉は、現代の「靖国問題」を多面的に論じながら、「宗教の問題」としての視点では、「神社非宗教」という虚構のなかで「国家神道」が猛威を振るった歴史を検証してみせた。キリスト教や仏教などの「宗教」を国家の「祭祀」が超越することで、「祭教分離」が「祭教一致」に反転するという逆説が生じており、そこには「非宗教というカモフラージュ」がなされていると指摘する。(28)

「神社非宗教」は、それ自体一つの宗教である神社神道を他のすべての宗教から「分離」して「超宗教」とし、他のすべての宗教を天皇制国家の「祭祀」である「国家神道」に従属させるイデオロギー装置にほかならなかった。
靖国神社を靖国神社のままで、すなわちその伝統的な祭祀儀礼の中心部分を残したままで「特殊法人」にするとか、「非宗教化」して「国営化」するといった意見は、この「神社非宗教」の狡知とそれがもたらした災厄の歴史に無自覚すぎると言わざるをえない。靖国神社は戦前・戦中のその「本来」の姿において、すでに「無宗教の国立戦没者追悼施設」であった。正確にいえば、「無宗教の国立戦没者追悼施設」を装う「宗教的な国立戦没者追悼施設」であったのだ。

「宗教」というシニフィアンには、明治以来いまも二つのシニフィエ――religion の翻訳語としての「宗教」と、本来の漢語としての「宗教」――が共棲している。だからこそ、靖国体制の「非宗教というカモフラージュ」が成立するのだ。イデオロギーとしての国家装置には、「宗教」でありながら非「宗教」を装う（宗教学者、加藤玄智はこれを「倫理的変装 Ethical Camouflage」と呼んだ）からくりが潜んでいる。それは、神道の非「宗教」化を可能にした「宗教」という近代日本語の逆説であり、翻訳語に隠蔽された二面性に他ならない。

注

（1）深澤英隆「「宗教」概念と「宗教言説」の現在」、島薗進・鶴岡賀雄編『〈宗教〉再考』（ぺりかん社、二〇〇四年、一五―四〇頁）が述べているように、「宗教」概念の再検討については多数の文献がある。磯前順一『近代日本の宗教言説とその系譜――宗教・国家・神道』（岩波書店、二〇〇三年）、タラル・アサド『宗教の系譜――キリスト教とイスラムにおける権力の根拠と訓練』中村圭志訳（岩波書店、二〇〇四年）、深澤英隆『啓蒙と霊性』（岩波書店、二〇〇六年）、磯前純一・山本達也編『宗教概念の彼方へ』（法藏館、二〇一一年）なども参照されたい。

（2）望月信亨『望月仏教大辞典 第三巻』世界聖典刊行協会、一九五四年、二二二九―二二三〇頁。

（3）星野靖二『近代日本の宗教概念――宗教者の言葉と近代』有志舎、二〇一二年、i頁。

（4）相原一郎介「訳語「宗教」の成立」『宗教学紀要第五輯』日本宗教学会、一九三八年、一―六頁。相原は文部省宗教官を務めた人物。

（5）『締盟各国条約彙纂』外務省記録局、一八八九年。近代文章語成立史の観点から幕末外交文書に光を当てた研究としては、清水康行『黒船来航――日本語が動く』（岩波書店、二〇一三年）で日米修好通商条約も扱われている。

（6）外務省調査部編『大日本外交文書　第一巻第一冊』日本国際協会、一九三六年。

（7）鈴木範久『明治宗教思潮の研究』東京大学出版会、一九七九年。ただし小泉仰によれば、新井白石の著作に世界の三大「宗教」への言及がある（『福澤諭吉の宗教観』慶應義塾大学出版会、二〇〇二年、二―七頁）。

（8）田中彰『明治維新と西洋文明――岩倉使節団は何を見たか』岩波新書、二〇〇三年、一五七―一六二頁。

（9）山崎渾子『岩倉使節団における宗教問題』（思文閣出版、二〇〇六年）では、文部省理事官として岩倉使節団に参加した田中不二麿の『理事功程』と合わせて、『米欧回覧実記』の宗教関係の訳語を国別にまとめている。

（10）小泉仰「序論」比較思想史研究会編『明治思想家の宗教観』大蔵出版、一九七五年、二〇頁。

（11）磯前順一「近代における「宗教」概念の形成過程」、小森陽一・千野香織・酒井直樹・成田龍一・島薗進・吉見俊哉編『近代知の成立』岩波書店、二〇〇二年、一六一―一九六頁。

（12）同論文、一六九頁。

（13）福澤諭吉『文明論之概略』における「宗教」のほぼ一貫した使用が、「その訴求力のある文明史的な展望の中での宗教概念の明確な位置づけと相まって、宗教という言葉の一般的な定着に大きな影響を与えた」のではないかとする指摘もある（津田雅夫「宗教」、石塚正英・柴田隆行監修『哲学・思想翻訳語事典　増補版』論創社、二〇一三年、一四六頁）。

（14）安丸良夫『神々の明治維新』岩波新書、一九七九年。また、羽賀祥二『明治維新と宗教』（筑摩書房、一九九四年）、山口輝臣『明治国家と宗教』（東京大学出版会、一九九九年）なども参照。

（15）島薗進『国家神道と日本人』岩波新書、二〇一〇年。明治期の祝祭日や学校行事については、山本信良・今野敏彦『近代教育の天皇制イデオロギー——明治期学校行事の考察』（新泉社、一九八七年）に詳しい。

（16）村上重良『慰霊と招魂——靖国の思想』岩波新書、一九七四年。

（17）小川原正道『近代日本の戦争と宗教』（講談社、二〇一〇年）においても、戊辰戦争から日露戦争までの近代日本の国家と「宗教」の関係のなかに戦争を媒介項として置いて論じている。

（18）ここでは翻刻版からの引用。元版凡例には、翻刻版凡例の最後の一項目がない。

（19）岸本能武太『宗教研究』（警醒社、一八九九年）、加藤玄智『宗教新論』（博文館、一九〇〇年）、姉崎正治『宗教学概論』（東京専門学校出版部、一九〇〇年）などよりも約四半世紀早い。

（20）マックス・ミュラー（一八二三—一九〇〇年）は英国に帰化したドイツ人東洋学者。ウジェーヌ・ビュルヌフ（一八〇一—五二年）はフランスの東洋学者、言語学者。ブライアン・ホートン・ホジソン（一八〇〇—九四年）は東インド会社社員でチベット仏教研究者。ホラス・ヘイマン・ウィルソン（一七八六—一八六〇年）はインド学者。

（21）マクス・ミユーレル著『比較宗教学』南條文雄訳、博文館、一九〇七年（Müller, F. M. (1873). *Introduction to the Science of Religion*)。南條文雄はオックスフォード大学で学んだ宗教学者。

（22）英語の通例では、単に the Reform が「宗教改革」のことを指標する。

（23）「道徳」は「道」と「徳」から成る二字漢語で漢籍にも登場するが、ラテン語 mores から派生した moral の翻訳語でもあるという点で、「宗教」と共通する側面を有することばである。

（24）本庄栄治郎「大島貞益の研究」『日本経済思想史研究　下』日本評論社、一九六六年、三一五—三四八頁。西田長寿『大島貞益』実業之日本社、一九四五年。

（25）大野虎雄『沼津兵学校と其人材』大野虎雄、一九三九年、一〇〇—一〇二頁。

(26) たとえば、菅谷廣美『「修辞及華文」の研究』教育出版センター、一九七八年。
(27) ユージン・ナイダ『翻訳学序説』成瀬武史訳、開文社出版、一九七二年。ユージン・ナイダ、チャールズ・テイバー、ノア・ブラネン『翻訳——理論と実際』沢登春仁・升川潔訳、研究社出版、一九七三年。
(28) 高橋哲哉『靖国問題』ちくま新書、二〇〇五年、九七—一四八頁。

第六章　「大英帝国」という近代——大日本帝国の事後的な語り

天文学　気中現象学　地質学　地文学　植物生理学　植物綱目　動物及人身生理　動物綱目　物理学　重学　動静水学　光学及音学　電気及磁石　時学及時刻学　化学篇　陶磁工篇　織工篇　鉱物篇　金類及錬金術　蒸汽篇　土工術　陸運　水運　建築学　温室通風点光　給水浴澡掘渠篇　農学　菜園篇　花園　果園篇　養樹篇　馬　牛及採乳方　羊篇　豚兎食用鳥籠鳥篇　蜜蜂篇　犬及狩猟　釣魚篇　漁猟篇　養生篇　食物篇　食物製方　医学篇　衣服及服式　**人種**　言語　**交際及政体**　**法律沿革事体**　**太古史**　**希臘史**　**羅馬史**　**中古史**　**英国史**　**英国制度国資**　**海陸軍制**　**欧羅巴地誌**　**英倫及威爾斯地誌**　**蘇格蘭地誌**　**愛倫地誌**　**亜細亜地誌**　**亜弗利加及大洋州地誌**　**北亜米利加地誌**　**南亜米利加地誌**　人心論　骨相学　北欧鬼神誌　論理学　洋教宗派　回教及印度教仏教　歳時記　修身論　接物論　経済論　人口救窮及保険　百工倹約訓　国民統計学　教育論　算術及代数　戸内遊戯方　体操及戸外遊戯　古物学　修辞及華文　印刷術及石版術　彫刻及捉影術　自然神教及道徳学　幾何学　聖書縁起及基督教　貿易及貨幣銀行　画学及彫像　百工応用化学　家事倹約訓

一　遡及することば

「大英帝国」ということばの出自は意外によく分からない。ただ、British Empire の翻訳語であることは想像に難くない。

本章では文部省『百科全書』の翻訳テクストの読解をとおして、「大日本帝国」と「大英帝国」の逆説的な関係を問題化したい。明治初期にはBritish Empireが必ずしも「大英帝国」と訳されていたわけではなかった。このことは近代日本語の「帝国」概念の意味にもかかわってくる。そこで、文部省『百科全書』における「British Empire＝大英帝国」という翻訳等価の半ば不在――後で詳しく見るように、特殊な事例でのみ「大英帝国」と訳出――を契機として、「大英帝国」の自明性を問い直したい。近年の研究書ではBritish Empireを「ブリテン帝国」あるいは「イギリス帝国」などとする傾向にあるようだが、慣例的には「大英帝国」も（賛否両論あるにせよ）今なお死語とはなっていない。(1) このことばには何が記憶されているのか。

明治政府が国民国家としての体制を本格化する明治十年代末から二十年代にかけて、「帝国大学」「大日本帝国憲法」「帝国議会」など、「帝国」という用語が政府の公的文書に頻出し始める。たとえば一八八六（明治十九）年の帝国大学令には「帝国大学ハ国家ノ須要ニ応ズル学術技芸ヲ教授シ」とある。これを受けて結果的に、第二次世界大戦前までに東京・京都・東北・九州・北海道・京城・台北・大阪・名古屋の各地に帝国大学が揃い、その立地は「大日本帝国」という国家の版図と重なるようになる。(2) また国家の呼称としての「大日本帝国」は周知のように、一八八九（明治二十二）年に発布された大日本帝国憲法の一条において「大日本帝国は万世一系の天皇之を統治す」と明記されたことで正式に確定した。さらに「帝国ホテル」「帝国文学」「帝国劇場」など、文化面での「帝国」の使用も流行し、一八七九（明治十二）年設立の「東京学士会院」は、一九〇六（明治三十九）年には「帝国学士院」と改称されている。このように「帝国」は肯定的な語感をもち、積極的に好まれたことばであった。

「帝国」ということばの隆盛を受けてBritish Empireは「大英帝国」となり、「大日本帝国」の語りに事後的に現われる――「大日本帝国」の成立が翻訳語の「大英帝国」に先行した――のではないか。それが本章の主張である。そうだとすれば、前近代的天皇制から近代国民国家としての「大日本帝国」へと国家体制が移行する時代のなかで、「大英帝国」という近代日本語が成立したことになる。「帝国日本」が「大日本帝国」へと不可逆的に変容を遂げたのちに、British Empire が「大英帝国」として定着したのである。

二 「大英帝国」とは

文部省『百科全書』における「大英帝国」

British Empire は、British と Empire の二語から成る。だから「British ＝大英」と「Empire ＝帝国」を組み合わせれば、「British Empire ＝大英帝国」である。だが、事はそれほど単純ではない。「大英帝国」創発の手がかりを文部省『百科全書』の諸編に探ってみたい。British Empire に対応する翻訳語を探索するために、とくに地理や歴史など社会科学分野に関する次の十八編を中心に、起点／翻訳テクストを比較しながら頁を繰ってみた。

人種　交際及政体　法律沿革事体　太古史　希臘史　羅馬史　中古史　英国史　英国制度国資　海陸軍制　欧羅巴地誌　英倫及威爾斯地誌　蘇格蘭地誌　愛倫地誌　亜細亜地誌　亜弗利加及大洋州地誌　北亜米利加地誌　南亜米利加地誌

まず一八七八（明治十一）年の横瀬文彦訳『英国制度国資』は、CONSTITUTION AND RESOURCES OF THE BRITISH EMPIRE を翻訳したテクストである。もとのタイトルには BRITISH EMPIRE そのものが登場するものの、横瀬訳では単に「英国」としており、「British Empire ＝大英帝国」という等価は未だ生じていない。では、本文はどうか。British Empire を定義する箇所を引用し、関連する語にも着目しておく。

大英ノ版図トハ大不列嶺ト愛耳蘭トノ合同国幷ニ其近海ノ小島嶼及ヒ世界ノ諸方ニ散布セル数処ノ新境蕃属ヲ総称スルナリ大英ノ政治上ニ於テ最モ著明ナル一事ハ諸民尽ク社会ノ自由幷ニ法教ノ自由ヲ得ルノ大ナルニアリ奴隷ノ使役ハ大英所轄ノ地内ニ一モ存スル所ナク身体自由ノ権利ニ至テハ門閥ノ尊卑、位階ノ高下、本業ノ差別、邦語ノ異同、種族ノ種類、法教宗派ヲ問ハス諸民一同之ヲ保全スルニ於テ毫モ妨碍ヲ受クルコトナシ

The British Empire consists of the United Kingdom of Great Britain and Ireland – including a number of minor islands around their shores – and of several colonies and other dependencies in different quarters of the world. The most remarkable peculiarity in the political condition of the British Empire, is the high degree of civil and religious liberty which all classes of subjects practically enjoy. Slavery exists in no quarter of the British dominions: personal freedom, with liberty to come and go, unquestioned and unimpeded, is assured to all, without respect of birth, rank, profession, language, colour, or religion.

この翻訳テクストにも「大英帝国」はまったく登場しない。起点テクストのBritish Empireは「大英」とのみ訳出されて、「大不列嶺ト愛耳蘭トノ合同国」(United Kingdom of Great Britain and Ireland)と「数処ノ新境蕃属」(several colonies and other dependencies)などを合わせた「総称」と定義されている。

British Empireの構成要素として、本国に「数処ノ新境蕃属」が加わる点は重要である。empireの特徴は版図の拡大にあるからだ。そして、「社会ノ自由幷ニ法教ノ自由」(civil and religious liberty)が確保され、「奴隷」(slavery)がいないことをBritish Empireの要件として明記している。また、「身体自由ノ権利」(personal freedom)については、「門閥ノ尊卑、位階ノ高下、本業ノ差別、邦語ノ異同、種族ノ種類、法教宗派」(birth, rank, profession, language, colour, or religion)を問わないとする。colourを「種族ノ種類」と訳出しており(「人種」ではない)、この概念については別途考えたい。

なお colonies に関しては、『百科全書』の別のテクストで次のように訳出されている。

英国ノ植民及ヒ属国ノ事、七年間ノ戦争
此後数年ノ間人民ノ富庶速カニ進歩ヲ為シタリ当時ワルポールニ続テ主相タルモノハ最モ尊崇スベキヘンリー、ペルハムト云フ人ニテ従来大蔵卿ニ任シ貿易会計ノ策略ニ長スルコト第一等ナリ抑以利沙伯王以来英国ハ植民ヲナシ又之ヲ養成スルコトヲ勤メタリ其植民地ハ多ク西印度ト北亜米利加ニ在リ

COLONIES AND DEPENDENCIES OF BRITAIN – THE SEVEN YEARS' WAR
For several years after this period, the national resources underwent rapid improvement. The most respectable minister who immediately followed Walpole, was the Honourable Henry Pelham, first lord of the Treasury and chancellor of the Exchequer, whose commercial and financial schemes were usually very successful. Since the reign of Elizabeth, the British had been active in planting and rearing colonies, of which a considerable number now existed in the West Indies and in North America.

これは、関藤成緒訳・西坂成一校『英国史』からの一節であり、起点テクストは HISTORY OF GREAT BRITAIN AND IRELAND、文部省印行は一八七八（明治十一）年である。この引用箇所では、小見出し COLONIES AND DEPENDENCIES OF BRITAIN が「英国ノ植民及ヒ属国ノ事」となり、本文中の colonies は「植民」「植民地」と訳出されている。ここでは一七五六年から始まった七年戦争でプロイセンに味方して勝利した「英国」が北米などで優位な立場を占有する結果となる史実が説明される。領土を拡大する帝国主義にとって、「colonies＝植民地」は不可欠の存在である。

British Empire の探索に話を戻そう。大塚綏次郎訳・久保吉人校『英倫及威爾斯地誌』は ENGLAND AND

WALESの翻訳で、『英国史』と同じく一八七八（明治十一）年に出版された。実はこのテクストには「大英帝国」が出現する。首都ロンドン（倫敦）を説明する箇所があり、「England＝英倫」との対比で「British Empire＝大英帝国」が登場するのだ。明治十年代初めの「大英帝国」という語の使用はきわめて稀であり、いまのところ管見の限りこのテクストが「大英帝国」の初出である。

首府

倫敦ハ英倫ノ首府大英帝国ノ京都ニシテテームス河ヲ挟ミ、ミッドルゼッキスワルレーケントノ三郡ニ跨ル、初メ羅馬人カ千八百年前ニ此都府ヲ開キシ時ハ、一小邑ナルニ過ギザリシカ、爾来事務多端ナル人民集合シ来リテ

The Metropolis

London, the capital of England, and metropolis of the British Empire, is situated on the banks of the Thames, in the countries of Middlesex, Surrey, and Kent. On the spot now occupied by *the city*, or more ancient part of the metropolis, which is on the left or northern bank of the Thames, a town had been built and possessed by the Romans eighteen centuries ago, and from that period it has constantly been the seat of an increasing and busy population.

England と British Empire を明確に峻別する必要性から、それぞれを「英倫」と「大英帝国」という訳語にせざるをえなかったと思われる。先に見た『英国制度国資』（CONSTITUTION AND RESOURCES OF THE BRITISH EMPIRE）のように、British Empire を単に「英国」と訳出したのでは、England との関係で曖昧となるからだ。このような文脈に限って、明治初期の翻訳テクストは「大英帝国」の創発の場となりえたのだろう。British Empire を「大英帝国」と訳出しているのは、文部省『百科全書』全編で唯一この箇所のみである。では、同時代の他のテクストではどうであろうか。

同時代テクストにおける「大英帝国」の不在──『世界国尽』と『米欧回覧実記』

すでに確認したように、文部省『百科全書』の『英倫及威爾斯地誌』(ENGLAND AND WALES)ではBritish Empireの訳語として「大英帝国」が出現したが、それは「英倫」(England)との混同を避けるという特殊な文脈においてであった。したがって、「British Empire = 大英帝国」が定着していたわけではなかったと思われる。そこで同時代テクストとして、国名や地名に頻繁に言及する明治初期の代表的な著作も確認しておきたい。

一八六九(明治二)年の福澤諭吉『世界国尽』は世界地理に関する啓蒙書で、巻三の「欧羅巴洲《えうろつぱ》」では次のような説明がある。(3)

「英吉利《いぎりす》」は「仏蘭西国《ふらんす》」の北の海、独り離れし島の国、「蘇格蘭《すこつとらんど》」「阿爾蘭《いるらんど》」「英倫《ゑんぐらんど》」の三国を合せて合衆王国と威名耀く一強国。

福澤の俗文体は調子よく音読できるのが特徴だ。ここでの「合衆王国」とは、「蘇格蘭」「阿爾蘭」「英倫」から成る当時の国家名United Kingdom (of Great Britain and Ireland)を指すものと思われる。「英吉利」と「英倫」を区別し、さらに「合衆王国」という用語で「英吉利」を言い換えている。福澤にとって「英吉利」は「帝国」ではなく、あくまでも「王国」という認識であることが窺える。また本文とは別に、次のような解説も加わる。

当時欧羅巴洲中の国々、大小四十九、王国もあり、公国もあり、帝国は唯魯西亜、仏蘭西《ふらんす》、墺地利《おうすとりや》の三箇国のみ。土留古《とるこ》も或は帝国ということもあれども、他の国とは風俗も違い別のものにせり。英吉利《いぎりす》は王国なれども格別の強国にて、その政事の行届き国力の盛なるは、欧羅巴第一ともいうべし。

解説部分でも「王国」としての「英吉利」（それも「格別の強国」）が登場する。福澤によれば「帝国」とは、「魯西亜、仏蘭西、墺地利」であり、場合によっては「土留古」も入るが、「英吉利」はこの範疇にはなかった。

福澤の『世界国尽』が人々に広く読まれていた頃、一八七一（明治四）年に横浜から出港した岩倉使節団は欧米各地を歴訪していた。帰国後しばらくして、一八七八（明治十一）年に久米邦武が中心となり編集した報告書が『特命全権大使 米欧回覧実記』である。その「第二編 英吉利国ノ部」のはじめに置かれた「第二十一巻 英吉利国総説」を見てみよう。(4)

○英吉利《インギリス》国ハ、欧羅巴洲《ヨーロッパ》ノ西北隅ニアル、両箇ノ大島ト、五千五百箇ノ小嶼トヲ合セテ成タル国ニテ、〔…〕○東ナル大島ヲ不列顛《ブリツデン》ノ大島ト云、〔…〕中ニ三部ヲ分ツ、南ヲ英倫《エンゲランド》ト云、西南ヲ威爾斯《ウエールス》ト云、北ヲ蘇格蘭《スコットランド》ト云、三部共ニ人種ミナ異ニ、言語風俗モ各殊ナリ、中ニモ蘇格蘭ハ、自古厳然タル王国ニテ、今ヨリ二百七十年前マテ、連続シタルニ、惹迷斯《チエームス》第六ノ代ニ至リ、英倫ノ王位ヲ嗣キ、惹迷斯第一ト名乗リ、此時ヨリ両王国合併シテ、一政府トナル、是ヲ「グレートブリタニヤ」国ト称ス〈大不列顛或ハ大貌利太泥亜ト訳ス是ナリ〉、○西ナル大島ヲ愛蘭《アイルラント》ト云、幅員三万千三百二十四方英里《マイル》アリ、早キ世ヨリ、英倫ニ征伏セラレシコトモアレト、亦独立ノ議事院ヲ設ケタリシニ、一千八百〇二年ヨリ、亦合併ノ政治ヲナセリ、因テ是ヲ総称シテ「グレートブリタニヤ、エンド、アイランド、ユーナイテッド、キングストン」ト云〈大不列顛及ヒ愛蘭、聯邦王国ノ義ナリ、英吉利ト云ハ、南方一部ノ名ニテ、全国ノ称ニハアラス〉

冒頭では「英吉利国」を「欧羅巴洲ノ西北隅ニアル、両箇ノ大島」と「小嶼」から成る国としつつも、引用部の最後に「英吉利ト云ハ、南方一部ノ名ニテ、全国ノ称ニハアラス」と慎重な説明を加えている。つまり、「英吉利」と「英倫」をどちらもEngland由来のことばとする理解が示されている。そして総称としては、「グレートブリタニヤ、エンド、アイランド、ユーナイテット、キングストン」であり、「大不列顛及ヒ愛蘭、聯邦王国」とする。久米の用いた「聯邦王国」は、福澤の「合衆王国」とともに、この国を「王国」と名指しているのである。さらに、「不列顛」を「英倫」「威爾斯」「蘇格蘭」から成る「大島」と説明し、歴史的には「若迷斯第六ノ代」の時代に「英倫」と「蘇格蘭」を「合併」した結果、これを「グレートブリタニヤ」「大不列顛」「大貎利太泥亜」と称している。「ブリタニヤ」の原語はBritanniaであり、古代ローマの属州としての「ブリトン人の土地」という意味だが、ブリテン島を守る美しい女神の名前でもある。

また「人種」という語も使用されているが、「英倫」「威爾斯」「蘇格蘭」において「言語風俗」が異なるという意味で「人種」を用いている点には注意しておきたい。ここでの「人種」は、身体の形質的特徴というよりも、いわゆる「民族」に近くなるだろう。ちなみに、現在では「ethnology＝民族学」とするのが通例だが、文部省『百科全書』の『人種篇』は、PHYSICAL HISTORY OF MAN－ETHNOLOGYを翻訳したものだ。(5) やはり「人種」概念については、「帝国」意識との関連から改めて検討する必要がある。

さて、『米欧回覧実記』の「第二十五巻 倫敦府ノ記下」では、「大英博物館」についての言及がある。(6)

「ブリツチ、ミジエァム」ハ、大英博物館ノ謂ナリ、此博物館ノ盛ンナルコト、欧州ニ轟ケル大館ニシテ、万宝ミナ備ル、苟モ学ニ志シ、業ヲ研スルノ人ハ、男女ヲ論セス、科課ヲ議セス、ミナ人ノ来観シテ益ヲ獲ル所タリ、其物ヲ集メルノ多キ、固リ数時ノ覧観ニテ尽スヘキニ非ス

「ブリツチ、ミジエァム」はBritish Museumの音訳だが、「大英博物館」には「大英」ということばが含まれている。「グレートブリタニヤ」のGreatが脳裏にあったのであろうか。もっともここでは、あくまでも「大英」

であり、「大英帝国」ではない。このように「大英帝国」は、明治初期の代表的な地理テクストにも現象しないのである。

「イギリス」「英国」という翻訳語

『米欧回覧実記』では、「英吉利」と「英倫」を「南方一部の地名」としており、つまりはどちらもEnglandを指していた。ただし混乱しそうなのは、いまの私たちがthe United Kingdom of Great Britain and Northern Irelandという国家を名指すときも、一般的な呼称は「イギリス」や「英国」などである点だ。日本語の「イギリス」は、一七〇八（宝永五）年の『増補華夷通商考』にも登場するポルトガル語のInglês「イングレース」に由来するという[7]。この「イングレース」が日本語で訛って「イギリス」となったとされるのだが、カタカナ表記が一般的となる以前には、「英吉利」と書いていたので、「英国」という省略形もできた。ただし、ポルトガル語のInglêsは、英語のEnglishに対応する語なので国名ではなかった。

国旗のユニオンジャックに象徴されるように、この国の歴史にはイングランド、ウェールズ、スコットランド、アイルランドという四つの地域が関与する。国名にかかわる歴史を簡単に振り返っておくと、絶対王政期にウェールズを内包していたイングランドが一六〇三年にスコットランドと「一王二議会制」に基づくthe Union of the Crowns「同君連合」を組織し、一七〇七年にはスコットランドがthe Union of the Parliaments「議会連合」に同意してthe Union of England and Scotlandに踏み切った。その結果、連合国家のGreat Britainが誕生したのだ。一八〇一年には「グレート・ブリテン」がアイルランドを併合し、the United Kingdom of Great Britain and Ireland「グレート・ブリテンとアイルランド連合王国」という国名になる。そして一九二七年には、the United Kingdom of Great Britain and Northern Ireland「グレート・ブリテンと北アイルランド連合王国」と改名して今日に至るのである。つまり、幕末一八五九（安政六）年の横浜開港時にはすでに、「グレート・ブリテンとアイルランド連合王国」ということになるが、当時から日本では「英吉利」「英国」などと称するのが一般的であったようだ。先に挙げた『米欧回覧実記』の説明で、「総称シテ「グレートブリタニヤ、エンド、アイランド、ユーナイテット、キングストン」ト云（大不列顛及ヒ愛蘭、聯邦王国ノ義ナリ、英吉利ト云ハ、南方一部ノ名ニテ、全国ノ称ニハアラス）」と注釈が付された所以である。

「パクス・ブリタニカ」と「ドイツ帝国」

Pax Britannica「パクス・ブリタニカ」とは、古代ローマの支配による平和 Pax Romana「パクス・ローマーナ」になぞらえて、十九世紀半ばの英国の支配下による平和を意味するラテン語起源のことばなのだが、OEDによれば、その初出は一八八〇年である。この年の十二月には、第一次ボーア戦争（トランスヴァール戦争）が始まり、さらに第二次ボーア戦争（一八九九―一九〇二年）へと続き、英国は疲弊していった。このような史実を重ね合わせると、Pax Britannica とは British Empire が最盛期をすぎた時期に出現したことばであった。だから、ことばの常として、「大英帝国」という翻訳語が事後的に British Empire を語り始めたとしても不思議ではない。

幕末から明治初期にかけて、欧米諸国のなかでも英国は近代日本が最も熱い視線を送る国のひとつであったのは確かだ。そのことを裏付ける史実は豊富にあり、英国への留学生数や『米欧回覧実記』における英国に関する頁数などにも顕著に示されている。たとえば『米欧回覧実記』全百巻のうち、「米利堅合衆国」の二〇巻と「英吉利国」についての二〇巻で全体の四割を占め、滞在日数・頁数ではそれぞれ、二〇五日・三九七頁と一二二日・四四三頁が割かれている。

けれども、やがてこの流れは変わる。その前史には、一八七〇年から翌七一年にかけての普仏戦争の後にプロイセンでヴィルヘルム一世が即位し、Deutshes Reich（「ドイツ国」一八七一―一九一八年）が成立したことがあるのを思い起こす必要がある。デンマーク、オーストリア、フランスとの戦争に総て勝利した後、プロイセン国王がドイツ皇帝（Deutsher Kaiser）となり、その統治下にある国家は、正式な国名とは別に「Deutshes Kaiserreich＝ドイツ帝国」と呼ばれた。岩倉使節団がプロイセンを訪問したのは一八七三（明治六）年三月で、これは「ドイツ帝国」が誕生した二年後の春ということになる。『米欧回覧実記』の「第五十五巻 普魯士《プロイス》国ノ総説」では、この国について次のように描かれている。(8)

近年普魯士ノ勢益盛大ヲナシ、去ル一千八百七十一年ヨリ、南北日耳曼ヲ統一シテ、日耳曼聯邦ノ帝位《カイゼル》ニ上リ、首都伯林《ベルリン》府ニ、聯邦ノ公会ヲ設ケタリ、故ニ外国ニ対シテハ、単ニ日耳曼ノ名ニテ交レトモ、内国ニ於テハ、旧ノ如ク各国ノ治ヲ分ツ、此ニ其日耳曼ノ帝位《カイゼル》ニ上リタル、普魯士王国ノ大略ヲ記述シテ、日耳曼ノ前記トセン

「日耳曼聯邦ノ帝位ニ上リ」と記されているものの、「ドイツ帝国」に相当する表現はまだない（「普魯士王国」はあるが）。この点は、Deutshes Kaiserreich と「ドイツ帝国」の関係もまた、British Empire を名指す「大英帝国」や Pax Britannica と同様に、事後的な記憶の語りであるということか。この点に詳細に踏み込む余裕はないが、少なくとも田中彰の次の指摘が参考になる。(9)

明治十年代における岩倉具視や伊藤博文らのプロシアを下敷にした近代天皇制国家の形成プランから、逆にこの使節団の時点の、日本とプロシア、木戸・大久保とビスマルク・モルトケをあまりにもぴったりと重ね合せて、使節団の関心が当初からプロシアを「特別視」していたと解することは慎みたい。

一八八一（明治十四）年の政変で英国流の議会制度を主張する大隈重信が追放されると、伊藤博文や井上毅ら政府首脳部のまなざしは英国からドイツ（プロイセン）へと移り、その国制を有力な範とすることとなった。そ

して、政変の翌八二（明治十五）年には早速、伊藤を中心とする憲法取調の一行が渡欧してプロイセンの法学者に教えを乞うているのは周知のとおりだ。かくして、一八八九（明治二十二）年に発布された大日本帝国憲法にはプロイセン憲法からの影響が鮮明に刻印されて、「大日本帝国」が正式に誕生する。プロイセンをモデルとする明治政府の国家体制が近代天皇制を中心に強化されるなかで、「大英帝国」という翻訳語が定着する構えが皮肉にも用意されたと言える。

明治後期のテクストにおける「大英帝国」

日本と英国との関係は、一九〇二（明治三十五）年に調印された The Anglo-Japanese Alliance「第一回日英同盟協約」で新たな局面に入った。この日英同盟に署名したのは、「大不列顛国駐劄日本国皇帝陛下ノ特命全権公使　林董」と「大不列顛国皇帝陛下ノ外務大臣　ラムスダウン」[10]（訳文）である。英国が「名誉ある孤立」を捨てた日英同盟の文言に British Empire という輝かしい威名はなく、この国は「Great Britain ＝大不列顛国」にすぎない。日英同盟の前文は次のとおり。[11]

The governments of Great Britain and Japan, actuated solely by a desire to maintain the status quo and general peace in the Extreme East, being moreover specially interested in maintaining the independence and territorial integrity of the Empire of China and the Empire of Korea, and in securing equal opportunities in those countries for the commerce and industry of all nations, hereby agree as follows:

日本国政府及大不列顛国政府ハ偏ニ極東ニ於テ現状及全局ノ平和ヲ維持スルコトヲ希望シ且ツ清帝国及韓帝国ノ独立ト領土保全トヲ維持スルコト及該二国ニ於テ各国ノ商工業ヲシテ均等ノ機会ヲ得セシムルコトニ関シ特ニ利益関係ヲ有スルヲ以テ茲ニ左ノ如ク約定セリ

前文によれば、日英同盟とは「日本国」「大不列顛国」の両政府が「Empire of China＝清帝国」と「Empire of Korea＝韓帝国」の独立や領土保全のために調印したものである。ちなみに、「大清帝国」という呼称が正式な国号として登場するのは一九一六年に発布予定されていた憲法においてであり、伝統的な体制からの脱却を目指したものであったという[12]。立憲政体による国民国家へと移行するなかで、近代ナショナリズムが形成された過程でのことであった。清朝自身が一貫して用いていた国号はあくまでも「大清国」だったのであり、「大」という文字を付すのみで「帝国」の語を用いることはなかったのである。

中国が直接関係する国際条約においてはどうか。アヘン戦争を終結させるための講和条約である一八四二年の南京条約（江寧条約）は「大清国」と「大英国」との間に締結されており、条文において「帝国」は不在であった。しかしながら一八九五（明治二十八）年の日清講和条約（下関条約）は、「大清帝国」と「大日本帝国」が交わした条約であり、この条約の結果として李氏朝鮮は清朝の冊封体制を脱した「大韓帝国」となったのである。さらに一九三二年に建国された満洲国は、二年後には「満洲帝国」となる。同時期の半世紀は日本の国家体制にとっても激動の時代であり、「帝国日本」が「大日本帝国」へと確実に変貌を遂げていたことは言うまでもない。

奇しくも日英同盟が結ばれた同じ年のテクストのなかで「大英帝国」の語を用いたのは、日清戦争と日露戦争の戦間期に活躍した高山樗牛である[13]。樗牛は明治ナショナリズムが形成されるなかで『帝国文学』の発刊に携わり、総合雑誌『太陽』の主筆として活躍した人物であり、一八九四（明治二十七）年に匿名で発表した歴史小説『瀧口入道』でも知られている。その樗牛が一九〇二（明治三十五）年九月発行の『太陽』に書いた「感慨一束（姉崎嘲風に與ふる書）」では、「大英帝国」ということばが「印度帝国」「全帝国」「大帝国主義」とともに使用されている[14]。死を目前にした病床の樗牛が、欧州留学中の友人である姉崎に向けて書いた文章だ。

七月五日の君の御書は是の状を認むる数日前に落手仕候。英皇不予の事に関して大英帝国の前途を予想せられたる仔細は、又あるまじく剴切痛快の御論と奉存候。ミセス、ベサントの印度帝国に就いての演説を仮りて我邦にあらしめば如何。吾等は是の想像によりて一の大なる教訓に接したるの感無き能はず。全帝国の空前絶後の誇りとする戴冠の鴻典を目して無益なる観世物と罵倒し、苟も国家の天職に対する明白なる自覚に本づかざる一切の権勢と栄華とを無意義と貶して大帝国主義に酔心せる英国上下の人心を警攪するあたり、抑々何等の痛快ぞや。而して帝国主義の政府が是の如き言論の自由を容認するの雅量もさることながら、是国民的虚栄心に対する大打撃に対して大喝采を酬ひたる国民に到りては、覚えず拍案三歎を禁じ得べからず候。げに君の言はるゝ如く、英帝国の大いなるは其殷富に非ず、其の軍備に非ず、実に是の国民あるに依る也。

これは、文学者の著作に「大英帝国」が登場する早期の例である（同時に「英帝国」も使用）。樗牛は西洋列強の帝国主義に対して愛国的な日本主義を提唱した。日清戦争に勝利し高揚する風潮のなかで姉崎らとともに一八九五（明治二十八）年一月に雑誌『帝国文学』を創刊し、その「序詞」も書いている。さらに翌月には『太陽』が創刊となり、同年七月から『太陽』の文学担当記者となった樗牛は、評論を精力的に発表しはじめた。しかし結核のために留学を断念せざるをえなかった彼は、やがて「挫折したナショナリスト」としてニーチェや日蓮へと傾斜していった。そのような樗牛が最晩年に、「大英帝国」をはじめとする「帝国」ということばをふんだんに使い、「感慨一束」を書いたのだった。この文章を発表した数カ月後に彼は亡くなるが、その死の二年後、一九〇四（明治三十七）年には日露戦争が始まった。「大日本帝国」が名実ともに近代的国民国家として「帝国」の地歩を固めた時代であった。

三　「帝国」の記憶

『百科全書』における「帝国」

文部省『百科全書』の社会科学分野のテクストには、「帝国」が頻出する。具体例として、一八七八（明治十一）年の大井鎌吉訳・大井潤一校『羅馬史』（HISTORY OF ROME）、同年の松浦謙吉訳・久保吉人校『中古史』（HISTORY OF THE MIDDLE AGES）から引用しておこう。

大井鎌吉訳・大井潤一校『羅馬史』（HISTORY OF ROME）

亜吉士都治世間羅馬帝国ノ景況

亜吉士都治世ニ当リテ羅馬帝国ノ版図ハ伊太利及ヒ諸省トシテ統属セル左ノ州郡ヨリ成レリ

CONDITION OF THE EMPIRE UNDER AUGUSTUS

The Roman Empire under Augustus consisted of Italy and the following countries governed as provinces; …

松浦謙吉訳・久保吉人校『中古史』（HISTORY OF THE MIDDLE AGES）

紀元四百年代ノ頃欧羅巴北部ノ種族連リニ羅馬帝国ヲ侵凌シテ其西部ヲ蠶食シ全国遂ニ瓦解シテ文物典章大ニ頽壊セリ而シテ所謂此野蛮種族ナルモノト羅馬族ノ人民ト相混淆シテ一時澒濛ノ世トナリシト雖モ時世漸ク変遷シテ遂ニ一種新規ノ制法風俗ヲ現出シ爾後多少ノ変化ヲ以テ尚今日ニ永存セリ斯ノ如ク古代ノ善政遺風ト野蛮ノ慣習ト相混スルノ時代ハ宛モ古代ト近代ノ間ニ位スルヲ以テ当時ヲ称シテ中古ト為シ其前時ヲ闇世ト号ス

During the fifth century of our era, a succession of irruptions of tribes from the north overthrew the western portion

> of the Roman Empire, and shattered to pieces the organisation of its society. The mingling of these barbarians, as they were called, with the Roman or Romanised inhabitants of the various countries, produced for a time a chaotic confusion; but as the amalgamation proceeded, a reorganisation of society under new forms began to shew itself, and those nationalities gradually emerged which, with greater or less modification, have continued to the present day. It is this reconstruction of society out of the newly infused barbaric elements, together with the fragments of the old civilisation, that forms the transition from the ancient world to the modern; and the period during which the transition took place is called the 'Middle Ages,' the earlier and more chaotic portion being known as the 'Dark Ages.'

このように「Roman Empire＝羅馬帝国」は反復されており、古代ローマを「帝国」とする認識は一般的であったことが推測できる。古代ローマを「帝国」と名指すような場合には、「empire＝帝国」という等価は定着していたと考えてよい。

一八六二（文久二）年の堀達之助編『英和対訳袖珍辞書』には、すでにempireの訳語として「帝国」があり、一八七三（明治六）年の柴田昌吉・子安峻編『附音挿図　英和字彙』にも「Empire, n. 大権《タイケン》、帝国《テイコク》、領地《レウチ》」とある。しかしながら、ヘボン『和英語林集成』（初版一八六七年、再版一八七二年、第三版一八八六年）ではいずれの版にも「帝国」はまったく出現しない。ヘボンにとって、「empire＝帝国」は違和感があったのか。そしてこれは、日本語を理解する英語母語話者としての正しい感覚だったのかもしれない。彼は英語のempireを「帝」の「国」とは考えなかったのだろう。『和英語林集成』の「英和の部」初版では「EMPIRE, Kuni; koku」、再版では「EMPIRE, n. Shihai, matsuri-goto; tenka, koku」、第三版では「EMPIRE, Shihai, matsuri-goto; tenka, koku」である。「和英の部」でも、初版、再版、第三版のいずれにも「TEIKOKU」の立項はない。英語empireの語義を母語話者として把握していたヘボンは、「帝」不在の「帝国」ではなく、「国、支配、政事、天下」などとして、語本来の意味で捉えようとしていたのだ。

忘却された「帝国」の出自

現代的な用法としても「アメリカ帝国」や「英語帝国主義」というような表現が成り立つように、「帝国」や「帝国主義」は、文字通りの「帝」を必要としない。また、産業革命を経て「世界の工場」とまで言われたBritish Empireにも皇帝はいないが、その強大な帝国主義的政策で七つの海を支配した「帝国」なのであった。つまり「帝国」とは、必ずしも「帝」が支配する「国」ではない。イメージとしての「帝国」は、「帝」の「国」を意味しないのである。これは、どうしたことか。

このような混乱は、「帝国」が翻訳語であることに起因する。しかも本来の漢語としては、地上で唯一の支配者「帝」と都市国家を原義とする「国」の組み合わせは、語義矛盾となる。このことからも分かるように、「帝国」という漢語はempireの翻訳語として日本で造語されたものである。

「帝国」は「帝」と「国」という漢字二字からなる和製漢語であり、もとは「帝」の「国」という意味の翻訳語であった。この翻訳語の出自については、ローマ帝国の研究者である吉村忠典が緻密に論じている。(15) 吉村の検証に基づけば、翻訳語「帝国」の成り立ちは以下のとおりである。

それ〔「帝国」という語〕は初め恐らくオランダ語の「ケイゼレイク」の直訳として生じたが、ほどなく本木正栄〔阿蘭陀通詞〕の責任において英語の「エンパイア」の訳語とされ、安政ごろから蘭学に代わって英学が盛んになると、「帝国」は、その出自を忘れて、あたかも「エンパイア」の本来の訳語であるかのように思われるに至った。——この判断が正しいとすると、このようにして歪んだ「帝国《エンパイア》」の観念は、差し当たり人々の世界史理解を非常に混乱させるものとなった。(16)

翻訳語としての「帝国」の記憶は、近世から近代への連続と不連続の典型例と言えるだろう。蘭学から英学への転換が「帝国」の出自を忘却させ、その結果として混乱が生じたのだ。オランダ語の keizerrijk「ケイゼレイク」は、ドイツ語の Kaiserreich「カイゼルライヒ」と同様に「カイザー」(皇帝)の国」、つまり字義通りの「帝国」である。蘭学大名として知られた福知山藩主の朽木昌綱による一七八九(寛政元)年の『泰西輿地図説』にも、「帝国」という単語が使用されている。だが、当時の海外事情に関係する十八世紀の主要な書物、たとえば新井白石の『采覧異言』『西洋紀聞』、西川如見の『増補華夷通商考』、前野良沢の『魯西亜本紀』『魯西亜大統略記』、林子平の『三国通覧図説』『海国兵談』、志筑忠雄の訳書『鎖国論』などには、「帝国」は一切登場しないのである。一八一〇(文化七)年の蘭和辞書『訳鍵』には「Keizerdom 王民、帝国、王威」とあるものの、近世の書物において「帝国」はあまり一般的な用語ではなかったようだ。

ただし、漢語としての「帝国」ということばは漢籍にあり、それが近世日本に伝わったという説もある。[17] 隋代の儒学者、王通の言行録『文中子中説』の「問易」に「帝国」という漢語が登場するからだ。この和刻本は江戸中期に出版されて当時の蘭学者らに読まれていた。諸橋轍次『大漢和辞典』にも「帝国」の説明として王通の用例、「王国戦義、帝国戦徳、皇国戦無為」が引かれている。しかしながら、ここでの「帝国」とは、「五帝」(黄帝・帝顓頊・帝嚳・帝堯・帝舜)が拠点とした都市を指す特殊な用法なのである。[18] 蘭学者がこの語の出典を知ったうえで、オランダ語の訳語に適用したとしても、本来の語義とは関係ない。

さて、オランダ語の「ケイゼレイク」の翻訳語として近世日本で造語された「帝国」とは、具体的にどこを指していたのだろうか。蘭学者の著書には、一七九四(寛政六)年の桂川甫周『北槎聞略』のなかの七帝国説、一八〇七(文化四)年の大槻玄沢『環海異聞』における六帝国説などが登場する。いずれもヨーロッパ諸国の海外情報を漂流民から聞き取ったもので、これらの書物では近世日本も「帝国」のひとつとして認識されていたことが分かる。ちなみに七帝国とは、ロシア、神聖ローマ、トルコ、中国、ペルシャ、ムガール、日本であり、六帝国とする場合には、一七九六年に滅亡したペルシャ帝国を除いている。[19] これらの諸国はいずれも、カイザーの君臨する「ケイゼレイク」であり、前近代的な「帝国」であった。

蘭学における keiserrijk「ケイゼレイク」の訳語として近世日本に誕生した「帝国」を引き継いだのは、蘭学から英学へと活躍の場を広げた幕末の通詞（幕府の通訳翻訳者）たちであった。阿蘭陀通詞の本木正栄が編纂し一八一四（文化十一）年に完成した日本初の英和辞書『諳厄利亜語林大成』では、英語の empire「エンパイア」に「帝国」という訳語を採用した。empire の語源はラテン語の imperium「インペリウム」に遡り、軍指揮権をはじめとする至高の「命令権」のことであり、そこから転じて、空間的に「ローマの命令の及ぶ範囲」という意味になったという。[20] したがって、empire は rijk や Reich ではあるが、必ずしも keiserrijk や Kaiserreich ではなかったのである。

蘭学から英学に訳語が転用された結果、「帝」不在の「empire ＝帝国」が出現したのだ。そして、「帝国」がそもそもオランダ語「ケイゼレイク」の翻訳語を継承したという記憶を、私たちはいつの間にか消去してしまったのだった。

「帝国」の定着と拡大

幕末に黒船で浦賀沖に来航したペリー提督が持参したフィルモア大統領からの親書の宛名は、His Majesty, The Emperor of Japan と記載されていた。[21] そして翌年には、Convention of Peace and Amity between the United States of America and the Empire of Japan（日本語正式名は「日本国米利堅合衆国和親条約」、通称 Treaty of Kanagawa「神奈川条約」）が結ばれる。この条約の冒頭を英語と日本語で示せば、

The United States of America and the Empire of Japan, desiring to establish firm, lasting, and sincere friendship between the two nations, have resolved to fix, in a manner clear and positive, by means of a treaty or general convention of peace and amity, …

亜墨利加合衆国と帝国日本両国の人民誠実不朽の和睦を取結ひ両国人民の交親を旨とし〔…〕

United States of America「亜墨理加合衆国」とEmpire of Japan「帝国日本」の間に締結された不平等条約において、アメリカは日本をempireと認識し、日本も対外的に「帝国日本」と称していたことが分かる。近代化を歩み始めたばかりの日本であったが、未熟な国民国家体制とは無関係に「empire = 帝国」という概念化の方は定着していた。

他方、中国では十九世紀末まで「帝国」ということばを使わなかったという。元来、「帝」は天下を支配する者なので、限られた地域の「国」を治めるイメージとは結びつきにくいからだ。前述の吉村によれば、『佩文韻府』あるいは中国の正史である『史記』から『明史』に至るまで、「帝国」(「帝國」)という語は出現せず、一九二七年に完成した『清史稿』になって、ようやく「大清帝国」が登場すると報告されている。英語empireの翻訳語として幕末の日本で成立した「帝国」という語は、「帝国日本」が版図を広げるのと軌を一にして、使用される領土を拡大していったのである。

四　「人種」をめぐる大日本帝国

「人種」という帝国意識

十九世紀後半になって後発的に近代化をはじめた「帝国日本」が、ひとまずそのモデルとした西洋列強のひとつが英国であった。幕末から明治初年の留学生の派遣先やお雇い外国人の出身国ばかりでなく、一八七一（明治四）年からおよそ二年にわたる岩倉使節団の訪問先での滞在日数やその報告書である『米欧回覧実記』の頁数などを見ても、英国重視の傾向は明らかである。

しかしながら、「帝国日本」における帝国意識と、この時すでに帝国支配の長い経験を有し、ヴィクトリア朝で頂点を極めていた「大英帝国」の帝国意識は同じにはなりえない。しかも日本の場合は、地理的にも「人種」的にも近い地域の人々を支配の対象としたために、その帝国意識は屈折したものとならざるをえなかった。近代的帝国の意識には帝国主義を正当化するものとして、「人種」という概念が重要な要素として包含されている。英国の帝国意識に関しては、木畑洋一が次のように説明している。

民族的・人種的差別意識と大国主義的ナショナリズムが結びついたところで、帝国意識は、いわゆる「文明化の使命」感を生み出していった。優越した位置にある自分たちが、大国イギリスの庇護のもとにある人々に、文明の恩恵を与えていき、「劣った」存在である彼らを文明の高みに、あるいはそれに近いところまで引き上げようとしているのだ、という使命感である。(22)

つまり、「文明」対「野蛮」という図式のなかで、すぐれた「人種」が劣った「人種」を進歩へと誘導するという「文明化の使命」(civilizing mission) が帝国意識には包摂されている。(23) このような考え方は、優勝劣敗の人種論や社会進化論という当時の思想傾向によって強固に支持された。そして、西洋列強が抱いた帝国意識を近代日本も後追いしていくことになる。

冨山一郎は、近代日本における日本人種論を「アイヌ」や「琉球人」を通して形成された「日本人」という国民についての人類学的言説として考察している。(24)「帝国日本」がその版図を拡大する帝国意識の前提には、一八七五（明治八）年の樺太・千島交換条約と一八七九（明治十二）年の琉球処分で確定した領土の南北国境線があった。そして、一八八六（明治十九）年に創設された東京人類学会を中心とする学問的活動では、他者との対比のなかで「日本人」の自己同一性の確認と保証が求められた。そうした学問の方法は、植民地の他者を科学的に分類して測定する技法を援用したものである。冨山は、人骨測定によって「日本原人説」を唱えた清野謙次の指摘を取り上げている。

彼〔清野謙次〕は、江戸中期の天文学者である西川如見の『四十二国人物図説』などの「人物図譜」を、日本の人種学の前史として評価しつつも、「真実の意味における人種学の本は江戸時代には遂に出なかった」とし、一八七四年に刊行された抄訳のよせ集めである『世界人種論　上・下』（秋山恒太郎訳）に記載されているJ・F・ブルーメンバッハの有名な人種分類の紹介こそ、日本で最初の人種学の登場だとしている。(25)

ここに「日本で最初の人種学」として登場する書物は、刊行年と訳者名から推測して、文部省『百科全書』の該書と考えてよい。「抄訳のよせ集め」というのは正しくなく、*Chambers's Information for the People* の PHYSICAL HISTORY OF MAN－ETHNOLOGY の全訳である。

清野謙次らは江戸時代の西川如見『四十二国人物図説』とヨハン・フリードリヒ・ブルーメンバッハ(26)の「科学的」な人種論との違いを、「五人種の言語体質等を各別に記載し、体質に就いては特に皮膚、毛髪、目色、頭顱、身軀の割合、人身の重量、身体の強力等」に注目した点であると考えていた。(27)

十八世紀末の著作のなかでブルーメンバッハは主として頭蓋骨の比較に基づき、白色人種の「コーカサス人」、黄色人種の「モンゴル人」、黒色人種の「エチオピア人」、赤色人種の「アメリカ人」、褐色人種の「マレー人」の五つに分類し、コーカサス人種を最も美しい頭蓋骨を持つと主張した。もっともスティーヴン・ジェイ・グールドも指摘するように、ブルーメンバッハ自身は平等論者であった。だが、「五人種案が基準となり、リンネの地図学から推定上の価値による直線的ランクづけへと人類の秩序の幾何学が変化した」のも現実であった[28]。分類学者のカール・フォン・リンネは敬虔なキリスト教徒であり、あらゆる「人種」がアダムとイヴの子孫であると考えていたようだが、その人類の多様性がブルーメンバッハの分類と相俟って、階層的序列へと決定的に移行したのである[29]。

帝国の存在には、「人種」という概念による人々の序列化が必要である。なぜならば、優生学という「科学」的概念によって植民地の人々を選別し、帝国体制に組み込まなくてはならないからだ[30]。だが明治初期には、西洋語 race の訳語として「人種」が定着していたわけではなかったことも確かである。たとえば、福澤諭吉の『世界国尽』には、「人種」という語に「ひとたね」というルビがつき、内田正雄『輿地誌略』は文明の段階で分類した集団を「民種」としている。久米邦武の『米欧回覧実記』では、「人種」「民種」「種族」「種俗」「族民」「族類」などが混然と用いられていたのが実情だ[31]。

與那覇潤は、明治期日本の「人種」という概念と同時期の「人類学」という学術分野について考察したうえで、興味深いひとつの逆説を提示する。

今日「人種」は“Race”の翻訳語としてなんの疑いもなく用いられているが、実は「人種」が系統論的な意味での“Race”という語義を獲得するのは、坪井正五郎（一八六三―一九一三）という「人類学者」の、「人種問題」という言説を無効化しよう――「捏造しよう」ではなく――という営為によるものであった[32]。

坪井正五郎は東京人類学会の創始者のひとりだが、その前身である人類学会の初めての会合は一八八四（明治十七）年に行われた。坪井の考える人類学は、人類という総体の本質を研究対象とするものであり、「人種」の分類は副次的なものにすぎなかった。そもそも「人の種」という意味での「人種」とは、それまでは「同じ種類の人」を指す程度の日本語であった。だが、いったん翻訳のなかで「race ＝人種」という等価が成立してしまうと、「人種」という近代日本語は西洋的に序列化された race の意味で不可逆的に定着し、ここでも事後的な語りが可能となるのである。

『百科全書』における「人種」

福澤諭吉『掌中萬国一覧』における「白皙人種即チ欧羅巴人種」「黄色人種即チ亜細亜人種」「赤色人種即チ亜米利加人種」「黒色人種即チ亜非利加人種」「茶色人種即チ諸島人種」も、内容は明らかにブルーメンバッハの五分類を取り入れたものではあるが、学説史としての説明はない(33)。したがって、清野謙次が述べていたように、ブルーメンバッハへの言及は文部省『百科全書』が日本初かもしれない。該当箇所を翻訳語という観点に注意して読み直してみよう。

一八七四（明治七）年に、木版和装の上下二冊で秋山恒太郎訳・内村耿之介校『人種篇』が刊行された。『百科全書』のなかで最初期に刊行された翻訳テクストの一編であり、このトピックについての当時の関心の高さが窺える。分冊本の凡例には「此書ハ百科全書中ノ一科ニシテ種族ノ区別ニ就テ論説セシモノナリ」と書かれており、これは PHYSICAL HISTORY OF MAN – ETHNOLOGY の翻訳であることが確認できる。ここでは ethnology を「人種」と訳してタイトルにしている。つまり、「race ＝人種」という等価は未成立なのである。本文ではどうだろうか。

『人種篇』（見返しでは『人種編』）

人種論ノ学科ハ最モ近世ニ起ル者ナレハ其数目ニ於テモ亦確定セス一時ノ苟且ニ安ンズルコト多シ但シ人種ヲ区別セシハ日耳曼人ブルーメンベックナル者ニシテ即チ動物学《ゼオーロヂー》ト解剖学《アナトミー》ノ用ニ供ヘン為メニ行ヘルヲ以テ嚆矢トナス而シテ其区別ノ名目大ニ世上ニ播布シ今日ニ至ル迄之ヲ用キルヲ以テ此ニ其大略ヲ説カサルコトヲ得スブルーメンベック人種ヲ分ツコト左ノ如シ

第一高加索人種《カウカスイアンヴィリテイー》〔…〕第二蒙古人種《モンゴリアンウイリテイー》〔…〕第三亜弗利加人種《イデイヲピツクウイリテイー》〔…〕第四米利堅土人種《アメリカヌイリテイー》〔…〕第五馬来人種《マレーウイリテイー》

Ethnology, as a science, being of quite recent origin, is in many respects in an unsettled and provisional condition. The first classification of the races or varieties of the human species, was that of Blumenbach, which was made from the zoological and anatomical point of view. As it obtained great currency, and many of its terms continue in use, it may be convenient to give a short sketch of it. He divides the species into five varieties, as follows:

1. *Caucasian Variety* ... 2. *Mongolian Variety* ... 3. *Ethiopic (African) Variety* ... 4. *American Variety* ... 5. *Malay Variety* ...

ここには「人種」という語が繰り返し使用されているが、起点テクストにraceが登場するのは一度だけである。しかもraces or varieties of the human speciesという回りくどい言い回しである。racesをvarieties of the human speciesと言い換えているのは

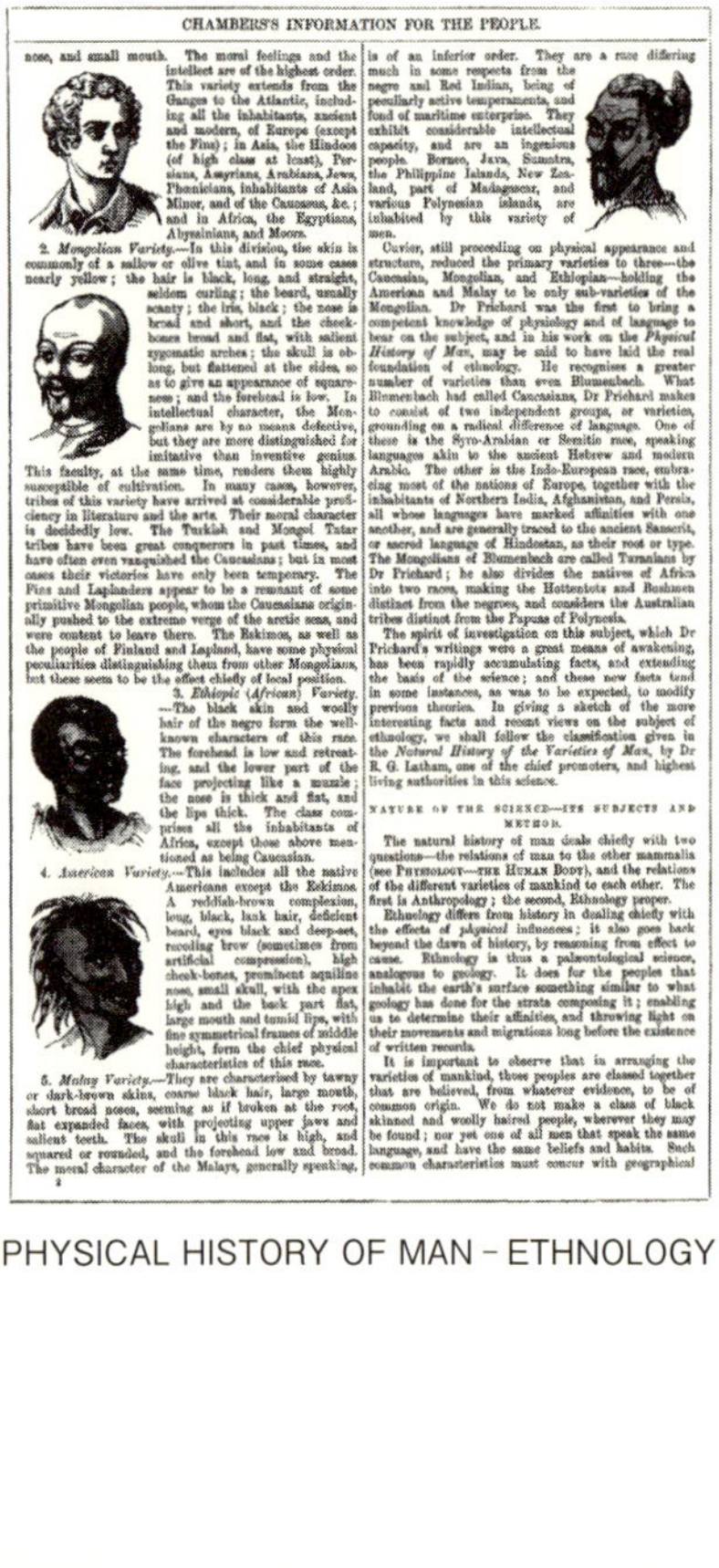
CHAMBERS'S INFORMATION FOR THE PEOPLE.

nose, and small mouth. The moral feelings and the intellect are of the highest order. This variety extends from the Ganges to the Atlantic, including all the inhabitants, ancient and modern, of Europe (except the Fins); in Asia, the Hindoos (of high class at least), Persians, Assyrians, Arabians, Jews, Phœnicians, inhabitants of Asia Minor, and of the Caucasus, &c.; and in Africa, the Egyptians, Abyssinians, and Moors.

2. *Mongolian Variety*.—In this division, the skin is commonly of a sallow or olive tint, and in some cases nearly yellow; the hair is black, long, and straight, seldom curling; the beard, usually scanty; the iris, black; the nose is broad and short, and the cheek-bones broad and flat, with salient zygomatic arches; the skull is oblong, but flattened at the sides, so as to give an appearance of squareness; and the forehead is low. In intellectual character, the Mongolians are by no means defective, but they are more distinguished for imitative than inventive genius. This faculty, at the same time, renders them highly susceptible of cultivation. In many cases, however, tribes of this variety have arrived at considerable proficiency in literature and the arts. Their moral character is decidedly low. The Turkish and Mongol Tatar tribes have been great conquerors in past times, and have often even vanquished the Caucasians; but in most cases their victories have only been temporary. The Fins and Laplanders appear to be a remnant of some primitive Mongolian people, whom the Caucasians originally pushed to the extreme verge of the arctic seas, and were content to leave there. The Eskimos, as well as the people of Finland and Lapland, have some physical peculiarities distinguishing them from other Mongolians, but these seem to be the effect chiefly of local position.

3. *Ethiopic (African) Variety*.—The black skin and woolly hair of the negro form the well-known characters of this race. The forehead is low and retreating, and the lower part of the face projecting like a muzzle; the nose is thick and flat, and the lips thick. The class comprises all the inhabitants of Africa, except those above mentioned as being Caucasian.

4. *American Variety*.—This includes all the native Americans except the Eskimos. A reddish-brown complexion, long, black, lank hair, deficient beard, eyes black and deep-set, receding brow (sometimes from artificial compression), high cheek-bones, prominent aquiline nose, small skull, with the apex high and the back part flat, large mouth and tumid lips, with fine symmetrical frames of middle height, form the chief physical characteristics of this race.

5. *Malay Variety*.—They are characterised by tawny or dark-brown skins, coarse black hair, large mouth, short broad noses, seeming as if broken at the root, flat expanded faces, with projecting upper jaws and salient teeth. The skull in this race is high, and squared or rounded, and the forehead low and broad. The moral character of the Malays, generally speaking, is of an inferior order. They are a race differing much in some respects from the negro and Red Indian, being of peculiarly active temperaments, and fond of maritime enterprise. They exhibit considerable intellectual capacity, and are an ingenious people. Borneo, Java, Sumatra, the Philippine Islands, New Zealand, part of Madagascar, and various Polynesian islands, are inhabited by this variety of men.

Cuvier, still proceeding on physical appearance and structure, reduced the primary varieties to three—the Caucasian, Mongolian, and Ethiopian—holding the American and Malay to be only sub-varieties of the Mongolian. Dr Prichard was the first to bring a competent knowledge of physiology and of language to bear on the subject, and in his work on the *Physical History of Man*, may be said to have laid the real foundation of ethnology. He recognises a greater number of varieties than even Blumenbach. What Blumenbach had called Caucasians, Dr Prichard makes to consist of two independent groups, or varieties, grounding on a radical difference of language. One of these is the Syro-Arabian or Semitic race, speaking languages akin to the ancient Hebrew and modern Arabic. The other is the Indo-European race, embracing most of the nations of Europe, together with the inhabitants of Northern India, Afghanistan, and Persia, all whose languages have marked affinities with one another, and are generally traced to the ancient Sanscrit, or sacred language of Hindostan, as their root or type. The Mongolians of Blumenbach are called Turanians by Dr Prichard; he also divides the natives of Africa into two races, making the Hottentots and Bushmen distinct from the negroes, and considers the Australian tribes distinct from the Papuas of Polynesia.

The spirit of investigation on this subject, which Dr Prichard's writings were a great means of awakening, has been rapidly accumulating facts, and extending the basis of the science; and these new facts tend in some instances, as was to be expected, to modify previous theories. In giving a sketch of the more interesting facts and recent views on the subject of ethnology, we shall follow the classification given in the *Natural History of the Varieties of Man*, by Dr R. G. Latham, one of the chief promoters, and highest living authorities in this science.

NATURE OF THE SCIENCE—ITS SUBJECTS AND METHOD.

The natural history of man deals chiefly with two questions—the relations of man to the other mammalia (see PHYSIOLOGY—THE HUMAN BODY), and the relations of the different varieties of mankind to each other. The first is Anthropology; the second, Ethnology proper.

Ethnology differs from history in dealing chiefly with the effects of *physical* influences; it also goes back beyond the dawn of history, by reasoning from effect to cause. Ethnology is thus a palæontological science, analogous to geology. It does for the peoples that inhabit the earth's surface something similar to what geology has done for the strata composing it; enabling us to determine their affinities, and throwing light on their movements and migrations long before the existence of written records.

It is important to observe that in arranging the varieties of mankind, those peoples are classed together that are believed, from whatever evidence, to be of common origin. We do not make a class of black skinned and woolly haired people, wherever they may be found; nor yet one of all men that speak the same language, and have the same beliefs and habits. Such common characteristics must concur with geographical

2

PHYSICAL HISTORY OF MAN – ETHNOLOGY

raceという概念自体のあいまいさも示しているが、「人種」を論じながら、明治初期の翻訳テクストでは「race＝人種」という等価は必ずしも成立していなかったことがわかる。しかしながら、ブルーメンバッハの分類が「人種」の階層的序列へと移行したように、坪井正五郎の「人種」もまた、「大日本帝国」の言説に利用されるべきものとなり、「race＝人種」の概念は近代の帝国意識へと確実に接続されていったのである。

五　更新され続ける「帝国」

幕末維新を経て、十九世紀後半の「帝国日本」で西洋列強を範とした近代化が進められた時代、産業革命をいち早く経験した「大英帝国」は、欧米諸国のなかでも特に明治初期の新政府がめざしたモデルのひとつとなった、と私たちは記憶している。日本近代史の語りのなかでは、「大英帝国」を仰ぎ見て明治政府は文明開化、富国強兵、殖産興業などの近代化政策を策定したとされる。まさに実態はそのとおりだとしても、本章で問題化したように、この物語は倒錯している。そもそも歴史とは事後的な語りであり、明治初期にはBritish Empireを名指す「大英帝国」ということばは定着していなかった。

「帝国日本」が仰ぎ見ていたBritish Empireは、「大日本帝国」によって「大英帝国」となったのである。「帝国日本」が近代国家としての「大日本帝国」へと転換したときに、「大英帝国」をめぐる言説も編成されたのだ。「British Empire＝大英帝国」という等価を自明視しているかぎり、この点を私たちは見逃してしまうであろう。British Empireの等価としての「大英帝国」という概念は、明治初期には半ば未成立であった。興味深いことに、丸善合本の文部省『百科全書』の最後を飾る別冊『索引』が刊行されて十年後の一八九八（明治三十一）年から、博文館が『帝国百科全書』というシリーズ名で全二百巻の百科事典を出版している。「百科全書」という書名の「帝国」の不在から顕在への移行は、近代天皇制国家としての「大日本帝国」が版図を拡大する時代を表象しているかのようだ。「大日本帝国」ということばを後追いしながら、「大英帝国」という言説が出現し始めた。明治中期以降の「大日本帝国」という国民国家体制のなかで初めて、「大英帝国」という近代日本語が前景化したのである。

そもそもオランダ語 keizerrijk「ケイゼレイク」やドイツ語 Kaiserreich「カイゼルライヒ」が「帝」の「国」であるのに対して、英語 empire は皇帝を要件としない。「帝国」という近代日本語は、蘭学から英学への継承と切断のなかで語義に混乱が生じてしまった翻訳語である。とはいえ、先行研究で明らかにされたように、その出自は明確であった。それに比べて、「大英帝国」という言説は調べるほどに釈然としない。文部省『百科全書』の一編として一八七八（明治十一）年に刊行された横瀬文彦訳『英国制度国資』は、「British Empire = 大英帝国」の創発の場ともいえる翻訳テクストであるが、他の同時代テクストから窺えるように、当時この訳語が一般的であったとは言えない。

ホブソンやレーニンの帝国主義論などを経て、歴史学者エリック・ホブズボームは、一七八九年のフランス革命から一九一四年の第一次世界大戦が勃発するまでのいわゆる「長い十九世紀」を『革命の時代』、『資本の時代』、『帝国の時代』という三部作に著した[34]。この三部作の最終巻で彼は、「新しい型の帝国の時代、植民地時代」を主題とする。この時代の帝国主義のなかで、地球上の陸地全体のほぼ四分の一を支配した British Empire は隆盛を極めた末に凋落していった。かつて超大国であった British に「大英」の語をあてる通例は、「British Empire = 大英帝国」以外にも、「British Museum = 大英博物館」や「British Library = 大英図書館」などがある。けれども「大英」と「帝国」の組み合わせは、翻訳語「帝国」の出自の忘却と引き換えであった、という点で特段の注目に値する。

現代の世界情勢下で東西冷戦の終焉を契機としたグローバル化の潮流のなかでアメリカの覇権が強まり、これを背景としてポスト冷戦の「帝国」をめぐる議論が活発になっている。近年の新しい帝国論とともに、日本でも

「帝国」をテーマとする多数の研究書が出されている。(35)

アントニオ・ネグリとマイケル・ハートが二〇〇〇年に刊行した書籍*Empire*は、『〈帝国〉――グローバル化の世界秩序とマルチチュードの可能性』として邦訳が出版された。(36) この邦題には原題にない奇妙な山括弧が付けられていることが、私は以前から気になっていた。「訳者あとがき」によれば、従来の帝国主義的な国民国家ではない、「中心なき脱領域的な支配装置」としての「〈帝国〉」が論点となっているためだという。「empire＝帝国」という等価には、新たな違和感が今なお更新され続けているのである。

注

(1) 学術出版物の書名での動向を眺めてみると、たとえば東田雅博『大英帝国のアジア・イメージ』(ミネルヴァ書房、一九九六年)、木畑洋一編『大英帝国と帝国意識――支配の深層を探る』(ミネルヴァ書房、一九九八年)などから、デイヴィッド・アーミテイジ『帝国の誕生――ブリテン帝国のイデオロギー的起源』平田雅博・岩井淳・大西晴樹・井藤早織訳(日本経済評論社、二〇〇五年)、木畑洋一『イギリス帝国と帝国主義――比較と関係の視座』(有志舎、二〇〇八年)などへと、専門書においては近年の「大英帝国」離れが窺える。

(2) 東京帝国大学は一八八六(明治十九)年、京都帝国大学は一八九七(明治三十)年、東北帝国大学は一九〇七(明治四十)年、九州帝国大学は一九一一(明治四十四)年、北海道帝国大学は一九一八(大正七)年、京城帝国大学は一九二四(大正十三)年、台北帝国大学は一九二八(昭和三)年、大阪帝国大学は一九三一(昭和六)年、名古屋帝国大学は一九三九(昭和十四)年の設置で、すべての帝国大学が揃うのには四半世紀以上かかった。

(3) 中川眞弥編『福澤諭吉著作集 世界国尽 窮理図解』慶応義塾大学出版会、二〇〇二年、九六―九八頁。

(4) 久米邦武編『特命全権大使 米欧回覧実記』博聞社、一八七八年。引用は久米邦武編・田中彰校注『米欧回覧実記(二)』(岩波文庫、一九七八年、二一―二二頁)による。

(5) 外題の表記では『人種篇』である。ちなみに表紙の題簽《だいせん》に「篇」、見返しでは「編」というパターンは、他のタイトルでも見られる。
(6) 同書、一一二―一一三頁。
(7) 唐澤一友『多民族国家イギリス――四つの切り口から英国史を知る』春風社、二〇〇八年。
(8) 久米邦武編・田中彰校注『米欧回覧実記(三)』岩波文庫、一九七九年、二六五頁。
(9) 田中彰「岩倉使節団とプロシア――『米欧回覧実記』にみる」『現代思想』第四巻第四号、一九七六年、一七五頁。
(10) Henry Petty-Fitzmaurice, 5th Marquess of Lansdowne(一八四五―一九二七年)は、通例「ランズダウン」と表記される人物で、インド総督を経て一九〇〇年から一九〇五年まで英国外相を務めた。
(11) 日本語訳文は、外務省編『日本外交年表竝主要文書』(原書房、一九六五年、二〇〇三―二〇〇五頁)による。
(12) 千葉正史「天朝「大清国」から国民国家「大清帝国」へ――清末における政治体制再編と多民族ナショナリズムの起源」『メトロポリタン史学』第六号、二〇一〇年、八九―一一三頁。
(13) 高山樗牛(一八七一―一九〇二年)についての近年の研究としては、先崎彰容『高山樗牛――美とナショナリズム』(論創社、二〇一〇年)など。
(14)『太陽』第八巻第十一号、一九〇二年九月五日に掲載されたもので、瀬沼茂樹編『高山樗牛 齋藤野の人 姉崎嘲風 登張竹風集』(筑摩書房、一九七〇年、九二―九九頁)に所収。「姉崎嘲風」は宗教学者の姉崎正治(一八七三―一九四九年)の筆名。
(15) 吉村忠典「「帝国」という概念について」『史学雑誌』第一〇八巻第三号、一九九九年、三四四―三六七頁。のちに、吉村忠典『古代ローマ帝国の研究』(岩波書店、二〇〇三年、三九―七六頁)に所収。
(16) 同論文、三五三頁。
(17) 平川新『開国への道』小学館、二〇〇八年、一二九頁。
(18) 本村凌二・鶴間和幸「帝国と支配――古代の遺産」『岩波講座世界歴史五 帝国と支配』岩波書店、一九九八年、三―五九頁。
(19) 平川前掲書、一二二―一四六頁。
(20) 吉村忠典『古代ローマ帝国の研究』岩波書店、二〇〇三年、八―九頁。
(21) 平川前掲書、一四四頁によれば、ここでの Emperor とは「将軍」を指し、和親条約では the August Sovereign of

Japan「日本大君」としている。

（22）木畑洋一「イギリスの帝国意識」、木畑洋一編『大英帝国と帝国意識——支配の深層を探る』ミネルヴァ書房、一九九八年、九頁。

（23）東田前掲書では、J・A・ホブソンの『帝国主義論』における「文明の使命」（a mission of civilization）という概念を英国ヴィクトリア朝の時代精神として再検討するために、「文明化の使命」ということばを用いている。

（24）冨山一郎「国民の誕生と「日本人種」」『思想』第十一巻、一九九四年、三七—五六頁。

（25）同論文、三八頁。

（26）ヨハン・フリードリヒ・ブルーメンバッハ（一七五二—一八四〇年）はドイツの博物学者であり、「自然人類学の父」と称されもする。

（27）平野義太郎・清野謙次『太平洋の民族＝政治学』日本評論社、一九四二年、三五三頁。

（28）スティーヴン・ジェイ・グールド『増補改訂版　人間の測りまちがい——差別の科学史』鈴木善次・森脇靖子訳、河出書房新社、一九九八年、五〇八—五二一頁。

（29）坂野徹「人種分類の系譜学——人類学と「人種」の概念」、廣野喜幸・市野川容孝・林真理編『生命科学の近現代史』（勁草書房、二〇〇二年、一六七—一九七頁）なども参照されたい。

（30）eugenics（優生学）は一八八三年に、ダーウィンの従兄弟フランシス・ゴルトンが提唱した造語。のちに優生学に基づいた人種改良思想はナチス政権下での蛮行へとつながり批判されたが、近年の遺伝子工学の進歩によって再び優生学の倫理的側面が問題化している。優生学全般については、ダニエル・J・ケヴルズ『優生学の名のもとに——「人種改良」の悪夢の百年』西俣総平訳（朝日新聞社、一九九三年）を参照されたい。また福澤諭吉の人種改良論をはじめとする日本の優生思想は、鈴木善次『日本の優生学——その思想と運動の軌跡』（三共出版、一九八三年）に詳しい。

（31）太田昭子「幕末明治初期の近代日本における「人種」論——久米邦武の「人種」論を中心に」『近代日本研究』第二十五巻、二〇〇八年、一二五—一四九頁。

（32）與那覇潤「近代日本における「人種」観念の変容」『民族学研究』第六十八巻第一号、二〇〇三年、八五頁。

（33）福澤諭吉『掌中萬国一覧』福澤蔵版、一八六九年。また、内田正雄『輿地誌略』でも同様の人種論を展開しているが、ブルーメンバッハには直接触れていない。

(34) エリック・ホブズボーム『帝国の時代 一八七五―一九一四』野口建彦・長尾史郎・野口照子訳、みすず書房、一九九三―九八年。
(35) 目を通した主なものだけを列挙しても、山内昌之・増田一夫・村田雄二郎編『帝国とは何か』(岩波書店、一九九七年)、北川勝彦・平田雅博『帝国意識の解剖学』(世界思想社、一九九九年)、山本有造編『帝国の研究――原理・類型・関係』(名古屋大学出版会、二〇〇三年)、山内昌之『帝国と国民』(岩波書店、二〇〇四年)、歴史学研究会編『帝国への新たな視座』(青木書店、二〇〇五年)、木畑洋一・南塚信吾・加納格『帝国と帝国主義』(有志舎、二〇一二年)、秋田茂・桃木至朗編『グローバルヒストリーと帝国』(大阪大学出版会、二〇一三年)など多数。
(36) アントニオ・ネグリ、マイケル・ハート『〈帝国〉――グローバル化の世界秩序とマルチチュードの可能性』水嶋一憲・酒井隆史・浜邦彦・吉田俊実訳、以文社、二〇〇三年。

第七章　「骨相学」という近代——他者を視るまなざし

天文学　気中現象学　地質学　地文学　植物生理学　植物綱目　動物及人身生理　動物綱目　物理学　重学　動静水学　光学及音学　電気及磁石　時学及時刻学　化学篇　陶磁工篇　織工篇　鉱物篇　金類及錬金術　蒸汽篇　土工術　陸運　水運　建築学　温室通風点光　給水浴澡掘渠篇　農学　菜園篇　花園　果園篇　養樹篇　馬　牛及採乳方　羊篇　豚兎食用鳥籠鳥篇　蜜蜂篇　犬及狩猟　釣魚篇　漁猟篇　養生篇　食物篇　食物製方　医学篇　衣服及服式　人種　言語　交際及政体　法律沿革事体　太古史　希臘史　羅馬史　中古史　英国史　英国制度国資　海陸軍制　欧羅巴地誌　英倫及威爾斯地誌　蘇格蘭地誌　愛倫地誌　亜細亜地誌　亜弗利加及大洋州地誌　北亜米利加地誌　南亜米利加地誌　**人心論**　**骨相学**　北欧鬼神誌　論理学　洋教宗派　回教及印度教仏教　歳時記　修身論　接物論　経済論　人口救窮及保険　百工倹約訓　国民統計学　教育論　算術及代数　戸内遊戯方　体操及戸外遊戯　古物学　**修辞及華文**　印刷術及石版術　彫刻及捉影術　自然神教及道徳学　幾何学　聖書縁起及基督教　貿易及貨幣銀行　画学及彫像　百工応用化学　家事倹約訓

一　人体解剖図と翻訳

本章では文部省『百科全書』のなかの一編『骨相学』を同時代テクストとともに読み、他者を視る自明性を日本の近代化のコンテクストのなかで問い直すことを試みる。*Chambers's Information for the People* の PHRENO-

LOGYを起点テクストとする『骨相学』は、長谷川泰が翻訳、小林病翁が校正を担当した翻訳テクストである。一八七六（明治九）年に文部省印行の分冊本となり、その後も有隣堂や丸善による合本に含められて、当時ある程度広く読まれたと考えてよい。

「phrenology＝骨相学」は古来の漢語「骨相」とは切断されている。phrenologyは脳機能に基づく学説であり、頭蓋骨の形から他者の性格が類推できるという分かりやすさが大衆に受けて、十九世紀前半の西洋で一時期大いに流行した。そして、開化期の日本にも翻訳を通して紹介されたのである。

精神という目にはみえないものを脳という解剖学的実体で説明する言説は、近代日本のまなざしに何をもたらしたのか。「まなざし」は視線と言い換えてもよいが、ものごとの捉え方や世界の見方など精神活動を表象する。(1)異なる文化を架橋し、私たちの内面にまで影響を与えた翻訳テクストの読解を契機として、日本の近代化と骨相学的まなざしの問題系を多角的に論じてみたい。

近代になって、それまで肉眼では捉えられなかった世界が望遠鏡や顕微鏡など光学レンズを通して開けたばかりでなく、人々の視線の欲望は人体の内側にも向けられた。バーバラ・マリア・スタフォードの表現を借りれば、「見えざるもののイメージ化」として、人間の肉体から仮借なく皮膚組織を剝離した人体解剖図が多数描かれた所以である。(2)

近代日本の黎明を前にして、図入り解剖学の翻訳書『解体新書』が一七七四（安永三）年に刊行されたのは、視線の近代化と翻訳の関係にとって象徴的な出来事だったと言える。人体の内側を描く解剖図は、日常的には目に触れることのない臓器の構造と配置を可視化した。そのような人体解剖図に関する翻訳テクストが、蘭学時代の幕開けを告げる本格的な翻訳書の嚆矢なのである。医学者ヨハン・アダム・クルムスによるドイツ語原著の蘭訳版（『打係縷亜那都米《ターヘルアナトミイ》』）を主な底本として、前野良沢、杉田玄白、中川淳庵らが千住小塚原（骨ヶ原）で罪人の腑分けを見学したのをきっかけに翻訳に挑んだ。(3)

彼らがその翻訳プロセスで直面した苦心については、晩年の玄白による『蘭学事始』に活写されているが、そこには「或いは翻訳し、或いは対訳し、或いは直訳、義訳とさまざまに工夫し」という翻訳論も展開されている。また『解体新書』の凡例でも、「訳に三等あり」として、「翻訳、義訳、直訳」と訳出の三分法への言及がある。玄白の「翻訳・対訳、義訳、直訳」は、現在の「直訳、意訳、音訳」に相当しよう。[4] たとえば、オランダ語 zenuw を訳した「神経」は、神気と経脈から造語された典型的な「義訳」（意訳）の事例とみるのが通説だ。それまで zenuw は「世奴《セイニー》」という「直訳」（音訳）であったが、『解体新書』では「世奴《セイニー》。此翻神経其色白而強。其原自脳与背出也。蓋主視聴言動」とした。つまり「世奴《セイニー》、これを神経と訳す」として、「世奴《セイニー》」に代わって「神経」という訳語を用いたことを割注で説明しているのだ。[5]

もっとも通説にはいつの間にか神話も紛れこむ。杉本つとむは洋学研究に「神話が多すぎる」と苦言を呈し、その一例として『蘭学事始』の著述内容の虚構性を糾弾している。[6] 杉本によれば、『解体新書』の刊行に先立つこと百年、一六八二年（天和二）年頃に本木良意（ドイツ人医師で『日本誌』の著者エンゲルベルト・ケンペルと親交があった通詞）が訳した『和蘭全軀内外分合図』という人体解剖図がすでに出版されていた。[7] だから南蛮医術でも nervo（= zenuw = nerve）の存在は（「筋《ネルボ》」として）知っていたのであり、玄白の翻訳苦労話も半ば眉唾ものということになる。とはいえ、近代日本が生み出した視線を考えるとき、「神経」という翻訳語の誕生は色褪せない。玄白らにより「神経」として「義訳」された近代日本語が次第に定着し、『解体新書』からおよそ百年の時を経て、明治のまなざしと交差することになるのだから。

「神経」という近代

明治初期の翻訳テクストである文部省『百科全書』の『骨相学』では、「nerve = 神経」という翻訳の等価がしっかりと定着している。このテクストに出現する「神経」のくだりを読んでおこう。

神経モ亦然リ犬ノ嗅神経鷲鳥ノ視神経頗ル大ナルカ如キ是ナリ小児ノ脳ハ大人ヨリハ小ニシテ其精神ノ力弱ナリ又大人ノ脳甚タ小ナルモノハ必ス呆痴ノ徴ナリ〔…〕欧羅巴人ノ頭首ハ平均シテ中等ノ印度土人ト相比スレハ大人ノ小児ニ於ケルカ如シ欧人僅ニ三万ヲ以テ能ク印度人十萬ノ衆キヲ征服スルハ蓋シ是カ為ナリ

The same is true of a nerve. Some species of dogs have very large nerves for smelling, eagles for seeing, &c. A child's brain is smaller, and its mental power weaker, than those of an adult. A very small brain in an adult is the invariable sign of idiocy. … The average European head is to the average Hindoo as the head of a man to that of a boy; hence the conquest and subjection of a hundred millions of the latter by thirty thousand of the former.

骨相学の理論では、「nerve = 神経」や「brain = 脳」の発達が重要である。嗅覚や視覚をつかさどるのは、それぞれ「嗅神経」と「視神経」であり、その大きさに着目するのだ。そしてヨーロッパ人の「頭首」の大きさを根拠に、インドの植民地化をも正当化している。

この箇所に先立ち、脳が諸器官の集まりであることを「脳ノ一器ニアラス衆器ノ相聚合セルモノ」（the brain is not single, but a *cluster of organs*）と説明して、精神活動と脳の大きさの関係については、「各異ノ精神ノ発動ノ強弱敏鈍ハ脳ノ各部ノ大サ即チ其膨起ト相対称スル故ニ亦此各部ト相関渉ス」（particular manifestations of mind are proportioned, in intensity and frequency of recurrence, to the *size* or expansion of particular parts of the brain）と述べている。

ところで、三遊亭円朝が一八五九（安政六）年に創作した「累ケ淵後日怪談」は、明治期になって当時の流行語である「神経」とかけた「真景」を織り込んで、一八八八（明治二十一）年に「真景累ケ淵」として語り直された。その枕では、文明開化期の合理性によって幽霊を神経病の産物だとする前置きが語られている。

今日より怪談のお話を申上げまするが、怪談ばなしと申すは近来大きに廃りまして、余り寄席で致す者もございません。と申すものは、幽霊と云ふものは無い、全く神経病だと云ふことになりましたから、怪談は開化先生方はお嫌ひなさる事でございます。〔…〕狐にばかされるといふ事は有る訳のものでないから、神経病、又天狗に攫はれるといふ事も無いからやつぱり神経病と申して、何でも怖いものは皆神経病におつつけてしまひますが、現在開けたえらい方で、幽霊は必ず無いものと定めても、鼻の先へ怪しいものが出ればアッと云つて尻餅をつくのは、やつぱり神経が些と怪しいのでございませう。(8)

怪談や幽霊というオカルトは、近代を代表する「開化先生」には「神経」の病と映るのだ。西洋近代がもたらした「科学」による開化ゆえのことである。また同時期には、一竿齋宝洲による「神経闇開化怪談《こころのやみかいかのかいだん》」(一八八四年)という脚本形式の読み物も出ている。(9)「神経」と「開化」の結合が魅力的な書名となる時代だったのだ。

二　西洋近代の「科学」

西洋近代の phrenology

「骨相学」という翻訳語は、明治初期に phrenology を訳出した結果としての近代日本語である。phrenology そのものは脳機能と精神の関係を論じた学説として、十八世紀末の西洋に生まれた。これは当時の「科学」的理論であったし、頭蓋骨の形からその人の性格が判断できるという明快さと相俟って大衆にも浸透したのだった。だが十九世紀後半からの大脳生理学の進展により、phrenology は疑似科学として葬り去られてしまった。(10)

皮肉なことに phrenology の終焉を経て、この学説が主張した脳機能の局在論を示す証拠は着実に蓄積されていった。たとえば第一次世界大戦で被弾した兵士において、脳の損傷部位と後遺症による障害には関係が認められたし、より最近の fMRI を用いたイメージングの手法でも、認知機能が脳の特定部位に局在しているデータが得られている。[11] phrenology が主張したような頭蓋骨の形と性格の単純な関係性については否定されたものの、脳機能の局在は正しい前提だった。

phrenology はスイスのヨハン・カスパー・ラヴァーターによる physiognomy（観相学）、つまり顔の造作からその人物の性格を判断するという主観的な方法に遡ることができる。[12] もっとも身体的外面と精神的内面との何らかの対応関係という着想そのものは、古くは紀元前のヒポクラテスやアリストテレスらも論じていた。けれども、適者生存や弱肉強食を柱とする近代の社会ダーウィニズムに通底する physiognomy や phrenology の議論のなかでは、狂人・犯罪者・子ども・女性・劣性人種という排除される他者への先入観が極度に増幅されてしまうのが特徴だ。[13] 文明化の程度を示す指標として精密に計測された頭蓋や、写真技術で固定された表情は、偏見に満ちた西洋近代のまなざしを表象する「科学」であったと言える。

脳と精神活動を結びつける近代の「科学」的な考えは、ドイツ生まれの医師フランツ・ヨーゼフ・ガルとその弟子ヨハン・シュプルツハイムから始まった。ガルは脳神経系の解剖学と生理学を研究し、脳が精神活動に対応した二十七個の器官（その数は後継者により拡張）の集まりであると主張したのである。そして脳の特定の部位における発達が脳機能に影響を及ぼすとして、脳を取り囲む頭蓋の大きさや形状から精神活動が分かるとした。頭蓋骨の精密な計測が実施され、いかにももっともらしい頭蓋骨マップも作成されて、脳に局在する器官と各機能の位置関係が図示された。

こうして他者の内面を目に映る頭の形によって視覚化して類推しようとした。phrenology は、十九世紀の近代科学イデオロギーと視覚装置で通俗的な分かりやすさを具現することで、さまざまな階層の人々に広く受け入れられることとなったのである。

ガル自身は phrenology という語ではなく、Schädellehre（craniologie 頭蓋学）や Organologie（器官学）などという複数の用語を自らの学説にあてているが、一八一五年に英国人トマス・フォースターがガルの学説を英語で紹介した際に phrenology という名称が造語されて以降、この語をシュプルツハイムが継承したとされる。ただし、アメリカ独立宣言にもその署名が残るベンジャミン・ラッシュがすでに一八〇五年、フィラデルフィアで phrenology という語を用いていたとも言われており、語の出自そのものは定かではない(14)。

ガルの学説は西洋近代の一時期を席巻し、なかでもヴィクトリア朝の英国で熱烈な支援者を得てさらに躍進した。英国で phrenology を広めたのは、スコットランドの穏健な社会改革派の弁護士ジョージ・クームである。エディンバラでのシュプルツハイムの講義がきっかけとなって「エディンバラ骨相学論争」が起こるのだが、この時彼の講義を聴講して phrenology を初めて知ったクームは一途にこの学説に心酔していったらしい。クームは一八二〇年にエディンバラ骨相学協会を設立し、専門雑誌の創刊にまで至る熱の入れようだった。またその当時、ガルと訣別したシュプルツハイムの phrenology では、社会改革までも視野に入れて、生得的に優れた能力に恵まれた者が努力することで人類社会が進歩すると考えていた。したがってクームの言説もまた、脳機能の均衡のとれた発達で人々が幸福になり、それに連れて社会も発展するというものであった(15)。このようにヴィクトリア朝の phrenology は、社会進化論や発達史

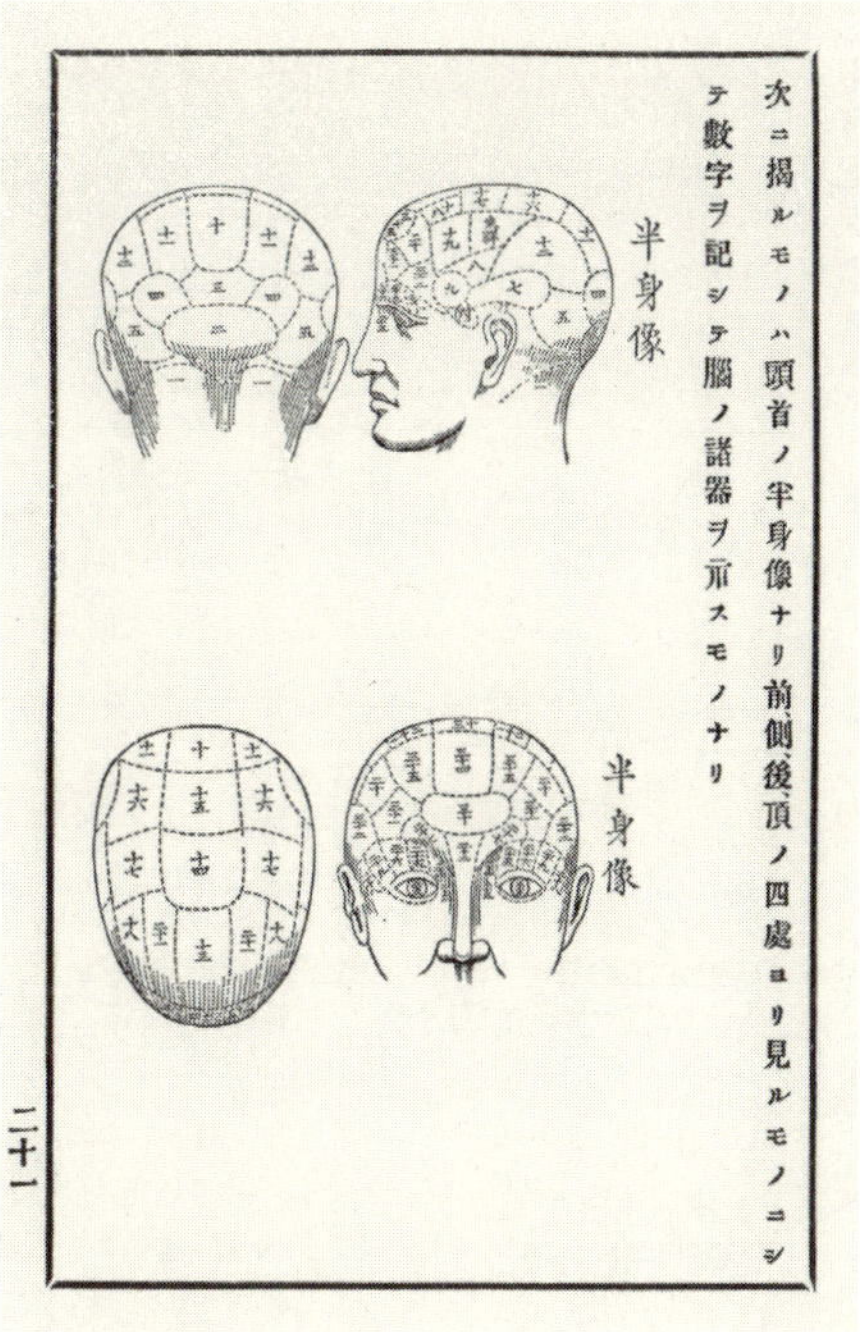

『骨相学』より

観との親和性が高かった。

クームが一八二八年に刊行した*The Constitution of Man Considered in Relation to External Objects*は、一八四七年の第八版までに八万部以上のベストセラーとなり、『聖書』、*The Pilgrim's Progress*（『天路歴程』）、*The Life and Strange Surprising Adventures of Robinson Crusoe*（『ロビンソン・クルーソー』）に次ぐ売れ行きだったという。[16] ダーウィンの*On the Origin of Species*（『種の起源』）の発行部数が一八五九年の初版から一八七八年の第六版までに二万部に達しなかったことと比較すれば、この学説の人気の高さが想像できよう。

このphrenologyという唯物論的な学説は、英国のみならず十九世紀西洋の近代知を縦横無尽にかけめぐった。たとえばG・W・F・ヘーゲル、オーギュスト・コント、カール・マルクス、ハーバート・スペンサーなどの著名な思想家からも注目されているし、オノレ・ド・バルザック、エドガー・アラン・ポー、ハーマン・メルヴィル、ギュスターヴ・フロベール、ジュール・ヴェルヌ、アーサー・コナン・ドイルといった錚々たる文学者たちの表現にも顕著な影響を与えているのだ。[17] 自然科学を超えて、このまなざしは同時代の社会や文化のなかに遍在している。特記すべきは、イタリアの犯罪学者チェーザレ・ロンブローゾが主張した生来性犯罪者説で、これはphrenologyを犯罪者の分析へと応用したものである（彼の主著*L'uomo delinquente*（犯罪者論）には邦訳がなく、日本では*L'uomo di genio*（『天才論』）の方が有名）。マックス・ノルダウの*Die Entartung*（退化論）がロンブローゾに献辞を捧げていることからも分かるように、生来性犯罪者説では犯罪者を外見で判断し、退化した人間と見なしたのだった。ちなみに、その犯罪者の外見はモンゴロイドの特徴と近似していた。[18]

「phrenology＝骨相学」とは

phrenologyという流行「科学」は幕末開国期の日本にも紹介されて、さまざまな分野に拡散している。当時の日本はスペンサーに代表される社会進化論の強い影響下にあり、[19] phrenologyが説く西洋近代の視線を受容しやすい土壌は整っていたのである。
phrenologyという単語は、phrenoとlogyという二つの形態素から成る。前半部phrenoはギリシャ語由来で、「心、精神、横隔膜」を表す。これに「〜学、〜論」という後半部logyが組み合わされており、phrenologyは、いわば「心学」「精神論」という意味になろう。ではなぜ、近代日本において「phrenology＝骨相学」になったのか。かつてphrenologyには「骨相学」以外の訳語もあったし、漢語としての「骨相」にはphrenology以前の歴史もあり、「phrenology＝骨相学」という等価は自明ではない。西洋近代のphrenologyという「科学」的学説は、いかにして「骨相学」として日本の近代化のなかで成立したのであろうか。

明治期日本を代表する啓蒙思想家の西周は、私塾育英舎を一八七〇（明治三）年に開設し、「百学連環」などを講義した。オランダ留学の経験をもつ西は、西洋の学問を百科事典的に体系化して解説し、「性理学」（Psychology）を論ずる際にPhrenologyの左ルビで「脳学」として説明したことがある。

> 独逸にGall +1756 −1828 なる人あり。Phrenology《脳学》を発明せり。此の人の説に依るに、人の才能及ひ性は頭に係はると言へり。
> 此説実に然ることにて、頭の大小脳の多少に依て人の才能及不才能あること顕然たり。
> 凡そ世界中人種五ツの中、白皙人種を以て最上とす。其容貌、骨格都て美にして、頂骨大に前額《ヒタイ》高く、其精心聡明にして文明に達すへき性あり。
> 次に黄色人種、頭の形ち稍四角にして前額低し。次に赤色人種、頂骨小にして腮骨高し、南北亜米利加の人種是なり。
> 次に黒色人種、頭の状細く長し、腮骨高く顋骨《アギト》突出し前額低し、稍獣類に近く其性質懶惰にして、開化進歩の味を知らす。亜非利加砂漠の南方に在る土民是なり。次に茶色人種、亜非利加の海岸に近き諸島及ひ東印度のマラッカなる地の土民は此類なり。
> 併かし頭の大小に依ると雖も善悪ありて、獣類の如きは頭大なりとも脳たるもの少し。人も亦頭の大小脳の多少に依

らさる所なり。

ガルの学は解剖を以て人の性理を得んと欲せし所なれとも、終に性理を得るに至らす。然れとも人の性質は頭脳の多少に依るか如き、都て人体の発明をなせしこと甚た多しとす。(20)

当時の辞書としては、柴田昌吉・子安峻編『附音挿図 英和字彙』（一八七三年）に「Phrenologic, Phrenological 骨相学《コツソウ》ノ、心《シン》学ノ」「Phrenologist 骨相学者、心学者」「Phrenology 骨相学、心学」とある。この英和辞書には「phrenology ＝骨相学」が早くも出現するが、同時に「心学」も併用されてゆらいでいたことが分かる。ヘボン『和英語林集成』の初版（一八六七年）と再版（一八七二年）には、phrenology あるいは「骨相」に相当する立項はないが、第三版（一八八六年）には「Kossōron コツサウロン 骨相論 n. Phrenology」（和英の部）、「Phrenology, n. Kossōron」（英和の部）が加えられている。『哲学字彙』（一八八一年）では「Phrenology 骨相論」だが、『哲学字彙（英独仏和）』（一九一二年）では「Phrenology（Ger. Phrenologie, Fr. phrénologie）骨相学」となっている。ただし専門的な辞書では、岩川友太郎『生物学語彙』（一八八四年）のように、「Osteology 骨相学」（ちなみに現在 osteology の定訳は「骨学」）としている例などもある。一八八六（明治十九）年に完成した大槻文彦『言海』においては、「こつさうがく（名）骨相学　頭蓋骨《ヅガイコツ》ノ形ヲ相《ミ》テ予メ人ノ性質運命ヲ知ル術」とあり、日本語辞書でも明治半ばには「骨相学」が立項されていた。

この学説に関する詳細な内容を明治初期の日本に紹介したのが、文部省『百科全書』の長谷川泰訳・小林病翁校『骨相学』という翻訳テクストだったのである。現在、国立国会図書館に所蔵の資料のなかで、「骨相」というキーワードを含むものとしては最古の一冊である。

三　「骨相学」とは

骨相学とロバート・チェンバーズ

すでに詳しく述べたとおり、文部省『百科全書』の起点テクストは、十九世紀の英国エディンバラで出版社を興した兄ウィリアム・チェンバーズと弟ロバート・チェンバーズの兄弟が編集し刊行した大項目の百科事典的啓蒙書 *Chambers's Information for the People* である。実は弟のロバートが一八五九年のダーウィンによる *On the Origin of Species* に先駆けて、かつダーウィン以上に大きな物議を醸した進化論を匿名で発表した人物でもあった事実は特筆に値しよう。

一八四四年にロンドンの出版社から *Vestiges of the Natural History of Creation* という書物の初版が刊行され、著者名を伏せたままで出版され続けて版を重ねたが、チェンバーズ兄弟没後の第十二版（一八八四年）の巻頭ではじめて、ロバート・チェンバーズの名が暴露されている。[21] この本は宇宙・生命体・人間社会を含めたあらゆるcreation（創造物）の発展仮説について、natural history（自然史、博物学）の観点からvestiges（痕跡）を解説した一般大衆向けのもので、後のスペンサー流の社会進化論的内容もすでに盛り込まれていた。

ロバートは骨相学を熱心に支持していたという。骨相学が彼の思想的支柱であったのは、この学説が自分の考える社会改革へとつながるものだと確信していたからだ。したがって当然のことながら、先の *Vestiges of the Natural History of Creation* には骨相学からの影響が散見する。科学史家の松永俊男は、「骨相学の社会改革論と万物の進歩観を結びつけ、これを科学的知見によって立証しようとしたもの」とその内容を総括している。[22]

バッキンガム宮殿のヴィクトリア女王夫妻、さらには若き日のナイチンゲールもこの本の熱心な読者だったと言われているが、同時にまた、科学者や宗教者からは批判が続出し、とくにスコットランド福音派の科学者たちを激怒させた問題の書であったという。著者存命中、匿名本であったのはそのためだろう。この同じ著者による同時代テクストが、文部省『百科全書』の起点テクストなのである。

『骨相学』という翻訳テクスト

チェンバーズ兄弟が編集出版した *Chambers's Information for the People* の一項目である PHRENOLOGY は、骨相学に傾倒していたロバート自身が自ら執筆していた可能性が高いと思われる。その翻訳が文部省『百科全書』の長谷川泰訳・小林病翁校『骨相学』であり、一八七六（明治九）年に分冊本として刊行された。「骨相学ノ理論」（PRINCIPLES OF PHRENOLOGY）に始まり、脳機能の三十五分類の詳述を含む内容で、この学説の微に入り細を穿つ解説となっている。

まず、このテクストの全体像を把握するために、その目録を示しておこう。

骨相学ノ理論	PRINCIPLES OF PHRENOLOGY.
脳中諸器ト連結スル精神ノ原基才智	PRIMITIVE FACULTIES OF MIND, AS CONNECTED WITH THEIR ORGANS IN THE BRAIN.
才智ノ区別	DIVISION OR CLASSIFICATION OF THE FACULTIES.
第一類、知覚	ORDER FIRST. – FEELINGS.
第一種、嗜好	GENUS I. – PROPENSITIES.
第一、恋慕スルコト	No. 1. – Amativeness.
第二、児ヲ愛スルコト	No. 2. – Philoprogenitiveness.
第三、居住スルコト、頑結スルコト	No. 3. – Inhabitiveness – Concentrativeness.
第四、粘着スルコト	No. 4. – Adhesiveness.

第五、争闘スルコト	No. 5. – Combativeness.
第六、殺戮スルコト	No. 6. – Destructiveness.
第七、秘スルコト	No. 7. – Secretiveness.
第八、貪欲スルコト	No. 8. – Acquisitiveness.
第九、経営スルコト	No. 9. – Constructiveness.
第二種、意見	GENUS II. – SENTIMENTS.
（一）人類及ヒ下等動物ニ普通ナル意見 I. SENTIMENTS COMMON TO MAN AND THE LOWER ANIMALS.	
第十、自負	No. 10. – Self-esteem.
第十一、名誉ヲ好ム	No. 11. – Love of Approbation.
第十二、謹慎スルコト	No. 12. – Cautiousness.
（二）特リ人類ノミニ固有ナル上等ノ意見 II. SUPERIOR SENTIMENTS, PROPER TO MAN.	
第十三、慈悲	No. 13. – Benevolence.
第十四、尊敬	No. 14. – Veneration.
第十五、剛強	No. 15. – Firmness.
第十六、公明ナルコト	No. 16. – Conscientiousness.
第十七、希望	No. 17. – Hope.
第十八、驚駭	No. 18. – Wonder.
第十九、想像	No. 19. – Ideality.
第二十、滑稽	No. 20. – Wit, or the Ludicrous.
第廿一、模擬	No. 21. – Imitation.
第二類、知識性才智	ORDER SECOND. – INTELLECTUAL FACULTIES.

第一種、外知覚	GENUS I. – EXTERNAL SENSES.
第二種、体外ノ萬物ノ理学性情及諸般ノ関渉ヲ識認スル知識性才智 GENUS II. – INTELLECTUAL FACULTIES, WHICH PROCURE KNOWLEDGE OF EXTERNAL OBJECTS, OF THEIR PHYSICAL QUALITIES, AND VARIOUS RELATIONS.	
第廿二、各物	No. 22. – Individuality.
第廿三、形状	No. 23. – Form.
第廿四、大小	No. 24. – Size.
第廿五、軽重	No. 25. – Weight.
第廿六、色	No. 26. – Colouring.
第廿七、居所	No. 27. – Locality.
第廿八、数	No. 28. – Number.
第廿九、順序	No. 29. – Order.
第卅、現事	No. 30. – Eventuality.
第卅一、時間	No. 31. – Time.
第卅二、音調	No. 32. – Tune.
第卅三、言語	No. 33. – Language.
弁識臓器ニ内刺衝アルノ論 Internal Excitement of the Knowing Organs – Spectral Illusions.	
第三種、考慮性才智	GENUS III. – REFLECTIVE FACULTIES.
第卅四、比較	No. 34. – Comparison.
第卅五、原由	No. 35. – Causality.
体外ノ萬物人ノ智識性才智ト相適応スルノ論 Adaptation of the External World to the Intellectual Faculties of Man.	

脳ノ機能ハ脳ノ構造ト相関渉スルノ論
Relation between the Functions and the Structure of the Brain.
才智ヲ表示セル天然言語即其特徴ナル表明及面貌ノ論
Natural Language of the Faculties, or Pathognomical and Physiognomical Expression.
才智ノ諸器ハ各相簇集シテ群ヲナスノ論
The Organs arranged in Groups.
骨相学ハ完全ノ性理学ナル餘論
CONTINUATION OF PHRENOLOGY AS A COMPLETE PHILOSOPHY OF MIND.

次に、テクスト本文の冒頭を引用してみよう。

フレノロジーハ希臘語ニシテ精神論ノ義ナリ殊ニ此名称ヲ以テ通行スル学科ハ一千七百五十七年ニ生レシ日耳曼医士ドクトルジューセツプゴール氏ノ発明セシ所ニシテ同氏嘗テ学童タリシ頃其学友ノ記憶常ニ己ニ優リシモノハ眼目皆著ルシク凸出スルヲ目撃シ是ニ由テ各異ノ才智ハ脳ノ各部ト相関係スルヲ察シ且ツ記憶ノ才アル他輩ニ於テモ亦同一ノ形状ヲ発見シ乃チ更ニ以為ラク特リ記憶ノミナラス他ノ性質才智モ亦外部ノ記標アリテ之ヲ表示スルナラント遂ニ心ヲ潜メ思ヲ凝ラシ専ラ性質ノ顕著ナル状態ヲ観察シテ各其顕著ヲ検査セシニ果シテ其形状各異ニシテ某甲ニ於テハ某乙ニ見サル所ノ突起及ヒ凹溝アリ随テ其性質相異ナリキ

PHRENOLOGY is a Greek compound, signifying a discourse on the mind. The system which exclusively passes by this name was founded by Dr Francis Joseph Gall, a German physician, born in 1757. Dr Gall was led, when a school-boy, to surmise a connection of particular mental faculties with particular parts of the brain, in consequence of observing a marked prominence in the eyes of a companion who always overmatched him in commiting words to memory. Finding the same conformation in others noted for the same talent, he reflected that it was possible that other talents might be accompanied by external marks, and that dispositions might also be so indicated. He devoted himself to observing marked features of character; and on examining the heads, was struck with differences in their forms, there being prominences and hollows in some not found in others, with corresponding variations of character in the individuals.

この冒頭部に「骨相学」という語は登場せず、「フレノロジーハ希臘語ニシテ精神論ノ義ナリ」（PHRENOLOGY is a Greek compound, signifying a discourse on the mind.）という説明で始まっている点は見過ごせない。PHRENOLOGYはまず音訳された。「フレノロジー」は「精神論」（a discourse on the mind）なのであり、「骨相学」ではないのだ。「骨相学」に「フレノロジー」をルビとして組み合わせることも可能であったはずだが、そのような選択すらなされなかった。つまり冒頭では、「phrenology＝骨相学」という翻訳の等価は出現せず、「骨相学」が翻訳語として成立していない状況からこの翻訳テクストは始まるのである。

ではどのようにして、翻訳行為が「phrenology＝骨相学」をテクストの展開のなかで立ち上げていったのだろうか。

冒頭で「フレノロジー」を「精神論」と定義したのちに、学説の創設者ガルの逸話――ガル少年による「脳ノ各部」（particular parts of the brain）への着目――が挿入されている。つまり、学友らの「各異ノ才智ハ脳ノ各部ト相関係スル」（a connection of particular mental faculties with particular parts of the brain）という発見である。ガルは「外部ノ記標」（external marks）と「性質才智」（talents）を結びつけることが可能であると考え、頭の「突起及ヒ凹溝」（prominences and hollows）を観察した。解剖学的知見からではなく、頭のかたちに代表される「骨相」から学友の才能を見抜こうとする視線である。こうしてガルを phrenology の創設者として位置づける文脈で、「フレノロジー」は「骨相」と限りなく接近していくのだ。

引用した冒頭部の次に続くテクストでは、ガルやその弟子のシュプルツハイムに加えて、学説の普及に貢献したクーム兄弟（ジョージとアンドリュー）を軸に、学説史の概略を簡潔にまとめている。そして“Dr Gall never took any particular step for making phrenology known in our island”という一文があり、これが「同氏ハ骨相学ヲ開クカ為ニ我大英ニ来遊セシコトナカリシ」と訳されて、ここに「phrenology＝骨相学」が初登場する。

こうした「phrenology＝骨相学」という等価の出現は唐突にも思われるが、先の逸話を思い起こせば、すでに伏線は張られていたのだと腑に落ちよう。以後このテクストに頻出するphrenologyというキーワードは、すべて「骨相学」として反復されてテクスト内で定着していく。この学説を綿密に解説しながら、同時に「phrenology＝骨相学」を立ち上げ成立させる、まさにその成立事情を翻訳プロセスにおいて、文部省『百科全書』の『骨相学』という翻訳テクストはリアルに記憶しているのである。

同時代テクストのなかの骨相学

文部省『百科全書』の『骨相学』は明治初期の翻訳テクストであるが、同時代の出版物として一八七六（明治九）年に文部省より刊行されたジョン・ハート著、カステール訳、小林病翁校による『学室要論』がある（起点テクストは、一八六八年に米国フィラデルフィアで出版された *In the School-room: Chapters in the Philosophy of Education*）。オランダ人のカステール（『体操及戸外遊戯』『戸内遊戯方』の翻訳者）が訳したものを、文部省『百科全書』の『骨相学』と同じ小林病翁が校正した教育理論書で、その序文は文部省の大井鎌吉（『羅馬史』『花園』の翻訳と『論理学』の校正も担当）が書いている。ただし、本書の「第二十三編 骨相学」（XXIII. PHRENOLOGY）は、学説そのものを解説したものではない。

日本におけるガルの学説への言及は幕末の蘭学書にもすでにあったが、そこでは「骨相学」という語は用いられていなかった。たとえば、島村鉉仲（鼎甫）訳の医学書『生理発蒙』（一八六六年）の「脳脊髄効用之論」においては、「相脳学」と訳出している例がある。[23]

また森鷗外に「ガルの学説」という小論があり、「全神経系解剖生理の概論及脳解剖生理の細論」(Anatomie et Physiologie du Système nerveux en général, et du cerveau en Particulier) の概要を「総説」「解剖説」「生理説」に分けて解説している。[24] 随所に専門用語を使用した小論の冒頭に、「フランツ・ヨオゼツフ・ガル Franz Joseph Gall は南独逸の人にして、嘗て維也納に在りて医を業とす。其機関学 Organologie の講筵は、一面公衆の喝采を博し、一面墺太利政府の嫌疑を受けたり」として、Organologie を「機関学」と訳している。鷗外は骨相学という語は用いていないが、そもそもガル自身も phrenology という語を使用していないことは前に述べたとおりである。

『骨相学』の翻訳者と校正者

『骨相学』を翻訳したのは、医学者、政治家として活躍した長谷川泰である。文部省『百科全書』において、もう一編『植物綱目』の翻訳も担当している。彼は漢方医長谷川宗斎の長男として一八四二(天保十三)年に越後国古志郡福井村に生まれ、漢学者鈴木弥蔵に師事し、父からは漢方医学を学んだ。そして一八六二(文久二)年、西洋医学修得のために下総佐倉の順天堂に入学し、佐藤尚中・松本順に師事した。一八六九(明治二)年に大学東校の少助教となり、一八七四(明治七)年に長崎医学校校長に就任する。一八七六(明治九)年には、東京本郷元町に私立医学校の済生学舎を開校し多数の医者を世に送り、東京府病院長・内務省衛生局長なども歴任して医事行政に貢献した。一八九〇(明治二十三)年に衆議院議員、一八九二(明治二十五)年に東京市会議員となったが、一九〇三(明治三十六)年には、政府の学制強化から済生学舎を廃校にして隠居した。[25]

長谷川泰の翻訳を校正したのは、小林病翁(病弱であったための号で「ヘイオウ」と読む)で、本名は虎三郎。小林は文部省編書課員であり、『百科全書』ではほかにも『法律沿革事体』の校正を担当した。佐久間象山門下で学び、戊辰戦争後に長岡藩大参事を務めた人物である。長岡での人材育成のために一八六九(明治二)に国漢学校を開設し、また翌年には寄贈された米百俵をもとにして、現在の長岡高校の原型を設立した。この米百俵にまつわる逸話は、のちに山本有三の戯曲『米百俵』として有名になり、後世にも伝えられるところとなった[26]。

長谷川泰という医学の専門家が翻訳を行い、小林病翁という国学と漢学に明るい儒者が校訂を加えたのが文部省『百科全書』の『骨相学』で、医学の専門知識と伝統的な教養が融合された翻訳テクストである。

四　語るまなざし

十九世紀前半に西洋で流行したphrenologyが日本へと初めて紹介された時期は明確に特定できないが、先述のとおり幕末の蘭学者らにもある程度は知られていたようだ。漢語としての「人相」「観相」「骨相」などという下地があったにしても、phrenologyは西洋由来の学説として日本で受け入れられた。明治初期に「骨相学」と訳出された文部省『百科全書』の一編は、「phrenology＝骨相学」という翻訳語の初出に限りなく近く、この学説を詳述したものとして、近代日本における「骨相学」を考えるうえで画期となる翻訳テクストである。近代的科学性に牽引された文明開化のなかで、脳や神経に表象される解剖学的視線が拡散し他者の内面を可視化していった。そして、文学表現もその例外ではなかった。

写実と骨相学

骨相学は日本近代文学を変えた。

近代的写実主義は坪内逍遥に始まる、とするのが日本文学史の定説であろう[27]。ただし、逍遥自身は「写実」ではなく「摸写」という語を用いている。文学士坪内雄蔵（逍遥）による『小説神髄』（一八八五—八六年）は、「小説の美術たる由を明らめまくせバまづ美術の何たるをバ知らざる可らず」と、「小説」を「美術」としたうえで、

「美術」とは何かを問うことで始まる文学理論である（ここでの「美術」は現代の「芸術」に相当、第九章参照）。逍遥は文部省『百科全書』の『修辞及華文』なども踏まえて、「美術」としての文学論を展開した。そして小説の種類について、「摸写小説」（artistic novel）を通俗的な勧懲小説と対比しながら、次のように説明する。

摸写小説（ア、チスチック。ノベル）ハ所謂勧懲とハ全く其性質を異にしたるものにて其主意偏に世態をバ写しいだすに外ならざるなりされバ人物を仮作するにもまた其脚色を設くるにも前に述べたる主眼を体して只管仮空の人物として仮空界裡に活動せしめて真に逼らしめむと力むるものなり譬バ詩人が詩歌をものして真景を写し真情をはき画工が丹青をもて花鳥山水を描き彫像師が鉢をもて人またハ獣の形を彫れるが如く専ら真に逼るを主として趣向を構へ列伝をまうけ人情世態を穿てるものなり(28)

さらに逍遥は登場人物の性質描写について、「陰手段」と「陽手段」という二つの方法を説明し、「あらはに人物の性質を叙せずして暗に言行と挙動とをもて其性質を知らする法」が日本での伝統的描き方で、これが陰手段と呼ばれる。それに対して陽手段では、「まづ人物の性質をばあらハに地の文もて叙しいだして之を読者にしらせおくなり西洋の作者ハ概して此法を用ふるものなり」という。そして陽手段のためには「あらかじめ心理学の綱領を知り人相骨相の学理をしも会得せざれバ叶はぬことなり」としている(29)。この文学理論を実践した同年の逍遥『当世書生気質』では、主人公の小町田粲爾が次のように描かれた。

其容体ハいかにといふに。年の比ハ二十一二。痩肉にして中背。色ハ白けれども。麗やかならねバ。まづ青白いといふ。皃色なるべし。鼻高く眼清しく。口元もまた尋常にて。頗る上品なる容皃なれども。頬の少しく凹たる塩梅。髪に癖ある様子なんどハ。神経質の人物らしく。俗に所謂苦労性ぞと傍で見るさへ笑止らしく(30)。

人物の年恰好と体格をざっと述べたうえで容貌に移り、「鼻高く」「頬の少しく凹たる」という顔の骨相に依拠して「神経質」なのではないかと推測するのだ。語り手は「陽手段」を用いて、主人公の容体という外面を描くことで彼の性質という内面を表現しようとしている。亀井秀雄は、逍遥の文学理論『小説神髄』やその理論に基づいた実作である『当世書生気質』に、文部省『百科全書』の『骨相学』からの影響を指摘した。[31] 菊池大麓訳『修辞及華文』が『小説神髄』に長く引用されていることを考えれば、逍遥が同じ『百科全書』の一編である『骨相学』も知っていたことは確かであろう。

また二葉亭四迷の評論「小説総論」（一八八六年）では、「摸写といへることハ実相を仮りて虚相を写し出すといふことなり」と述べられており、これは「逍遥のリアリズム論の批判的深化」と捉えてよい。[32] だからこそ四迷の『浮雲』（一八八七―八九年）は、近代日本の小説の嚆矢とされるのだ。この流れは硯友社を経て言文一致運動と連動し、明治四十年代の自然主義へと接続されていく。逍遥『当世書生気質』よりもさらに克明に顔の造作を描写することで、人物の性格やその運命までも表現しようと試みたのが『浮雲』の語りである。その第一回では、ふたりの登場人物は固有名詞を与えられず、次のような外見を持つ男として紹介されている。

途上人影の稀れに成つた頃同じ見附の内より両人の少年が話しながら出て参つた。一人は年齢二十二三の男。顔色は蒼味七分に土気三分どうも宜敷ないが秀た眉に儼然とした眼付でズーと押徹つた鼻筋唯惜哉口元が些と尋常でないばかり、しかし締はよさそうゆゑ絵草紙屋の前に立つてもパックリ開くなどゝいふ気遣いハ有るまいが兎に角顋が尖つて頬骨が露れ非道く癯れてゐる故か顔の造作がとげとげしてゐて愛嬌気といつたら微塵もなし。醜くはないが何処ともなくケンがある。背はスラリとしてゐるばかりで左而已高いといふ程でもないが痩肉ゆゑ半鐘なんとやらといふ人聞の悪い渾名に縁が有りさうで、年数物ながら摺畳皺の存じた霜降「スコッチ」の服を身に纏ツて組紐を盤帯にした帽檐広な黒羅紗の帽子を戴いてゐ、今一人は前の男より二ツ三ツ兄らしく中肉中背で色白の丸顔。口元の尋常な所から眼付のパッチリとした所は仲々の好男子ながら顔立がひねてこせこせしてゐるので何となく品格のない男。[33]

ひとりは「鼻筋」が通り「顋」が尖り「頬骨」が出たなどと顔の骨相にこだわって描かれた結果、「とげとげして」「何処ともなくケンがある」と語られる。第二回ではこの男に「内海文三」という名前が付与され、「性質が内端」であることも同時に披露される。もうひとりは「丸顔」で「こせこせ」した「品格のない男」で、主人公の文三と対比的な輪郭の顔をもつ。彼の姓が「本田」であることが判明するのはずっと遅く、第五回まで読み進める必要があるが、その次の第六回では「本田昇」とフルネームで登場し、世辞に長けている点など文三とは正反対の要領の良い性格が描かれて、ふたりの行く末が暗示される。回を重ねて読み続けるなかで、第一回での彼らの骨相から想像された内面が明らかになり、結末は骨相学的な期待を裏切らない。語り手と読者が骨相学的なまなざしを共有しながら、『浮雲』という文学テクストは展開するのである。

こうして顔の造作を観察して骨相を描き、その人物の内面を表現する方法が、日本近代文学に獲得された。「ありのままに摸写する」（逍遥）ことを理想とした写実主義小説において、骨相学的に他者を視ることでその性格や運命が推し量られるのだ。登場人物の外面、特に顔の骨相を克明に模写した文学が内面を発見し始めていくのである。

写生と骨相学

骨相学的なまなざしによる表現方法は、正岡子規らの「写生文」（叙事文）にも通じるところがある。[34] 子規の提唱を受け継いだひとり寒川鼠骨は、一九〇〇（明治三十三）年五月の『ホトトギス』に写生文「新四人」を発表している。この鼠骨の作品は写生文として高く評価されており、子規は「獄中ノコトハ君ノ文ニヨリテ伝ハリ君ノ名ハ獄中談ニヨリテ残ル位ノ大切ナル文章」（明治三十三年六月十一日付、鼠骨宛書簡）と称賛した。当時、鼠骨は新聞『日本』の署名人だったが、国分青厓の社説が山縣有朋首相への誹謗ということで官吏侮辱罪となり、巣鴨監獄に収監されたことがあった。その時の様子を描いた体験記である「新囚人」に、骨相学という語が繰り返し使用される場面がある。

> 彼れといふのは二十七八歳の岩疊に出来た男で、余の未熟な骨相学の智識によつて判断する所によると、決して悪い事をするやうな面構へじやない、否寧ろ至極の善人で至極やさしい父たる人であるらしい。余は何故に彼れのやうな善人がコンナ処へやつて来たのであらうか、或は余の骨相学は少しも真を穿ち得ないのであらうか、余が彼れを善人と思つたのは全く間違ひで、実は善人でなく単に善人らしいのに過ぎなかつたので、まことは外面のみの菩薩たるに止るのであらうか、決してさうらしくはないのであるが併し人は見かけに依らぬといふ格言もあるものゝ事だから、などゝ思つて遂ひに彼れに彼れの罪名と職業とを尋ねた、所が余の骨相学は案外間違つて居なかつたから不思議だよ、彼れは余と同罪であつて官吏侮辱といふ罪名の下に投獄されたのである、彼れは余の想像の如く芝浜あたりの某鉄工場へ通勤してゐた正直な勤勉なさうして善良な一個の職人である、之れ彼れの余に答ふる所であつて少しも嘘のない事実である。(35)

ここでは、もはや綿密な顔の造作を描写する必要さえなく、作品内で骨相学の正否が問われるまでに、そのまなざしが前提となり読者と共有されている。まず作者は骨相学の知識で、「彼」を「善人」と思うが、その直後に「人は見かけに依らぬという格言」も頭を過り、実際に尋ねてみるという行為に出た。「彼」の罪名が作者と同じ「官吏侮辱」と判明した結果、その人物はやはり「善良な一個の職人」であることが事実として確認されて、骨相学の正しさに帰結するのである。

鼠骨の写生文では、「科学」としての骨相学に仮託することによって、客観的な写生という虚構を成立させたとも言える。「未熟な骨相学の智識」という控えめな表現ながらも、その判断が「科学」的な観察に基づいて描写され、「少しも嘘のない事実」が、骨相学という学説を読者と共有することで裏付けられるのだ。

近代日本の文学者らが理想とした写実的描写は、ありのままを模写することであった。登場人物の外見から内面を発見するために顔の造作を観察し、語り手の視神経がそれを脳に伝えて語らせた。骨相学的な近代の視線が虚構を構築し始めたのである。坪内逍遥、二葉亭四迷、そして寒川鼠骨らの文学作品における骨相学的な語りは、登場人物の外面から内面を発見していく手法に他ならない。唯物論的に性格を脳へと還元する視線が、写実あるいは写生的表現に通底している。そもそも人々の顔というありふれた風景など、かつては文学作品の対象にさえならないほどに平凡な日常でしかなかった。骨相学による他者を視るまなざしは日本文学に内面と意味をもたらしたのである。

五　疑似科学の近代

迷信としての骨相

登場人物の顔という日常を文学テクストに語らせた骨相学の視線は、近代の非日常的世界にも開かれていた。明治期は心霊術や催眠術とともに記憶術が大流行した時代でもあり、現代の受験参考書のはしりとなるような記憶術に関する多数の著書が、当時の立身出世イデオロギーを下支えしていた。この流行は、記憶術ブームの背後に人間の脳や内面への近代科学的な関心があってはじめて成立したものだ。中村正直『西国立志編』（一八七一年）や福澤諭吉『学問のすゝめ』（一八七二―七六年）がベストセラーとなった頃に、立身出世を要請する競争社会の原型はすでに出来上がっていた。[36] そのなかで勝者となるためには効率的な記憶術が求められ、さらに催眠術的な方向づけも求められた。他者の内面を脳機能に基づいて「科学」的に解明したかに思われた骨相学の時代は他方でまた、オカルト的なものへと接続されてしまう危うさも秘めていたのである。[37]

近代日本における骨相学の末路は、医学史の立場からの富士川游による解説が暗示している。「信仰と迷信に関する通俗科学展覧会」のために収集した資料に基づいて、「骨相術」を迷信として総括したのである。

> 骨相術とは、西洋にて行わるる相法で、これを「フレノロギー」(Phrenologie)という。頭骨表面の形状を見てその人の精神作用の特性を判断するの術である。始めて、この術を唱えたのは、墺太利の解剖学者のガル氏(一七五八年生、一八二八年没)で、その説くところに拠れば、人々の脳髄には理解・感情・衝動等個々の精神作用を営む部分があるとするので、これを精神器官と称するのである。そうして、この部分に相当する頭骨の形状等を観て、外部からその発達を窺い知ることが出来るから、それに基づきてその人の精神作用の特性が知られるというのが骨相術の趣旨である。〔…〕その巧妙なる宣伝によりて、欧州より米国にまでも伝わり、遂に医家の手を離れて、骨相術者の仕事となり、今もなお、この相法は西洋の俗間に行われつつあるのである。[38]

一九一〇(明治四十三)年二月に東京帝国大学で行った心理学通俗講話会での「骨相と人相」でも、富士川は「身体の外表を見て、それから、その人の性格若しくは運勢を判断する方術」と述べて、「術」としての側面を強調している。[39] 骨相「学」ではなく、迷信を取り込んだ疑似科学の骨相「術」として静観しようとする医学史の立場が感じられる。

ヴィクトリア朝の英国で phrenology の中心人物であったジョージ・クームの *A System of Phrenology* が、永峯秀樹訳『性相学原論』(一九一八年)として邦訳出版されたのも同時期である。[40] ここでは「性相学」と訳されているが、この訳語は石龍子《せきりゅうし》が「性相学会」を創設し、機関誌『性相』を発行していたことと無関係ではなかろう。[41]

石家は江戸期に初代石龍子が医業の傍ら観相学を始めたが、第三代のとき一八〇〇（安永九）年には、観相学が医学か陰陽学かで訴えられた記録も残されているという。そして、明治末期から大正末期にかけて「石龍子ブーム」の到来もあった。[42] このような時代を経て、近代日本の骨相学は拡散しながら忘却されていったのだろう。

科学とオカルトの近代

私たちの心や精神という内面は、不可視であるがゆえに神秘的である。十九世紀の phrenology は、脳や神経という「科学」でそれを可視化しようと試みた。ウィーンの医者フランツ・アントン・メスメルが理論化した動物磁気（animal magnetism）が「コックリさん」を呼び込み、近代催眠術につながり、さらに写真技術から心霊写真が生まれるという具合に、この時代は「科学」がオカルト的ないかがわしさへと容易に反転する心霊主義の時代でもあった。メスメルの唱えたメスメリズムでは、動物磁気という宇宙的流体の存在に理論的に依拠していた。[43] ジャネット・オッペンハイムも指摘するように、心霊主義は近代科学の装いをいつも身にまとっていた。英国ヴィクトリア朝にはその科学崇拝のなかで、「強力な科学的証拠と科学的議論が、伝統的宗教の信念を引き裂いておきながら、人間の精神の要求に応える新たな庇護を与えることがないのを見て、恐怖にかられるヴィクトリア人も少なくなかった」という。[44] そこで、心と身体という古い議論への新しい手がかりを与えたのが、当時の phrenology とメスメリズムであり、いずれも十九世紀前半の英国で隆盛した思潮であったのだ。どちらも唯物論的であるとともに、精神へも目配りがきいていた点が共通している。

また、phrenology には現代の心理学への貢献があったことも付け加えておこう。これは、脳が心の器官として思考と感情の中心であるという仮説によるものである。phrenology の理論的基盤は脳機能の局在論であり、脳という肉体器官を「経験主義的観察と機能的推論の対象」とした。[45] このような唯物観は心という問題系を形而上学から救い出すものとも言える。脳器官の特定の部位や頭蓋骨の形状と人間の性格や個性との結びつきを先験的に想定してしまった点はのちに批判されたが、他方で脳機能に対する臨床的関心を喚起するきっかけともなり、心理学という近代的学知の先駆ともなった[46]。

骨相学の虚構

社会進化論的なダーウィニズムの時代思潮と相俟って、phrenology は幕末開国期の日本に到来し拡散した。本章では、西洋近代の「科学」的学説である phrenology を詳述した起点テクストとその翻訳テクストをめぐって、同時代の言説とともに考察した。文部省『百科全書』プロジェクトは歴史の転換期に企図された翻訳事業であり、その一編、長谷川泰訳・小林病翁校『骨相学』は、「phrenology ＝骨相学」という等価をまさに立ち上げた翻訳テクストであった。英国ヴィクトリア朝に流通した啓蒙書を翻訳する行為をつうじて、西洋の視線が「骨相学」として成立したのである。

近代文学者らが理想としたいわゆる写実的描写とは、ありのままを模写することであった。登場人物の外見から内面を発見するために顔の骨相を観察し、語り手の視神経がそれを脳に伝えて語らせた。骨相学的な近代の視線が虚構を構築し始めたのである。「骨相学」という近代は他者を視るまなざしの虚構化へと開かれ、また神秘的な内面を可視化した。だから神経や脳への骨相学的関心はオカルトや心霊主義ともつながった。疑似科学という烙印を押された後、もはや現在ではその痕跡さえ忘れられているが、「phrenology ＝骨相学」とは視覚が他の感覚を凌いで支配的に優位となった時代だからこそ流行した、きわめて近代的な学説であった。

注

（1）たとえば英語の I see. は「みる＝わかる」ことであり、日本語には「話がみえない」つまり「話（の内容）が理解できない」という表現がある。ことほど左様に視覚は精神活動に直結する。

（2）大部の書、バーバラ・M・スタフォード『ボディ・クリティシズム――啓蒙時代のアートと医学における見えざるもののイメージ化』高山宏訳（国書刊行会、二〇〇六年）の序章では「見える知」（一七―七四頁）を語り、「切解」（七六―一八〇頁）の章では十八世紀西洋のパラダイムとして、解剖学とそのメタファーを観相学も含めて論じている。

（3）岩崎克己（片桐一男解説）『前野蘭化2　解体新書の研究』（平凡社、一九九六年）、杉本つとむ『解体新書の時代――江戸の翻訳文化をさぐる』（早稲田大学出版部、一九九七年）などに詳しい。現代語訳としては、酒井シズ『新装版解体新書』（講談社学術文庫、一九九八年）がある。

（4）訳語の三分法は、『和蘭医事問答』『解体新書』『重訂解体新書』に共通するが、意味するところにずれもある。

（5）「神経」と訳出した経緯については、建部清庵との間で交わされた書簡集『和蘭医事問答』に記されている。建部清庵は一関藩（岩手県一関市）の名医として知られ、その門下生には大槻玄沢もいた。一七九五（寛政七）年の『和蘭医事問答』は沼田次郎・松村明・佐藤昌介校注『洋学　上』（岩波書店、一九七六年）に所収。吉田忠「『解体新書』から『西洋事情』へ」、芳賀徹編『翻訳と日本文化』（山川出版社、二〇〇〇年）なども参照されたい。

（6）杉本つとむ『日本翻訳語史の研究』八坂書房、一九八三年。

（7）「神経」の訳語については杉本、一九九七年、二三頁。『蘭学事始』の虚実については、杉本、一九八三年、三一五―三一七頁。

（8）三遊亭円朝（小相英太郎速記）「真景累ヶ淵」『三遊亭円朝集』筑摩書房、一九六五年、二一二頁。一八五九（安政六）年、円朝が二十一歳の時「累ヶ淵後日怪談」として発表したものだが、「神経」と「真景」をかけたのは円朝贔屓の漢学者、信夫恕軒による。

（9）一竿齋宝洲『神経闇開化怪談』（平凡社、二〇〇五年）。復刻版の解題で佐藤至子は、その内容を「旧士族の男が芸者に迷い妻を離縁、妻は堀に投身し、男と芸者は妻の幽霊に苦しめられるが実は妻は生きていたという筋立てを、開化風俗の描写を交えて書いた脚本形式の小説」と紹介している。

（10）骨相学の全体像については、スティーブン・シェイピン「エディンバラ骨相学論争」、ロイ・ウォリス編『排除される知――社会に認知されない科学』高田紀代志・杉山滋郎・下坂英・横山輝雄・佐野正博訳（青土社、一九八六年）、ジャネット・オッペンハイム『英国心霊主義の抬頭――ヴィクトリア・エドワード朝時代の社会精神史』和田芳久訳

（工作舎、一九九二年）、上山隆大「身体の科学——計測と器具」、大林信治・森田敏照編『科学思想の系譜学』（ミネルヴァ書房、一九九四年）などに詳しい。

(11) マイケル・オーシェイ『脳』山下博志訳、岩波書店、二〇〇九年、二九—三〇頁。また、失語症研究におけるピエール・ポール・ブローカの名に因んだ「ブローカ野」やカール・ウェルニッケの「ウェルニッケ野」などの存在も、脳機能局在説を強化するものである。

(12) 鈴木七美『癒しの歴史人類学——ハーブと水のシンボリズムへ』世界思想社、二〇〇二年、一一〇—一一二頁。なお Lavater のカタカナ表記は、「ラファーター」「ラーファター」「ラヴァーター」「ラヴァーター」など一定しない。

(13) 「女性」についてはシンシア・イーグル・ラセット『女性を捏造した男たち——ヴィクトリア時代の性差の科学』上野直子訳（工作舎、一九九四年）、「犯罪者」についてはピエール・ダルモン『医者と殺人者——ロンブローゾと生来性犯罪者伝説』鈴木秀治訳（新評論、一九九二年）が詳しく論述している。

(14) Clarke E. and Jacyna, L. S. (1987). *Nineteenth-century origins of neuro scientific concepts*. Berkeley and Los Angeles, CA: University of California Press.

(15) 松永俊男『ダーウィン前夜の進化論争』名古屋大学出版会、二〇〇五年、六七頁。なお、「エディンバラ骨相学論争」については、シェイピンの前掲論文に詳しいが、スコットランドにおける社会的利害を背景とする対立であったという。

(16) Cooter R. (1984). *The cultural meaning of popular science: phrenology and the organization of consent in nineteenth-century Britain*. Cambridge: Cambridge University Press. および松永俊男『ダーウィンの時代——科学と宗教』名古屋大学出版会、一九九六年、二三七—二八六頁。

(17) 上山の前掲論文および Cooter 前掲書。

(18) ロンブロオゾオ『天才論』辻潤訳、植竹文庫、一九一四年。『天才論』については、夏目漱石『文学論』（一九〇七年）、芥川龍之介「路上」（一九一九年に大阪毎日新聞に連載された未完長編小説）、三島由紀夫『文章読本』（一九五九年）などでも言及されている。ノルダウの抄訳として中島茂一（孤島）訳『現代の堕落』（大日本文明協会、一九一四年）があり、その序文は坪内雄蔵が書いている。

(19) 山下重一『スペンサーと日本近代』御茶の水書房、一九八三年。

(20) 西周「百学連環」『西周全集　第四巻』宗高書房、一九一八年、一四九—一五二頁。

(21) Secord, J. A. (2000). *Victorian sensation: The extraordinary publication, reception, and secret authorship of vestiges of the natural history of creation*. Chicago, IL: University of Chicago Press.
(22) 松永、二〇〇五年、六八頁。
(23) 佐藤達哉『日本における心理学の受容と展開』北大路書房、二〇〇二年、二六頁。
(24) 森林太郎「ガルの学説」『公衆医事』第四巻第二号一〇号、一九〇〇年、同第五巻第七号、一九〇一年(『鷗外全集著作篇 第二十五巻』岩波書店、一九五三年、三一一—三三九頁に所収)。
(25) 武内博編『日本洋学人名事典』(柏書房、一九九四年)、湯本豪一編『図説明治人物事典 政治家・軍人・言論人』(日外アソシエーツ、二〇〇〇年)などによる。
(26) 小林病翁の活躍については、坂本保富『米百俵の主人公 小林虎三郎——日本近代化と佐久間象山門人の軌跡』(学文社、二〇一一年)に詳しい。
(27) 三好行雄『写実主義の展開』岩波書店、一九五八年、江藤淳『リアリズムの源流』河出書房新社、一九八九年、七—四三頁。
(28) 坪内逍遥「小説神髄」『坪内逍遥集』筑摩書房、一九六九年、二一頁。
(29) 同書、五八頁。
(30) 坪内逍遥「当世書生気質」『坪内逍遥集』筑摩書房、一九六九年、六一—六二頁。
(31) 亀井秀雄『身体・この不思議なるものの文学』れんが書房新社、一九八四年、二四頁。
(32) 江藤前掲書、八頁。
(33) 二葉亭四迷「浮雲」『二葉亭四迷 嵯峨の屋おむろ集』筑摩書房、一九七一年、四頁。
(34) 「写生」という語そのものは中国宋代の画論における術語に由来するが、子規の「写生」論はイタリア人の風景画家アントニオ・フォンタネージに工部美術学校で指導を受けた洋画家たちの次世代、とりわけ中村不折からの影響である。子規の写生説については、北住敏夫『写生説の研究』(角川書店、一九五三/一九九〇年)、松井貴子『写生の変容——フォンタネージから子規、そして直哉へ』(明治書院、二〇〇二年)に詳しい。
(35) 寒川鼠骨「新四人」『明治俳人集』筑摩書房、一九七五年、三〇二頁。
(36) 竹内洋『立志・苦学・出世——受験生の社会史』講談社現代新書、一九九一年、三八—六〇頁。竹内は明治初期の

週刊誌『穎才新誌』に投稿された青少年の勉強言説（「勉強ハ富貴ヲ得ル資本ノ説」や「勉強ハ身ヲ立ルノ基トナル説」など）を引用しながら、勉強立身の時代が到来しつつある様子を分析している。

（37）岩井洋『記憶術のススメ——近代日本と立身出世』青弓社、一九九七年。

（38）富士川游『迷信の研究』（養生書院、一九三二年）は、『富士川游著作集3』（思文閣出版、一九八〇年、一一一—三一〇頁）に所収。

（39）富士川游「骨相と人相」『心理研究』（第一巻第一号、一九一二年）は、『富士川游著作集3』（思文閣出版、一九八〇年、三五一—三六七頁）に所収。なお一八七〇（明治三）年末から七三（明治六）年頃にかけて西周が私塾育英舎で講義した内容をまとめた「百学連環」の「知説」では、「学ノ要ハ真理ヲ知ルニアリ」「術ハ其知ル所ノ理ニ循ヒテ之ヲ行フ」として、「学」と「術」を区別する。

（40）永峯秀樹訳『性相学原論』洗心堂、一九一八年。永峯秀樹の生涯は保坂忠信『評伝　永峯秀樹』（リーベル出版、一九九〇年）に詳しいが、永峯は沼津兵学校で学んだ後、築地の海軍兵学寮や江田島の海軍兵学校で教壇に立った人物である。彼が晩年に翻訳した『性相学原論』は、退職後に phrenology の「科学的根拠に傾倒」したからであるという。永峯にはすでに『欧羅巴文明史』（仏国ギゾー氏原著・米国ヘンリー氏訳述からの重訳、一八七四—七七年）や『暴夜物語』（アラビアン・ナイトの初邦訳、一八七五年）などの訳業もあり、当時の著名な翻訳者であった。柳田泉『明治初期翻訳文学の研究』（春秋社、一九六一年）では永峯について、「旧幕人で甲斐の出生、維新後海軍に入り、終生海軍教育に従事していた。氏は文学の嗜みがあり、〔…〕当時高名の翻訳家であったものだ」（一〇頁）と高く評価している。

（41）ここでの石龍子は第五代目（一八六二—一九二七年）を指す。なお永峰自身は法華経の「是の如き相あれば、是の如き性あり」からの「性相」としており、石龍子の「性相」とは意味が異なると述べている（保坂前掲書、一二六—一二七頁）が、同時代言説である点は否定しがたい。

（42）中山茂春「石龍子と相学提要」『日本医史学雑誌』第五十五巻第二号、二〇〇九年、一九六頁、同誌第五十五巻第三号、三七一—三七六頁。中山によると、第五代目石龍子は「性相学の始祖であり観相学の泰斗」で、「明治四十二年頃から大正末期までの十二年間は全国に石龍子ブームができる程日本的な名声を得た」。また、その「性相学」を「人の容貌骨格を見て性格運命などを判断する学問」とする。

（43）ジョナサン・ミラー「無意識を意識する」、ジョナサン・ミラー、スティーヴン・ジェイ・グールド、ダニエル・J・ケヴレス、R・C・ルーウォンティン、オリヴァー・サックス『消された科学史』渡辺政隆・大木奈保子訳（みすず書房、一九九七年）、一柳廣孝『催眠術の日本近代』（青弓社、二〇〇六年）などに詳しい。
（44）オッペンハイム前掲書、二六一頁。
（45）同書、二六九頁。
（46）「psychology ＝心理学」の成立は、あまりはっきりしない。西周はpsychologyを一貫して「性理学」と訳していたし、西周訳『奚般氏心理学』（一八七五―七九年）の起点テクストはジョセフ・ヘヴンの *Mental Philosophy* であった。いずれにせよ、訳語の成立とは別に、「心理学」は骨相学と同様に西洋由来のものである。

第八章　「物理」「化学」という近代——窮理と舎密からのフィクショナルな離脱

天文学　**気中現象学**　**地質学**　**地文学**　**植物生理学**　**植物綱目**　**動物及人身生理**　**動物綱目**　**物理学**　**重学**　**動静水学**　**光学及音学**　**電気及磁石**　**時学及時刻学**　**化学篇**　**陶磁工篇**　**織工篇**　**鉱物篇**　**金類及錬金術**　**蒸汽篇**　**土工術**　陸運　水運　**建築学**　**温室通風点光**　**給水浴澡掘渠篇**　**農学**　**菜園篇**　**花園**　**果園篇**　**養樹篇**　**馬**　**牛及採乳方**　**羊篇**　**豚兎食用鳥籠鳥篇**　**蜜蜂篇**　**犬及狩猟**　釣魚篇　**漁猟篇**　**養生篇**　食物篇　食物製方　**医学篇**　衣服及服式　人種　言語　交際及政体　法律沿革事体　太古史　希臘史　羅馬史　中古史　英国史　英国制度国資　海陸軍制　欧羅巴地誌　英倫及威爾斯地誌　蘇格蘭地誌　愛倫地誌　亜細亜地誌　亜弗利加及大洋州地誌　北亜米利加地誌　南亜米利加地誌　人心論　骨相学　北欧鬼神誌　論理学　洋教宗派　回教及印度教仏教　歳時記　修身論　接物論　経済論　人口救窮及保険　百工倹約訓　国民統計学　教育論　**算術及代数**　戸内遊戯方　体操及戸外遊戯　古物学　修辞及華文　印刷術及石版術　彫刻及捉影術　自然神教及道徳学　**幾何学**　聖書縁起及基督教　貿易及貨幣銀行　画学及彫像　**百工応用化学**　家事倹約訓

一　蘭学から英学へ

本章では、文部省『百科全書』の自然科学分野に焦点を合わせる。たとえば「物理」や「化学」というような、現代の学校教育を受けた私たちにも馴染み深いタイトルの存在を手がかりとして、近世からの学問の継承と切断を明治初期の翻訳テクストに探ってみたい。

ここで探究を試みるのは、「窮理」が「物理」に、「舎密」が「化学」になったという事実そのものではない。この点に関しては、すでに日本科学史の先行研究が明らかにするとおりである。[1] そうではなくて、翻訳語の出来事として、このことから何が問えるのかを改めて考えてみるのである。

西洋の学問といえば蘭学であった時代、さまざまな自然科学の概念はオランダ語からの翻訳を媒介にして近世日本に紹介された。江戸幕府による鎖国政策という制約下にあっても、医学や天文学などを中心とした理系用語は蘭書の翻訳によって近代日本語の語彙を豊かにしてきたのである。[2]

やがて、その流れが変わるときが来る。世界史の大きなうねり——フランス革命後の仏・英・蘭の力関係の変化、その余波が一八〇八（文化五）年に起きたフェートン号事件であったわけだが——を背景に、幕末開国期のわが国の学問は蘭学から離脱する。よく知られている逸話として、福澤諭吉が自伝のなかで回想した次の一節が思い起こされる。

ソコデ以て蘭学社会の相場は大抵分て先ず安心ではあったが、扨又此処に大不安心な事が生じて来た。私が江戸に来たその翌年、即ち安政六年、五国条約と云うものが発布になったので、横浜は正しく開けた計りの処、ソコデ私は横浜に見物に行た。〔…〕横浜から帰て、私は足の疲れではない、実に落胆して仕舞た。是れは〳〵どうも仕方がない、今まで数年の間、死物狂いになって和蘭の書を読むことを勉強した、その勉強したものが、今は何にもならない、商売人の看板を見ても読むことが出来ない、左りとは誠に詰らぬ事をしたわいと、実に落胆して仕舞た。けれども決して落胆して居られる場合でない。彼処に行れて居る言葉、書いてある文字は、英語か仏語に相違ない。所で今世界に英語の普通に行れて居ると云うことは予て知て居る。何でもあれは英語に違いない、今我国は条約を結んで開けかゝって居る、左すればこの後は英語が必要になるに違いない、洋学者として英語を知らなければ迚も何にも通ずることが出来ない、この後は英語を読むより外に仕方がないと、横浜から帰た翌日だ、一度は落胆したが同時に又新に志を発して、夫れから以来は一切万事英語と覚悟を極めて、扨その英語を学ぶと云うことに就て如何して宜か取付端がない。(3)

一八五八（安政五）年に米・蘭・露・英・仏の五カ国と締結した通商条約を契機に、わが国の扉は世界に向けて大きく開かれたが、この安政五カ国条約は英学への転換を促すことにもなった。これらの条約を締結した結果、外交交渉で英語の使用が要請されるようになったのである。たとえば、日英修好通商条約第二十一条では、英国外交官や領事館から日本側への公文書は英語で書くことを定めており、条約締結後の五年間は日本語かオランダ語の訳書を添えるとしていた。(4)

このような状況下で、英語の必要性を敏感に察知した者は福澤ばかりではあるまい。ただし、彼らの英学には蘭学の知識が大いに役立ったのも事実だ。先に引用した「福翁自伝」のくだりには続きがある。

始めは先ず英文を蘭文に飜訳することを試み、一字々々字を引てソレを蘭文に書直せば、ちゃんと蘭文になって文章の意味を取ることに苦労はない。唯その英文の語音を正しくするのに苦んだが、是れも次第に緒が開けて来れば夫れほどの難渋でもなし、詰る処は最初私共が蘭学を棄てゝ英学に移ろうとするときに、真実に蘭学を棄てゝ仕舞い、数年勉強の結果を空うして生涯二度の艱難辛苦と思いしは大間違の話で、実際を見れば蘭と云い英と云うも等しく横文にして、その文法も略相同じければ、蘭書読む力は自から英書にも適用して決して無益でない。(5)

蘭学の素養を力強いバネにして、洋学者らは英学へと跳躍したのだ。明治初期の文部省『百科全書』にかかわった翻訳者らも例外ではなく、ほとんどの洋学者が元来は蘭学を志していた。たとえば、この国家的事業を企図した箕作麟祥も、蘭学者である祖父の箕作阮甫から幼少期にオランダ語を学び、その後に英語とフランス語を修得した人物である。

明治期に眩く開花した翻訳実践への助走のなかに蘭学を位置づけて、加藤周一は「十九世紀後半の日本が西洋の文献の翻訳に着手する前、およそ一世紀間にわたって、日本人の西洋語理解の基礎を作り、訳語を発明する技術を準備していた」と指摘している。(6) 確かに、蘭学の継承は近代日本の翻訳にとって重要な下地作りとなったにちがいない。だが同時にまた、帝国日本が「大英帝国」を範とする近代化を擬態するためには、蘭学からの離脱が語られなければならなかった。その虚構性、つまりはフィクショナルな離脱こそ見逃せない事実であり、本章のテーマである。

二　自然科学の翻訳

これまでにも述べてきたとおり、文部省『百科全書』には英国ヴィクトリア朝の文字どおり百科近くに及ぶ知の領域が収められている。近代日本の英学が近世の蘭学から離脱した（と思われている）痕跡を、特に自然科学分野の翻訳テクストに探ってみたい。

知の領域に明確な境界線を引くことにはためらいもあるが、『百科全書』の九十一編における半数近く、次に挙げる四十一編をひとまず自然科学的な分野として便宜的に分類しておいてよいであろう。起点テクストの項目名も併せて確認しておく。

天文学（ASTRONOMY）　気中現象学（METEOROLOGY）　地質学（GEOLOGY）　地文学（PHYSICAL GEOLOGY）　植物生理学（VEGETABLE PHYSIOLOGY）　植物綱目（SYSTEMATIC BOTANY）　動物及人身生理（ANI-

MAL PHYSIOLOGY－THE HUMAN BODY）動物綱目（ZOOLOGY）物理学（NATURAL PHILOSOPHY）重学（MECHANICS－MACHINERY）動静水学（HYDROSTATICS－HYDRAULICS－PNEUMATICS）光学及音学（OPTICS－ACOUSTICS）電気及磁石（ELECTRICITY－GALVANISM－MAGNETISM－ELECTRO-MAGNETISM）時学及時刻学（CHRONOLOGY－HOROLOGY）化学篇（CHEMISTRY）陶磁工篇（FICTILE MANUFACTURES）織工篇（TEXTILE MANUFACTURES）鉱物篇（MINING－MINERALS）金類及錬金術（METALS－METALLURGY）蒸汽篇（THE STEAM-ENGINE）土工術（CIVIL ENGINEERING）建築学（ARCHITECTURE）温室通風点光（WARMING－VENTILATION－LIHTING）給水浴澡掘渠篇（SUPPLY OF WATER－BATHS－DRAINAGE）農学（AGRICULTURE－CULTURE OF WASTE LANDS－SPADE HUSBANDARY）菜園篇（THE KITCHEN GARDEN）花園（THE FLOWER GARDEN）果園篇（THE FRUIT GARDEN）養樹篇（ARBORICULTURE）馬（THE HORSE）牛及採乳方（CATTLE－DAIRY HUSBANDRY）羊篇（THE SHEEP－GOAT－ALPACA）豚兎食用鳥籠鳥篇（PIGS－RABBITS－POULTRY－CAGE-BIRDS）蜜蜂篇（THE HONEY-BEE）犬及狩猟（THE DOG－FIELD-SPORTS）漁猟篇（FISHERIES）養生篇（PRESERVATION OF HEALTH）医学篇（MEDICINE－SURGERY）算術及代数（ARITHMETIC－ALGEBRA）幾何学（GEOMETRY）百工応用化学（CHEMISTRY APPLIED TO THE ARTS）

現代の日本物理学会では、これら『百科全書』のなかの『電気及磁石』[7]『動静水学』『気中気象学』『時学及時刻学』『光学及音学』『物理学』『重学』の七編を明治初期の物理関係書として挙げて、わが国の物理学史において「数式は取り扱っていないが、当時としては最も詳しい物理書の一つであり、恐らく日本人の物理知識の普及、向上にかなりの役割を果たしたものと考えられる」と回顧している。[8] このような物理関係書を多数含む自然科学分野の四十一編には、現代用語としては違和感を覚えるタイトルもいくつか混じっている。たとえば『気中現象学』はMETEOROLOGYの翻訳であるが、現在では「気象学」と呼ばれる分野である。(9) また、『地文学』というタイトルはPHYSICAL GEOGRAPHYの訳語で、世界を「天文」「人文」「地文」の三つに分ける古代中国思想の影響を受けたことばだが、いまの「自然地理学」に相当し、さらに「地学」の領域もカバーしている。(10) それぞれの冒頭を見てみよう。

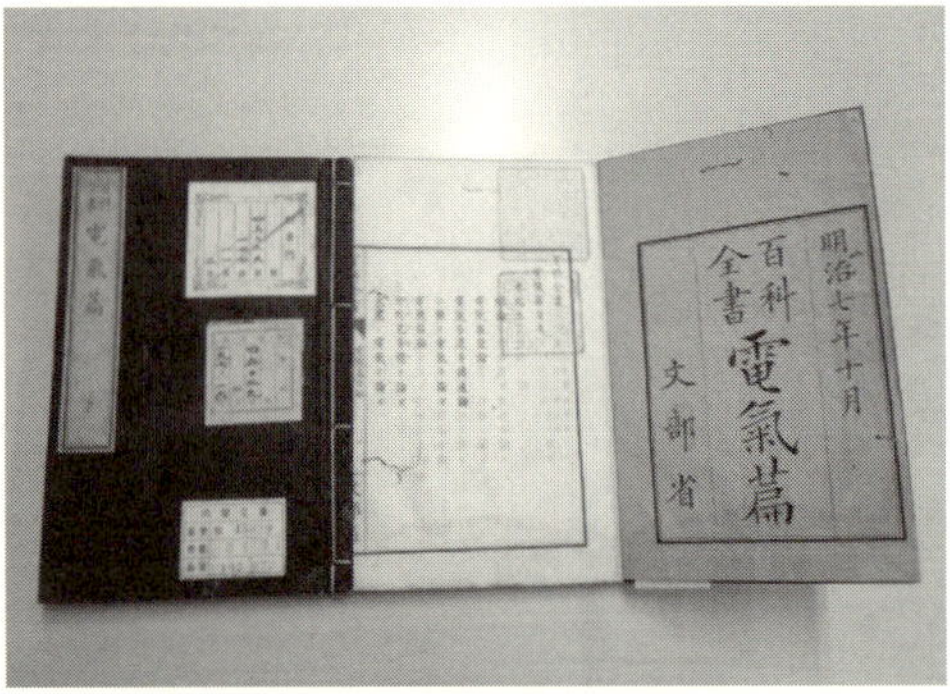

和装上下２冊『電気篇』
（のちに『電気及磁石』に改題）

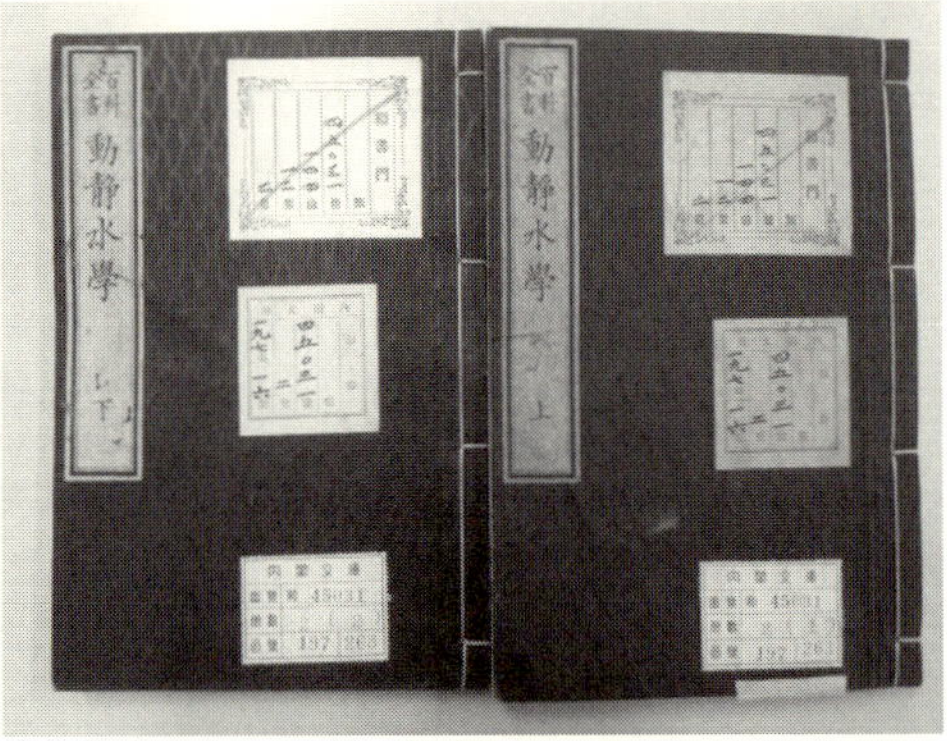

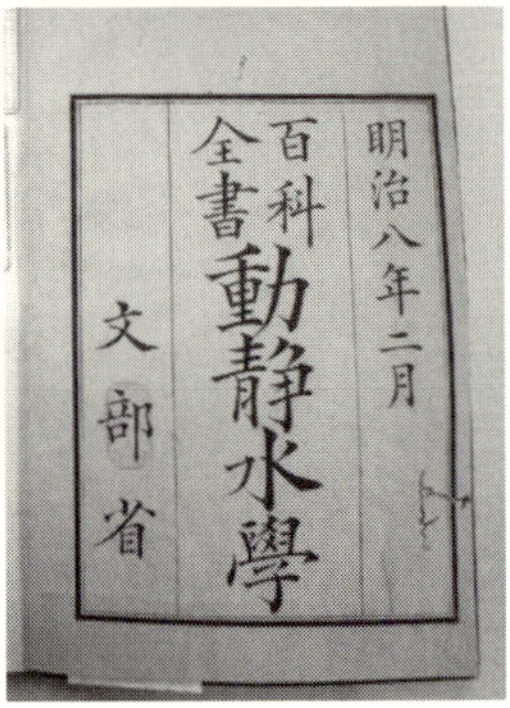

和装上下２冊
『動静水学』

小林義直訳・清水世信校『気中現象学』（METEOROLOGY）

気中現象学ハ天気四時及ヒ気候ニ係レル法則ヲ論スル学ニシテ殊ニ氛囲気ノ考察即チ氛囲気ノ大サ及ヒ其地面上ノ高サ其重量即チ圧力及ヒ弾力其高下ノ度数集合ノ成分及ヒ方法其寒熱ニ由リテ受クル変化及ヒ電気上ノ景況ヲ論説スル

者ナリ

METEOROLOGY explains the laws which regulate weather, seasons, and climates. It involves particularly the consideration of the atmosphere – its magnitude and height above the surface of the earth; its weight or pressure and elasticity, and gradations of these as we ascend; the materials and manner of its composition; the alterations made upon it by heat and cold; and its electrical condition.

関藤成緒訳・久保吉人校『地文学』(PHYSICAL GEOGRAPHY)

地学ノ原語ヲゼオグラヒート言フ、希臘ノ地球ヲ誌スト言ヘル語ヨリ来タルナリ、其学ノ要旨ハ、我地球上ノ事物形勢ヲ研究スルノ学ニシテ其中自カラ二種ノ区別アリ、其一ヲ地文学ト云ヒ、〔…〕其二ヲ邦制地学ト云ヒ、…

GEOGRAPHY – from *gé*, the earth, and *grapho*, I write – in its simple and literal signification, is that science which describes the superficial appearance and conditions of our globe. It naturally divides itself into two great branches – 1. *Physical Geography*, … 2. *Political Geography*, …

ここに引用した『気中現象学』と『地文学』のどちらのテクストも、当該学問についての基本的な説明から始まる。『気中現象学』では、「気中現象学ハ天気四時及ヒ気候ニ係レル法則ヲ論スル学」(METEOROLOGY explains the laws which regulate weather, seasons, and climates.) なのである。そして『地文学』では、その上位分野の GEOGRAPHY の語源について述べる部分で、起点テクストにはない「地学ノ原語ヲゼオグラヒート言フ」という一節を翻訳者が追加している。つまり GEOGRAOHY を「地学」とすでに訳出しているので、「ゼオグラヒー」という音訳は余剰なのであるが、「GEOGRAOHY = 地学」という等価を媒介する役割を音訳が担っていることになる。

先に挙げた自然科学に関する四十一編のなかの『重学』はMECHANICSを翻訳したテクストだが、現在では「機械工学」「メカニックス」などとしないとよく分からないであろう。このようなタイトルも混じってはいるが、その大半は私たちにも概ね理解できる自然科学分野の学術名が連なっている。文部省『百科全書』の後世への功績として、「これにより各学問分野の術語がかたまり、学問の基礎的知識が広まるなど大きな成果をあげた」(『日本国語大辞典』第二版)との評価が聞かれる所以だ。

とりわけ現代日本の高等教育を受けた人たちの目を引くのが、大学入試センター試験の教科名「物理」「化学」もすでに文部省『百科全書』に登場することではないだろうか。近世の蘭学ではかつて「窮理」「舎密」として知られていた学問領域とかなり重複するが、明治以降の学校教育制度が確立するなかで「物理」「化学」となった来歴を持つ分野である。つまり、蘭学を連想させる「窮理」「舎密」ではなく、新たに「物理」「化学」という名称で近代以降に定着し現在に至る領域である。[11]

明治初めには科学入門書が大流行し、それが「窮理熱」と称された時期もあった。[12] この窮理ブームの呼び水となったのは、一八六八(慶応四)年刊行の福澤諭吉『訓蒙 窮理図解』であり、他にも「窮理」ということばを書名に冠した科学啓蒙書が何冊も出版された。[13]「窮理」ということばは戯作の恰好の題材になるほどの流行語で、たとえば仮名垣魯文は『安愚楽鍋』に、「小力を合して大力とするの窮理とぞんじたてまつり候」などという一節をわざわざ書いているほどである。やがて一時の熱病のような流行は沈静化し、このことばもいつの間にか消えてしまった。そのかわりに普及したのが「物理」という近代日本語なのだ。もっとも、新しくなったと言っても、「物」の「理」という意味では古くから使われてきた概念であり、もとを辿れば儒学用語である。そのような漢語が再利用されて、近代西洋の natural philosophy や physics の翻訳語となった。

西周「百学連環」の「心理上と物理上と異なる所は、心理の首とする所は性理にして、物理の首とする所は格物なり」に代表されるように、啓蒙家たちの書物に出現するなかで、「物理」は次第にその意味合いが東洋の儒学から西洋の自然科学へと傾斜していく。「窮理」も「物理」も儒学の「格物窮理」に由来する漢語である点を考えれば大差ないようにも思われるが、蘭学者の手垢がついた「窮理」では文明開化を唱える明治政府の近代学問として不似合であったのだろうか。とはいえ皮肉なことに、「窮理」に取って代わった「物理」も儒学用語の再来なのである。近代日本語としての翻訳語「物理」は、儒学のシニフィアンで西洋学問のシニフィエをとらえようとしたものだった。

近世蘭学の「窮理」が近代西洋の自然科学としての「物理」へと表紙を変える少し前、幕末に「化学」ということばが漢書から伝わっていた。(14) 不便なことに、「化学」を日本語で音声化するとき、私たちはしばしば「バケガク」と発音せねばならない。「科学」という同音異義語と混同されてしまうからだ。しかもコンテクストからも峻別できない場合も多い厄介な用語である。この点では「化学」という名称は日本語としてあまり良いネーミングとは思えないのだが、近世蘭学の伝統的な「舎密」ではなく、新たな中国語由来の「化学」という漢語に結局は落ち着いてしまった。(15) ちなみに中国語の発音では、化学（huàxué）と科学（kēxué）となるから、音声識別に問題は生じない。

三　「物理」「化学」への跳躍

「窮理」から「物理」へというフィクション

すでに紹介した明治初期の「窮理熱」の契機となった『訓蒙 窮理図解』の序文で福澤は、「先づ其物を知り其理を窮め一事一物も捨置くべからず物の理に暗ければ身の養生も出来ず親の病気に介抱の道も分らず子を育るに教の方便もなし」と述べている。前年に二度目の渡米をした際に福澤は多数の洋書を購入しており、『訓蒙 窮理図解』の凡例では、次の自然科学書七冊に依拠して著述したと記している。

英版「チャンバー」窮理書（一八六五年）
米版「クワッケンボス」窮理書（一八六六年）
英版「チャンバー」博物書（一八六一年）
米版「スウィフト」窮理初歩（一八六七年）
米版「コルネル」地理書（一八六六年）
米版「ミッチェル」地理書（一八六六年）
英版「ボン」地理書（一八六二年）

これらの洋書は順に、チェンバーズ兄弟の *Natural Philosophy* という「窮理書」、ジョージ・ペイン・カッケンボスの *A Natural Philosophy* という「窮理書」、チェンバーズ兄弟の *Introduction to the Sciences* という「博物書」、メアリー・A・スウィフトの *First Lessons on Natural Philosophy, for Children* という「窮理初歩」、サラ・ソフィア・コーネルの *Cornell's High School Geography* という「地理書」、サミュエル・A・ミッチェルの *Mitchell's Geographical Reader: A System of Modern Geography* という「地理書」、ヘンリー・ジョージ・ボーンの *A Pictorial Handbook of Modern Geography* という「地理書」の計七冊である。三冊目に挙げられている「チャンバー」の「博物書」は、一八六九（明治二）年に小幡篤次郎訳『博物新編補遺』として単独の邦訳が刊行された際、その凡例では「此書ハ英国ノ士「チャンブル」氏所著「イントロヂュクション、ツ、ゼサイアンス」ト云フ書ニシテ万学小引トモイフベキ書ナリ」と紹介されている。ここで「チャンバー」や「チャンブル」などと表記されているのは、文部省『百科全書』の編集出版をした「チェンバーズ」と同一であることに注意されたい。つまり、チェンバーズ兄弟の自然科学関連の書籍は、『百科全書』以外にも福澤やその門下生によって、明治初期の日本に紹介されていた。文部省『百科全書』が「チャンブルの百科全書」と俗称されていたように、彼らは当時日本の出版界でかなりの認知があったと思われる。

福澤の『訓蒙 窮理図解』はこのように英米の書物に依拠した内容であったが、書名には江戸末期の帆足万里『窮理通』などの蘭学書を連想させる「窮理」が採用されていた。しかしながら後の回想では、福澤自身も「物理」という語を用いるようになっている点は興味深い。「種々様々の物理書を集めてその中より通俗教育の為めに必要なりと認るものを抜抄し、原字原文を余処にして唯その本意のみを取り、恰も国民初学入門の為めに新作したる物理書は窮理図解の三冊なり」と自著を解説している。[16] つまり福澤は、『訓蒙 窮理図解』を「物理書」として自ら後に規定し直していることになる。

ところで、一八七二（明治五）年の片山淳吉訳『物理階梯』は明治初めに最も普及した「物理」の教科書であり、日本全国には六十種以上もの異版が存在するという。[17]『物理階梯』の起点テクストとなったのは、R・G・パーカーの *First Lessons in Natural Philosophy* であった。これに加えて翻訳者の片山は、先に挙げたカッケンボスの *A Natural Philosophy* も参照し、特に物性論に重きをおいて『物理階梯』を編訳した。この書は初版以降、改正増補版や（補説付き）標註版なども刊行されており、広く読まれた状況が窺える。学校教育で使用された教科書は、自然科学としての「物理」という語の定着に少なからぬ影響を与えたはずである。

一八七七（明治十）年には文部省『百科全書』の『物理学』が刊行され、その二年後には、川本清一訳『士都華氏物理学』や飯盛挺造訳『物理学』など「物理」ということばを書名に入れた翻訳テクストの出版が続いている。[18] 近代日本における学問の主流が蘭学から英学へと不可逆的に転換するなかで、明治十年代には「窮理」がほぼ淘汰され、「物理」が定着したと思われる事実がこうした出版物からも推測されよう。それは、儒学の「物理」とシニフィアンを共有するが、「natural philosophy ＝物理」あるいは「physics ＝物理」という新たな翻訳語としての漢語であった。

「舎密」から「化学」へというフィクション

明治政府が一八七二（明治五）年に頒布した学制において、「化学」が教科名として公的に使用されて以降、「化学」は近代学問制度のなかで確かな地歩を占めてきた。とはいえ、この分野の専門用語の多くはすでに蘭学者によって紹介されていたのも事実である。杉本つとむが指摘するように、「日本の近代化と学術用語」という点で、明治期日本の近代化は江戸期の蘭学者による翻訳なしには語れないのである。[19]

西洋列強からの脅威を察知した江戸幕府が、国防のために先進の軍事科学を学び、列強と比肩しうる国力を目指すなかで、「化学」的知識を必要としたことは当然である。いわゆる近代「化学」の父とされるのは、十八世紀のフランスで「質量保存の法則」を発見したラヴォアジエであるが、彼が命名した専門用語をわが国へと紹介したのは蘭学者たちであった。したがって、この分野は「舎密」としてすでに蘭学において体系化された磐石な内実がある。

「舎密」ということばは、江戸後期の津山藩医を務めた蘭学者の宇田川榕菴に遡る。宇田川榕菴訳『舎密開宗』（一八三七―四七年）はわが国初の近代的「化学書」と目されるもので、気体に関する「ヘンリーの法則」で有名な英国人化学者ウィリアム・ヘンリーの *An Epitome of Chemistry* のドイツ語訳（J. B. Trommsdorf 訳）をオランダ語（A. Ypey 訳）にした *Chemie voor Beginnende Liefhebbers* からの三重訳であった。[20] この翻訳書において榕菴は、オランダ語 chemie を音訳して「舎密（セイミ）」としたのである。

榕菴の次世代に属する蘭学者川本幸民（ちなみに文部省『百科全書』の『人心論』を翻訳し、『百工応用化学篇』を校正した川本清一はその次男）が訳した一八六〇（万延元）年の『化学新書』は、ドイツ人化学者ユリウス・ステックハルトの *Die Schule der Chemie*（化学の学校）をヤン・ギュンニングがオランダ語に訳した *De Scheikunde van het onbewerktuigde en bewerktuigde rijk*（無機と有機の化学）からの重訳である（一八七四年に『化学読本』と改

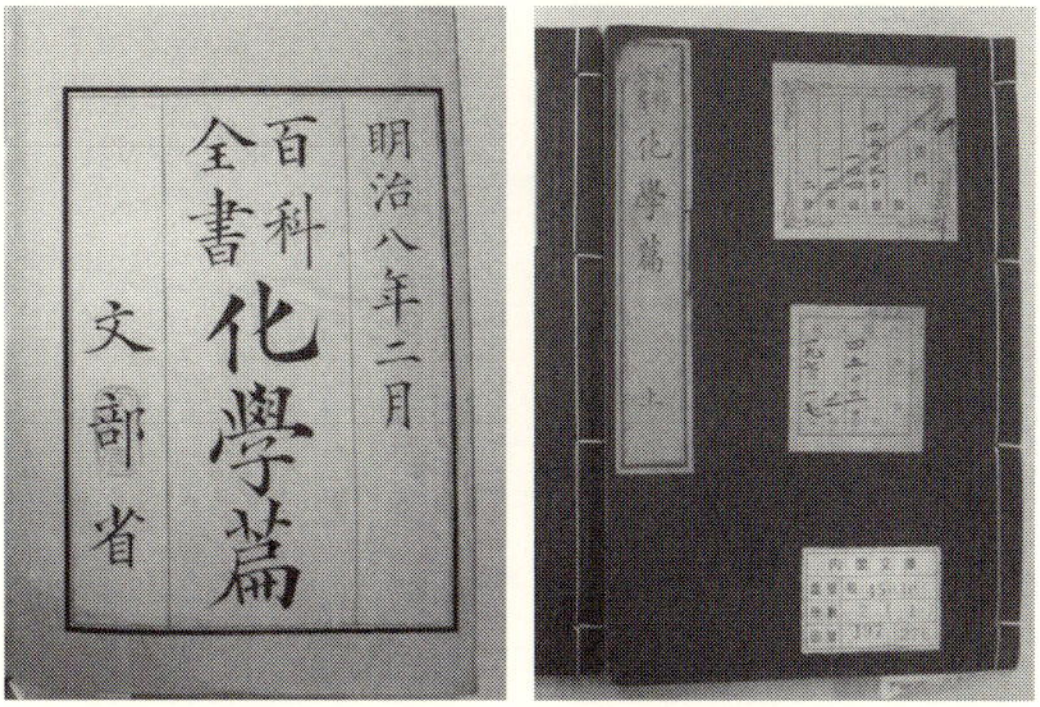

和装上下２冊『化学篇』表紙・見返し

題)。注目すべきは、この翻訳書で川本幸民が「化学」の語を採用し、「舎密」はまったく用いていないことだ。このように幸民が「化学」を主に用いるようになった一八六〇(万延元)年以降の時期は、「化学」という用語が普及した頃と重なる。たとえば、同年に蕃書調所に設置された「精煉方」は、一八六四(元治元)年には開成所「化学方(局)」と改称されている。もっとも、一八六七(慶応三)年の竹原宮三郎訳『化学入門』、桂川甫策『化学通覧』『化学問答』など「化学」が使用される一方で、官営の研究教育機関として一八六九(明治二)年の大阪舎密局や翌年の京都舎密局の設立など、「舎密」も依然として公的な場で根強く用いられていたことも見逃せない。大阪舎密局ではオランダ人教師K・W・ハラタマが教頭に就任しており、蘭学の名残を機関名にとどめていたのである。

明治政府が一八七二(明治五)年の学制で教科名に「化学」を採用し、石黒忠悳訳『化学訓蒙』(一八七〇年)や市川盛三郎訳『小学化学書』(一八七四年)などが教科書として使用されるなかで、「化学」ということばは公的な近代学校教育制度のうちに定着した。[21] そして一八七四(明治七)年に東京開成学校に「化学科」が設置され、一八七七(明治十)年には東京大学理学部に「化学科」が創設されたことも重要だ。その翌年に発足した「化学会」という学術団体は、一八七九(明治十二)年に「東京化学会」と改称、以後この学問の世界を牽引する組織となるのである。[22]

四　定義するテクスト

明治初期の啓蒙主義は、近世からの蘭学の伝統を継承しながらもそれをいったん切断し、「物理」「化学」をはじめとする新たな学問体系を欲望した。

文部省『百科全書』の理系テクストには、ヨーロッパが到達した自然科学の知が凝縮されている。すでに一部確認したように、各編の冒頭近くに各学問分野そのものを定義する内容が配置されていることが、これらのテクスト群に共通する。顕著なのは音訳を媒介として、原語と翻訳語の間に等価関係を仮構しようとしている点だ。さらにいくつか具体例を見ておこう。

「アストロノミイ」

一八七六（明治九）年に分冊本が刊行された西村茂樹訳『天文学』は、起点テクスト第五版のASTRONOMYを底本とした。この翻訳を担当した西村茂樹は、一八七三（明治六）年に文部省編書課長、一八八〇（明治十三）年に文部省編輯局長となり、一八八六（明治十九）年まで文部省の文書編纂事業の中心にいた。『百科全書』の翻訳プロジェクトでは特に省内の校正者を統括する立場にあり、箕作麟祥と並ぶ最重要人物であった点は既述のとおりである。また明六社の結成に先立ち、森有礼からの提案を受けて積極的に尽力した逸話もよく知られている。[23]このような西村は東西の学問に通じた知識人ではあったが、「天文学」の専門家ではなかった。

『天文学』というタイトルは刊行前に「星学」と出版予告されていた時期もあったが（第二章参照）、実際の刊行時には初めから「天文学」であり、出版後の改題ではない。予め「星学」として名指されたにもかかわらず、変更された確かな理由は不明だが、古来の「天文」が「星学」を経由して「天文学」へと変容したことになる。

「天文」という語は、古くは『日本書紀』にも登場する漢語であり、江戸幕府の職名としても「天文方」（若年寄に属し、暦術・測量・地誌・蘭書の翻訳などを担当）があった。江戸期には通詞の本木良永が『和蘭地球図説』や『天地二球用法』で地動説を日本に紹介し、志筑忠雄が『暦象新書』でケプラーの法則やニュートン力学に言及している。司馬江漢も『和蘭天説』で地動説などを紹介し、星図『和蘭天球図』を作成した。また、江戸幕府は西洋の暦法を取り入れた太陰太陽暦を完成させ、さらに改暦も重ねている。[24] つまり、わが国の「天文」という分野は、近世の蘭学においてすでに十全に発達していた学問なのであった。

そして、この学問が「天文」から離脱しようとしたことを象徴するかのように、「星学」ということばも登場し、しばらく使用された。[25] たとえば、東京帝国大学——起源を辿れば江戸幕府の天文方に至る——では、一九一八（大正七）年まで講座名として「星学」を用いている。[26] だが結局、「星学」は定着せず、現代の辞書では「天文学の旧称」と説明されることばである。このような背景を有する学問に関して、文部省『百科全書』では、「天文学」が「アストロノミイ」として定義し直されている箇所がある。西村訳『天文学』とASTRONOMYの冒頭を読んでみよう。

○天文学ハ原語ヲ「アストロノミイ」ト謂フ総テ天上ニ現ハル、所ノ諸象ヲ教フルノ学ナリ吾儕カ居住セル地球ノ如キモ亦天上諸象ノ其一ナリ蓋シ吾儕地球ニ住スルノ人若シ遠ク地球ヲ離レテ之ヲ望ムトキハ其全体ヲ見ルコトヲ得ベクシテ其形タル必天上ノ諸象ト豪モ異ナルコトナカルベシ

○天文学ハ其全局自ラ分レテ二綱領ト為ル第一綱ハ天上諸象ノ誌ニシテ諸象ヲ合セテ天ノ全体ト為シテ之ヲ論シ或ハ諸象ノ距離形状大小ヲ説キ或ハ其運行ノ状ヲ記シ或ハ位置配合ノ法ヲ録スル等ノ如キ是ナリ第二綱ハ推理ノ天文ニシテ天上諸象ノ運行ヲ為ス所以ノ力其運行ニ就テ考フル所ノ自然ノ法則等ノ如キ是ナリ又自然ノ法則ニ拠リテ運行ヲ算スルノ方法観察ヲ為スニ要須ナル器械ノ用法等ノ如キハ之ヲ実学ノ天文ト名ケ此書ニ於テハ之ヲ論挙セズ

ASTRONOMY teaches whatever is known of the heavenly bodies. The earth itself it regards only as one of them – viewing it as an entire body, such as it would appear were we to behold it from a sufficient distance.

The subject falls naturally under two general heads: 1st, A *description* of the heavenly bodies – the aspect of the heavens as a whole; the distances, shapes, and magnitudes of the several bodies; the figures they describe in their motions; the way in which they are grouped into systems, &c. 2d, Physical Astronomy, or the nature of the powers or forces that carry on the heavenly motions, and the laws that they observe. The processes of calculating the motions from a knowledge of the laws, with a view to turn them to the use of man, and the management of mathematical instructions for taking the necessary observations, form the art of the practical astronomer; into which we cannot enter.

「天文学ハ原語ヲ「アストロノミイ」ト謂フ」の部分に対応する英語はなく、一種の訳注のようなものであるが、こうして定義する翻訳の言語行為が「アストロノミイ」という音訳を介して「astronomy = 天文学」という等価を宣言し遂行していることになる。「アストロノミイ」のカタカナ表記に加えて、それを囲むカギ括弧もあり、読者はこの語に注目せざるをえないだろう。このように音訳する方略は、言語行為のパフォーマティヴな性質を鑑みれば、英語の音声を擬態したカタカナ語で漢語を定義することによる既成事実化である。中国古来の「天文・地文・人文」や蘭学の「天文」から離脱し、「アストロノミイ」としての「天文学」が翻訳テクストのなかで創出されたのである。

「ナチュラルフイロソフイー」と「メカニックス」

西村訳『天文学』で「アストロノミイ」という音訳を媒介にして「astronomy = 天文学」という翻訳の等価が遂行されたように、小島銑三郎訳・平田宗敬校『物理学』では、左ルビの「ナチユラルヒイロソフイー」によって、「natural philosophy = 物理学」が定義されている。文部省『百科全書』の『物理学』の起点テクストはNATURAL PHILOSOPHY - MATTER AND MOTION であり、一八七七（明治十）年に分冊本として刊行された。翻訳を担当した小島銑三郎と校正の平田宗敬は両者ともに、その生没年すら不明で、経歴もよく分からない。関係者の無名性とも相俟って、この翻訳テクストはこれまであまり注目されてこなかったが、冒頭近くに次のような導入部がある。自然科学分野における「物理学」と「化学」の分化を説明する重要な箇所である。

顕象中或ハ其資質ヲ変化スル為メニ起ルモノアリ即チ硫黄ノ若干度ノ熱ニ逢フテ燃ユルガ如シ是レ大気中ニ含メル所ノ酸素ト熱ト相合シ窒息ノ気ト為リテ其資質ヲ変化スルユヘナリ此類ノ事ハ別ニ化学ニ属ス又動植物ノ如キ有機体モ一種ノ顕象ヲ具有スト雖モ其結局ハ命ノ一字ノミニシテ生命ノ論説ハ之ヲ生理学ニ属ス

然レトモ尚ホ茲ニ広ク諸物ニ関スル一種ノ顕象アリ此象ハ物類の資質ニ係ラス又有機無機体ヲ論セス総ヘテ物体ニ現存ス喩ヘハ一塊ノ石一片ノ硫黄一株ノ植物一頭ノ動物モ撑持スルコト無レハ皆地上ニ顚墜ス又之ヲ細分スレバ悉ク粉末ト為ス可ク或ハ又之ヲ光線ニ映照スレハ多少其光線ヲ反射スル等ノ如シ此ノ如キ資質変化に関渉セサル所ノ衆理ヲ推究スルハ是レ物理学《ナチユラルフイロソフイー》ノ本分ナリ方今ハナチュラル、フイロソフイーニ代フルニフイジックノ名ヲ以テス其意義ノ尤能ク妥当セルニ由テナリ偖其形体上ニ広狭大小ノ異ナル無キコト能ハズ然レトモ此小冊子ニ論スル所ハ唯其広大ナル者ノミヲ挙テ次序ヲ遂テ後章ニ載ス

Some phenomena depend upon the peculiar kind of substance of which the body manifesting them is composed, and consist in changes of its constitution; as when sulphur, at a certain temperature, takes fire – that is, unities with the oxygen of the atmosphere, and forms a suffocating gas, changing permanently its constitution and properties. The facts of this class form the separate science of *Chemistry*. Organised bodies – that is, plants and animals – also manifest a peculiar set of appearances which are summed up in the word *life*. The consideration of *vital* phenomena belongs to

the department of science called *Physiology*, sometimes *Biology*.
But there is a large and important class of phenomena of a much less special kind, and which belong to matter in general, and to all bodies composed of it, whatever be their peculiar constitution, and whether organic or inorganic. Thus, a stone, a piece of sulphur, a plant, an animal, all fall to the earth if unsupported, are all capable of being divided into small parts, all reflect more or less light, &c. It is the investigation of universal laws of this kind, where no change of constitution is concerned, that constitutes Natural Philosophy, in its narrower sense; for which the term *Physics* is now more generally used, as being more precise. Of those physical phenomena, again, some have a higher generality than others, and it is these most general laws of the material world that naturally fall to be discussed in this introductory treatise. They may be arranged under the heads of *General Properties of Matter*, *Motion and Forces*, *and Heat*.

ここでは具体的な「顕象」（phenomena）を例として挙げて、どの学問分野に属するのかを述べている。「物理学」を定義するに際して、「chemistry＝化学」や「physiology＝生理学」と区別したうえで、狭義の「ナチュラルフイロソフイー」という用語を「物理学」の左ルビでまず導入し、より厳密に用いるときには「フイジック」（Physics）という語が一般的になっていると説明している。この導入部に続くテクストは、「物性」（General Properties of Matter）・「動」（Motion and Forces）・「温」（Heat）の三部構成で、分子運動、ニュートン力学、熱力学などの基本概念を簡略な図を用いて解説しており、物理の基礎が学べる啓蒙的な内容となっている。

この『物理学』と関連したテクストとしては、先にも紹介した後藤達三訳・久保吉人校『重学』（MECHANICS－MACHINERY）があり、一八七八（明治十一）年に分冊本が刊行されている。その冒頭は次のように始まる。

天造人作ノ諸物ニ運動ト用力ノ法ヲ充用スルハ、通例メカニツクス、重学或ハメカニカール、パアヌルス、器械力或ハエレメンツ、オフ、マシネリイ器械ノ本源等ノ部ニ論スル物理学ノ一部ヲナス

THE application of the laws of motion and forces to objects in nature, or contrivances in the arts, constitutes the branch of Natural Philosophy usually treated under the head MECHANICS, MECHANICAL POWERS, or ELEMENTS OF MACHINERY.

「メカニツクス」の後に割注で「重学」、「メカニカール、パアヌルス」の後に割注で「器械力」、「エレメンツ、オフ、マシネリイ」の後に割注で「器械ノ本源」と、割注を繰り返し用いながら、ここでは音訳が先行し、漢語とカタカナ表記の主従関係が通常とは逆転している。現代と同じように、自然科学分野におけるカタカナ語の優勢傾向が見られる点は興味深い。「Natural Philosophy ＝物理学」の「一部」（branch）として「メカニクス重学」（MECHANICS）その他を紹介しているのである。

ところで科学史の観点からも、この『重学』という翻訳テクストについて少し詳しく見ておきたいことがある。

『重学』と『重学浅説』の関係

漢書『重学浅説』も「物理」に関する書籍であるが、文部省『百科全書』の『重学』との関係を説明しておこう[27]。

まず『重学浅説』とは、二種類の和刻本（官版・民間版）が明治初期に広く流通して、初学者に読まれたものであり、東京大学総合図書館の森鷗外旧蔵書にも『重学浅説』の和刻本（奥付に江戸・京都・大阪の書肆を列記した民間版）がある。独語での書き込みも見られ、鷗外が少年時に使用したものかもしれない。そして驚くべきこ

とに、この『重学浅学』の起点テクストは、文部省『百科全書』の『重学』と同じ *Chambers's Information for the People*（ただし異版）なのである。つまり、英国のチェンバーズ社が編集出版した啓蒙書の異版を中国と日本で別々に翻訳していたわけである。両書の翻訳時期には二十年ほどの隔たりがあるものの、西学東漸の時代における日中語彙の交流の観点からも注目される。

先述したように『重学』は、MECHANICS－MACHINERY を日本語に翻訳したものであり、後藤達三訳・久保吉人校で一八七八（明治十一）年に出版された。他方、『重学浅説』は入華プロテスタント宣教師のアレキサンダー・ワイリ（漢字表記は「偉烈亞力」）が中国語に翻訳し、一八五八年にロンドン伝道会の上海にある出版機関（墨海書館）より刊行された。もとはワイリの編集する月刊誌『六合叢談』の一部であったが、のちには単行出版もされたようだ。書誌を詳細に調べた八耳俊文によると、『重学浅説』が底本としたのは *Chambers's Information for the People* の「第三版」（一八四八―四九年）における MECHANICS－MACHINERY であるという[28]。

何よりも「化学」史の観点から、『重学』と『重学浅説』の二冊は重要となる。『重学浅説』は「化学」ということばの日本への紹介にも関係するからだ[29]。『重学浅説』では「化学」の内容が「重学」との対比で説明されて差異化されており、後藤訳『重学』にも同様の説明がある。ここでは『重学』のテクストから、「化学」という語に関連した箇所を抜き出すにとどめておく。

抑々メカニツクス及ヒメカニカール、パアヲルス等ノ如キ数語ノ根本、メシキン《器械》ナル辞ノ原意ヲ、尋ヌルニ、皆工芸或ハ技術ノ義ニ出テスシテ、総テ一功効ヲ生スル方術ノ謂ナリ、此器械トハ一功効ヲ生スルカ為メニ造リタル器具ヲ云フ、又百物ノ体裁ニ一変換ヲ生セサル如キ力ヲ、器械術上ノ運用ト称ス、故ニ器械術上ノ力ハ、他ノ化学理上ノ力、又ハ生活理上ノ力等ト大ニ異ナリ

The original signification of the word *machine* – which is the root of the various terms *mechanic*, *mechanical*, and so forth – was art, contrivance, ingenuity, or, in general, the means of bringing about an effect; hence a machine, in its widest acceptation, is an engine or instrument devised to produce an effect. The term *mechanical action* is applied to the action of forces that produce no change in the constitution of bodies, and is therefore distinguished from *chemical*, *vital*, or any other species of action.

仮令ハ一塊ノ石灰石ヲ搗キテ粉砕スルニ、銕鎚ヲ以テスルモ、又流水ノ力ヲ仮ルモ、皆是器械ノ作用タルヲ免レス、但此石灰石ヲ硫酸ニ和シテ粉砕スルモノハ、化学理上ノ作用タルナリ、此両様器械ノ作用ニ由ルモノハ、灰石ノ原質猶粉末ニ存ス、化学作用ニ藉ルモノハ否ラス、其原質硫酸ノ功用ニテ、別ニ異様ノ雑合物ニ変化ス

For example, the pounding of a piece of limestone to powder is strictly mechanical, whether it be effected by the blows of a hammer, or by the silent agency of running water; but the reduction of limestone to a similar state by sulphuric acid, is chemical. In the former case, all the elements of the original limestone remain in the powder; whereas in the latter, it is converted by the action of the acid into a very different compound.

五　学校制度のなかの自然科学

一八六九（明治二）年に昌平学校が大学校となったが、その通達で自然科学の分野とされたのは「西洋ノ格物窮理開化日新ノ学」であった。一八七〇（明治三）年の大学規則には、「星学、動物学、化学、数学」などとともに「格致学」が含まれていたが、この大学規則に基づいて同年に定められた大学南校規則では「窮理学」が、大学東校規則では「格物学」が用いられた。一八七二（明治五）年の学制では、大学の学科に「理学」と「化学」が並ぶようになったが、一八七七（明治十）年に法理文三学部で設立された東京大学では、「理学部」の学科名

に「物理」や「化学」が含まれるようになった。明治政府が西洋列強を手本とした開化政策を進めて西洋のテクストを翻訳した時代は、学校教育が制度化されたプロセスと重なる。

学制における教科名

廃藩置県後まもない一八七一（明治四）年七月に、「大学ヲ廃シ文部省ヲ被置候事」という太政官布告で創設された文部省は、文明開化政策のなかで近代的学校教育制度を模索していた。当時の文部省が定めた学校教育の教科は、教育行政にとどまらずその後の学問分野の制度化へと影響力を及ぼしたと考えられる。本章のテーマとの関連で大切な事項なので、「物理」と「化学」に注目して、学校教育科目名の変遷を文部省の文書のなかで確認しておきたい。

すでに見てきたように、「物理学」はかつて、「格物学」「格致学」「窮理学」「理学」などと称された時期もあったが、それらは特定の学問分野というよりも広く自然科学全般を指す領域を包摂していたし、時として哲学的内容にかかわる場合もあった。そもそも「物理」ということばの出自は儒学的概念であったが、natural philosophy や physics の翻訳語として再利用されたものであった。「化学」は幕末に渡来した漢籍のなかで、chemistry の訳語として用いられていた語である。だが、近世の蘭学の伝統では chemie を音訳した「舎密」が普及していたし、明治初期にも一般的であった。「化学」が定着するのは一八七〇年代後半から八〇年代にかけて、つまり明治十年代半ばである。

近代日本の学校制度としてはまず、「邑に不学の戸なく家に不学の人なからしめん事を期す」（太政官布告第二百十四号）という「被仰出書」（前文）の文言でよく知られる学制が、一八七二（明治五）年に頒布となる。この学制では教科名として「理学」「化学」などが用いられていた。「化学」については、すでに学制という公的文書で前近代的な「舎密」という名称から離脱していたことになる。発令時の学制で定められた教科名（文部省布達第十三号別冊）は次のとおりであった（ただし、文部省布達第二十二号と第二十四号で誤謬訂正されており、「理学」から「窮理学」へと変更）。

下等小学――綴字、習字、単語、会話、読本、修身、書牘、文法、算術、養生法、地学大意、理学大意、体術、唱歌
上等小学――史学大意、幾何学罫画大意、博物学大意、化学大意、外国語学、記簿法、画学、天球学
下等中学――国語学、数学、習字、地学、史学、外国語学、理学、画学、古言学、幾何学、記簿法、博物学、化学、修身学、測量学、奏楽
上等中学――国語学、数学、習字、外国語学、理学、罫画、古言学、幾何代数学、記簿法、化学、修身学、測量学、経済学、重学大意、動植地質鉱山学
大学――理学、化学、法学、医学、数理学

学制はひと月もたたないうちに二度も誤謬訂正されている。[30] なかでも「理学」が「窮理学」に変更されているのは、福澤諭吉『訓蒙 窮理図解』が小学校の教科書として使用され、また啓蒙書としても広く読まれた時期であり、「窮理」という語が一般的に広く認知されていたからであろうか。

学制頒布の翌年、一八七三（明治六）年の学制二編追加（文部省布達第五十七号）には、「第百八十九章　外国教師ヲ雇ヒ専門諸学校ヲ開クモノハ専ラ彼ノ長技ヲ取ルニアリ其取ルヘキ学芸技術ハ法律学医学星学数学物理学化学工学等ナリ其他神教修身等ノ学科ハ今之ヲ取ラス」という追加が記されている。外国語学校と専門学校の教科を定めているが、獣医学校・商業学校・農業学校・工業学校・鉱山学校・諸芸学校・理学校・医学校・法学校など専門学校の多くで、「物理」「化学」が教科名として登場する。[31] この時期から、文部省は「物理」を教科名として正式に採用するようになった。だから、教科書として一八七二（明治五）年に出版された片山淳吉『物理階

梯』は、当初『理学啓蒙』という書名であったが、急遽、文部省の教科名に合わせて書名のみを改正したため、本文には「理学」「窮理」「格物」などが不統一に混在したまま残ってしまった。この本は「物理」の教科書として全国で使用され続けて、一八七六（明治九）年の改正増補版で本文の用語も「物理」に修正されて落ち着いた。

一八七九（明治十二）年には教育令（太政官布告第四十号）が公布されて、学制は頒布からわずか七年で廃止となる。この教育令で設定された小学校の教科では、「読書習字算術地理歴史修身等ノ初歩トス土地ノ情況ニ随ヒテ罫画唱歌体操等ヲ加ヘ又物理生理博物等ノ大意ヲ加フ」と「物理」が用いられた。そして、この翌年の教育令改正（太政官布告第五十九号）に基づいて一八八一（明治十四）年に公布された小学校教則綱領（文部省達第十二号）では、学制の内容を抜本的に改めて、実現可能な近代教科目を定めている。したがって、この綱領で小学校が初等科・中等科・高等科に分けられて、「物理ハ中等科ニ至テ之ヲ課シ」「化学ハ高等科ニ至テ之ヲ課シ」と説明された点が重要だ。明治十年代半ばには、「物理」「化学」が教科名として定着した感がある。

この時期は、文部省『百科全書』の出版史――一八七三（明治六）年から分冊本の刊行が始まり、丸善合本の別冊『索引』が出された一八八五（明治十八）年までの期間――とも重なる。そして『百科全書』に限らず、多数の翻訳テクストが明治初期の学校制度のなかで不可欠の教科書として消費された[32]。

教科書という近代

明治初期は翻訳教科書の時代だった。唐沢富太郎は「教科書が日本人を作った」とし、近代日本における教科書の歴史について、一八七二―七九（明治五―十二）年を「翻訳教科書（開化啓蒙的性格の教科書）」の時代、一八八〇―八五（明治十三―十八）年を「儒教主義復活の教科書（儒教倫理復活の反動的教科書）」の時代、一八八六―一九〇三（明治十九―三十六）年を「検定教科書（ナショナリズム育成の教科書）」の時代と三区分している[33]。

学制頒布直後の一八七二（明治五）年九月に出された「小学教則」（文部省布達番外）では、多数の翻訳教科書が指示されている。たとえば上等小学校の「理学輪講」では、「博物新編和解同補遺格物入門和解気海観瀾広義ノ類ヲ独見シ来テ輪講セシメ教師兼テ器械ヲ用テ其説ヲ実ニス」との説明がある。つまり、『博物新編和解』『博物新編補遺』『格物入門和解』『気海観瀾広義』が「理学」の輪講用の教科書となったのだ。これらの翻訳教科書は蘭学の伝統を継承するものであった。

『博物新編和解』のもとになっている『博物新編』は、一八五五年に在華の英国人宣教医師ホブソン（漢字表記は「合信」）が漢文で編んだ科学書である。これが幕末の日本にも伝来して、訓点や注釈をつけたものが数種類出版されて広く読まれたようだ。一八六九（明治二）年に出された小幡篤次郎訳『博物新編補遺』は、書名が類似して紛らわしいのだが、『博物新編』と直接の関係はなく、既述のとおりチェンバーズ兄弟が編集した教育叢書のなかの *Introduction to the Sciences* を翻訳したものである。『格物入門』（一八六八年）はアメリカ人宣教師マーティン（漢字表記は「丁韙良」）の科学書であり、『格物入門和解』は和刻された注釈書である。川本幸民『気海観瀾広義』（一八五一―五八年）は、日本初の「物理」学書とされる青地林宗『気海観瀾』（一八二五年）の増補版で、その凡例には、「「ヒシカ」ハ和蘭ニコレヲ「ナチュールキュンデ」ト云ヒ、先哲訳シテ理学と云フ」と述べたくだりがある。また、『気海観瀾』についても「理科綜凡中ノ抜萃」として言及し、一八八六（明治十九）年の小学校令での教科名として使用されることになる「理科」という語もすでに登場していた。[34] つまり「物理」「化学」という近代は、蘭学の「理科」へと容易に反転可能なフィクションなのである。

制度としての訳語統一

幕末から明治初期にかけて膨大な西洋の近代科学書を翻訳するなかで複数の訳語が氾濫したために、訳語の統一という動きも始動した。それぞれの学術分野の訳語会が続々と結成されて、専門用語の辞書が編纂されたのである。物理学訳語会、化学訳語会、数学訳語会、工学訳語会などが明治十年代に積極的に活動している。[35]

「物理」に関しては、一八八三（明治十六）年に菊池大麓を会頭として結成された物理学訳語会の活動を受けて、一八八三―八五（明治十六―十八）年にかけて『東洋学芸雑誌』に訳語会の議決が掲載されている。そして一八八八（明治二十一）年には、物理学訳語会編『物理学術語和英仏独対訳字書』（博聞社）が刊行された。

「化学」関連では、一八八一（明治十四）年に東京化学会で化学訳語委員を選び、化学訳語の選定を始めている。一八八四（明治十七）年の『東洋学芸雑誌』第二十八号に、桜井錠二が「化学命名法ヲ一定スル論」において、化学用語の特に化合物の訳語の煩雑さが混乱を招いていると指摘して化学命名法の統一を説いた。また翌年一八八五（明治十八）年の同誌第四十五号には内藤耻叟が「訳文原語ヲ存スベシ」を書き、「西洋ノ書ヲ訳スルニ其事物名目ノ成語ニ至リテ漢字及ヒ我本邦語ヲ代用スル者往々其原語ノ意義ヲ誤マリ大ニ後学ヲ惑シムル者アリ」と論じている。一八九一（明治二十四）年には『化学訳語集』が刊行されたが、訳語の選定に難航した理由として、「画数の多い字を組合わせて最も難しい訳語を作らなければ学者として恥とするが如き風潮もあった」という。[36] このために『化学訳語集』では、Chemistry の訳語として「化学」と「舎密」が併記されることになった。そして最終的には一九〇〇（明治三十三）年に、高松豊吉・桜井錠二『稿本 化学語彙』が英独日対訳で刊行されて一応の収束を見る。

このような訳語統一という動きは多様な専門辞書とも呼応し、知の制度化に接続されたと言える。たとえば次のような辞書類によって、それぞれの分野で定訳が規範化し、つまりは翻訳の等価という幻想が共有されることになった。[37]

大野九十九編訳『解体学語箋』一八七一（明治四）年
*奥山虎章『医語類聚』初版一八七三（明治六）年、増訂再版一八七八（明治十一）年
*伊藤謙『薬品名彙』一八七四（明治七）年

宮里正静『化学対訳辞書』一八七四（明治七）年
管野虎太『羅甸七科字典』一八七七（明治十）年
松岡馨『英和通商字典』一八八〇（明治十三）年
横井時庸『機関名称字類』一八八〇（明治十三）年
井上哲次郎『哲学字彙』初版一八八一（明治十四）年、再版一八八四（明治十七）年
参謀本部『五国対照兵語字書』一八八一（明治十四）年
岩川友太郎『生物学語彙』一八八四（明治十七）年
*工学協会『工学字彙』初版一八八六（明治十九）年、第二版一八八八（明治二十一）年
*三輪桓一郎『和英仏独物理学対訳字書』一八八八（明治二十一）年
*小藤文次郎『鉱物字彙』一八九〇（明治二十三）年
*藤沢利喜太郎『数学ニ用キル辞ノ英和対訳字書』一八九一（明治二十四）年
松村任三『和漢洋対訳本草辞典』一八九二（明治二十五）年
*付のものは有精堂が復刻版（一九八五年）を刊行

明治期には他にも夥しい数の辞書類が刊行されたが、とりわけ分野に特化した専門辞書は学術用語の制度化と深く関係する。学術用語集を意識した専門辞書の登場は、訳語統一を希求した証である。西洋語と日本語の関係において、とくに抽象語や専門用語を一対一の等価関係で固定するためには、学校制度とともに辞書という装置が必要とされたのだった。このような各分野の専門辞書類と文部省『百科全書』との関係については、さらなる考究を要する。

注

（1）たとえば「化学」という語の出自についての総括としては、上海のロンドン伝道会による月刊誌『六合叢談』で使用されて日本に伝わり、「舎密」に取って代わるようになった経緯が、沈国威「訳語「化学」の誕生——『六合叢談』に見える近代日中語彙交流」、沈国威編著『『六合叢談』（一八五七—五八）の学際的研究』（白帝社、一九九九年、九五—一一六頁）で詳しく検証されている。また中村邦光は、「科学史入門——日本における「物理」という術語の形成過程」『科学史研究』（第Ⅱ期第四十二巻第二二八号、二一八—二二二頁）において、儒学用語であった「物理」が西洋語の翻訳語として採用された過程を明らかにした。

（2）蘭学関係の辞書や文典を復刻集成した松村明・古田東朔監修による「近世蘭語学資料」全三十七巻（ゆまに書房、一九九七—二〇〇〇年）などを参照。

（3）福澤諭吉・松崎欣一編「福翁自伝」『福翁自伝　福澤全集緒言』慶應義塾大学出版会、二〇〇九年、一二〇—一二二頁。

（4）沼田次郎『幕末洋学史』刀江書院、一九五一年、二〇〇—二二〇頁。

（5）福澤前掲書、一二八頁。

（6）加藤周一「明治初期の翻訳」、加藤周一・丸山真男校注『翻訳の思想』岩波書店、一九九一年、三五二頁。

（7）実際に日本物理学会が挙げているのは『電気篇』であるが、これは一八七四（明治七）年刊行の和装本二冊でのタイトルで、のちに『電気及磁石』と改題された。

（8）日本物理学会編『日本の物理学史　上　歴史・回顧編』東海大学出版会、一九七八年、七七頁。

（9）「気象学」の語源については、八耳俊文「「気象学」語源考」『青山学院女子短期大学紀要』（第六十一号、二〇〇七年、一一一—一二六頁）に詳しく、文部省『百科全書』の『気中現象学』への言及もある。

（10）亀井秀雄『明治文学史』（岩波書店、二〇〇〇年、八一—一〇一頁）の「地文学の系譜」では、『百科全書』の『地文学』にも触れながら、志賀重昂『日本風景論』へと傾斜する近代日本の自然観を論じている。

（11）厳密に言えば、「物理」と「物理学」は異なり、学問分野としての「物理学」と、学校教育における「物理」という使い分けがなされることもある。この点については、板倉聖宣『日本理科教育史』（第一法規出版、一九六八年）を参照されたい。ただし、英語の physics（あるいは natural philosophy）の訳語としては、「物理」「物理学」のどちらも使用されている。

(12) 桜井邦朋『福沢諭吉の「科學のススメ」——日本で最初の科学入門書「訓蒙 窮理図解」を読む』(祥伝社、二〇〇五年)では、『訓蒙 窮理図解』の現代語訳とともに解説を加えている。

(13) たとえば、後藤達三訳『訓蒙 窮理問答』、内田晋斎『窮理捷径 十二月帖』、東井潔全『窮理日新 発明記事』など。

(14) 菅原国香「「化学」という用語の本邦での出現・使用に関する一考察」『化学史研究』第三十八号、一九八七年、二九—四〇頁。

(15) 明治中期になっても、「化学」か「舎密」の間でのゆれは決着していたわけではない。東京化学会の一八八五(明治十八)年二月例会では、化学を舎密学に改める可否が問われ、改定に必要な三分の二の賛成が得られずに否決となった。一八九一(明治二十四)年に出された『化学訳語集』では、「Chemistry 化学、舎密学」「Chemical 化学的、舎密ノ」などと両方を併記して折り合いをつけている。

(16) 福澤諭吉・松崎欣一編「福澤全集緒言」『福翁自伝 福澤全集緒言』慶應義塾大学出版会、二〇〇九年、四五六頁。

(17) 牧野正久「小学教科書『物理階梯』翻刻版調査の報告——明治初期における出版の成長と変容の事例」『日本出版史料』(第七号、日本エディタースクール出版部、二〇〇二年、四九—一三六頁)および岡本正志「『物理階梯』物性論に見られる物理学の基礎概念受容過程」、実学資料研究会編『実学史研究Ⅶ』(思文閣出版、一九九一年、一五七—一八一頁)に詳しい。

(18) 川本清一訳『士都華氏物理学』は、東京大学理学部より一八七九(明治十二)年の刊行で、英国のバルフォア・スチュアートの「レッソンス、イン、エレメンタリ、フィジックス」(*Lessons in Elementary Physics*)の翻訳である。

(19) 杉本つとむ『日本英語文化史の研究』八坂書房、一九八五年、四六七—五六三頁。

(20) 坂口正男「舎密開宗攷」、田中実・坂口正男・道家達将・菊池俊彦『舎密開宗研究』講談社、一九七五年、一—六六頁。

(21)『小学化学書』は、英国の科学者たちが編集した *Science Primer* のなかのヘンリー・エンフィールド・ロスコーによる Chemistry の部分を翻訳したものである。

(22) 廣田鋼蔵『明治の化学者——その抗争と苦渋』(東京化学同人、一九八八年)には、草創期の東京化学会から理化学研究所創立にいたる化学界の内情と化学用語統一の経緯が詳述されている。

(23) 明六社結成の経緯については西村が「往事録」で詳しく回想しているが、本人の思い入れも混じっているとの指摘もある。

(24) 広瀬秀雄「洋学としての天文学――その形成と展開」、広瀬秀雄・中山茂・小川鼎三校注『洋学 下』（岩波書店、一九七二年、四一九―四四〇頁）および中山茂「近代科学と洋学」（同書、四四一―四六一頁）など参照。

(25) 『和蘭天説』の凡例では、「天文学三道アリ」として、「星学」「暦算学」「窮理学」を挙げている。ここでの「星学」は「天文学」の下位分野であった。

(26) 東京帝国大学編『東京帝国大学五十年史 下冊』東京帝国大学、一九三二年、四六八頁、九四一―九四三頁。

(27) 橋本万平『素人学者の古書探求』東京堂出版、一九九二年。八耳俊文「『重学浅説』の書誌学的および化学史的研究」『青山学院女子短期大学紀要』第五十号、一九九六年、二八五―三〇七頁。

(28) 八耳、一九九六年、二九二頁。なお、同論文では後藤訳『重学』の底本を「第四版第一巻（一八五七）のMechanics – Machinery」と確認したことにも言及している。

(29) 菅原の前掲論文、三四頁。

(30) 竹中暉雄『明治五年「学制」――通説の再検討』（ナカニシヤ出版、二〇一三年）に詳しい。

(31) ただし、農業学校の予科「物理学」には「窮理学ト云フモノ」と注釈が付けられていることから推測しても、「物理」よりも「窮理」の方が一般的には馴染み深い名称であったと思われる。

(32) 第九章で詳しく触れるが、文部省『百科全書』のなかには、学校用（教科書）として翻刻された各種の異本が含まれる。

(33) 唐澤富太郎『教科書の歴史――教科書と日本人の形成』創文社、一九五六年。

(34) 一八八六（明治十九）年の小学校令（勅令第十四号）では、小学校は尋常小学校（義務教育）と高等小学校に分けられ、「博物・物理・化学・生理」はまとめて「理科」という高等小学校の教科となった。

(35) 日本科学史学会編『日本科学技術史大系 第一巻 通史一』第一法規出版、一九六四年、五三一―五四九頁。

(36) 同書、五四八頁。

(37) 豊田実『日本英学史の研究』（岩波書店、一九三九年、一一〇―一三〇頁）、森岡健二編著『近代語の成立――語彙編』（明治書院、一九九一年、三九一―三九二頁）など参照。また、内務省図書局が一八七八（明治十一）年一月から一八八七（明治二十）年六月まで定期的に刊行していた「出版書目月報」第一号から第一一四号（明治文献資料刊行会編『明治前期書目集成』所収）には、毎号二百点以上の書籍が列挙されており、一八七八（明治十一）年十月の第十号からは出版書目が分類され、辞書類は「字書」あるいは「字書・語学」の項に類別されて収録されている。

第九章　「百科全書」という近代——制度の流通と消費

一　「百科全書」とは

『ブリタニカ百科事典』はかつて『大英百科全書』と呼ばれ、フランスのディドロらを「百科全書派」と称する慣例は今も残るが、「百科全書」という翻訳語の近代は文部省『百科全書』に端を発する。

とはいえ、分厚い百科事典から知識を得るという習慣は、もはや過去のものとなってしまった。グローバルに情報化された現代社会に暮らす私たちにとって、時代遅れの百科事典ほど価値の下がってしまったように思われるものはない。インターネットに接続すれば瞬時に最新データにアクセスできるのだから、更新されずに古くなった百科事典は忘れられるほかはないのかもしれない。ただし、ここであらためて問いを発しておきたい。文部省『百科全書』とは、そもそも百科事典だったのか。

文部省『百科全書』について語るときに必ず参照されるべき先行研究である『明治初期百科全書の研究』において、福鎌達夫は次のように説明していた。

西周や福沢諭吉らによって代表される、文字通り百科全書的な、多岐の分野にわたる言論活動とは別に、これとあい呼応し、あるいはむしろその先頭をきって、欧米新知識の摂取と普及という啓蒙運動の推進に一役買ったのが、明治新政府の文部省当局であり、明治四年創設以来十余年間に同省直属の翻訳機関で多数の人材を擁して企画、翻訳、出版された刊行物中最も大がかりなものの一つに『チャンブルの百科全書』の名で世に喧伝された百科事典があったという事実は、今日では殆んど世人から忘れ去られている。[1]

福鎌の表現を借りれば、『チャンブルの百科全書』とは忘却された百科事典なのだ。ここで、文部省『百科全書』の起点テクストが *Chambers's Information for the People* であって、encyclopedia ではなかったことには留意しておきたい。この点は、明治中期に出版された『日本社会事彙』の跋文のなかで、田口卯吉（鼎軒）「日本社会事彙の巻末に書す」が正しく指摘していた。[2]

今や泰西政事類典成り、大日本人名辞書成り、日本社会事彙成る、而して別に我文部省に百科全書真正の百科全書にあらずチヤムバーの「インフヲメーシヨン」なりの訳あり、故に泰西の政事及ひ経済の事項を知んと欲する者は、宜しく泰西政事類典に就て見るべし、日本の紀伝及ひ事実に就いて尋ねんと欲せば、宜しく人名辞書及社会事彙に就いて見るべし、而して泰西の歴史及ひ学術に就いて尋ねんと欲せば、文部省の百科全書に就いて見るべし、此四書は実に日本の百科全書なり

田口自身が企画した明治中期の『泰西政事類典』『大日本人名辞書』『日本社会事彙』（いずれも東京経済雑誌社）に文部省『百科全書』を加え、「此四書は実に日本の百科全書なり」と位置づけて一目置いている。注目したいのは、「我文部省に百科全書」に続く割注において、「真正の百科全書にあらずチヤムバーの「インフヲメーシヨン」なり」と的確に補足していることだ。文部省『百科全書』の起点テクストは encyclopedia ではなく、アル

ファベット順に配列された近代的辞書の体裁も取っていなかった。
現代ではインターネット社会の到来によって、アルファベット順はさほど重要ではなくなった。むしろ「情報」(information)が現代社会では価値をもつ。ここでの問題は、それが近代以降どのように体系化されて制度となり、社会のなかで流通し消費されてきたのかということだ。

田口卯吉

明治期の代表的知識人のひとり西周は幕末にオランダに留学した経験を持ち、新政府にも出仕した。そして一八七〇(明治三)年から七三(明治六)年頃に私塾育英舎で、学問の体系化を試みている。弟子の永見裕が筆記した講義録の冒頭で、西はこう述べていた。

> 英国の Encyclopedia なる語の源は、希臘の Ενκυκλιος〔ママ〕 παιδεια なる語より来りて、即其辞義は童子を輪の中に入れて教育なすとの意なり。故に今之を訳して百学連環と額す。(3)

英語の encyclopedia について、西はギリシャ語の語源にまで遡り、「童子を輪の中に入れて教育なす」と理解したうえで、「百学連環」と訳した。彼の造語「百学連環」は訳語として優れたものだったが、結局は定着しなかった。(4) また当時の辞書、たとえば柴田昌吉・子安峻編『附音挿図 英和字彙』では、「節用集《セツヨウシフ》、学術字林《ガクジユツジリン》」と表現されている。他の辞書にも、この時代に「百科全書」は登場しない。いずれにせよ「百科全書」ということばは、encyclopedia の訳語として始まったのではない。

中国語では清末から現在に至るまで、「百科全書」という語が使用されている。「百科」や「全書」という漢語はあったが、それを組み合わせて造語したのは、日本からの影響であるという。(5) 石川禎浩によれば、中国における「百科全書」の初出は一八九八年の『日本書目志』である。これは康有為編の書籍目録で、大部分が文部省『百科全書』の分冊版であった。つまり、近代中国語の「百科全書」は、文部省『百科全書』を淵源とするのだ。さらにまた、上海の会文学社が一九〇三年に刊行した『普通百科全書』（全百巻）は、明治期日本の複数の「百科全書」をもとに編訳されたものである。底本となったのは、冨山房の『普通学全書』（全三十一冊、一八九一―九四年）と『普通学問答全書』（全二十一冊、一八九四―九八年）、博文館の『帝国百科全書』（全二百冊、一八九八―一九一〇年）などのシリーズ叢書のほかに、文部省『百科全書』の『時学及時刻学』と『気中現象学』も含まれていた[6]。このようなことから、中国の「百科全書」が日本の「百科全書」から多大な影響を受けた事実が分かるだろう。

日本に話を戻せば、一八八九（明治二十二）年六月十一日付の『東京日日新聞』には、博文館の『実地応用 技芸百科全書』（全十一冊、一冊四百頁）と『実用教育 新撰百科全書』（全二十四冊、六千百頁）に関して、次のような広告が載っている。

> 学術ト技芸トハ車ノ両輪ノ如シ之ヲ以テ若シ其一方ニノミ偏シテ他方ニ失スルコトアラバ社会ノ進歩発達ハ到底之ヲ望ム可ラス本館夙ニ茲ニ見ル所アリ曩キニ新撰百科全書ヲ公ケニシテ大ニ文学進歩ノ一助ヲナシタリシガ今又茲ニ見ル所アリ新タニ技芸百科ノ書ヲ編シ前キノ新撰百科全書ト相駢ンテ完全ナル技芸教育ヲ全国ノ実業社会ニ及ボシ以テ大ヒニ国家富強ノ泉源ヲ固フセントス殊ニ価格ノ非常低廉ナルハ本館特有ノ技倆ナリ大方ノ花客乞フ一読アランコトヲ

こうして文部省『百科全書』のあとには、いくつもの「百科全書」が続いたのだった。

一八九五（明治二十八）年二月から「たけくらべ」を『文学界』に発表し始めた二十四歳の樋口一葉が、同年五月の日記「水の上につ記」のなかで、「博文館が百科全書の礼式の部」に触れたくだりがある。(7) 博文館の『帝国百科全書』はもう少しあと、三年後の出版なので、この日記で一葉が言及したのは博文館の『実地応用 技芸百科全書』か『実用教育 新撰百科全書』の一冊だと思われる。彼女の参照した「百科全書」が、もはや文部省のそれでなかったのは、時代の流れの速さゆえか。

世紀が変わった明治三十年代には、また別の「百科全書」をめぐる事件を新聞が報じている。一九〇三（明治三十六）年十月十五日付『読売新聞』朝刊に載った「百科全書の詐欺　大英国百科全書を飜訳して別名発行、ゆすり販売の共謀三人引致」という記事である。

百科全書の詐欺
百科全書を種として詐欺を働きつゝある曲者ハ曽て記す所ありしが开ハ下谷区西町一番地渡邊政四郎（二十六年）本所区横網町一丁目廿一番田中芳次郎（三十六年）千葉県香取郡笹川村六百七十二番地五十嵐三郎（二十一年）等の共謀と判明したるが右の三名ハ大英国百科全書を飜訳して大日本百科全書と名け神田なる正則英語学校の橋邊政男と云へる者に著作方を依頼し田中方を壬寅社と号して発行所と定め各華族を訪問して予約規則書を置き去り不在の折を付込みて再び訪問し留守居の者に迫りて既に承諾となり居る事なればと予約書の調印を取り一冊の定価二円五十銭と定めて強請り廻り製本ハ秀英舎にて千部九百円にて約束せしなど誠しやかに吹聴して神田区鈴木町坊城伯爵、下谷区中根岸町石川子爵家を始め千八百名より金七百円を詐取せしを端なく下谷署の探知する所となり一昨日三人共引致せられ目下尚ほ取調中

これは、一九〇二（明治三十五）年より丸善が輸入元となった『大英百科全書』（*Encyclopædia Britannica*）の予約販売が好調であったことに付け入った詐欺事件である。(8) この「百科全書」は一七六八年から七一年に初版が英

国エディンバラで出された版を重ねたもので、当時の新聞広告では伊藤博文など著名人の購入を謳って華々しく宣伝して大きな話題となっていた。

もっと近年になれば、さらにまた別の「百科全書」を私たちは深く知ることとなる。[9] 桑原武夫は、フランスの「百科全書」についての研究報告を次のように書き始めた。

歴史の上に、その名のみが高くして、実はほとんど読まれない名著というものは少なくないが、ディドロ＝ダランベールの「百科全書」こそ、その最もいちじるしい例の一つであろう。フランス啓蒙思想のピラミッドとして、また誇張にすぎる表現ではあるが、フランス革命を勃発せしめた弾丸の一つとして、「百科全書」の名を知らぬものはない。しかも、今日これを読む人は皆無といってよく、いわゆる専門学者もその例外をなさない。「百科全書」は、その歴史的ならびに現在的意義を全く喪失したのであろうか。決してそうではない。ただこのピラミッドは巨大にすぎるのである。[10]

もうひとつの「百科全書」として、文部省『百科全書』を再びここに重ねることは不適切であろうか。フランスのディドロたちを「百科全書派」と名指すようになったのは、文部省『百科全書』の遥かあとだから、この問い自体、逆説的だ。しかもフランスの「百科全書」は、「産業革命に到達すべき社会を代表する思想の総括的表現として、いわばその緩やかな大河として、近代の主流をなすことは否定できず、これを無視するかぎり、近代を客観的に把握することはできぬ[11]」とまで言われたように、十八世紀の啓蒙思想を集大成してフランス革命を用意した。他方で、文部省『百科全書』はそれほどの強い直接的な「近代の主流」となったわけではなかったろう。だが、文化と言語を越境する翻訳行為という観点に立てば、十八世紀英国のイーフレイム・チェンバーズによるテクストの仏語版をディドロに依頼したことに端を発した企てもまた、同じ系譜上にあったといえる。十九世紀英国ヴィクトリア朝の「情報」を「百科全書」として翻訳する行為は、文明開化を切望し、諸分野に近代的な「制度」を構築しようとしていた明治日本にとって、画期となる出来事であったことは強調してよい。

以下本章では、文部省『百科全書』をめぐる制度という観点から、この翻訳テクスト全体を読み返しておこう。

二　『百科全書』の視覚制度

近代世界では、他の感覚から分離独立した視覚が優位となって、支配的な地位へと押し上げられたといわれる。[12]文部省『百科全書』において、視る制度はどのように立ち上がろうとしていたのか。近代と視覚は重要なテーマなので、第七章とは異なる角度から議論を深めてみたい。

まずは近代の書物を読むための視覚制度である、目次と索引について確認する。

書物の制度——「目次」

ドイツの都市マインツ出身のヨハネス・グーテンベルクの発明した活版印刷機は、書物の大量生産時代を招来した。その歴史はマーシャル・マクルーハンの『グーテンベルクの銀河系』を引き合いに出すまでもなく、よく知られている。[13]ただし、グーテンベルク聖書には「頁数」や「索引」というメタ情報はなく、これらを書物の制度としたのは、十五世紀ルネサンス期のヴェネツィアで活躍したアルドゥス・マヌティウスの業績だとされる。また彼の考案した八折版は携帯可能なサイズとして当時の学者の間で流行して、アカデミアと出版事業の新たな結びつきも生まれた。活字によって両面印刷された洋紙を洋装に製本した「書物」という制度は、時と空間を隔てた近代日本でどのように現象したのだろうか。

紅野謙介は書物の意匠形式を「イデオロギー装置」（ルイ・アルチュセール）になぞらえて、「思考と感性の生

成変化を言葉の読み方によって方向づける」ものとした。(14)

> 読者が書物を開いたときに、そこがどの位置にあたるかを知る指標として、ページ（ノンブル）の印刷がある。〔…〕目次をつけ、ページ数と照応するようにととのえ、読みたい箇所を随時開くことができるようにしておく。インデックスをつけて、さらに便宜をはかることもある。それは自由なアクセスを可能にするようにも見えるが、同時にその箇所が何ページにあたるかをたえず意識させ、全体の連続する秩序のなかで位置づける線条性を生み出してもいた。(15)

紅野によれば、和紙を袋綴じした和装本の読書でも再読や検索ができないことはないのだが、読むためのメタ情報は十分ではない。他方、西洋近代の「読ませる機械」である洋装本では、「前書き、目次、本文、注、索引」などの分節化が行われており、書物の制度が入念に実装されている。これは本文のさらなる分節化を促すと同時に、逆に「直線的な読書行為」につながるシステムでもある。そして、言語レベルの制度としては、「人称、時制を初め、明快な主－述関係の構文を規範とする統辞論的コードがその分節化と体系化の二軸を支えた」ことになる。(16) この点で、二葉亭四迷『浮雲』における意匠としての新しさは、「目録」（目次）そのものではなかった。章タイトルを本文前に列記する意匠は江戸戯作にもあったからだ。むしろ注目に値するのは、「各章のページ数を照合して入れていること」である。つまり、伝統的な「目録」との違いは、ページ数が付いている点にあるのだ。このために、全体の内容を見渡すだけでなく、「序数による連続性を受け入れること」ができ、各章が「再読・参照可能なパートとして構成された体系の要素となる」というわけだ。(17)『浮雲』の主人公内海文三がアルバイトで翻訳をしているというのも、何か因縁めいている。西洋の書物を原書で読むことができる立場にいた文三は、ページ数の付いた「目次」という意匠の存在を知る人物なのだった。文部省『百科全書』の起点テクストとなった *Chambers's Information for the People* には、第一巻と第二巻の本文前にCONTENTSとして、九十二項目の一覧が頁数とともに記載されているが、各項目の本文中の章立ては「目次」として別立てされているわけではない。しかしながら『百科全書』という翻訳テクストでは、早い時期から「目録」や「目次」という名目で、本文前に別立てされた一覧が付けられていた。ただし、その様式は各編で統一されてはおらず、たとえば有隣堂の合本では、意匠が不統一の分冊本をそのままの状態でつなぎ合わせて合冊にしている。整えられた「目次」が登場するのは、最終的な丸善の合本まで待たなくてはならない。『百科全書』の各種異本を比較してみると、最初期の和装二冊で出された零本から丸善合本に至るまで、明治初期の十年の間で書物の制度が大きく変容したことが顕著である。本を読むための近代的制度の出来事をも記憶するのが、文部省『百科全書』の出版史なのだ。小森陽一は「物としての書物」について、「物としての出版形態の中には、物のレベルでの文明開化の様態、和と洋の混在する在り方が刻印されてしまっていることが分かるのである。それは、「書物」という制度を浮き彫りにしている」と述べたが[18]、まさに『百科全書』には、近代日本における書物の制度がゆらぎながら刻印されていると言える。

和装本でも「丁」や「葉」という情報が各半紙の折り目に記載されていたが、それらが書物とリアルタイムで「目次」や「索引」に利用されることはなかった[19]。文部省『百科全書』の多様な異本において、前近代的な「目録」と頁数の付いた近代的「目次」が混在するありようは興味深い。最終的な丸善版で頁数表記の「目次」に落ち着いた結末は、西洋近代の書物の制度を翻訳したということなのである。翻訳テクストのメタ情報としての頁数表記の付いた「目次」の有無は、このテクストの読まれ方にも影響したはずだ。

書物の制度――「索引」

近代書物の「目次」と並ぶもうひとつの制度として、「索引」を取り上げておきたい。

夏目漱石『三四郎』では、美禰子が三四郎にこう言う。「あなたは索引の附いてゐる人の心さへ中てて見様となさらない呑気な方だのに」。ここでの「索引」は何かを探し出す装置として、他者の内心を検索することの比喩である。「索引」が付く書物というのは主として専門的な学術書だから、美禰子という人物はそのような書物を知る世界に生きるインテリ女性なのだ。そしてこの会話が成立するためには、いくつかの条件が揃わなくてはならない。そもそも「索引」という検索装置は、明治期の書物のうちに制度化されていたのだろうか。

「索引」とは、英語 index の翻訳語である。中国語では音訳して「引得」とする。人名・地名・文献名・件名・事項名などのキーワードを抽出し、五十音順、アルファベット順、イロハ順など一定の順序で配列して、本文掲載の頁数を示し、巻末に掲載されたり、別冊として総索引が作成されることもある。[20]

文部省『百科全書』に先立つ江戸期の西洋翻訳百科事典『厚生新編』について解説しながら、杉本つとむは前近代の日本における辞書・事典の特色を次のように説明している。

日本にも辞典として、中世に日本のアルファベット、〈イロハ〉グループに語彙をまとめ、検索しやすくした『節用集』など国語辞典が編集されている。また、文明十六年（一四八四）成立の『温故知新書』（大伴広公、三冊）は、五十音順に項目を分類排列しているし、『文明本節用集』も文明年間（一四六九―八七）に成立したもので、これはイロハ順に部を分け、各部を語の意義によってさらに数門に分けている。〔…〕江戸時代、正徳五年（一七一五）出版の本格的百科事典『和漢三才図会』（寺島良安。百五巻）により、イロハ順にも項目を並べる索引付き百科事典が編集刊行された。[21]

さらに江戸期には、国学者が「類字」「類語」「類句」「類標」などという名称で古典検索用データベースを個人的に作成したものもあった。しかしながら、本格的な「index ＝索引」が広く一般的になるのは、近代という時代においてである。と言っても、近代的な「索引」はなかなか定着せず、その様子は内田魯庵についての逸話からも窺える。

明治の末年、ようやく列強に伍して近代国家の仲間入りができ、出版文化の分野でも大量出版が一般化した頃、文学者内田魯庵は丸善に在り広く東西の知識を注入して出版や読書文化の問題に、啓蒙的役割を果たしていた。彼は、当時某出版社が古書復刻にあたり、索引をつけると公約しながら数年も放置したあげく、「日本の読書界はいまだ索引時代に到らず」と強弁し、世間一般もこれを怪しまないのに対し、〝これを要するに、〈索引〉への認識不足から来るものであり、索引をも含めたビブリオグラフィーこそ書籍界の地理書である〟と、読書人の注意を喚起した（読書日記　明治四十二年十月「学燈」）――がこれとて決して古い過去の物語ではない。(22)

「索引」という制度によって書物の検索が容易になるのであるから、「索引」は読者への便宜を図った工夫である。と同時に、書物の管理システムでもある。探しものへと最短距離で到着できる便利さと引き換えに、途中で見るはずであった景色は無視されるのだ。だから、おのずと読みの行為も変容することになるのだが、「索引」を用いた検索がとりわけ有効に機能するのは、情報の配列がアルファベット順でもイロハ順でもない場合かもしれない。

既述のとおり、『日本社会事彙』の跋文に「真正の百科全書にあらずチヤムバーの「インフヲメーション」なり」とされたのは、文部省『百科全書』の起点テクストが大項目に分類された *Chambers's Information for the People* の翻訳であり、アルファベット順に配列された encyclopedia ではないという意味であった。この点で、チェンバーズ社からほぼ同時期に出された *Chambers's Encyclopaedia*（一八五九—六八年初版）や十八世紀のイーフレイム・チェンバーズによる *Cyclopaedia* とは異なる。だから、*Chambers's Information for the People* では、項目を検索する装置が必須となるのだ。この起点テクスト（全二巻）には、第一巻と第二巻の巻末にそれぞれ INDEX, GLOSSARY OF TERMS, TITLES, &C. が付く。他方で文部省の分冊本、有隣堂の合本、その他民間書

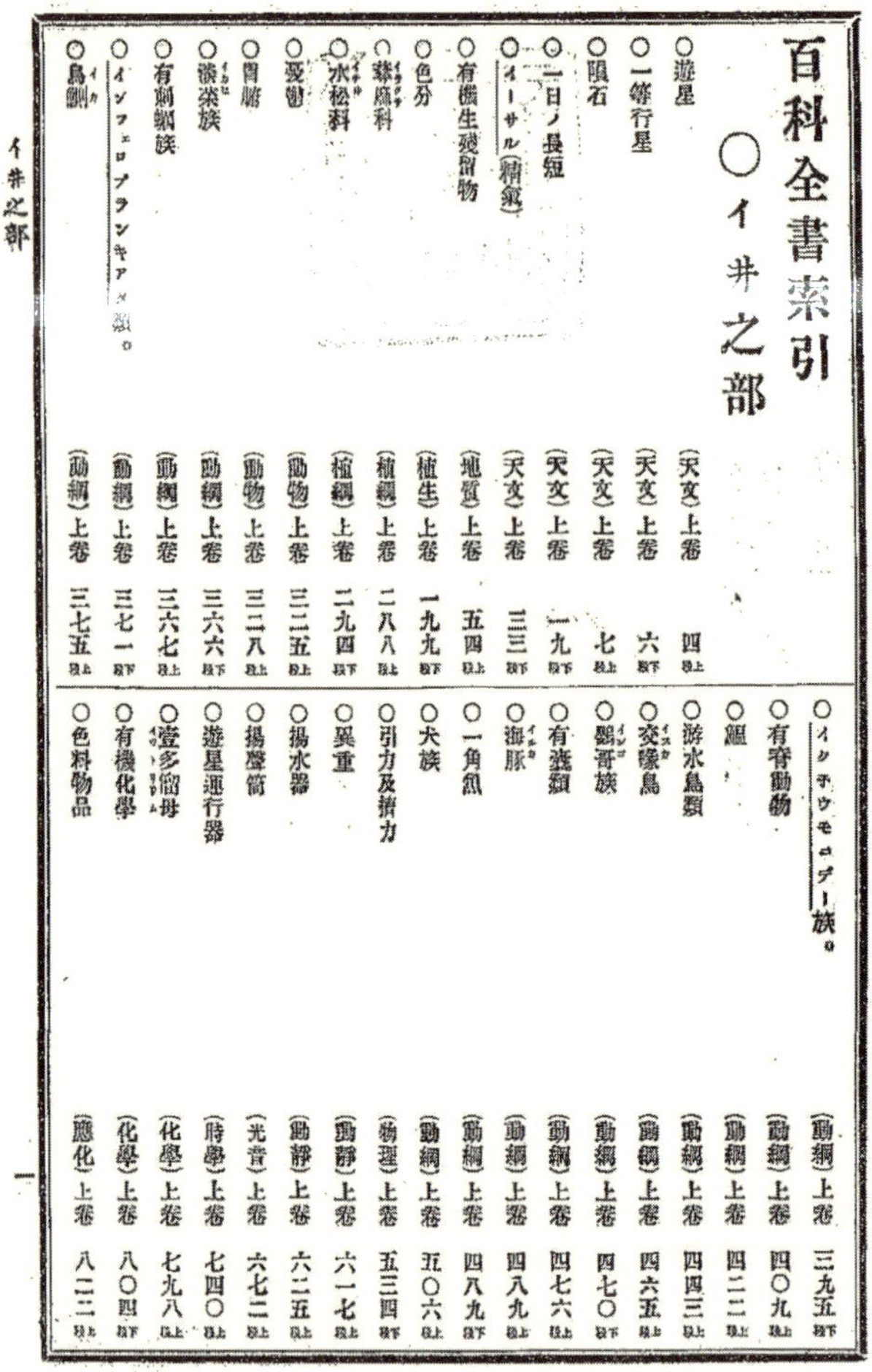

百科全書索引

○イ井之部

○遊星	（天文）上巻	四 段上
○一等行星	（天文）上巻	六 段下
○隕石	（天文）上巻	七 段上
○一日ノ長短	（天文）上巻	一九 段下
○イーサル（精氣）	（天文）上巻	三三 段下
○有機生殘留物	（地質）上巻	五四 段上
○色分	（植生）上巻	一九九 段下
○蕁麻科	（植綱）上巻	二八八 段上
○水松科	（植綱）上巻	二九四 段下
○[illegible]	（動物）上巻	三二五 段上
○胃腑	（動物）上巻	三二八 段上
○淡菜族	（動綱）上巻	三六六 段下
○有刺鯛族	（動綱）上巻	三六七 段上
○インフェロブランキアータ類。	（動綱）上巻	三七一 段下
○烏鰂	（動綱）上巻	三七五 段上
○イクチウモユデー族。	（動綱）上巻	三九五 段下
○有脊動物	（動綱）上巻	四〇九 段上
○鰮	（動綱）上巻	四二二 段上
○游水鳥類	（動綱）上巻	四四三 段上
○交喙鳥	（動綱）上巻	四六五 段上
○鸚哥族	（動綱）上巻	四七〇 段下
○有袋類	（動綱）上巻	四七六 段上
○海豚	（動綱）上巻	四八九 段上
○一角鯨	（動綱）上巻	四八九 段下
○犬族	（動綱）上巻	五〇六 段上
○引力及推力	（物理）上巻	五三四 段下
○異重	（動静）上巻	六一七 段上
○揚水器	（動静）上巻	六二五 段上
○揚聲筒	（光音）上巻	六七二 段上
○遊星運行器	（時學）上巻	七四〇 段上
○壹多留母	（化學）上巻	七九八 段上
○有機化學	（化學）上巻	八〇四 段下
○色料物品	（應化）上巻	八二二 段上

イ井之部

『百科全書　索引』丸善商社出版

肆の翻刻分冊本には「索引」は見当たらず、丸善の合本で初登場となる。丸善版の最終に『百科全書　索引』が別冊として一八八五（明治十八）年に出版されたのである。この総索引は日本語版として独自に作成された別冊で、凡例に六頁分が割かれ、「索引」本体が九〇頁分にわたる。凡例の冒頭で、「此索引ハ百科全書中概ネ日用須知ノ各件ヲ挙ゲ而シテ捜索ニ便センタメ以呂波分ニ類纂セル者ナリ」と述べているように、イロハ順に配列されており「（タイトル）巻・頁数・段」の記載がある。だが、『天文学』に始まる各編ごとに分類されてしまっているので、現代の「索引」に慣れた私たちには違和感がある。

不思議な「索引」である。そもそも「索引」とは何かを考えると、その機能を果たしていないのではないか。書物全体を網羅的に検索するための「索引」としては使えないのだ。作成者はindexについて十分に理解していなかったと思われるが、ともかくも西洋近代の書物を擬態した「索引」という制度を導入してみたのかもしれない。奥付には「定価金五十銭」と印刷されているので、別売りしていたようであるが、どれほどの読者がこの「索引」を利用したのであろうか。戸惑う読者の情景が思い浮かぶばかりである。

美術という制度

「目次」と「索引」という、もっぱら書物にかかわる装置を眺めてきたが、さらに別の角度から近代の視る制度を論じてみよう。日本美術史では周知のことだが、「美術」ということばは翻訳語としての近代日本語の宿命を引き受けている。一八七三（明治六）年六月に岩倉使節団一行はウィーンで万国博覧会を見学しており、帰朝後の『米欧回覧実記』では、「第八十三巻　万国博覧会見聞ノ記下」に次のようなくだりがある。[23]

元来欧州ノ画法ハ、全ク写生ヲ主トシ、真景真貌ヲ写出シ、法ヲ天然ニトルモノニテ、山水風景ヲ写スニモ、虚構ノ図取ヲナスコトナシ、必ス其地ニ就テ、実景ヲ視テ

西洋画を鑑賞して、「写生」「真景」「真貌」という用語でその特徴を表している。

北澤憲昭の一連の著作によれば、「美術」という語は、奇しくもこの一八七三（明治六）年のウィーン万国博覧会に関する政府文書に初めて登場した翻訳語である。[24] 前年一月の太政官布告に添付された「澳国維納博覧会出品心得」の第二条にあたる出品分類表「第二十二区」が初出だという。ドイツ語原文には英語も添えられていた。

Darstellung der Wirksamkeit der Kunstgewerbe-Museen.
Representation of the Influence of Museums of fine Arts applied to Industry.

ドイツ語の Kunstgewerbe は、Kunst と Gewerbe ——英語でおよそ相当するのは art と trade ——から成る単語で、むしろ「工芸」のようなイメージに近い。日本語の訳文は、「美術西洋ニテ音楽画学像ヲ作ル術詩学等ヲ美術ト云フノ博覧場《ムゼウム》ヲ工作ノ為ニ用フル事」という文面であり、「美術」の語の直後にある注釈「西洋ニテ音楽画学像ヲ作ル術詩学等ヲ美術ト云フ」で明らかなように、ここでの「美術」は音楽や文学も含む、今日のいわゆる「芸術」の意味であった。つまり「美術」は視覚芸術に限らず、今日の「芸術」という意味で誕生した。ちなみに「芸術」は、近世には「学芸・技術」という意味で用いられていたことばであるが、art の翻訳語として明治三十年代に定着する。[25]

翻訳語の「美術」ということばが現在のように視覚芸術に絞り込まれた要因について、北澤は「近代化の推進において視覚が重要な働きをするという認識が、明治の早い時期に成り立っていた」ことを挙げ、当初は今日の「芸術」の意味であった翻訳語「美術」がその意味を変容させていく過程、つまり「美術が視覚芸術に絞り込まれてゆく過程には、近代化における視覚の優位ということが大きく作用していた」とする。[26] だからたとえば博覧会は「見ることの文明開化」の装置として、明治政府によって積極的に開催された。翻訳語としての「美術」の意味が絞り込まれながら、その概念がどのように変化したのかという具体的な過程は、学校や展覧会そして博覧会などの、「美術」をめぐる制度とリンクする。博覧会・博物館行政のリーダーだった大久保利通が、「夫人心ノ事物ニ触レ其感動識別ヲ生ズルハ悉ク眼視ノ力ニ由ル」と述べたように、「眼視ノ力」に注目したのはこのためであった。「博物館の分類から「書画」という語が消えるのは明治二十二年（一八八九）、博物館が帝国博物館となったときであり、それは「芸術」に代わって「美術」という語が大きな分類体系に登場するのと時を同じくしていた」と北澤は指摘する。[27]

文部省『百科全書』において「美術」は、fine art の等価として出現する。一八七八（明治十一）年の川本清一訳・久保吉人校『人心論』（THE HUMAN MIND）には、以下のような文脈で「美術」が用いられている。

第二、智力

智力ハ他ノ官能ト相結ヒテ働クニ多少ノ度アリ学術ハ此力ノ独行専発スル最良ノ例ナリ情ノ感応力ト相結フトキハ美術其最大ナル成果トナリ又実用ノ目的ニテ意力ノ侍婢トナル時ハ工業職業ノ合シ高尚ナルモノトナル

THE INTELLECT

Intellect may work in different degrees of combination with the remaining functions of the mind. Science is the best example of its pure manifestation. When blended with Emotion, the most interesting product is Fine Art; as the handmaid of Volition, directed to practical ends, it yields the higher combinations of Industry and Business.

美術ノ感応

五官ノ中聴視ノ感覚ト上文ニ記スル感応ハ美術ノ由テ起ル基ニシテ其他之ニ関係スルモノアレトモ其名ヲ挙クルニ過キサルノミ

Emotions of Fine Art

The sensations of the two higher senses, Hearing and Sight, and the simple emotions above recited, enter into fine-art compositions; while there are a few additional sources of interest which we can do little more than name.

「智力」（intellect）と「情ノ感応力」（emotion）が融合して、「fine art ＝美術」という成果物が生成される。あるいは、「聴視ノ感覚」(hearing and sight) などから構成されるというコンテクストからは、「美術」は明らかに視覚に限定されたものではない。さらに、次のような例もある。一八七九（明治十二）年の菊池大麓訳『修辞及華文』(RHETRIC AND BELLES-LETTRES) の一節からの引用である。

富麗《ビウテー》

文体ノ富麗ハ大抵其文章ノ前後調和適合シテ照応ノ互ニ整齊スルヨリ生スルノ結果タルコト疑フ可ラサルナリ」蓋シ全文ノ其論旨ニ合スル者條目ノ其秩序ヲ紊サヽル者体製ノ主意ニ適スル者語音ノ意味ニ応スル者各々他ノ絢爛ノ景状ト玲瓏ノ詞韻トニ相契合シテ正ニ始テ文章富麗ノ源ヲナスヘキナリ抑々文章亦美術ノ一部ニシテ能ク其妙奥ニ達スルトキハ富麗ハ自然ニ生セサルヲ得ス

Beauty

The beauties of style are unquestionably for the most part the result of harmony, fitness, and keeping in the various parts of the composition. The adaptation of the whole to its end, the order and harmony of all the particulars, the suiting of the style to the matter, and of the sound to the sense, all combined with the choice of images pictorially beautiful, and of words and cadences musically melodious, are the leading particulars that constitute the beautiful in literary art. When composition, considered as a fine art, perfectly succeeds in its aim, it must needs be beautiful.

「文体ノ富麗」(the beauties of style) を論じるなかで、文章が「fine art＝美術」の一部とされている。ここでの「美術」もまた、視覚芸術よりも広義のものである。文部省『百科全書』における「美術」は、fine art を広く指標する翻訳語であり、「文学」も網羅することばであった。

狭義の視覚芸術については、「画学」という西洋由来の教育制度が手がかりとなろう。「drawing＝画学」とは、幕末に導入され（「開成所稽古規則覚書」）、明治政府が一八七二（明治五）年に頒布した学制における教科でもあった。近代日本の「画学」教育という点で、文部省『百科全書』の内田彌一訳・内村耿之介校『画学及彫像』（DRAWING－PAINTING－SCULPTURE）について、金子一夫は次のように説明している。

『西画指南』として訳されたボルンの *The Illustrated Drawing Book* は芸術的絵画というよりは正確な描写技術や透視画的表現についての記述が中心になっている。これに対してチャンブルの本は、はっきりと美術としての絵画を目指している。絵づくりの方法を体系的に論じているのである。これだけの体系的な内容が訳されて出版されたのは、『画学及彫像』が初めてではないかと思う。その意味で日本の近代洋画に大きく寄与するはずであった。しかし、明治九年末に工部美術学校が開校され、イタリア人フォンタネージによる本格的な洋画教育が始まったため、当時の洋画研究者の多くはそちらを注目してこの訳書にはあまり注意しなかったのでないかと思われる。[28]

ここでの「チャンブルの本」とは『画学及彫像』を指す。起点テクストであるDRAWING－PAINTING－SCULPTUREのなかからDRAWINGの部分を増補した、Chambers's Educational Courseというシリーズの *Second Book of Drawing* もチェンバーズ社から一八七七年に出され、明治期の「画学」教育で活用されていた。『画学及彫像』には広範にわたる西洋の絵画と彫刻が解説されており、金子は一定の評価を与えている。

ルネサンス以後の絵画の巨匠、ギリシャの彫刻家などの美術史的な内容についても、『画学及彫像』が初めての訳だと思われる。ただ残念なことに、流派（school）を「画学校」と訳し、それぞれの大家がそこで教鞭をとっていたように訳している。〔…〕絵画づくりについての体系的な内容が訳出されたことの意義は認めなければならないであろう。[29]

一八七六（明治九）年に『画学及影像』を訳した内田彌一には、「画学」の他に音楽や博物学関係の著訳書もいくつか認められる。たとえば国立国会図書館には、内田彌一訳の『小学教本　日用植物篇』『博物全誌　動物篇』『音楽捷径』（一八八三年）、『音楽指南』（一八八四年）、『楽典初歩』（一八八七／九五年）、『音楽階梯』（一八九〇年）、また著作として「画学ノ由来」（『大日本教育会雑誌』一八八七年）、『音楽独学び』（一八八八年）などが所蔵されている。

遠近法という制度

視覚制度における遠近法にはさまざまな種類があるが、ルネサンスに起源をもつ西洋近代の線遠近法（図学では「透視図法」）を、エルヴィン・パノフスキーは「象徴《シンボル》形式」として提示し、多木浩二は「眼の隠喩」と呼んだ。[30]また柄谷行人によれば、遠近法という近代西洋の視線が日本の「風景」そのものを発見したことになる。[31]つまり西洋近代の遠近法によって描かれたのは、ありのままの現実そのものではなく、近代に誕生した合理的手法による「視の制度」（クリスチャン・メッツ）でもあった。[32]

文部省『百科全書』の『画学及影像』では、この手法について非常に詳細に説明している箇所がある。だが、「perspective ＝遠近法」という等価は成立していない。

遠景写法ノ事

遠景ノ写法トハ画紙ノ平面ニ種々ノ風景ヲ画キ看者ノ眼目ヲシテ天然ノ如キ其実景ヲ弁知セシムルノ妙法ヲ云フ故ニ此法ニ随ヒテ眼目ニ遠近ノ度ヲ馴ラシ以テ諸物ノ実形ヲ写スヲ画術ノ基本トス

PERSPECTIVE

Perspective is the method by which objects are represented on any flat surface, as a sheet of paper, so that they suggest the true appearance of nature to the eye. It is the basis of the art of drawing, training the eye to discern the visual effects of nature, and giving facility and correctness in their representation.

この翻訳テクストでは、perspectiveを「遠景写法」「遠景ノ写法」と訳している。そして、この手法を用いる

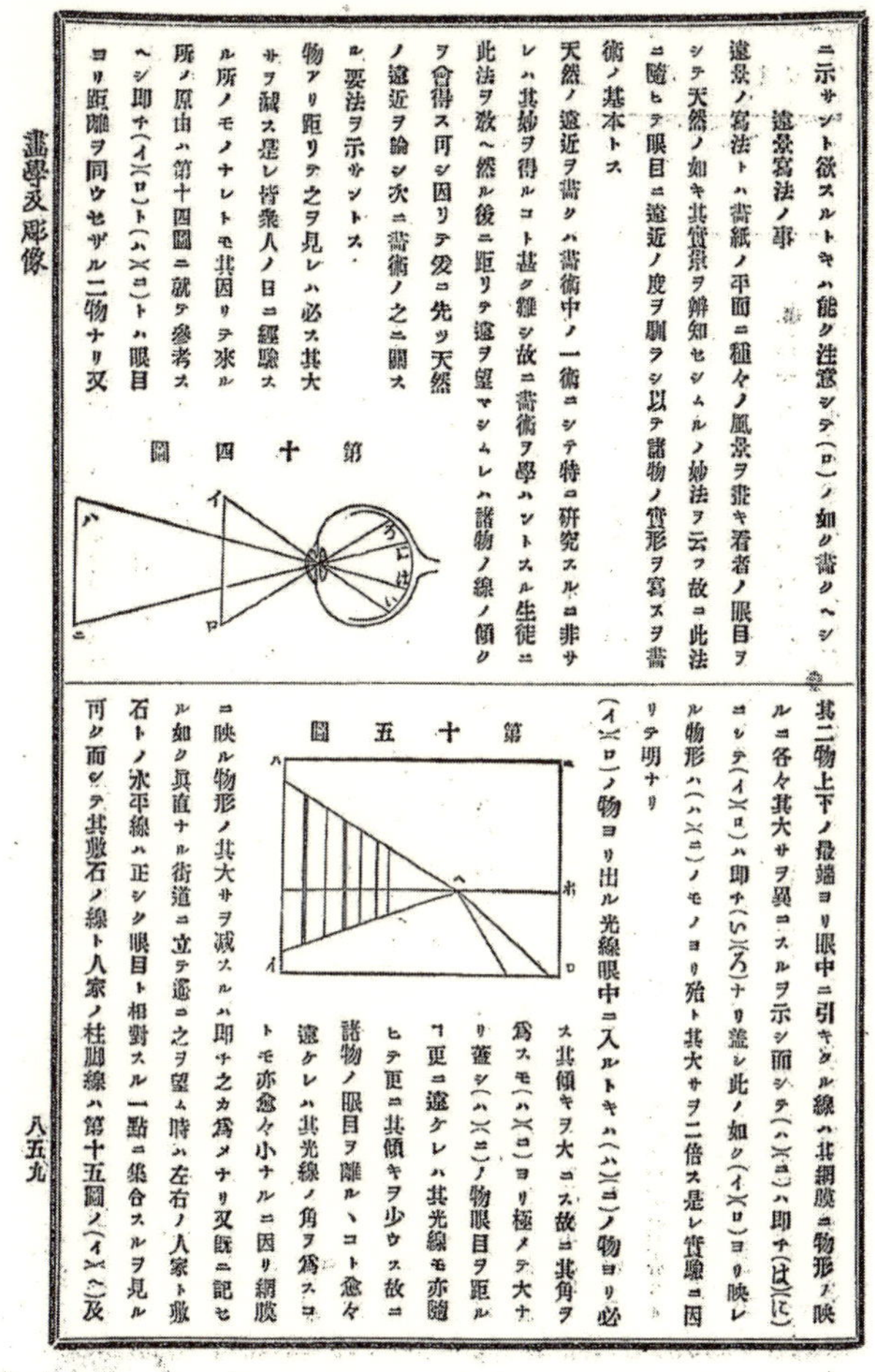

畫學及彫像

二示サント欲スルトキハ能ク注意シテ(ロ)ノ如ク畫クヘシ

遠景寫法ノ事

遠景ノ寫法トハ畫紙ノ平面ニ種々ノ風景ヲ畫キ看者ノ眼目ヲシテ天然ノ如キ其實景ヲ辨知セシムルノ妙法ヲ云フ故ニ此法ニ隨ヒテ眼目ニ遠近ノ度ヲ馴ラシ以テ諸物ノ實形ヲ寫スヲ畫術ノ基本トス

天然ノ遠近ヲ畫クハ畫術中ノ一術ニシテ特ニ研究スルニ非サレハ其妙ヲ得ルコト甚タ難シ故ニ畫術ヲ學ハントスル生徒ニ此法ヲ敎ヘ然ル後ニ距リテ遠ヲ望マシムレハ諸物ノ線ノ傾クヲ會得ス可シ因リテ爰ニ先ツ天然ノ遠近ヲ論シ次ニ畫術ノ之ニ關スル要法ヲ示サントス。

物アリ距リテ之ヲ見レハ必ス其大サヲ減ス是レ皆衆人ノ日ニ經驗スル所ノモノナレトモ其因リテ來ル所ノ原由ハ第十四圖ニ就テ參考スヘシ即チ(イ)(ロ)ト(ハ)(ニ)トハ眼目ヨリ距離ヲ同ウセザル二物ナリ又

第十四圖

其二物上下ノ最端ヨリ眼中ニ引キタル線ハ其網膜ニ物形ヲ映ルニ各々其大サヲ異ニスルヲ示シ而シテ(ハ)(ニ)ハ即チ(は)(に)ニシテ(イ)(ロ)ハ即チ(い)(ろ)ナリ蓋シ此ノ如ク(イ)(ロ)ヨリ映レル物形ハ(ハ)(ニ)ノモノヨリ殆ト其大サヲ二倍ス是レ實驗ニ因リテ明ナリ

(イ)(ロ)ノ物ヨリ出ル光線眼中ニ入ルトキハ(ハ)(ニ)ノ物ヨリ必ス其傾キヲ大ニス故ニ其角ヲ爲スモ(ハ)(ニ)ヨリ極メテ大ナリ蓋シ(ハ)(ニ)ノ物眼目ヲ距ルヿ更ニ遠ケレハ其光線モ亦隨ヒテ更ニ其傾キヲ少ウス故ニ諸物ノ眼目ヲ離ル丶コト愈々遠ケレハ其光線ノ角ヲ爲スコトモ亦愈々小ナルニ因リ網膜ニ映ル物形ノ其大サヲ減スルハ即チ之カ爲メナリ又既ニ記セル如ク眞直ナル街道ニ立テ遙ニ之ヲ望ム時ハ左右ノ人家ト甃石トノ水平線ハ正シク眼目ト相對スル一點ニ集合スルヲ見ル可ク而シテ其甃石ノ線ト人家ノ柱脚線ハ第十五圖ノ(イ)(ヘ)及

第十五圖

八五九

『画学及彫像』の「遠景写法ノ事」

ことで、風景画が「看者ノ眼目ヲシテ天然ノ如キ其実景」（the true appearance of nature to the eye）になると説明する。perspective の原理とは、観察者の視界を「天然」のままに描く手法であり、風景をありのままに再現したと想定する近代絵画イデオロギーの視覚モデルが提示されている。

文部省『百科全書』における他の翻訳テクストでも、perspective をいずれも「遠近法」とは訳出していない。あくまでも「遠景」を描く手法であり、「遠近」という概念化はされておらず、「perspective＝遠近法」という翻訳の等価が未だ成立していないのだ。では、いつ頃から、どのようなテクストで、近代日本語の「遠近法」は現象し始めたのであろうか。

結論を先取りすれば、「遠近法」ということばの出現と、「写生」や「写実」が文学において制度化される時期が重なる点が注目に値する。

工部大学校に付属して一八七六（明治九）年に創設された工部美術学校では、西洋絵画の教育として「写生」が教えられていたが、日本画を再評価する国粋主義的な気運のなかで、一八八三（明治十五）年には廃校となる。東京美術学校は一八八七（明治二十）年に設立されて、その二年後に開校の運びとなった教育機関である。文部省の図画取調掛と工部美術学校を統合再編した形での出発であった。東京大学を卒業後文部省に出仕していた岡倉覚三（天心）やアーネスト・フェノロサを中心に、日本の伝統的「美術」を重視した復古的な理念に基づく開学であったことは、よく知られている。東京美術学校では当初伝統的日本画を志向したが、そのカリキュラムにも「写生」は含まれていた。そして「写生」は絵画ばかりでなく、正岡子規の「写生文」に代表されるように、近代文学において重要な手法となっていく。

正岡子規「棒三昧」、一八九五（明治二十八）年『日本』連載

○洋画の長所は写生にあり写生に供すべき材料は無限なり故に洋画は陳腐に陥るの弊少し然れども材料を天然に取る

を以て選擇宜しきを得ざれば終に没趣味の画を為すを免れず

正岡子規「写生、写実」、一八九八（明治三十一）年『ホトトギス』第二巻第三号

○写生と写実　日本の絵画界にて写生といふ事のやかましくなつたのは百年許前の事で、これはいくらか西洋画の影響を受けたものと見える。

正岡子規「ホトトギス第四巻第一号のはじめに」、一九〇〇（明治三十三）年『ホトトギス』第四巻第一号

最も骨を折つたのは写実的の小品文であつた。写実の文章は近来非常に流行して、小説は大抵写実的に書くといふ有様だから、何も珍しくは無い、がそれを人事にでも天然界の現象にでも何にでも応用して一篇のまとめた文章とした処にはいくらか今迄と違ふた点もあらふ。

一八九五（明治二十八）年の「棒三味」で子規は、洋画の長所を「写生」に帰している。そして一八九八（明治三十一）年の『ホトトギス』誌でも、西洋画の優位性を「写生」に求めて「写生が出来ずに精神が加へられるであらうか」と述べたうえで、「写実と小説との関係」につなげようとして論を結んでいる。一九〇〇（明治三十三）年には、まさに「小説は大抵写実的に書く」というところまで「写実の文章」が流行していたことが窺われる。

子規の「写生文」は、工部美術学校で教育に当たったイタリア人画家アントニオ・フォンタネージの系統にある中村不折から影響を受けたものだが、フォンタネージ自身は「写生」を「風景写生」の意味で用いており、「スケッチ」とは使い分けていた。「スケッチ」（イタリア語 schizzo）は完成した作品ではなく、価値の低いものと見なされる一方で、「写生」（イタリア語 disegno dal vero）としての風景画は、「自然を眺めれば誰でも見ること

ができる明確な現実以上の何かを描いたもの」でなければならないと主張したのだ。[33] この意味での「写生」が「写実」的表現となるのであり、「真」を「写」すというイデオロギーに接合されるのである。

同時代には「美学」や「美術」に関するテクストが数多く書かれているのだが、「遠近法」という語が登場してくるのも、この時期である。具体例を引用してみる。[34]

外山正一「日本絵画の未来」、一八九〇（明治二十三）年

何故ニ日本画ハ西洋画ニ優レルカ。曰ク、西洋画ハ真物ニ似セルヲ旨トスレドモ、日本画ニ至テハ物ノ精神ヲ写スヲ旨トセリト。何故西洋画ハ日本画ニ優レルカ。曰ク、西洋画ハ濃淡自在ナリ、遠近ノ写法完全ナリト。蓋シ何物ノ美術品ト雖モ、真物ニ由ラザルモノハ有ラザルナラン、何物ノ絵画ト雖モ、濃淡写景ノミヲ以テ尽クセリトスベキモノハ有ラザルナラン　今ノ絵画ヲ談ズル者ハ、実ニ五里霧中ニ在リト曰ハズンバアルベカラザルナリ。

森鷗外「外山正一氏の画論を駁す」、一八九〇（明治二十三）年

今の西派画家にして果して西洋の文明の東洋文明の上に超出したるを以て画も亦応に然るべしとのみいひ又濃淡遠近法の精細なるを以てをのれらが特有技倆なりとおもひたらむか

久米邦武「太平記は史学に益なし」、一八九一（明治二十四）年『史学会雑誌』に連載

総て物形ハ距離の遠くなるに従ひて次第に小く見るは、一定の寸法あり、理学・画学・眼科医等は精く暗記するなり、千尺以上も隔りたる扇面の月をば、いかで見分らるゝべきや、箇様の嘘談を聞慣れば、いつか画家の画題にも上りて、遠近法を失ふべし、故に之を論辨しおくも無益には非ざらんか、

高山樗牛「日本画の過去将来に就いて」、一九〇二（明治三十五）年『太陽』

凡そ絵画に於ける写実法は、精密に観察すれば頗る複雑なる項目に分たるべしと雖も、今は仮に形似、設色、遠近法、明暗法の四項に分ちて考察するを以て足れりとせむ。〔…〕遠近法の欠乏は更に著しき事実なりとす。第一視覚上より見るも、日本画に於ては通例視点なるもの無し、観るところは唯当面の物象雑然として陳々相依るあるのみ。山水画の如きも、極めて少数なる画家の製作を外にして、前後の透視甚だ杜撰にして、地平線及び是に対する視線の集散に関する観念の如きは殆ど其の痕跡を見ずと云ふも不可無し。

森鷗外「ヰタ・セクスアリス」、一九〇九（明治四十二）年『スバル』

Michelangelo の壁画の人物も、大胆な遠近法を使つてかいてあるとはいふが、こんな絵の人物には、それとは違つて、随分無理な姿勢が取らせてあるのだから、小さい子供に、どこに手があるやら辨へにくかつたのも無理は無い。

一八九〇（明治二十三）年に帝国大学教授の外山正一が行った講演「日本絵画の未来」を受けて、森鷗外の反駁による論争（いわゆる画題論争）が起こった。外山は洋画派が結成した明治美術会の幹事でもあり、この講演は明治美術会第二大会でのものである。文部大臣の榎本武揚をはじめ政府高官も列席した政治色の強い会合であった。前年の大日本帝国憲法発布のもと、第一回帝国議会が開かれた年であり、「まさに国家レベルで美術の未来を語るにふさわしい場」であったのだ。[35] このとき外山が用いた「西洋画」と「日本画」という対比は、講演が『東京朝日新聞』にも掲載され、明治二十年代にこの二項対立が定着するうえで重要な出来事となった。と同時に「遠近法」という語のかなり早い出現が、この講演に端を発している点は興味深い。まず外山が「遠近ノ写法」と述べたのに対し、鷗外が「遠近法」ということばで反駁したのである。活字メディアにより講演の内容が流布されるところとなったし、鷗外は同年に『舞姫』『うたかたの記』も発表しており作家としての知名度もあったのだから、影響力は小さくなかったと思われる。この画題論争の翌年、一八九一（明治二十四）年には久米邦武が「理学・画学・眼科医」という観点から、画題としての歴史を取り上げて「遠近法」という語を用いたのである。

森鷗外と坪内逍遥との間で展開された没理想論争も同時代の出来事である。ドイツ留学から帰国した鷗外はドイツ観念論のハルトマン美学を紹介して、フランスの唯物論的な美学と対立した。ロマン主義的な鷗外と写実主義的な逍遥の没理想論争は、一八九一（明治二十四）年から翌年にかけてのことだった。鷗外の「遠近法」はその後、一九〇九（明治四十二）年の『スバル』七号に掲載され発禁処分となった当時の問題作「ヰタ・セクスアリス」にも登場することになる。ミケランジェロ・ブオナローティの「遠近法」と春画を対比している場面だが、小説に使用される程度にまで定着していた。

ところで、明治初年にすでに「美学」の内容に言及したのは、あの西周である。西は「百学連環」を講義し、そのなかで「Aesthetics 佳趣論」という語を用いている。さらに西は「美妙学説」を説き、「美妙学《エッセチック》」「美術《ハインアート》」などについても論じたことがあった。明治十年代に入ると、文部省編輯局からは一八八三―八四（明治十六―十七）年に中江兆民訳『維氏美学』が刊行され、それを読んだ坪内逍遥が「美とは何ぞや」を一八八六（明治十九）年に『学芸雑誌』に発表する。またフェノロサの『美術真説』は一八八二（明治十五）年に行われた講演録であり、その国粋主義的な論調は、逍遥の批判するところともなっていた。

高山樗牛は一八九六（明治二十九）年に兆民訳『維氏美学』を批判し、「今日より是を見れば、其選択の無謀、訳文の粗笨は、当時の人が如何に斯学の歴史及び意義に昧かりしかを証するの一標章たるに過ぎず」と述べ、鷗外も「我国の文学美術には、殆何の影響をもおよぼさなかつた」とまで言い切ったことがある。[36] また、樗牛は「今の写生の是非を説き、写意の可否を論ずるもの、多くは一面に偏す。写生に縁りて写意を達する、即ち是れ美術の第一義なるを知らざるもの丶如し」として、「写生」と「写意」をドイツ哲学のヨハン・ゴットリープ・

フィヒテとフリードリヒ・シェリングに擬して論じたものがあり、それに対しては鷗外が反論している[37]。

このように「遠近法」という近代日本語は、明治期日本の「美学」や「美術」をめぐるコンテクストで出現し、「写生」や「写実」という近代文学の手法とともに定着したのである。

写真という制度

「写真」とは、「真」を「写」すという漢字二字から成る漢語である。「写生」や「写実」とも通じていた「写真」は、「遠近法」とともに西洋の視線を表象する。単眼の固定した視点で立体空間を平面的に捉える線遠近法（透視図法）は、「暗室」という意のカメラ・オブスキュラ（camera obscura）という装置の応用でもある。このしくみを科学的に発展させた技術による「photograph＝写真」という「コードのないメッセージ」（ロラン・バルト）によって、近代の視覚は究極のリアリズムを獲得したのだろうか。

西洋における「写真」の発明は、明治維新の三十年ほど前に遡る。十九世紀前半に複数の発明家による成功例が残されているが、最も早いのはフランスのジョゼフ・ニセフォール・ニエプスが写した風景写真であった（現存する最古の作品は一八二五年）。だが彼のヘリオグラフィ（héliographie）の手法では画像が不鮮明であり、後に名を残したのは共同研究者のルイ・ジャック・マンデ・ダゲールである。ダゲールが一八三九年に実用的な写真技法を公表した。このダゲレオタイプ（銀板写真）が、長崎のオランダ商館経由で一八四八（嘉永元）年、幕末の日本に渡来した記録が残されている[38]。

ただし、カメラ・オブスキュラのしくみそのものについては、それ以前からすでに蘭学者に知られていた。一七八八（天明八）年序・一七九九（寛政十一）年刊の大槻玄沢（磐水）『蘭説弁惑』や一七九八（寛政十）年の森島中良『蛮語箋』などでは、「写真鏡」として登場する。したがって、一八四八（嘉永元）年の箕作阮甫『改正増補蛮語箋』では、「ドンクルカームル donker kamer」（dark room）を「写真鏡」、「ダゲユロテイペン dageurotypen」(daguerreotype)を「印象鏡」として差異化している(第一巻「器財」の項、四十丁)。

近代日本の写真揺籃期において銀板写真の技法は、さまざまな呼称を得ていた。明治の事物起原を集成した石井研堂によると、「印象鏡」の他にも、書簡などでは「印影鏡」とも呼ばれていたという。(39) 一八五一(嘉永四)年に川本幸民(文部省『百科全書』の『人心論』を翻訳し、『百工応用化学』を校正した川本清一の父)が銀板実験を行っており、一八五四(安政元)年の川本幸民訳『遠西奇器述』では、「直写影鏡」としてダゲレオタイプの銀板写真術が図解された。また、一八六二(文久二)年の上野彦馬『舎密局必携』では、巻末の附録に「撮影術」「撮影石版術」の説明が記載されている。職業写真師の開祖と言われる彦馬は、医学伝習所でヨハネス・ポンペ・ファン・メーデルフォールトから「舎密」の指導を受けた人物である。

西洋での写真技法の進展は、英国のフレデリック・スコット・アーチャーが一八五一年にコロジオン・プロセス(湿板写真)を、そして一八七一年にはリチャード・リーチ・マドックスがゼラチン乾板を発表するに至る。日本では安政年間から明治半ばまで湿板写真が普及し、その後は乾板時代へと移行した。一八六七—六八(慶応三—明治元)年の柳河春三訳述『写真鏡図説』では、一八五〇、六〇年代の西洋各国の書物を参考にして、湿板技法について詳述している。

かつてのカメラ・オブスキュラは主に風景を被写体としたが、ダゲレオタイプでは人の姿を写す道具として使用されるようになった。だから人の姿という意味の「影」を用いて、「印影鏡」と訳されたのである。(40) 推測の域を出るものではないが、湿板技法のコロジオン・プロセスをダゲレオタイプの「印象鏡」「印影鏡」と区別するために、「写真」ということばの再利用となったのかもしれない。いずれにせよ、明治初期の湿板時代にはプロの「写真師」も活躍し、「写真」というシニフィアンが定着している。石井研堂も述べるように、「開国万延頃よりは、国人一般に、写真鏡にて通用せり」ということなのであろう。(41)

『日本国語大辞典』(第二版)の語誌によれば、「写真」とは「本来は神仏や貴人などを描いた絵」を指し、「西洋の画法が蘭学者によって紹介されてからは、ありのままに描くという技法すなわち「写生」の意味でも、またその技法で描かれた絵を指すこともあった」という。そして、「江戸時代末期にありのままの姿が機械によって写された画像が舶来し、英語 photograph の訳語として、「写真」がこれに転用された」とする。つまり「photograph ＝写真」という等価は、翻訳語として再利用されたものである。

佐藤道信は「写実」「写真」「写生」について、これらの語義が重なりながらずれている点を論じた。[42] photograph の訳語として定着した「写真」は元来「美術」用語であり、西洋画のリアリティを語ることばとしては、「写生」や「写実」と共存していた。このなかで「美術」用語として最も新しいのは「写実」である。「写実」は古く漢籍にもその使用例が認められるが、アートの概念としては明治期日本で成立した。近代語としての「写実」という語の定着は、「写真」や「写生」に比べて遅く、明治二十年代を待たなくてはならず、それ以前に「写真」あるいは「写生」として語られていた概念が「写実」となったのである。なお漢籍の「写真」は唐代にまで遡り、宋代の「写生」よりも歴史は古いという。

西洋画の手法については、すでに一七九九（寛政十一）年の司馬江漢『西洋画談』において、「西洋諸国の画法は写真にしてその法を異にす」と述べられている。この年は大槻玄沢『蘭説弁惑』の出版と同年であり、視覚のリアリティに対して、カメラ・オブスキュラと西洋画という異なる対象に同じ「写真」という語が同時に用いられていたことになる、と佐藤は言う。[43]

辻惟雄は「真景（真山水）論」として山水画におけるリアリティを論じているが、中国の山水画は老荘思想における「道」「気」「真」の形象化を目指し、「真景」とは形似という次元を超えた真理の表象であるとする。[44] 日本では「真景」は、江戸時代の南画家たちが使用し始めた用語で、「中国での「真景」が実際にある特定の場所を意味しないのに対して、日本では南画家がみずから実見した実景が描かれ」、そして実景として名所が選択されたことで、日本の「真景」は「中国画法に即した名所絵」となったのである。

漢籍での「写真」は人物と深く関係したという。肖像画には迫真のリアリティが求められるが、これが「写真」（あるいは「真写」）なのである。「肖像画というジャンルがそれまでのリアリズムの意を含む「写真」の語と、のちのphotographyの訳語「写真」とをつなぐ媒体」となったという佐藤の指摘には説得力がある。[45]

やがて「写実」の語が定着していくのは、「photograph＝写真」の普及により、絵画のリアリティを「写真」として表現することが次第に難しくなったからである。[46] しかしながら、文部省『百科全書』では、「写真」ということばが明らかにゆらいでいる。まず起点テクストのENGRAVING–PHOTOGRAPHYという項目は、錦織精之進訳・小永井八郎校『彫刻及捉影術』として一八七六（明治九）年に刊行されたが、ここでは「photography＝捉影術」であった。ただし、「ホトグラヒー」という音訳も追加されている。

> 捉影術
>
> 捉影術ニ下ス所ノ名称一ナラス以テ其種類ヲ分ツ捉影術ノ原名ヲ「ホトグラヒー」ト云フ是其数名ヲ総称シタルモノナリ此語ハ素ト希臘国ノ二字ヲ綴合セルモノニシテ之ヲ直訳スレハ光線ニ因リテ書キ画クト云フ義ナリ凡何等ノ物タリトモ化術ノ力ヲ藉リテ能ク其外面ニ薬ヲ施シ其功ヲ致サシメ以テ真景ヲ写スコレヲ捉影術ト云フ
>
> PHOTOGRAPHY
>
> The various names which it has received serve so far to define its nature. The word photography is the most general and comprehensive of these; it is derived from two Greek words, and means, literally, 'writing or drawing by light;' and it embraces all the processes by which images are obtained through the agency of light acting upon chemically prepared surfaces of whatever kind.

当時すでに「photograph＝写真」という等価が定着していたことを考えると、あえて「捉影」ということばを翻訳者が選択した意図は不明である。一八八〇（明治十三）年の大槻文彦訳『印刷術及石版術』（PRINTING－LITHOGRAPHY）では、photo-lithography を「写真石版術」としている箇所もある。また第二章の引用を繰り返せば、一八八四（明治十七）年刊の別冊『百科全書 索引』の凡例では訳語の不統一に触れながら、「捉影術トアルヲ写真術ト訳セル」と記していた。そして『索引』の本文では、「写真石版術」「写真術」「紙面捉影《シャシン》術」などが混在しているのである。

同時代に「捉影」が出現する稀有な例としては、内田正雄『輿地誌略』の凡例がある。内田はオランダへの幕末の留学生のひとりであり、帰国後は開成所や大学を経て文部省に出仕した。明治初期のベストセラーとなった『輿地誌略』は、一八七一（明治四）年に大学南校から初編三冊が出版され、その五年後に内田が亡くなると、西村茂樹が引き継いで全四編十三冊を完成させた。世界各国の地理風俗を挿絵入りで紹介する内容であり、当初は木版のみだったが、のちには銅板や石版挿絵も加わった（最初に挿絵を担当したのは、開成所画学局の川上冬崖）。

> 図画ノ信ズベキ者ハ捉影画《フヲトグラヒー》ニ如クハ無シ予嘗テ欧州ニ在リス日余暇ヲ以テ各国ノ捉影画ヲ聚蓄シ其数幾ント三千、冊数二十ニ満ツ今其中ヨリ摸写シテ本編中ニ挿入ス又仏国ニ於テ歳々刊行スル所ノ「ルツール、ジユモンド」世界各地ノ旅行記ノ類ニ出ル所ハ皆実際経験ノ画ニシテ多クハ捉影画ヨリ摸刻スル者ナリ

『輿地誌略』の凡例で全体の説明に続き、図版について述べている一節であるが、「捉影画」に「フヲトグラヒー」とルビを付けている。これ以外の同時代テクストにおいて、「捉影」ということばの使用例はほとんどない。稀に「捕風捉影」という成語で出現する程度である。漢籍にある「捕風捉影」は、風や影をとらえるというイメージからも想像できるように、とりとめもなく当てにならないという意味の四字熟語である。「捕風捉雲」「繋風捕影」なども同類の成語だが、馬場辰猪原著、山本忠礼・明石兵太合訳『条約改正論』（一八九〇年）における

「嗚呼亦捕風捉影の言ならざらんや」からは、捉えようのない空しさの溜息さえ聞こえてくる。

他方で「photograph＝写真」ということばが広く使われていたことは容易に想像できる。明治改元の年から日本各地に写真館が急増し、併せて「写真師」という職業も現れた。この時代に松崎晋二は一八六九（明治二）年頃東京で開業したひとりであり、一八七四（明治七）年には台湾出兵に日本初の従軍写真師として同行しており、その新聞記事が残されている。(47)

写真ノ行ハレテヨリ山川草木動物ノ類其形ヲ蔽フ所ナク数万里外ノ物ト雖トモ数千年前ノ人ト雖モ対シテ少異アルコト無シ中橋埋立地ニ住スル松崎晋二ハ久シク之ヲ業トス今度台湾ノ役陸軍省ノ命ヲ奉ジ去ル十二日欣然トシテ発程ス

初期の「写真師」は高度な知識と技術を有するエリートであり、松崎は一八七六（明治九）年夏には天皇の東北巡幸にも随行し、この頃、「写真版権」を願い出ている。そしてその直後に「写真版権」の保護に関して、「写真条例」（太政官布告九十号）が制定されたのは偶然ではないだろう。条例の第一条は「凡ソ人物山水其他ノ諸物象ヲ写シテ専売ヲ願ヒ出ル者ハ五年間専売ノ権ヲ与フヘシ之ヲ写真版権と称ス」というものであった。この「写真条例」は『東京日日新聞』（第千三百六拾壹号、明治九年六月十九日付）の一面トップ「太政官記事」にも全文が掲載されている（この条例はその後、一八八七（明治二十）年の写真版権条例で改正され、一八九九（明治三十二）年の著作権法の制定で廃止）。

多木浩二は「天皇の視覚化」を論ずるなかで、「写真」も「遠近法にもとづく写実的な絵画」もどちらも西洋からもたらされた視線であり、「このふたつの視線が、ほとんど同じ時期に、同時に日本人の視覚に作用し、新しい認識の経験を生じさせていた」わけだから、西洋において「まず遠近法が探究され、ついでその歴史のなかから写真がうまれてきたのとは事情がちがっていた」と言う。(48)

明治天皇の一般に最もよく知られている肖像はフランス式軍服を着た姿で、これは一八八八（明治二十一）年に撮影されたものである。ただし、この「御真影」は天皇を直接カメラで撮影したものではなく、イタリア人画家のコンテ画を写真撮影した肖像であった。原画を描いたのはエドアルド・キヨッソーネ、撮影したのは「写真師」の丸木利陽である。

一八三二年生まれのキヨッソーネは美術学校で学び、明治政府とも取引のあった会社での紙幣や証券製造を経て、大蔵省の招きで一八七五（明治八）年に来日した御雇い外国人であった。大蔵省紙幣寮で紙幣、証券、切手などの意匠、原版彫刻、印刷製版の技術を指導するのが来日の主目的だった。画家としては凡庸であったキヨッソーネは、緻密な描写を得意とする職人的才能に恵まれており、彼の描く肖像画は「写真」そっくりだと評判になる。というよりも、「写真」には不可能なこと、本物以上に本物らしく、かつ理想化した肖像画を描いたのであった。ここに「写真」と「写実」的絵画のしたたかで意図的な混同があり、人為的な虚構が生み出されたのである。

明治天皇の全国巡幸は明治二十年代に入ると行われなくなったが、それと入れ替わるように、「御真影」が全国の小学校に下付され始めた。理想化された天皇の肖像が「写真」として流通することで、大日本帝国の国家元首としての天皇の視覚イメージが形成されていったのである。一八八九（明治二十二）年の大日本帝国憲法や一八九〇（明治二十三）年の教育勅語と同時期に、「御真影」の初等教育機関への下付が始まったことになるが、そのような時代に「御真影」の取り扱いは徹底して儀礼化され、そこに聖性が生まれた。多木は次のように述べている。

維新以来、天皇を眼に見えるものにしようとしてきた政治の技術が、近代化の過程で紆余曲折を経て写真に達し、いまや、図像内容そのものよりも、近代国家のなかで、その写真を使いつつ、天皇制国家を支える象徴的身体として感

じとらせる仕掛けを生み出す技術＝政策に変容しようとしていた。(49)

「写真」という複製技術による「御真影」は、天皇の存在を全国で反復する支配のメディアとなった。コンテ画で描かれた肖像画は銅版画で複製することもできたが、「御真影」は「写真」として認識され、天皇の分身となったのである。明治憲法における天皇の神聖不可侵性は、「真を写す」（はずの）装置が必要であった。「捉影」が「影を捉える」と同時に、「ないことをあるように作りあげることのたとえ」（『日本国語大辞典』第二版）にもなるという不都合は忘れてしまえばよい。

リアリティをそのままに写す装置による「写真」は、聖なる「肖像《シンボル》」を視覚化したのである。(50) 近世の浮絵や秋田蘭画でも、ある種の遠近感はすでに取り入れられていたが、明治中期以降には「遠近法」として人々の視覚の変容をもたらした。(51)「遠近法」が固定された消失点をもつ等質的な空間の表象であること、「写真」「写生」「写実」「美術」ということばの生成の場を正しく記憶しておかねばならない。(52)

これまで述べてきたように、視覚的なイメージの表象の方法は、近代のはじまりと連動する認識モデルである。「視る」ことを特権化した近代は何をもたらしたのか。対象世界を視覚的に認識して、ありのままの現実を再現しようとする欲望は西洋ではルネサンス以後に絶頂期を迎え、科学技術によって複製装置が発明された。このような視覚の近代について、日本では翻訳の問題系を合わせて考えておく必要があろう。

ありのままとは、「自然」なことなのだろうか。柳父章は「〈自然〉のままに〈自然〉を写す」ことを、「翻訳語の魔術」という視点から論じている。(53) たとえば、一八八九（明治二十二）年の森鷗外と巌本善治の論争、一九〇七（明治四十）年の田山花袋『蒲団』に代表される日本近代文学の「自然主義」、丸山真男の『日本政治思想史研究』における「自然から作為へ」などを、翻訳語「自然」が引き起こした混乱とみなす。形容詞や副詞としても伝統的に用いられていた「自然」（「ジネン」とも読む）と、西洋語（英語やフランス語では nature、ドイツ語では Natur だが、いずれも古代ギリシャ語 physis を訳したラテン語 natura から派生したことば）の翻訳語である名詞「自然」の意味が、近代日本語としての「自然」には混在していると主張するのである。nature も漢語「自然」も「人為」と対立するという共通点を持つものの、前者が人為と対立しつつ両立するのに対して、後者はまったく両立しない。このような意味の違いがあるにもかかわらず、翻訳語「自然」がその差異を隠蔽している。私たちは普段このような点に気づかないし、その結果として「思考の歪み」がもたらされる、と柳父は言う(54)。

「photograph ＝写真」という翻訳の等価を自明とする限り、見過ごしてしまうものがある。「光」（photo）で「記録」（graph）したリアリティが、ありのままの「真を写す」とされるとき、理想化された肖像画への視線には制度化された消失点がすでに固定されているのだ。perspective には「ものの見方」という意味もある。「遠近法」という近代西洋の「ものの見方」は、デカルト的「自然」科学の認識体系である。ありのままの「自然」のまなざしではないのだ。

三　制度としての学知

近代国家は近代的な知の枠組みを創出せねばならない。そのような時代の要請のなかで、文部省『百科全書』という大規模な国家的翻訳プロジェクトは始まった。近代知の制度という点で、現代の「家政学」「農学」「経済学」「考古学」「建築学」（もちろん明治初期にはこのような名称で制度化されていたわけではない）へと受け継がれた内容を扱う翻訳テクスト群についても、少し駆け足になるが簡潔に触れておきたい。学知の制度化と『百科全書』はどのように接合するのか。

家政学——ジェンダー・イデオロギーとしての「主婦」

三・一一の東日本大震災直後の日本社会は「家族」の絆についての語りで飽和していた。いまの日本で「家族」は私たちが、その絆を真っ先に確かめ合うべき自明の準拠集団とされる。しかしながら、「家族」という語はfamilyの翻訳語であり、近代日本が西洋から輸入した概念である(55)。

明治初期の文部省『百科全書』の時代、「家属」と「家族」はいまだ混在しており、たとえば、秋山恒太郎訳・久保吉人校『接物論』（PRACTICAL MORALITY – SPECIAL SOCIAL AND PUBLIC DUTIES）には次のような箇所がある。

家属ニ関シテノ義務

婚姻　婚姻ナルモノハ天地自然ノ理ニ出テ造物主ノ命スル所ノモノナリ仮令茲ニ一ノ無頼人アリテソノ然ラサルコトヲ疑フベクモ決シテ不然ノ理ヲ明徴スルコト能ハザル可シ其故ハ人類ナルモノハ特ニ群居ノ性ヲ有スルノミナラズ又必相配シ相偶セザルヲ得ザルモノナリ然ラバ則婚姻ハ最貴重ナル稟賦即極メテ高尚ナル感覚ト並ビ立テ相戻ラザルモノニシテコノ感覚アレバ必婚姻アラザルヲ得ズ婚姻アレバ以テ感覚ナカル可ラズ且ツ婚姻ハ早ク人類創造ノ初ニ萌芽シ人類ノ生々ヲ不朽ニ伝フベキモノニシテ過去現在未来ノ血胤ヲ自己一身ニ系統スルモ亦之ヲ以テスルナリ

DUTIES IN OUR DOMESTIC RELATIONS

Marriage. – This institution is agreeable to a law of nature, and is an ordinance of the Creator. There are profligates who have doubted this; but they have exhibited no reason on their side. It is obvious that man is not only a gregarious, but a pairing animal. Marriage is consistent with the finest of his feelings – the most notable of his faculties. It began when man began. It is ordered to perpetuate the succession of the human family. It connects him with generations which are gone, with that which is passing away, and with those which are to come.

家族ノ関係
婚姻ノ事タルヤ実ニ社交上ニ於ケル極メテ霊妙極メテ緊要ナル諸構造《インスチチューション》中ノ一ニシテ家族ヲ為ス所以ノ基礎タリ夫レ家族ナルモノハ即共ニ双親ノ為メニ統轄セラレタル一ノ小国民ニシテ就中倫彜ノ正理ヲ以テ一家ノ主人タル父親若クハ乃夫ノ庇保《ガージアン》ト主宰《シレクション》トノ下ニアル者トス

FAMILY RELATIONSHIP
The marriage state is the foundation of one of the most sacred and important institutions in society – that of a family. A family is a little commonwealth, jointly governed by the parents, but under the more special guardianship and direction of the husband and father, who is morally and legally the *head of the house*.

どちらも「marriage = 婚姻」について述べた部分を同じテクストから抜粋したものである。「family = 家族」が出現する一方で、「家属」が domestic の訳語として使用されており、family が明確に訳出されていない場合もあることが分かる。「家族」ということばのゆらぎが翻訳テクストから窺えよう。

「家族」概念と相即するのがジェンダーの役割規範であり、「良妻賢母」や「主婦」という女性像であろう。[56] この女性をめぐる近代日本の「家族」イデオロギーは、『百科全書』における家政学という制度と関係する。文部省『百科全書』の『家事倹約訓』『養生篇』『食物篇』『食物製方』『衣服及服式』などは衣食住に関する翻訳テクストであり、近代家政学の嚆矢である。なかでも永田健助訳・長川新吾校『家事倹約訓』(HOUSEHOLD HINTS) は、常見育男が明治期の翻訳家政書として取り上げて、「文部省が家政科用教科書として翻訳した最初の文献」と述べている。[57] また、田中ちた子と田中初夫は、「家事倹約訓は教科書として女学校や師範学校などの教科書にも採用されました。明治初年の家事家政学の発展にとっては大きな役割をになったものです。それが当時の我国の文化水準とはかけはなれて高度なものであったにせよ、その教えるところはとにもかくにも学校を通じて次第に一般大衆の間に浸透していきました。その結果として、明治のあの大発展をこの方面からも担うことが出来たのだということが出来ましょう」と解説している。(58) さらに『文部省日誌』『文部省年報』など当時の文部省から出ている史料においても、『家事倹約訓』が明治期の学校教育の現場で、主に女学生を対象とした教科書として使用された状況を裏付けできる。

明治政府の学校制度がこのように家政学の教科書として活用したことで、『百科全書』の起点テクストに込められていた英国ヴィクトリア朝のジェンダー規範が、翻訳テクストを通して近代日本の女子教育に与えた影響は小さくないと思われる。つまり近世の家政書、たとえば貝原益軒『家道訓』(一七一二年)や石田梅岩『斉家論』(一七七四年)などが武士の作法を中心に、男性向けであったのに対して、明治初期の翻訳家政書が女性向けであったことで、近代日本の家政の在り方が抜本的に変容させられたのである。『家事倹約訓』から「家務」における「主婦」の役割に関する部分を見てみよう。

> 家務ヲ弁スル事　一家ノ主婦タルモノハ凡テ其家ノ出納ヲ日日算計シ無益ノ費ナキヤウ注意スルヲ其任トス此事ハ実ニ家務中ノ最モ緊要ナルモノナリ然ルニ之ヲ怠ル主婦ハ恐ラク其心放恣《ワガマヽ》嬾惰《ブシヤウ》ナルカ又ハ其教育ノ悪キナルベシ夫レ適宜ナル方ヲ設ケテ家費ノ出納ヲ算計スルトキハ聊カ煩ハシキコトナカルベシ
>
> *Housekeeping*. – Every good housewife is expected to keep a regular and continuous account of her income and expenditure. This is indeed perhaps the most essential in the routine of domestic duties, and she must possess an ill-regulated mind, or have had an insufficient education, who neglects it. When properly set about, and methodically managed, there is little or no trouble in keeping the household accounts.

『家事倹約訓』という翻訳テクスト全体がカバーする内容は、衣食住のなかでも主として住についてであるが、ここに引用したのは家計簿の管理が「housewife ＝主婦」の役割として説明されている部分である。「其家ノ出納ヲ日々算計」(to keep a regular and continuous account of her income and expenditure) が、「家務中ノ最モ緊要ナルモノ」(the most essential in the routine of domestic duties) であり、それができない「主婦」は、「其心放恣嬾惰」(ill-regulated mind) あるいは「其教育ノ悪キ」(insufficient education) ためであると述べている。

家政が女性の担当となるのは、英国ヴィクトリア朝の社会的な特徴であった。谷口彩子は、「かつてはおもに男性を読者対象としていた家政書が、女性を対象としたものへと移り変わっていくのは、欧米では十八〜十九世紀以降、日本では明治期以降」とする。[59] また小林久美と片岡美子によれば、「大英帝国下における家庭科教育」は、労働に拘束されずに妻や母として家庭に留まることを「女性の理想像」とした。とりわけボーア戦争後は、「文明化の使命を有する帝国臣民を生み、育て上げる「帝国の母」に相応しい家庭科教育が求められた」のである。[60] 明治期の翻訳家政書は、このような近代英国の性役割イデオロギーをも翻訳していたことになる。

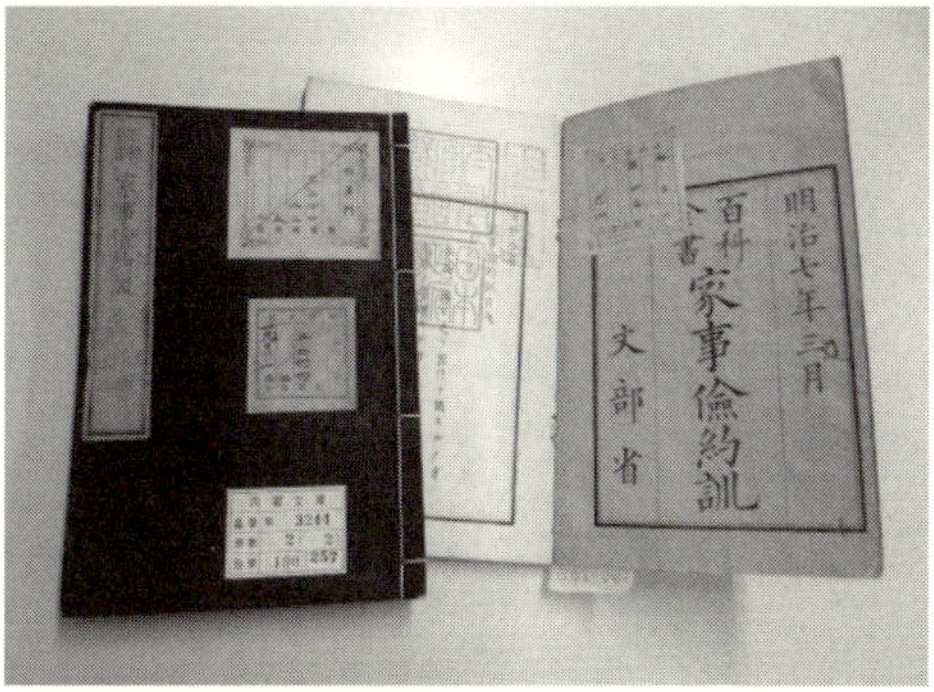

和装上下２冊『家事倹約訓』表紙・見返し

ちなみに、一八七三（明治六）年の柴田昌吉・子安峻編『附音挿図 英和字彙』では、Family を「家属《かぞく》、親族《シンルイ》、宗族《イツケ》、血族《ケチミヤク》、種類《シユルヰ》、門地《イヘガラ》」、Housekeeping を「家事《クラシカタ》、家務《カム》」、Housewife を「内室《オカミサン》、家事《クラシカタ》ニ巧手《コウシヤ》ナル婦人《ヲンナ》、縫《ヌイ》具箱《ダウグイ》」と立項している。ここにはまだ、「家族」も「主婦」も登場していない。

家政学の教科書として小学校や師範学校で使われたもう一冊は、文部省『百科全書』の錦織精之進訳・清水世信校『養生篇』(PRESERVATION OF HEALTH) である。興味深いことに、この翻訳テクストには現代に通じる環境教育の萌芽的な内容も含まれていた。野田満智子は『養生篇』について、「当時のイギリスの大都市の環境汚染や労働者達の健康状態の改善を課題とした啓蒙色の濃い内容となっており、わが国における環境教育の先駆」として、産業革命以後の公害問題を扱った点を評価する。[61]

> 夫人ノ身体ハ其質幼ヨリ健康ニシテ偶然傷害ノ其身ニ及ブコトナクバ養生法則ニ従ヒテヨク其身ヲ護スルトキハ白髪老顔ニ至ルト雖モ其健全ナルコト従前ニ異ナラズ[62]
>
> HUMAN being, supposing him to be soundly constituted at first, will continue in health till he reaches old age, provided that certain conditions are observed, and no injurious accident shall befall.

このような冒頭での導入部に続いて、「空気ノ部」(AIR) についての記述が始まる。人々の健康にとって空気の重要性を真っ先に扱うあたりに、産業革命の影が色濃く感じられるテクストである。家政学のジェンダー・イデオロギーとともに、環境教育が近代日本の『百科全書』には芽生えていた。

考古学——モースとシーボルトに先立つ「アルケオロジー」

日本における近代学問としての考古学の淵源は、エドワード・シルヴェスター・モースの『大森介墟古物編』(矢田部良吉口訳・寺内章明筆記) と、ハインリッヒ・フォン・シーボルトの『考古説略』(吉田正春訳) に遡るとされるのが定説である。[63] 人類学者の坪井正五郎は一八八七(明治二十)年の学会誌上で、次のように述べている。

> 我が国に在ては古を尚び古を好み古を弄ぶ人々の眠を覚ましたる彼のモールス氏の大森介墟編と本会々員ヘンリー、

フヲン、シーボルト氏の考古説略の二書が人類学に関したる出版物の嚆矢で有りまする去らば我国に斯学の入込んだのは殆ど十年前の事でござります[64]

東京大学教授であったモースの論考が大学の紀要第一号巻頭への華々しい掲載で有名になったのに対し、シーボルトは外交関係で活躍していたせいか、実際には学界からの注目度が相対的に低かったという非対称はあったものの、この外国人ふたりの名は早くも明治中期には定位置を与えられていた。それに対して、彼らの二冊に先立ち刊行されていた一冊の翻訳テクストの影は限りなく薄い。

『大森介墟古物編』と『考古説略』はどちらも一八七九（明治十二）年の刊行だが、その二年前に、文部省『百科全書』の一編として柴田承桂訳・久保吉人校『古物学』（ARCHÆOLOGY）が出されている。刊行年から見ればモースやシーボルトの代表作よりも早く、この『古物学』は日本で初めて西洋近代考古学を紹介した翻訳テクストなのである。これは、「日本に体系的な考古学とともに、ヨーロッパ考古学の時代区分であるトムセンの三時代区分法が初めて紹介される」という画期的なものであった[65]。デンマークの考古学者クリスチャン・トムセンの時代区分とは、石器時代・青銅器時代・鉄器時代のことである。

柴田承桂

翻訳を担当した柴田承桂は高名な薬学者で、森鷗外の小説『雁』では洋行帰りの大学教授として、語り手の医学生「僕」と主人公「岡田」との会話に実名で登場する。当時はそれほどの著名人であったのだが、考古学の専門家ではなかった。

時を経て昭和初期、和田千吉は日本の考古学界を回顧しながら、「アーケオロジーが我邦に伝へられ公にされたのは、明治十年文部省が百科全書九十二篇を邦文にて印行したときであつて、この中に古物学と云ふ一篇が一冊として印行せられて居る。これはアーケオロジーが柴田承桂氏によりて古物学と訳せられた、此書は諸外国の事実のみで、アーケオロジーを邦文にて紹介された最初のものであらう」としているが、翻訳を担当した柴田承桂についてこれ以上の言及はない。[66] この点に関して角田文衛は、「日本の薬学界ではあまりにも有名な柴田承桂の名も、学門の領域を異にするため、考古学界では知られずにゐた」としている。[67] ただし角田も柴田承桂については詳細に説明している反面、『古物学』の底本は不明とし、「おそらく柴田博士が留学中にベルリンで購入されたものであらう」と述べており、ドイツ語からの翻訳だと誤解している。実際のテクストを見ておこう。冒頭部で基本的な定義をする箇所を抜き出してみる。

アルケオロジー《古物学》ト云ヘル語ハ、其原意十分明確ニシテ且ツ其含蓄スル所モ頗ル広大ナリト雖モ、近世ニ至ル迄ハ、其用ヲ限リテ、只希臘羅馬ノ技術ヲ論スル所ノ学科ノミニ命シタリ、然レトモ其真正ノ字義ハ、汎ク上古ノ事物ヲ講明スルノ意ヲ蘊有スルガ故ニ、現今ハ則チ是語ノ最モ広大ナル意義ニ因ツテ、之ヲ用ヰ、往昔ノ遺蹟遺物ニ憑拠シテ、上古ノ沿革史記ヲ演繹スル所ノ学科ヲ総称シテ、古物学ト呼做スニ至レリ、

THE term Archaeology, though sufficiently definite and comprehensive in its original meaning, was confined, until a comparatively recent period, to the study of Greek and Roman art. The word, however, literally signifies the description of ancient things; and it has now been universally adopted in its largest sense to give name to the science which deduces history from the relics of the past.

Archaeology の訳語は「考古学」ではなかった。翻訳テクストの冒頭でまずは「アルケオロジー」と音訳した後に「古物学」という割注を挿入し、二回目には「古物学」のみを単独で用いている。斎藤忠『日本考古学史』では、「Archaeology をその語義通りに古物学と訳したこと」を翻訳者の柴田が「いかにも科学者らしく几帳面」

であり、「自然科学者が忠実に翻訳したのは幸いであった」と称賛さえしている。そして「考古学の定義や、その本質・領域についても述べ、ここにはじめて科学としての考古学が明らかにされた」とするのである。(68)

この翻訳テクストの二年後に出版されたモースの『大森介墟古物編』では「人類学《アンスロポロヂー》、古物学《アルチヨロヂー》、人種学《エスノロヂー》等ノ合社新誌各処ニ起リテ此学愈其面目ヲ新ニスルニ至レリ」として、左ルビの「アルチヨロヂー」が付いた「古物学」が用いられたが、同じ年のシーボルト『考古説略』では「考古学ハ欧州学課ノ一部」となって、ここに「考古学」という名称の出現に遭遇する。ただし、漢語の「考古」そのものは中国宋代からすでに使用例があるし、同時代には微妙な使い分けがあったようだ。(69)

> 考古学ノ世ニ明ラカナラサルヤ久シ。曩ニ漸ク古物学ノ一派欧米各国ニ起リシヨリ古代ノ工様ヲ今日ニ徴スヘキ者ハ普ク之ヲ採集シテ博物館ニ貯蔵シ或ハ之か為メ特ニ列品室ヲ設ル等競テ下手セサルハナキニ至レリ

これは一八七七（明治十）年十二月の文部省伺「府下大森村ニ於テ発見ノ古物天覧ノ儀上申」からの一節であるが、「考古学」なるものを西洋の「古物学」と対比して用いている。ここでの文脈からは、西洋由来のアルケオロジーが、「考古学」ではなく「古物学」に対応することが明らかだ。

明治初期には九段の招魂社（現・靖国神社）の境内などで物産会も開かれていた。そして明治政府にとっては、「博覧会」や「博物館」に展示し保存すべく「古器旧物」は重要な宝物になっていく。(70)だからこそ、漢語由来の「考古学」をいったんは切断するために、西洋近代の学知であるアルケオロジーとしての「古物学」の介在が必要だったのかもしれない。

文部省『百科全書』の『古物学』は西洋アルケオロジーを紹介した日本初のテクストでありながら、翻訳者が薬学の専門家であったために、考古学者には周知されなかったきらいがある。柴田承桂は『古物学』のほかにも、

『百科全書』の『地質学』『果園篇』『太古史』の翻訳も担当した。彼は一八六九（明治二）年に尾張藩から選ばれて貢進生となり、一八七一（明治四）年には文部省派遣の留学生としてベルリン大学で有機化学を修めた。また同時に、専門外の「法学」「歴史学」「考古学」なども意欲的に学んでいる。このような経験も、柴田が『百科全書』の複数の翻訳を担当したことと無関係ではないだろう。ドイツからの帰国後は、東京医学校製薬教場（東京大学薬学部の前身）の教授に就任するが、この時期と『百科全書』の翻訳が重なる。その後、内務省衛生局御用掛、東京・大阪両司薬場長なども歴任した。

ところで、近代日本の地学史をまとめた土井正民は、地学に関する『百科全書』のテクスト群に言及して、次のように書いている(71)。

> 柴田承桂訳『地質学』は、地質系統や地層の形成過程の説明など、きわめて現代的である。とくに古生界については「カンブリアン」「シルリアン」「旧赤砂岩」「石炭系」などの区分がなされており、それぞれの岩相上の特徴が示されている。一方、鈴木良輔訳『鉱物編』では、金石を「宇宙間ニ存在スル無機万物ノ総称ニシテ動植二物ニ対シテヲ言フナリ」とし、「地皮中ヨリ獲ル所ノモノ」として土類・石類・塩類・鉱類に区分しており、その中には泥岩・砂岩・溶岩・花商岩なども含まれていて、まだ鉱物と岩石とが混在している。錦織精之進訳『金類及錬金術』は金・銅・鉄などの有用金属を主とし、それらの産状や鉱石などについて述べたものである。

文部省『百科全書』が明治初期の出版物であったことを考えると、柴田の翻訳した『古物学』におけるトムセンの考古学遺跡の三時代区分、『地質学』における古生界の地質区分などに代表されるように、その言説はかなり早い時期の西洋的学知の紹介であったと言えよう。

農学——殖産興業の近代

明治期の勧農政策を語るまでもなく、農業は新政府による殖産興業の一環として重要な位置を占めていた。そして、農業関連の書籍も着実に集積されていった。一八七四（明治七）年には内務省内に勧農寮農務課が設置され、農書の収集が本格的に始められている。行政組織は改編を繰り返したが、一八七八（明治十一）年には勧農局報告課の編纂による『農書要覧』という小冊子が刊行されて、「和漢ノ農書」や「西洋ノ翻訳農事ニ切実ナルモノ」を紹介している。ここで西洋翻訳書として取り上げられた三十八冊のなかに、文部省『百科全書』の次の十五編を見ることができる。

農学　蜜蜂篇　釣魚篇　漁猟篇　食物篇　食物製方　養樹篇(72)　植物生理学　果園篇　家畜篇　牛及採乳方
豚兎食用鳥籠鳥篇　人口救窮及保険　土工術　織工篇　地質学

『農学』と『家畜篇』については、少し補足が必要かもしれない。

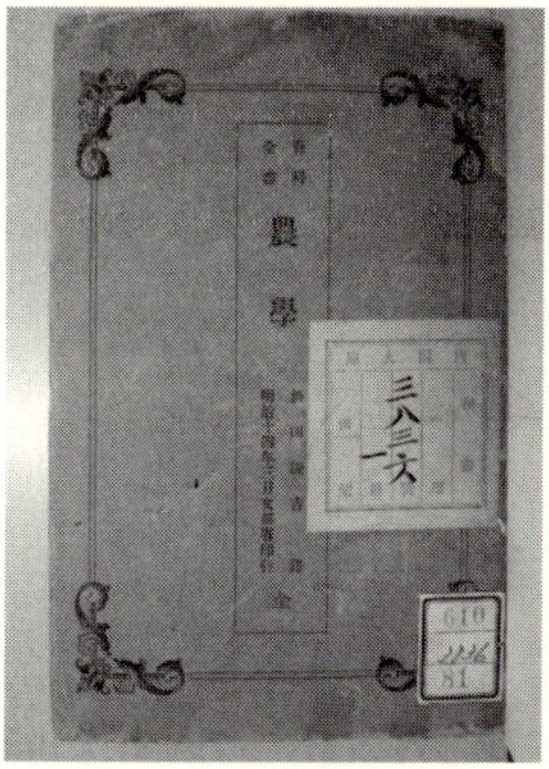

『農学』表紙

松浦謙吉訳『農学』の刊行は一八八一（明治十四）年、底本を第五版に変えて改訳した丸善版の玉利喜造訳『農学』は一八八四（明治十七）年の刊行であった。したがって一八七八（明治十一）年一月に出版された『農書要覧』が編纂された時点では、どちらの『農学』も実際には未刊行だった。ただし、一八七三（明治六）年の分冊本からすでに「百科全書篇名」として総目録が掲載されていたので、『農学』の刊行予告はなされていたことになり、タイトル程度は予め知ることも不可能ではない。また、『家畜篇』は文部省『百科全書』にはない。一八七八（明治十一）年一月までに刊行の「家畜」関連とし

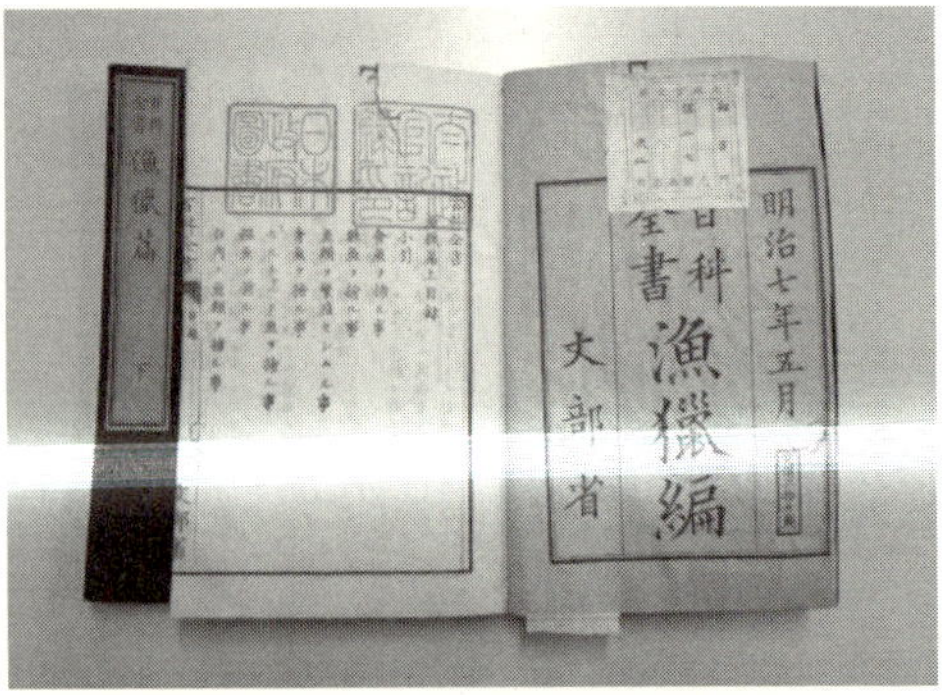

『漁猟篇』（見返しでは『漁猟編』）

『養樹篇』（写本）表紙

ては、一八七七（明治十）年の錦織精之進訳・平田宗敬校『馬』がある。総目録上のタイトルであれば、他にも一八八二（明治十五）年の吹田鯛六訳『羊篇』や一八八四（明治十七）年丸善版の勝嶋仙之介訳『牧羊篇』なども該当しよう。いずれにせよ、『百科全書』は農書に強い有隣堂から合本が出されたこともあり、農業関係者からの関心が高かった。

さて、文部省『百科全書』に関係した多数の翻訳者は、ほとんどの場合、自らの専門分野とは異なる内容を担当していた。このために「随分多い中には、分らないものが出来ました」という厳しい批判すらなされた[73]。しかしながら、この批判は鵜呑みにはできない。特に丸善による合本の時代になると、専門家に翻訳を依頼する傾向が見られるからだ。

丸善版『農学』を翻訳した玉利喜造もそのような人選のうちのひとりである。彼は薩摩藩士の家に生まれ、津田仙の学農社に学んだ[74]。その後、駒場の農学校（東京大学農学部の前身）の第一期生として一八八〇（明治十三）年に卒業し、母校に奉職した。この農学校は一八八二（明治十五）年に駒場農学校と改称、彼はその助教に抜擢された。玉利は一八八四（明治十七）年にアメリカのニューオルレアンス万国博に派遣され、その後も引き続き留学の機会を得ている。一八八七（明治二十）年に帰国した後は、東京農林学校（後には帝国大学農科大学）の教授、盛岡高等農林学校（岩手大学農学部の前身）と鹿児島高等農林学校（鹿児島大学農学部の前身）の初代校長などを歴任した。一八九九（明治三十二）年には日本初の農学博士となる。玉利には農学者としての論文や著作も多い。[75] 丸善版の『農学』は、一八八四（明治十七）年の下巻第四冊（十二巻本）に入っており、玉利が農学校を卒業した直後の時期となる。二十代後半の若さではあったが、その専門性という点では適任であったと思われる。『百科全書』において、専門分野の学者が翻訳を担当したという典型的な事例のひとつである。

他にも農業分野で著名な人物では、後藤達三がいた。彼は『百科全書』では農業分野とは無関係の『重学』（MECHANICS – MACHINERY）を翻訳したが、のちに農政官僚として農業結社や大日本農会などで活躍した人物である。友田清彦は、明治の農業結社における後藤の役割を論じて、「明治前期における典型的な農業啓蒙家」であるとする。[76]

産業啓蒙書としては農業に限らず、文部省『百科全書』は殖産興業時代に求められた産業全般を網羅しており、工業や商業の関係書も複数含まれている。また、錦織精之進訳・久保吉人校『釣魚篇』のように、趣味としての魚釣りを本格的に扱ったものもある。[77]

経済学――確立期における「チャンブル」

よく知られているように、わが国の「経済学」は西洋からの輸入学問である。一八六七（慶応三）年の神田孝平訳『西洋経済小学』にすでに「経済」の語は出現するが、帝国大学の講座名が「理財学」から「経済学」へと改称されたのは、一八九三（明治二十六）年だった。[78] 当然ながらこのように、ことばの出現と制度的な定着にはギャップがある。

近年、幕末から明治初期にかけての邦訳経済学書に関して、「日本での経済学確立期に主要な役割を果たした文献」というコンセプトで経済思想に関する主要な翻訳書が復刻されているが、[79] このシリーズのなかに、文部省『百科全書』の一編である堀越愛国訳・平田宗敬校『経済論』（POLITICAL ECONOMY）も含まれている。日本における経済学の確立にとって重要な一冊という位置づけである。この『経済論』は一八七四（明治七）年に和装二冊で刊行され、『百科全書』全編のなかで早い時期のものだった。書名はあくまでも「POLITICAL ECONOMY＝経済論」であり、「economics＝経済学」という等価は成立していない。本文ではどうであろうか。

> 経済学ハ、人間交際ノ学ニシテ、貨財ノ法則ヲ講究シ、教示スルヲ以テ、其趣意ト為ス、
>
> POLITICAL ECONOMY is a social science, having for its object to investigate and teach the laws of wealth.

「経済学」という学術分野を定義した冒頭である。ここでは「POLITICAL ECONOMY＝経済学」であり、「人間交際ノ学」（social science）としての説明がなされている。

第二章で述べたとおり、チェンバーズ兄弟編の *Political Economy, for Use in Schools, and for Private Instruction* は、福澤諭吉の『西洋事情 外編』（一八六七年）の下地となったテクストであった。福澤による「題言」には、「英人チャンブル氏所撰の経済書を訳し、傍ら諸書を鈔訳し、増補して三冊と為し、題して西洋事情外篇と云ふ」と述べられている。チェンバーズ社の経済書は、この福澤のベストセラーを通して幕末維新期の日本中で広く読まれたことになる。のちの『福翁自伝』でも、福澤は「チエーンバーの経済論」に言及しており、英国ヴィクトリア朝に活躍したチェンバーズ兄弟による出版物と明治期日本の「経済」との深いつながりが窺える。(80)

『経済論』異本

私がチエーンバーの経済論を一冊持て居て、何かの序に御勘定方の有力な人、即ち今で申せば大蔵省中の重要の職に居る人にその経済書の事を語ると、大造悦んで、ドウか目録だけでも宜いから是非見たいと所望するから早速飜訳する中に、コンペチションと云う原語に出遭い、色々考えた末、競争と云う訳字を造り出して之に当箝め、前後二十条ばかりの目録を飜訳して之を見せた

さらにまた、『百科全書』の翻訳者が関係した経済書には次のようなものがある。

永田健助訳『宝氏経済学』一八七七年（Millicent Garret Fawcett, *Political Economy for Beginners*）
永田健助編述『経済説略』一八七九年（『宝氏経済学』の要約版）
川本清一訳『彼理氏著理財原論』一八八〇年（Arthur Latham Perry, *Elements of Political Economy*）
大島貞益訳『日奔斯氏貨幣論』一八八三年（William Stanley Jevons, *Money and the Mechanism*）
大島貞益訳『李氏経済論』一八八九年（Friedrich List, *Das Nationale System der Politischen Oeconomie*）
高橋是清訳『勤業経済学』一八八五年（Alfred Marshall and Mary Paley Marshall, *The Economics of Industry*）
吹田鯛六訳『労働問題』一八九三年（William Stanley Jevons, *The State Relation to Labour*）

「統計学」も視野に入れれば、『百科全書』には堀越愛国訳・平田宗敬校『国民統計学』（SOCIAL STATISTICS）がある。現代では急速にインターネットが普及した結果として、ビッグデータ活用の観点から「統計学ブーム」とも言える様相を呈しているが、「統計学」ということばも明治初期に成立した翻訳語である。一八五六年にパリでモロー・ド・ジョンネが著した*Éléments de statistique*を箕作麟祥が翻訳した『統計学』（一八七四年）が初出とされる。(81)

明治期の先駆的経済学者として著名な大島貞益（マルサス人口論やリスト経済論の紹介者）や若山儀一（生命保険の先駆者）だけでなく、政界や財界で広く活躍した高橋是清や永井久一郎なども、その若き日に文部省『百科全書』という国家的翻訳プロジェクトに翻訳者として参加していた点を付言しておこう。学術分野のみならず、実業界においても明治期の日本「経済」と『百科全書』をめぐる関係は多層的に交差するのである。

建築学――築城から「造家」という一般「建築」へ

一九一四年に完成した東京駅の設計者・辰野金吾は、一八七九（明治十二）年に工部大学校造家学科が送り出した最初の卒業生のひとりであった。一八五四（嘉永七）年生まれの辰野は、ほかにも日本銀行など多くの設計を手掛けた明治期の著名な「建築」家とされるが、その彼は「造家」学科の首席卒業生なのである。(82)また、『建築学会五十年略史』によると、いまの日本建築学会の前身である造家学会は一八八六（明治十九）年に設立され、一八九七（明治三十）年には建築学会へと改称されている。(83)この事実だけを見ると、「造家」から「建築」へと用語が変遷したかのような印象を受けるかもしれない。

この点については、文部省『百科全書』の関藤成緒訳『建築学』と都筑直吉訳・大島圭介校『造家法』（丸善版）が反証となろう。それぞれARCHITECTUREという同一項目の別版を起点テクストとして翻訳したもので、関藤訳が一八八二（明治十五）年、都筑訳が一八八四（明治十七）年の刊行であった。つまり、「建築」が「造家」に先立つのである。両テクストの目録を比べてみても、一貫して「建築」と「造家」を使い分けていることが明確である。

起点テクスト ARCHITECTURE

関藤成緒訳・秋月胤永校『建築学』（一八八二年）の目録

亜西里ノ建築術	ASSYRIAN ARCHITECTURE.
埃及ノ建築術	EGYPTIAN ARCHITECTURE.
希臘ノ建築様式	GRECIAN STYLE.
名義ノ解	Explanation of Term.
建築術ノ分科	Orders.
羅馬建築ノ様式	ROMAN STYLE.
英諾曼《アングロノルマン》建築ノ様式	ANGLO-NORMAN STYLE.
峨特《ゴチック》式即尖頂様式	GOTHIC OR POINTED STYLE.
各部ノ名称	Definition of Parts.
伊太利様式	ITALIAN STYLE.
サラセンモール及ビサンチン様式	SARACENIC, MOORISH, AND BYZANTINE STYLES.
支那ノ様式	CHINESE STYLE.
都鐸爾《チュドル》式以利沙伯《エリサベツト》式及近時峨特式	TUDOR – ELIZABETHAN – MODERN GOTHIC.
英国近世建築術	MODERN BRITISH ARCHITECTURE.
人家市街	Houses and Streets.
紀念碑柱	MONUMENTAL COLUMNS.
建築学ノ実用及家屋ノ構造	THE PRACTICE OF ARCHITECTURE – CONSTRUCTION.

起点テクスト第五版（一八七四年）ARCHITECTURE
都筑直吉訳・大島圭介校『造家法』（丸善商社出版、一八八四年）の目録

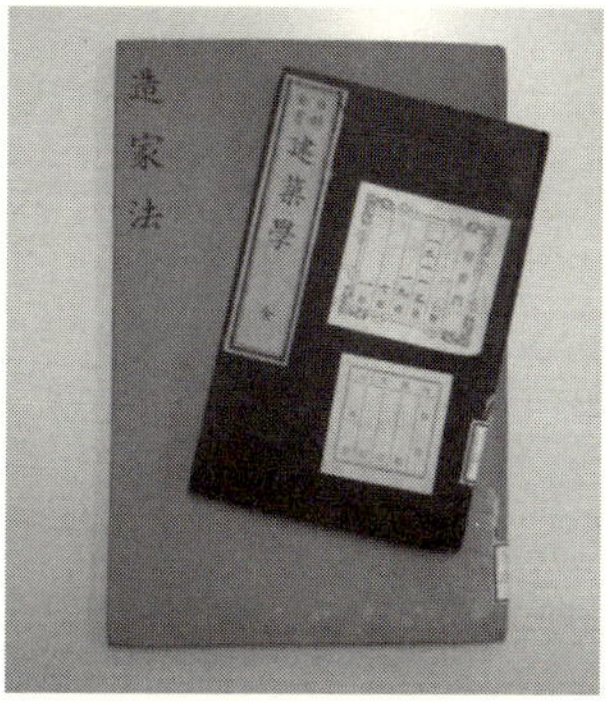

洋装分冊本『建築学』『造家法』

埃及ノ造家法　EGYPTIAN ARCHITECTURE.
巴比倫造家法、亜寒勒造家法　BABYLONIAN AND ASSYRIAN ARCHITECTURE.
希臘ノ造家法　GREEK ARCHITECTURE.
羅馬ノ造家法　ROMAN ARCHITECTURE.
「ゴチック」造家法　GOTHIC ARCHITECTURE.
「ビサンチーン」造家法　BIZANTINE ARCHITECTURE.
伊太里造家法　ITALIAN ARCHITECTURE.
印度造家法　INDIAN ARCHITECTURE.
造家学ノ実施　PRACTICAL ARCHITECTURE.

「建築」という漢語は江戸の蘭学者らも用いていた。たとえばオランダ人ファン・オーフェルメール・フィッセルが一八三三年に著した *Bijdrage tot de kennis van het Japansche rijk* は、『日本風俗備考』として幕末に全訳された。天文方の山路諧孝が監修し、杉田成卿・箕作阮甫・竹内玄同・高須松亭・宇田川興斎・品川梅次郎という蘭学者たちの共訳であり、その中の一節に「太閤の改政より後は、江戸の建築極めて壮大にして」として、「建築」という語が使われていた。幕末維新期の英和辞書を詳細に調べた菊池重郎によれば、当時の「建築」には「築城」という意味合いも入っていたという。そして、『百科全書』における architecture の訳語としては、「建築」を「文部省系」、「造家」を「工部省系」として分析している。(84) また、「建築」と「造家」は教育制度の変遷ともリンクする。工学会の編集した『明治工業史 建築篇』に次の説明がある。

建築に関する規則正しき教育は、工部大学校を以て権輿とす。さて工部大学校時代に於いては建築学と唱へずして、造家学の名称を用ひたり。〔…〕造家学の授業のありたるは明治八年より後のことなり。爾来引続き継続し、明治十八年工部省廃せらるゝに及んで、文部省の管轄となり、東京大学と合併して明治十九年三月一日より帝国大学となり、其の中の工科大学に造家学科置かれたるなり。後明治三十年より東京帝国大学の一部となれり。而して造家学科が建築学科と改称されたるは実に明治三十年なり。[85]

工部省が廃止となった後も、工部大学校の学科名としてはしばらくの間、帝国大学でも「造家学科」として踏襲された。東京帝国大学の「造家学科」が「建築学科」となったのは、一八九七（明治三十）年である。先述したように、造家学会が建築学会へと改称した年である。

先に『建築学』を訳した関藤成緒が慶應義塾卒業後に文部省に入ったのに対し、改訳の丸善版『造家法』の校正を担当した大鳥圭介は工部省とつながりの深い人物であった。[86]大鳥は一八三三（天保四）年、播州赤穂の医家に生まれ、岡山の閑谷校や大坂の適塾を経て、江戸の江川塾で兵学を学んで幕府歩兵奉行となった。中浜万次郎らから英語を学び、また「大鳥活字」と呼ばれた合金製活版の考案者でもある。そして、戊辰戦争では榎本武揚に従い五稜郭で降伏し、軍務局糺問所へ投獄されたが、特赦による出獄後は新政府に出仕した。明治初めには岩倉使節団と合流してアメリカや英国をまわり、工部大輔の伊藤博文とも知遇を得ている。一八七七（明治十）年に工部大学校の工部大書記官に抜擢され、その五年後には工部大学校校長に就任した。このように工部省関係者であった大島が校正をした翻訳テクストにおいて、「造家」という訳語が選択されたのである。彼はのちに教育職から外交官に転じ清公使となり、一八九三（明治二十六）年には朝鮮駐在公使を兼務して、日清戦争の発端となる外交工作にも関与する運命を辿った。

大鳥圭介

四　新聞広告による流通と消費

さてここからは、文部省『百科全書』の流通と消費を新聞広告という制度を通して検証する。『百科全書』は大規模な国家事業として文部省主導で始まった翻訳プロジェクトだが、最初の分冊本印行からおよそ十年を経た合本セットでは、有隣堂や丸善という民間書肆へと出版活動の主体が移行していた。官から民へと軸足を移し、「予約出版」という新しい出版制度も導入されている。また学制頒布に伴う教科書の必要性もあって、全国各地の民間書肆による分冊本も翻刻されていた。各種異本が現存する所以である。

大新聞と小新聞

文部省『百科全書』はどのような広告で読者を惹きつけていたのだろうか。新聞広告テクストは、読者の欲望をいかに誘発しようとしていたかを雄弁に語る。まずは当時の新聞について、その読者層による二つの分類を簡単に確認しておく。

明治初期の新聞は、紙面が広く漢字カタカナ混じりの漢文調の文体で書かれた大《おお》新聞と、紙面が狭く三面記事を中心に庶民向けに総ルビ付きの表記であった小《こ》新聞とに大別され、対象とする読者層も分かれていた。(87) 当時の代表的な読者観としては、次のような投書が参考になる。「日々新聞ノ如キ紙幅大ニシテ、且ツ勿論其議論高尚ナルヲ以テ、中等以上ノ人民之レヲ読ミ、又夫ノ仮名付小新聞ノ如キハ、平均セバ下等社会ノ読ム所ナルベケレ」（『東京日日新聞』明治十一年二月十三日）。つまり『東京日日新聞』をはじめとする大新聞（ほかには『横浜毎日新聞』『郵便報知新聞』『朝野新聞』『東京曙新聞』など）は「中等以上ノ人民」である官吏や教員など知識人、豪農や豪商など上層の読者を対象に、政治・経済を中心とした記事が掲載される。それに対して、小新聞（たとえば『読売新聞』『朝日新聞』『絵入自由新聞』『東京絵入新聞』『仮名読新聞』など）は「下等社会」へ向けての紙面であった。小新聞の記者自身も「当新聞は専ら下等社会を得意として、自由の空気を吸込んだお方や民権家のお目に触る品では有ません」（『仮名読新聞』明治十年一月十七日）と述べていた。

大新聞の『東京日日新聞』は、福地桜痴（源一郎）入社後に政府の御用新聞となり、官庁で優先的に購読されて官吏の読者が多数を占めるようになった。教員の読者も多く、地方の学校では官費で大新聞を購読して、官費で各地に設置された新聞縦覧所や新聞解話会で音読したり解説したりするのは、概ね教員の役目でもあった。他方、小新聞を読むのは高学歴のエリートではない。小新聞であった『読売新聞』の創刊号（明治七年十一月二日）では「此新ぶん紙は女童のをしへにとて為になる事柄を誰にでも分るやうに書いてだす」とうたい、『朝日新聞』が大阪府知事に提出した「新聞紙発行御願」では「勧善懲悪ノ趣旨ヲ以テ俗人婦女子ヲ教化ニ導ク」（明治十一年十二月二十三日）と書いていたように、小新聞の読者は「都鄙の姉幼より権助於三丁稚子伝」と想定されていたのである。

新聞広告テクスト

異なった読者層を対象とした大新聞と小新聞の広告を手がかりに、明治初期に文部省『百科全書』がどのように流通し消費されていたのかを、具体的な新聞広告テクストから探ってみよう。限られたデータであるが、大新聞の『東京日日新聞』、小新聞の『読売新聞』『朝日新聞』『絵入自由新聞』から、『百科全書』に関する広告テクストを見てみたい。(88)

早い時期の新聞広告欄への登場は、一八七六（明治九）年四月十日の『東京日日新聞』に載った『養生篇』（PRESERVATION OF HEALTH）で、その文面はこうだった。

『東京日日新聞』明治九年四月十日

文部省翻刻

百科全書　養生篇　他諸編続々翻刻　洋製小本一冊

此書ハ元来文部省ノ御蔵版ニテ其貴重ナルハ既ニ世上諸君子ノ遍ク知ラル、所今般弊店ニ於テ同省ノ許可ヲ受ケ更ニ洋紙摺洋本製ニ仕立看客ノ為メ一層ノ簡便ヲ謀レリ願クハ諸君子此書ノ貴重ニシテ簡便ナルヲ賞翫シ陸続求需アランコトヲ

横浜弁天通二丁目　丸屋善六

大坂心斎橋北久宝寺町　丸屋善八

西京寺町通リ三条上ル　丸屋善吉

名古屋本町八丁目　丸屋善七

東京日本橋通三丁目　丸屋善蔵

錦織精之進訳・久保吉人校『養生篇』の文部省印行は一八七四（明治七）年四月であり、文部省で『百科全書』のプロジェクトが始まった最初期の分冊本として、まずは和装二冊で刊行された。この『東京日日新聞』の広告は、『養生篇』の翻刻された「洋製小本一冊」について、東京や横浜をはじめ大都市圏の丸善各社が広告主となったものである。「他諸編続々翻刻」ということから、同様の翻刻出版が『養生篇』以外にも引き続き行われる予定が分かる。つまり、翻訳プロジェクトの初期の頃から民間書肆に装丁の異なる翻刻を許可していたということであり、そのために『百科全書』には様々な異本が流通することになったのだ。木版・活版、和装・洋装、ボール表紙本[89]、判型各種にわたる零本として、ふぞろいの分冊本『百科全書』の各異本は、国立公文書館、国立国会図書館、各大学図書館などに所蔵されて、静かに佇んでいるのが現状である。

他にも、文部省印行の和装二冊を民間書肆が洋装一冊の合本として翻刻したという趣旨の広告としては、東洋社や弘令社などによるものが散見する。「一冊洋書仕立」の高橋達郎訳・内村耿之介校『交際篇』（CONSTITUTION OF SOCIETY – GOVERNMENT）、「合本一冊　洋書仕立」の坪井為春訳・清水世信校『医学篇』（MEDICINE – SURGERY）、「洋書仕立　合本一冊」の堀越愛国訳・平田宗敬校『国民統計学』（SOCIAL STATISTICS）などの新聞広告がそれだ。

『東京日日新聞』明治十年二月三日
文部省御蔵版
○交際篇　上下二冊合本　一冊洋書仕立　定価金二十八銭
前書翻刻本月六日ヨリ発売仕候抑該書ハ人間交際ノ道暫クモ欠クベカラザル至要ノ意ヲ説キタル者ニシテ則チ族宗政治○同姓ノ種族○奴隷ノ状態○人生ノ責任及ヒ文明ノ国○都府ノ弊害○政治総論政治ノ体裁（貴族合議。立君独裁立君定律。共和政治）等加フルニ○政府ノ革命○行政及ヒ外国ノ使節○政府ノ威力ナル者ヲ其事実ヲ挙テ論シタル者ニシテ簡易ニ今日欧米各国ノ情態ヲ知ラント欲セバ視テ以テ有益ノ書タルベシ
東京銀座三丁目十四番地　東洋社

『東京日日新聞』明治十年四月十六日
文部省御蔵版
○百科全書　医学篇　合本一冊　洋書仕立　定価金二十八銭

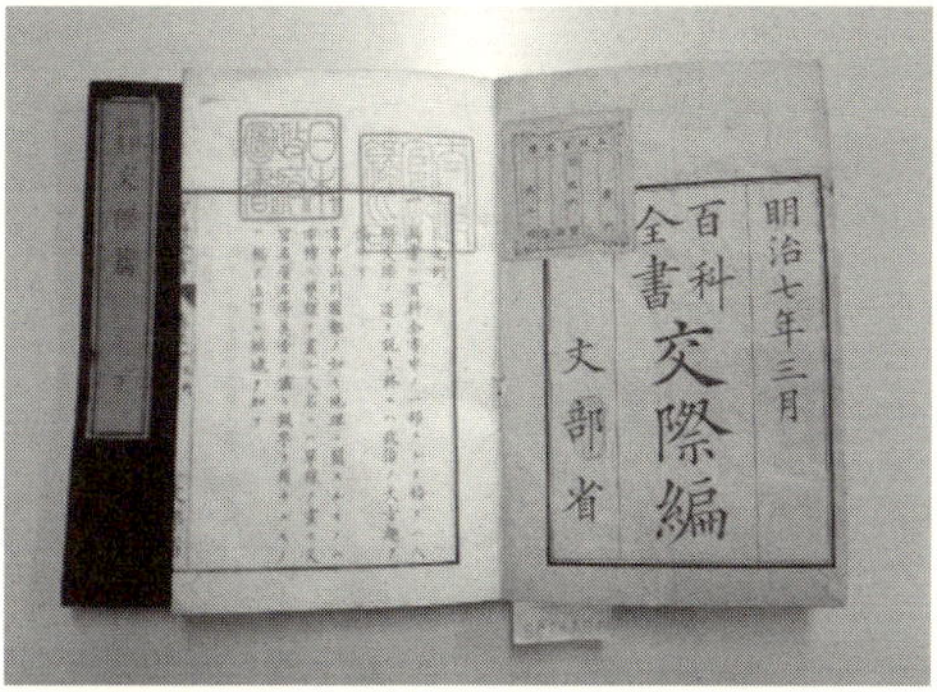

和装上下２冊『交際篇』（見返しでは『交際編』）

該書翻刻発売仕候請フ江湖ノ諸彦御購求アランコトヲ
銀座三丁目十四番地　東洋社

『東京日日新聞』明治十年五月九日
文部省御蔵版
○百科全書　国民統計学　全　洋書仕立　合本一冊　定価　金三十五銭
該書翻刻発売仕候間御最寄ニテ御購求有ンコトヲ乞
東京神田五軒町　弘令社
同　芝神明前　山中市兵衛
同　通三丁目　丸屋善七
同　馬喰町二丁目　品川金十郎
京都寺町通四条上ル　田中治兵衛

民間書肆としては丸善以外にも東洋社や弘令社などから、一八七七（明治十）年初めにすでに洋装で合本一冊となった翻刻が出されていた事実が、これらの新聞広告から判明する。定価も表示されているが、文部省印行の和装本二冊とほぼ同程度に設定されていた（参考までに、和装二冊での『交際篇』と『医学篇』は二十四銭、『国民統計学』は三十六銭）。

『交際篇』の広告では内容にまで踏み込んで詳しく記述している。該書が「人間交際」つまり社会制度や政府について、「欧米各国ノ情態」を簡潔に説明したものであることが新聞の読者に伝わる広告となっているのである。

翌年の一八七八年（明治十一）年五月にも再び、東洋社の広告が『東京日日新聞』に掲載されたが、これは、『百科全書』以外の文部省官版の翻刻も含めた内容である。

『東京日日新聞』明治十一年五月三十一日

○米国　政治略論　西洋綴　全一冊　定価五十八銭
○改正　英史　同　全一冊　定価一円二十銭
○仏蘭西阿蘭陀　邑法　同　全一冊　定価三十八銭
○百科全書　医学編　同　全一冊　定価二十八銭
○経済要旨　同　全一冊　定価三十銭

右ハ文部省ノ御蔵版ニシテ嚢ニ敝社ニ於テ翻刻出版セシ書ニ候所発売以来大ニ江湖ノ御愛顧ヲ蒙リ陸続御購求実ニ感謝ノ至ニ堪ヘス依テ今茲ニ深ク其御厚意ヲ謝シ併セテ向来不相更御愛顧多少ニ限ラズ御購読アランコトヲ伏テ四方諸君ニ広告ス

東京銀座三丁目十四番地
五月　書肆　東洋社

『医学編《〔ママ〕》』と並んでいるのはいずれも翻訳書であり、『米国政治略論』は錦織精之進訳・内村耿之介校、『改正英史』は大島貞益編訳、『仏蘭西阿蘭陀邑法』は大井憲太郎・神田孝平訳、『経済要旨』は西村茂樹訳（大井憲太郎と神田孝平以外は『百科全書』での翻訳者と校正者）である。

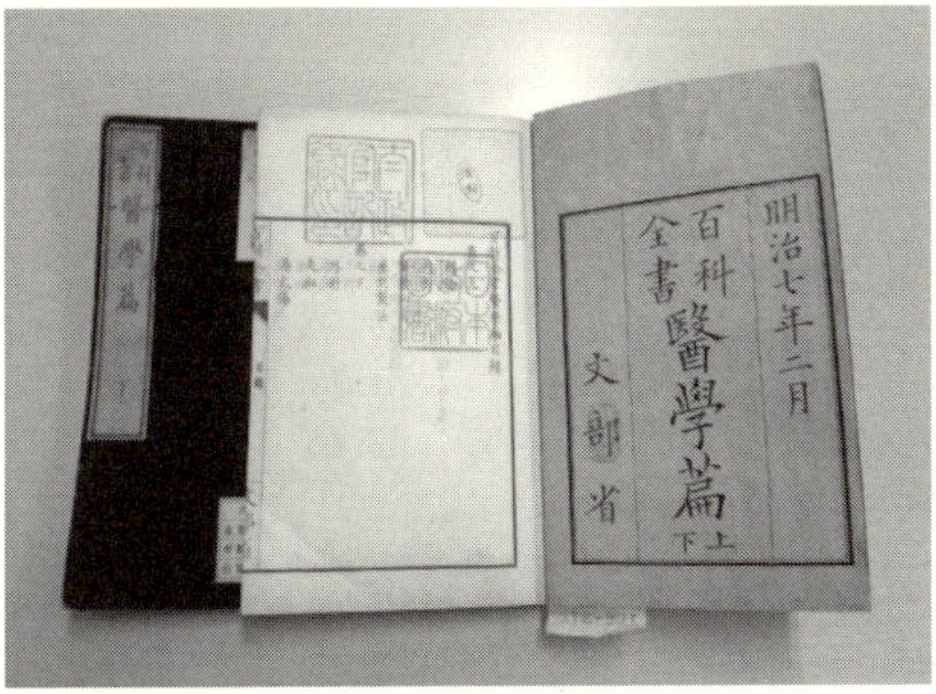

和装上下２冊『医学篇』表紙・見返し

一八七七（明治十）年には、『東京日日新聞』と『読売新聞』から『商業編』についての類似した広告が複数回にわたって出されている。(90) 大新聞の『東京日日新聞』では漢字カタカナ混じりであり、小新聞の『読売新聞』では漢字ひらがな混じりという表記の違いのほかは、両新聞とも文面はほぼ同じで、一八七四（明治七）年に和装二冊で刊行された前田利器訳・長川新吾校『商業篇』（COMMERCE－MONEY－BANKS）を「改正増補」した三冊本が刊行された旨を広告したテクストである。この増補版については、その後も同様の広告が両新聞で繰返されており、かなり力を入れて独自に宣伝を打っていたことが窺える。

『読売新聞』明治十年六月二十七日

前田利器訳　改正増補　百科全書

商業編　全三冊

貿易論之部既刻　定価金二十五銭

貨幣論銀行論の部続出

此書ハ曩に文部省の刊鏤に係りたる英人チヤンブル氏の百科全書商業篇を今般千八百七十五年倫敦刊行改正増補の書に拠り更に訳されたる者にして此改正は貿易の真理より会社の結構簿記法其他貨幣紙幣の理義及び銀行組立の法株式取引の規則等に至るまで其大綱を記述し文意簡明にして解し易き書なれバ学校の教科書又ハ商家必読の良書なり

右今般発兌を伏て乞ふ江湖の君子一本を購求し賜はらんことを

東京本町三丁目　瑞穂屋卯三郎

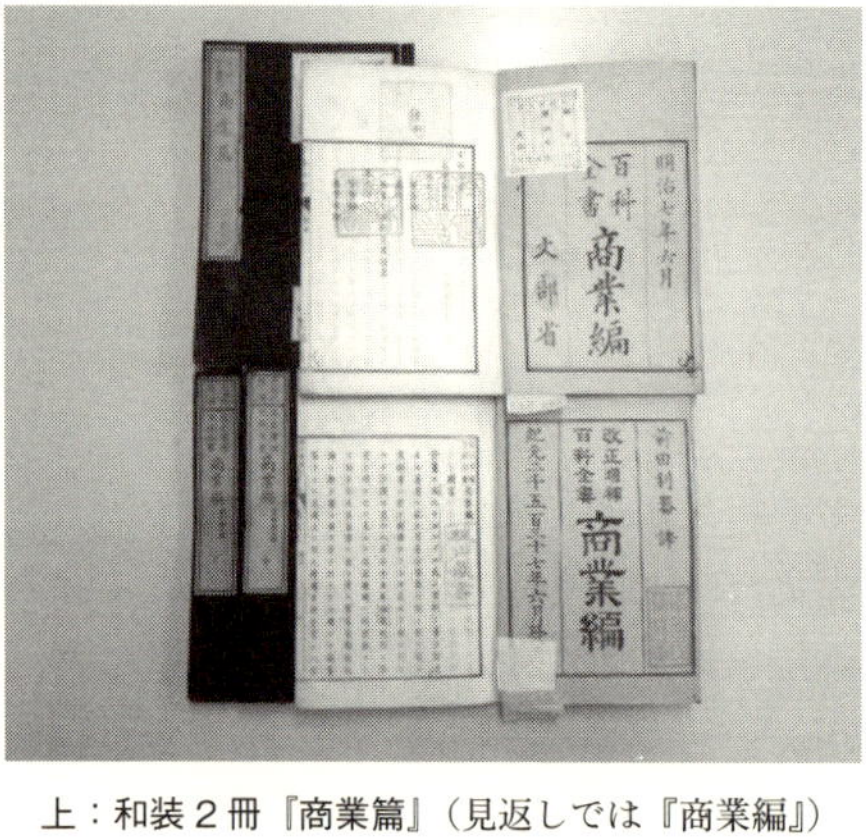

上：和装２冊『商業篇』（見返しでは『商業編』）

下：和装３冊『改正増補　商業編』

同　芝三島町　　和泉屋市兵衛
同　小石川大門町　雁金屋清吉

「千八百七十五年倫敦刊行改正増補の書」とは、起点テクストの第五版を底本とした由を明示している。分冊本での特異な例外として最初から第五版を使用した西村茂樹訳『天文学』（一八七六年）と大槻文彦訳『言語篇』（遅くとも一八八六年）、あるいは合本となり一部補訂されて一八八三（明治十六）年から一八八五（明治十八）年にかけて刊行された丸善版の六編（『有要金石編』『経典史』『造家法』『牧羊篇』『農学』『幾何学』）だけでなく、早くもこの時期の和装分冊本において改訳の翻訳書があったのだ。この改正増補三冊本は国立公文書館にも所蔵されており、上巻「貿易論」、中巻「貨幣論」、下巻「銀行論」が揃って現物で確認できる（国立国会図書館ではデジタル版が閲覧可）。版権免許は明治十年五月九日、「訳述出版人」として翻訳者「前田利器」の名前が記されている。その緒言を引用しておく。

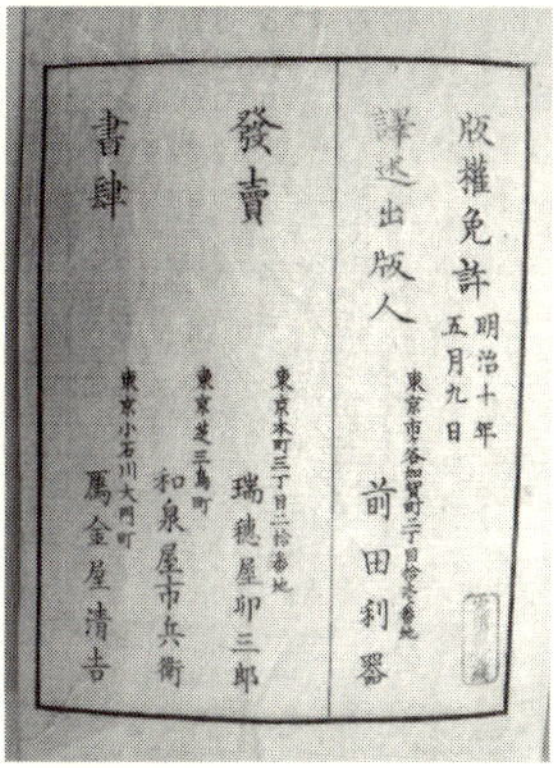

『改正増補　商業編』奥付

改正増補百科全書　商業編　緒言

余嚢ニ英人チヤンブル氏ノ百科ノ事ヲ論述セル著書ニ就キ貿易貨幣銀行論ノ部ヲ訳シ文部省ニ於テ鋟鏤アリシガ大キニ世ニ行ハレタリ頃日其千八百七十五年倫敦《ロンドン》刊行ノ原書ヲ得テ之ヲ見ルニ改正増補ノ件僅尠ナラズ因テ今又其原書ニ據リ更ニ貿易貨幣銀行論ノ部ヲ訳シ冊ヲ分テ三トナシ題シテ商業篇トイヒ其題上ニ改正増補百科全書ノ八字ヲ加ヘタリ抑々此改正ノ原書中交易ノ真理ヨリ商則其他会社結構ノ順序簿記法貨幣楮鈔ノ理義及銀行ノ組立方法株式取引ノ規則等ニ至ルマデ凡ソ商業上関係ノコト其記述スル所ハ簡易ニシテ其旨趣ノ如キハ尽ク之ヲ網羅シテ亦余蘊ナシ世間各門類ノ書多シト雖モ或ハ巻帙浩瀚ニ過ルヲ免レズ而シテ未ダ曾テ此ノ如キ簡約ニシテ尽セル所ノ書アルヲ見ズ其初

学ニ益アル知ルベキナリ若シ初学ノ徒此書ニ據リ前ニ説ク所ノ商業ノ大義ヲ了得シ他日入室ノ本資トナルヲ得バ何ノ幸カ之ニ加ン是レ余ノ浅識陋見ヲ顧ミズ之ヲ訳シテ上梓シ以テ世ニ公ニスル所以ナリ但シ其訳字ノ当ラザル文意ノ通セザル所ノ如キハ他日大方君子ノ改正ヲ賜ハ、幸甚ナリ

翻訳者である前田利器が、先の翻訳出版後に何らかのルートで、一八七五年にロンドンで出された新版を入手したところ、改訂部分が少なくなかったことから新たに翻訳して改訂版にしたという事情が説明されている。「改正増補百科全書」の八文字を書名に加えたと断ってはいるが、文部省のプロジェクトの一環というよりも翻訳者前田の個人的な出版物と言うべきものかもしれない。

さて、新聞広告のなかには特定の読者に向けられたものもあり、次がその例である。

『東京日日新聞』明治十二年十月二十八日

文部省御蔵版
百科全書　百工応用化学篇　上下一冊
十二年十月二十五日売出　定価三十五銭
右ハ諸府県大小学校ニ行レルハ諸君ノ了知スル処ナリ然ニ該書之世間ニ欠乏スル四方ノ貴客モ亦熟知適ニ翻刻之書ヲ探シ出スモ製本之粗ニシテ殆ト学者混雑不尠故ニ今般活字版ノ大字ヲ以テ西洋綴リニ美本ヲ数千部造リ翻刻御届之上発売仕候間大方諸彦陸続御購覧アランコトヲ謹テ広告ス
発売書肆
東京通三丁目　丸屋善七
同芝三島町　泉屋市兵衛

大坂心斎橋筋北久宝寺町　丸屋善七
同心斎橋筋備後町　梅原亀七
同心斎橋筋南久宝寺町　前川善兵衛
横浜弁天通二丁目　丸屋善八
名古屋本町八丁目　丸屋善八
東京芝三田二丁目　慶応義塾出版社

牧山耕平訳・川本清一校の『百工応用化学篇』（CHEMISTRY APPLIED TO THE ARTS）は、文部省『百科全書』初めての分冊本として、まずは一八七三（明治六）年七月に和装二冊で刊行された。同年には続いて箕作麟祥訳『教導説』（EDUCATION）も出されたが、こちらの方が二カ月ほど早い。緒言や凡例が付された『教導説』に比べて、『百工応用化学篇』は本文のみのシンプルなつくりであったが、学制頒布直後の時期に優先的に必要とされていたのではないかと推測される。この新聞広告では、「活字版ノ大字ヲ以テ西洋綴リニ美本ヲ数千部造リ」と、特別に数千部も翻刻することが述べられている。『百工応用化学篇』以外にも、教科書として特別仕様の異本の事例としては、関藤成緒訳・久保吉人校『地文学』（PHYSICAL GEOGRAPHY）があり、国立公文書館をはじめ全国に複数の異本が所蔵されている。実際に手に取ると、『地文学』の内表紙に「学校用」と大きく印刷された文字が目を引く。

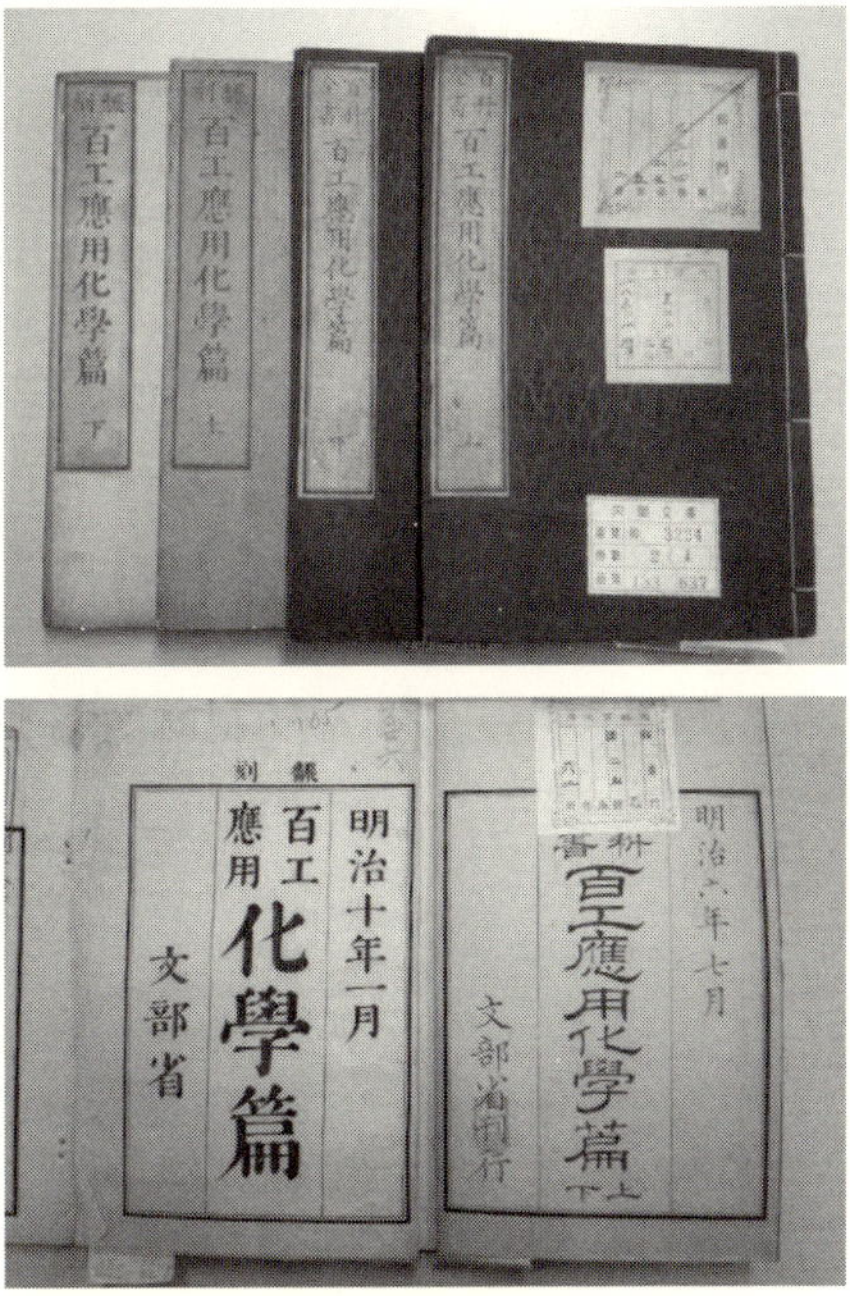

和装上下２冊『百工応用化学篇』２種類の異本
上：表紙　下：見返し

一八七九（明治十二）年一月に大阪で創刊された『朝日新聞』の本文記事は小新聞の特徴として、ルビ付きの漢字ひらがな混じりで書かれているが、その広告欄ではルビなし漢字カタカナ混じりの文章も混じっている。一八八〇（明治十三）年の短期間に六回連続して掲載された「百科全書　農業編」の広告を見ておこう。

『朝日新聞』明治十三年十月二十三日、二十四日、二十六日、二十九日、同年十一月二日、三日
芳賀久米蔵編纂　百科全書　農業編
半紙本二冊代価四十銭　郵送仕候ハ此税十四銭
業ヲ興シ国ヲ富スハ農業ヲ盛ニスルニ若ハナシ然ニ百科全書中永ク此篇ナシ今回刻成ス各地ノ書肆ニ就テ購求アランコトヲ希望ス
大坂南久宝寺町四丁目　前川善兵衛

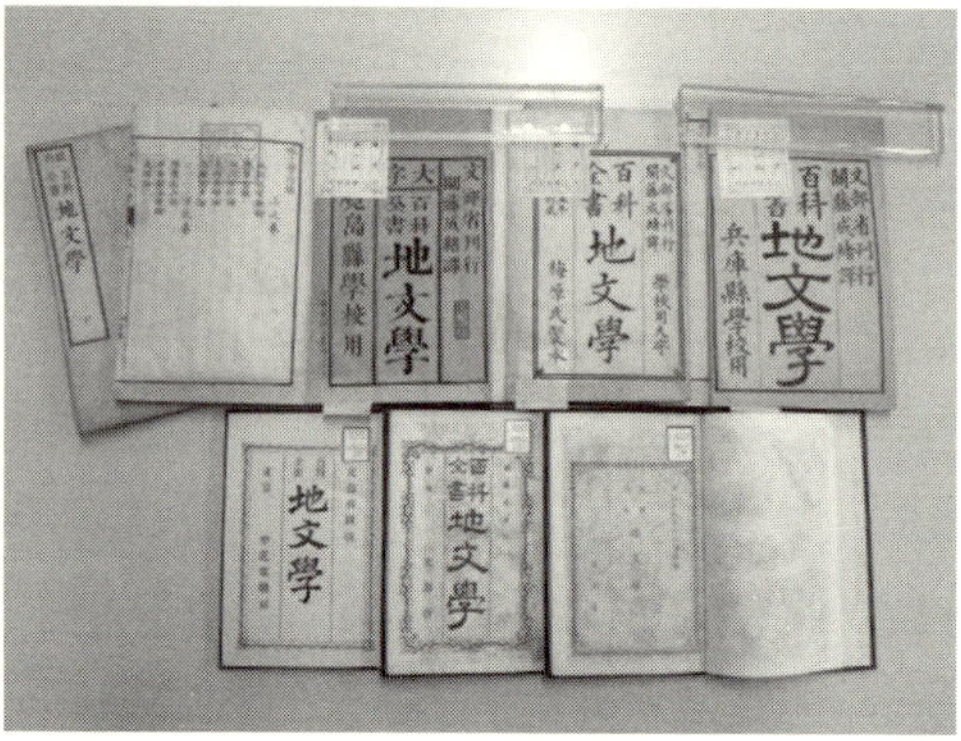

『地文学』6種類の異本
（「学校用」と書かれたものもある）
上：和装　下：洋装

六回の広告はすべて同一の文面である。さらに、翌一八八一（明治十四）年一月十三日の『東京日日新聞』にもほぼ同一の広告が掲載されている（発兌人「前川善兵衛」に、発売人として「山中市兵衛」が追加）。広告の文面に「百科全書中永ク此篇ナシ」とあるように、全編のなかでAGRICULTUREがなかなか翻訳に至らなかったのは事実だ。『文部省出版書目』の公的記録では、文部省『百科全書』の『農学』が松浦謙吉訳で刊行されたのは一八八三（明治十六）年ということになっているし（ただし国立公文書館で「明治十四年三月文部省印行」の『農学』を所蔵）、第五版を底本とした玉利喜造訳による丸善版改訳は一八八四（明治十七）年の出版である。

いずれにせよAGRICULTUREの翻訳は、『百科全書』のプロジェクト全体の最後期に属す出版物である。だが、「今回刻成ス」と新聞広告されているこの書物は「芳賀久米蔵」が編纂し、大阪の出版人「前川善兵衛」が

刊行したもので、文部省『百科全書』の『農学』ではない。この『百科全書 農業編』は国立公文書館で現物が、国立国会図書館でデジタル版（文郊堂）が閲覧できる。和装の装丁や見返しの意匠をはじめ、また何よりも「百科全書」という文言をタイトルに入れている点でかなり紛らわしい。『百科全書』の評判に乗じたものであろうか。

新聞広告のなかには、「品切」による翻刻を告知した内容も見られる。次の二つの広告テクストはどちらも同じ出版人、内田芳兵衛によるもので、川本清一訳・久保吉人校『人心論』（THE HUMAN MIND）と塚本周造訳・大井鎌吉校『論理学』（LOGIC）について「品切」を理由とする翻刻を伝えている。

『東京日日新聞』明治十五年十一月十七日

文部省御蔵書

加爾均氏　庶物指教　西洋綴上下合本全一冊定価金九十五銭逓送料四十銭

同御蔵書

百科全書　人心論　西洋綴全一冊定価金十六銭五厘逓送科金六銭

同御蔵書

百科全書　論理学　西洋綴全一冊定価金二十銭逓送科金六銭

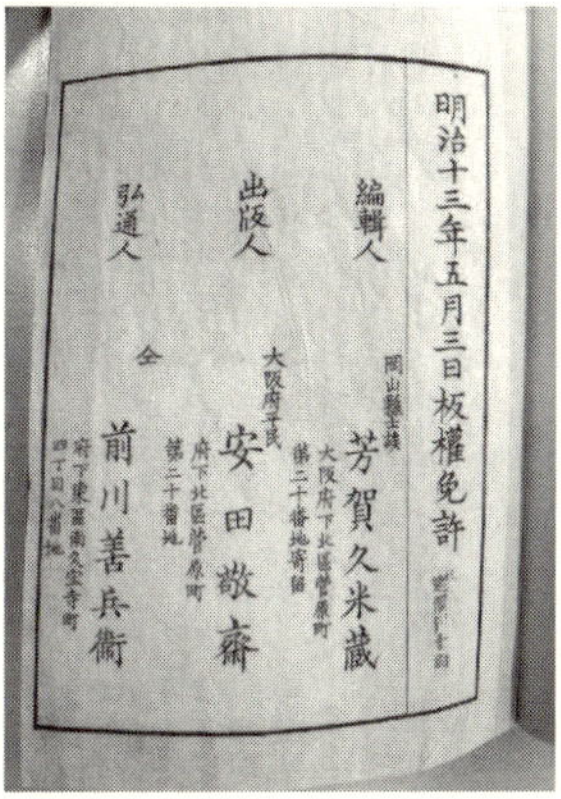

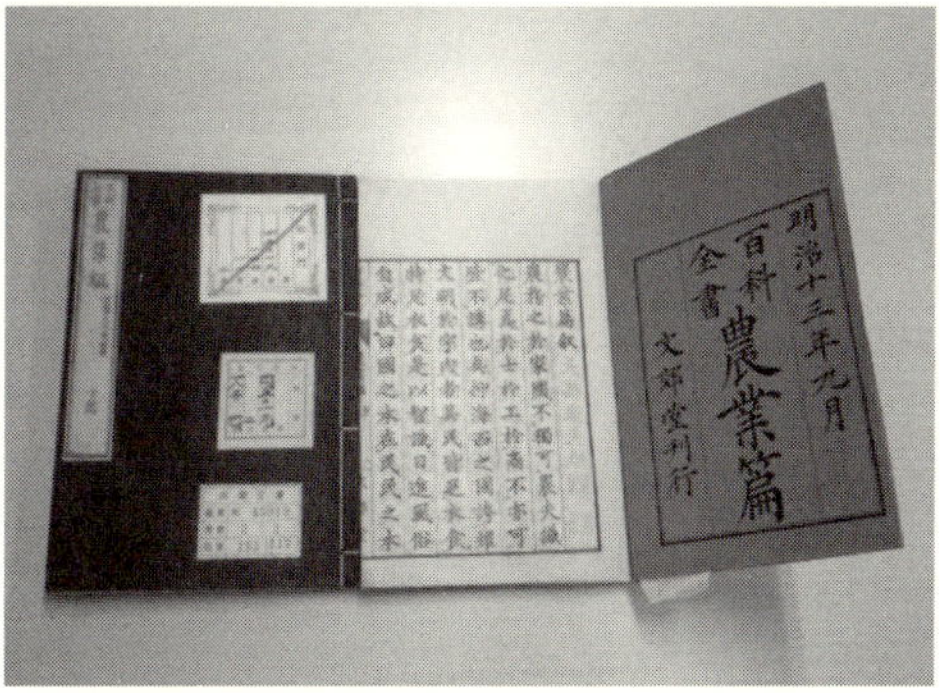

和装上下２冊『農業篇』表紙・見返し・奥付

該書ハ文部省御蔵版ノ処方今品切レニテ各学校ノ御差支仄有之依テ今弊店ニ於テ発兌ス請フ大方ノ諸君瀏覧ヲ賜ハランコトヲ
日本橋区西河岸十三番地書林　内田芳兵衛

『東京日日新聞』明治十六年九月二十二日
西村茂樹先生訳
○教育史　上下合巻全一冊　定価五十銭　郵税共
該書ハ文部省御蔵版ニテ方今品切ニ候処今般弊店於テ翻刻発行仕候幸ニ御購求所仰ニ候
○加爾均氏　庶物指教　上下合巻全一冊　定価九十五銭郵税共
○川本清一先生訳　人心論　全一冊　定価十六銭五厘郵税共
右両書共先般翻刻発兌仕候ニ意外ノ高顧ヲ蒙リ忽チ売切ノ処這回増製本出来致候間倍旧御愛命アランコトヲ
日本橋区西河岸十三番地　内田芳兵衛
売捌○芝泉市○通丸善○本町金港堂○馬喰町石川○横山町内田

二つの広告にはおよそ一年の間が置かれているが、「方今品切レニテ各学校ノ御差支」であったり、「意外ノ高顧ヲ蒙リ忽チ売切」であったりと、評判の良さを印象づける惹句である。

また翻訳者に付いた「先生」という敬称も興味深い。「西村茂樹先生訳」（西村訳『教育史』は『百科全書』の一編ではない。ちなみに『加爾均氏 庶物指教』は黒沢寿任訳）や「川本清一先生訳」としている点に、翻訳者である西村や川本への敬意が表されている。

予約出版という制度

一八八三から八四（明治十六から十七）年にかけての『東京日日新聞』では、予約出版についての広告が頻出する。同時期のわが国出版界には予約出版の流行があったことを思い出しておきたい。[91]前田愛は明治十年代半ばの江戸戯作の活版による翻刻を予約出版という方式の流行と絡めて論じるなかで、これを「新聞の普及がもたらした新しい方式」とし、「出版社→取次店→小売店の系列化が不備だったこの時期に地方読者を直接動員しうる有効な方式であった」と言う。[92]この時期には、戯作のみならず、文部省『百科全書』という翻訳テクストにも予約出版の波は押し寄せていた様子が、新聞広告から読み取れる。

予約出版では新聞広告などを媒介にして、出版社が予約者と直接やりとりをすることになる。これは、新聞広告という新しいメディアによって可能となった新たな出版流通方法なのである。近代そのものが立ち上がる「文化の変曲点」という観点から、ロバート・キャンベルは明治期の予約出版について、「刊行に先立って購読者をつのり、事前に徴収した入社金、前金、または配本ごとの代金を当て、その人数分だけの部数を出版販売する」この方法を「当時にあって最も近代的なメディア装置」による流通であると同時に、「新しく不安定なメディア」であったとする。[93]

明治十年代の半ばに日本にあらわれた予約出版は、営業代理《エイジエント》を柱とする欧米のそれと類似しながらも、出版社と読者との直接の関わりを重視し、また原則として、売捌きや貸本屋など、近世的出版界の末端機構を回避するところに基盤を固めた。読者との関わりは、新聞広告、郵便通知、チラシ配布、家庭訪問など、従来用いることがなかった伝播方法によって求め、新たなルールを次々に確立させた。[94]

予約出版にはリスクも伴う。一八八二（明治十五）年から三年間ほど活動した東京稗史出版社を研究した磯部敦によれば、この出版社は予約出版で躓いて失敗している。「予約者の予約金や前金によって書籍を制作するため自己資金をそれほど必要とせず、印刷の時点で発行部数を微調整できるというメリットがある一方、予約者が送金を止めたら元を取ることができず、完遂できなくなってしまうというデメリットもある」からだ。(95)

さて、文部省『百科全書』は、福澤諭吉に学んだ早矢仕有的が一八六九（明治二）年に創業した老舗出版社の社史『丸善百年史』にも登場する。自社による『百科全書』の予約出版を「恐らく日本で最も古い予約出版の一つ」として、そのあたりの事情を次のように説明している。(96)

明治十六年四月に予約が発表され、予約者が一千に達した時は出版するが、一千に満たない時は計画を破棄するかも知れないことを予め断わり、着手後は一か年で完了する予定で、払込金は毎月一円であった。恐らく日本で最も古い予約出版の一つであろう。予約の募集は順調に応募を見た。そこで明治十六年十月に、その第一冊が発行され、翌十七年十月に第十一冊の発行を終り、更に十八年一月には索引が発行されて、この刊行は完成するに至ったのである。

丸善による『百科全書』の予約出版については、丸善合本に付された関根柔による「百科全書序」においても、「発告四方以募同志未数月締約者抵一千余名於是第一版成」と触れられており、社史にある「予約者が一千に達した時は出版」が裏付けられる。

他方で有隣堂の予約出版については、これまでの先行研究での言及はなく、社史なども編纂されていないのでまったく知られていない。新聞広告を精査することで、有隣堂も予約出版という方法で文部省『百科全書』を流通させていたという新事実が確認できるだけでなく、詳細とまでは言えないが、ある程度はこの出版物の消費のされ方もイメージできる。たとえば、丸善が予約出版を発表した三カ月後の一八八三（明治十六）年七月には、『東京日日新聞』にかなりの紙面を使った広告が打たれた。この広告において「有隣堂予約出版広告」「百科全

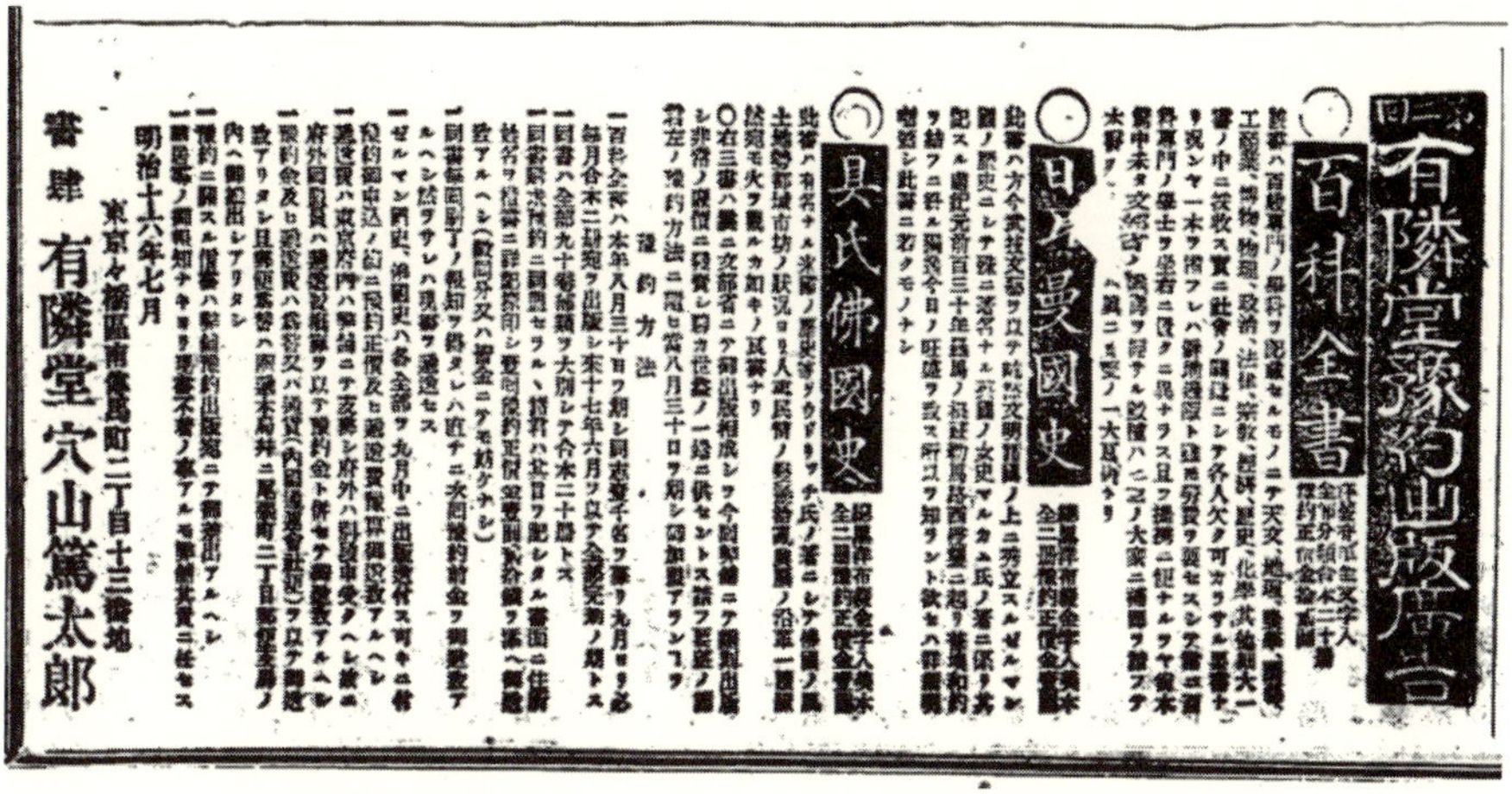
第二回　有隣堂豫約出版廣告
百科全書
日耳曼國史
具氏佛國史
豫約方法
明治十六年七月
東京々橋區南傳馬町二丁目十三番地
書肆　有隣堂　穴山篤太郎

「第二回 有隣堂予約出版広告」『東京日日新聞』明治16年7月16日

書」「日耳曼国史」「具氏仏国史」は白抜きの大きな活字で組まれていて、全体の紙面のなかで相当に目立つものであった。

『東京日日新聞』明治十六年七月十六日

第二回　有隣堂予約出版広告

○百科全書　洋装脊単金文字入　全部分類合本二十冊　予約正価金十二円

該書ハ百般専門ノ学科ヲ記載セルモノニテ天文、地理、農学、園芸、工商業、博物、物理、政治、法律、宗教、経済、歴史、化学其他細大一書ノ中ニ採収ス実ニ社会ノ関鍵ニシテ各人欠ク可カラサル要書ナリ況ンヤ一本ヲ備フレハ僻地辺陋ト雖トモ労費ヲ要セスシテ常ニ百科専門ノ学士ヲ坐右ニ置クニ異ナラス且ツ提携ニ便ナルヲヤ尚本需中未タ文部省ノ翻訳ヲ経サル数種ハ二三ノ大家ニ補訳ヲ請フテ本書ヲ全璧ニスレハ真ニ無変ノ一大良典ナリ

○日耳曼国史　総黒洋布綴金字入美本　全二冊予約正価金一円

此書ハ方今武技文芸ヲ以テ屹然文明諸国ノ上ニ秀立スルゼルマン国ノ歴史ニシテ殊ニ著名ナル英国ノ女史マルカム氏ノ著ニ係リ其記スル処紀元前百三十年羅馬ノ根蘇勒馬路西侵襲ニ起リ普墺和約ヲ結フニ終ル独逸今日ノ旺盛ヲ致ス所以ヲ知ラント欲セハ詳細明晰蓋シ此書ニ若クモノナシ

○具氏仏国史　総黒洋布綴金字入美本　全二冊予約正価金一円

此書ハ有名ナル米国ノ歴史家グウドリッチ氏ノ著ニシテ仏国ノ風土地勢都城市坊ノ状況ヨリ人事民情ノ変遷治乱興廃ノ沿革一読瞭然宛モ火ヲ観ルカ如キノ良書ナリ

○右三書ハ曩ニ文部省ニテ御出版相成シヲ今回弊舗ニテ翻刻出版シ非常ノ廉価ニ発売シ聊カ世益ノ一端ニ供セントス請フ要望ノ諸君左ノ予約方法ニ随ヒ当八月三十日ヲ期シ御加盟アランコトヲ

予約方法

一百科全書ハ本年八月三十日ヲ期シ同志一千名ヲ募リ九月ヨリ必毎月合本二冊宛ヲ出版シ来十七年六月ヲ以テ全部完効ノ期トス

一同書ハ全部九十巻部類ヲ大別シテ合本二十冊トス

一同書購求予約ニ同盟セラル、諸君ハ其旨ヲ記シタル書面ニ住所姓名ヲ楷書ニ詳記捺印シ一回予約正価金一円二十銭ヲ添ヘ御送致アルヘシ（数回分又ハ皆金ニテモ妨ケナシ）

一同書毎回刷了ノ報知ヲ得タレハ直チニ次回予約前金ヲ御送致アルヘシ然ラサレハ現書ヲ逓送セス

一ゼルマン国史、仏国史ハ各全部ヲ九月中ニ出版送付ス可キニ付予約御申込ノ前ニ予約正価及ヒ逓送費予算御送致アルヘシ

一逓送費ハ東京府内ハ弊舗ニテ支弁シ府外ハ別段申受クヘシ故ニ府外同盟員ハ逓送費概算ヲ以テ予約金ト併セテ御送致アルヘシ

一予約金及ヒ逓送費ハ為替又ハ通貨（内国通運会社便）ヲ以テ御送致アリタシ且郵便為替ハ郵逓本局幷ニ尾張町二丁目郵便支局ノ内ヘ御振出シアリタシ

一予約ニ関スル信書ハ弊舗予約出版宛ニテ御差出アルヘシ

一転居等ノ御報知ナキヨリ現書不着ノ事アルモ弊舗其責ニ任セス

明治十六年七月

東京々橋区南伝馬町二丁目十三番地
書肆　有隣堂　穴山篤太郎

この有隣堂の広告では、小林雄七郎訳『日耳曼国史』と漢加斯底爾（カステール）訳『具氏仏国史』版も並んでいる（ちなみに、小林もカステールも『百科全書』の翻訳者）が、いずれも文部省からの刊行物を翻刻し予約出版としたものである。『百科全書』の内容については、「百般専門ノ学科」として「天文、地理、農学、園芸、工商業、博物、物理、政治、法律、宗教、経済、歴史、化学」など具体的な学術分野の名称を列挙し宣伝して、「百科専門ノ学士ヲ坐右ニ置クニ異ナラス」というたとえも使われている。また、「同志一千名ヲ募リ」とあるので、丸善の予約出版と同じく千部を予定していたことが分かる。予約方法としては、「予約金及ヒ逓送費ハ為替又ハ通貨（内国通運会社便）ヲ以テ」と指定している。

そして予約出版広告はこの後も続いた。同年九月の『東京日日新聞』と『読売新聞』には、ほぼ同一の予約出版の広告（カタカナとひらがなの違いのみ）が繰り返されており、「予約期前既ニ一千名満員」となり、「五百部ヲ増刷」されたと記されている。さらに一八八四（明治十七）年六月十一日の『東京日日新聞』と同年同月十七日の『絵入自由新聞』にも、かな表記の違いのみで同じ文言の広告が掲載されているので、小新聞の『絵入自由新聞』の方を見ておこう。

『絵入自由新聞』明治十七年六月十七日
弊舗に於て予約出版の百科全書第四回分二冊刷行に付前金御払込の順序を以て逓送仕候間前金御払込無之方は早々御送金可被成下且御加盟御申込の方陸続有之候に付更に五百部増刷致し当分の内御申込に相応に候間御要望の諸彦ハ可成早々申込可被下候此段併せて広告仕候也尚出版法方及見本摺御入用の御方ハ郵券二銭を添御申越可被下候

東京々橋区南伝馬町二丁目十三番地　有隣堂　予約出版部

ここでは「更に五百部増刷」とあり、先の部数に加えれば、有隣堂版全二十冊の合本セットだけでも、少なくとも二千部が予約出版で流通したことになる。予約をまずは一千件確保した丸善版のその後の増刷については不明だが、なかったとしても、有隣堂版と合わせて予約出版のみで計三千部になる。当時の十二円という高額で、かなりの部数が一揃いのセットで購入されたのである。これ以外にも各種個別の分冊本も同時に刊行されていたわけであるから、文部省『百科全書』の何らかの版を手に取った読者は少なくなかったはずだ。

一八八六（明治十九）年八月の有隣堂による「百科全書再版広告」は、紙面中央の一層広いスペースを使った大々的なもので、「洋装背華金字入体裁」と装丁に高級感が加わり、値段は「定価金二十円予約正価金十二円」である。「該書出版ハ巻帙浩繁ノ故ヲ以テ歳月ニ渉リ今日漸ク完結ヲ告クルニ至ル」と、有隣堂版「全部九十二巻合本二十冊」が完成したことが告げられて、全部で九十二のタイトル（「英吉利文典欠」を含む）が列挙されている。

『東京日日新聞』明治十九年八月十四日

百科全書再版広告

再版　百科全書　洋装背華金字入体裁凡テ文部省御出版ノ通　全部九十二巻合本二十冊　定価金二十円予約正価金十二円

我邦近時文化ノ隆盛古来未タ嘗テアラサル所ナリ人智進度ノ然ラシムルモノト雖トモ蓋シ泰西文物技芸ノ輸入主トシテ沿革ノ一ニ居ル文芸ノ国家消長ニ関スル実ニ尠少ナラサルナリ弊舗曩ニ百科全書ヲ発兌ス此書ハ所謂百科専門ノ学科ヲ記載セルモノニシテ天文、地理、農学、園芸、漁猟、博物、物理、政治、法律、宗教、経済、歴史、化学其他電気、印刷、石版捉影等ノ術ニ渉リ苟モ耳目ノ及フ所数理ノ極ル所凡テ此書ノ中ニ包蔵ス該書出版ハ巻帙浩繁ノ故ヲ以テ歳月ニ渉リ今日漸ク完結ヲ告クルニ至ル而シテ方今ニ至リ同盟ヲ望マル、者東西相接ス版本既ニ尽テ顧客愈促ス茲ニ於テ奮テ再刷ノ業ニ従事ス原本全ク備ルヲ以テ満尾五ケ月ヲ期トシ同盟者一千名ヲ限リ来ル九月ヨリ左ノ順次ヲ以テ逐次送本ス加盟有志ノ諸君ハ来ル九月十五日迄ニ御報知アランコトヲ

百科全書総目録

●第一冊　天文学、地質学、気中現象学、地文学、●第二冊　植物生理学、植物綱目、動物及人身生理、動物綱目、●第三冊　物理学、重学及器械動静水学及気学、光学及音学、電気及磁石、●第四冊　時学及時刻学、化学篇、百工応用化学、陶磁工篇、職工篇、●第五冊　砿物篇、金類及錬金術、蒸気機、土工術、陸運、●第六冊　水運、建築学、温室通風点光、給水浴澡掘渠、●第七冊　農学、菜園、花園、果園、養樹、●第八冊　馬、牛及採乳方、羊、山羊及白露羊、豚、兎、食用鳥、籠鳥、●第九冊　密蜂、犬及狩猟、釣魚、漁猟、●第十冊　養生、食物及飲料、食物製方、医学、●第十一冊　衣服及服式、人種篇、言語篇、交際及政体、●第十二冊　法律沿革事体、太古史、希臘史、羅馬史、中古史、●第十三冊　英国史、英国制度国資、海陸軍制、●第十四冊　欧羅巴地誌、英倫及威爾斯地誌、蘇蘭地誌、愛倫地誌、亜細亜及東印度地誌、亜弗利加及大洋洲地誌、●第十五冊　北亜米利加地誌、南亜米利加及西印度地誌、人心論、骨相学、論理学、●第十六冊　自然神教及道徳学、経典史及基督教、洋教宗派、回教及印度教仏教、北欧鬼神誌、●第十七冊　歳時記、修身論、接物論、経済論、貿易及貨幣銀行、●第十八冊　人口救窮及保険、百工倹約訓、国民統計学、教育論、英吉利文典欠、●第十九冊　算術及代数、幾何学、画学及彫像、体操及戸外遊戯方、戸内遊戯方、●第二十冊　古物学、修辞及華文、印刷術及石版術、彫刻及捉影術、家事倹約訓　通計九十二篇合巻二十冊

●予約方法

●全部九十二巻之ヲ大別シテ合本二十冊トシ毎回四冊宛ヲ出版シ五回ニ至ツテ全部完結トス●購求同盟者ハ其旨ヲ記

シタル書面ニ住所姓名ヲ揩書ニ詳記捺印シ九月十五日迄ニ御報知ノ事●御送金ハ製本出来次第御報知可申ニ付其都度一回金二円四十銭ツ、御回金ノ事但前以テ数回分又ハ皆金御送致アルモ妨ケナシト雖トモ亦御都合ニヨリテハ一冊六十銭或ハ二冊分一円二十銭ツ、御送付アルモ御配意ノ事●送本ハ郵便、通運、汽船便等御便宜ニ任セ候間御加盟御通知ノ節併テ御申越シアルヘキ事●転居等ノ御報知ナキヨリ現書不着ノ事アルモ弊舗其貴ニ任セス●金員ハ銀行及ヒ郵便為換又ハ通貨（内国通運会社便）ヲ以テ御送致アリタシ但郵便切手代用ハ一割増ノ事

●農業書肆●有隣堂●東京々橋区南伝馬町二丁目●穴山篤太郎●

この広告では、「百科全書総目録」として第一冊から第二十冊まで「通計九十二篇合巻二十冊」の個別タイトルが記載されて、かなり長い広告テクストとなっている。「予約方法」としては、「全部九十二巻之ヲ大別シテ合本二十冊トシ毎回四冊宛ヲ出版シ五回ニ至ツテ全部完結トス」「購求同盟者ハ其旨ヲ記シタル書面ニ住所姓名ヲ楷書ニ詳記捺印シ九月十五日迄ニ御報知ノ事」など具体的な説明がなされている。

文部省『百科全書』の予約出版については、これまで丸善版しか明らかになっていなかったが、これらの新聞広告により有隣堂も同時期に予約販売をしていた新事実が判明した。丸善版と有隣堂版が同時期に予約出版されていた状況下では、異なる装丁の合本『百科全書』が競合して流通していたことになり、それぞれの合本には特色が要請されたであろう。丸善社史には次のようにある。

文部省版『百科全書』は、冊数が多く、また製本がいろいろ違っていて、不便な点が多かったので、これを適当に纏めることが多方面から要望された。そこで丸善では、当時慶應義塾出身の赤坂亀次郎が蔵版部長であったが、文部省版でまだ訳出されていない部分があるために、原書を増訂した第五版の二巻本（一八七四—七五年）によって、新しく飜訳者を選んで、これを飜訳し、全部を十二冊または三冊と索引一冊に分けて出版することとなった。

上巻　第一冊―第四冊　　　一四九〇頁
中巻　第五冊―第八冊　　　一四四二頁
下巻　第九冊―第十二冊　　一五一八頁

十二冊本は布表紙、三冊本は背革表紙の装幀であって、別に希望者によって総革表紙三方金の特製本も作った。チェンバースの「インフォメーション」《ママ》は、すべて概説的な記述であるが、この索引によってある程度まで小項目にも利用することが出来る。総頁数四千六百頁に達し、この時代としては実に驚くべき出版物である。(97)

ここには別冊として一八八五（明治十八）年一月に出版された「索引一冊」の情報九〇頁が加わっている。ただし「この索引によってある程度まで小項目にも利用することが出来る」という説明は、先述のように眉唾物だ。また「文部省版でまだ訳出されていない部分」は確かに残っていたが、「原書を増訂した第五版の二巻本（一八七四―七五年）」を用いて新たに翻訳されたのは、わずか六編のみである（第二章参照）。丸善合本では既訳の三編を分割して倍増したために、全九十三編となって集成された（かのように見える）が、有隣堂合本に入っている『言語篇』は未収であるし、ENGLISH GRAMMAR が訳された痕跡はどこにもない。

近代的国家体制をめざす明治政府の文部省が企てた『百科全書』は、多種多様な異本が流通し消費されながらも、実際のところ決定版がない。この国家的翻訳プロジェクトは未完なのである。

注

（1）福鎌達夫『明治初期百科全書の研究』風間書房、一九六八年、一九頁。
（2）経済雑誌社編『日本社会事彙』の初版は、一八九〇―九一（明治二十三―二十四）年、再版は一九〇一―〇二（明治三十四―三十五）年。跋文の日付は、一八九一（明治二十四）年五月である。

(3) 大久保利謙編『西周全集　第四巻』宗高書房、一九八一年、一一頁。ただし小泉仰によれば、永見はギリシャ語を誤記している(『西周と欧米思想との出会い』三嶺書房、一九八九年、八五頁)。
(4) 吉見俊哉「新百学連環――エンサイクロペディアの思想と知のデジタル・シフト」、石田英敬編『知のデジタル・シフト――誰が知を支配するのか?』(弘文堂、二〇〇六年、五〇―七四頁)では、西の「百学連環」を再評価している。
(5) 石川禎浩「近代日中の翻訳百科事典について」、石川禎浩・狭間直樹編『近代東アジアにおける翻訳概念の展開』京都大学人文科学研究所、二〇一三年、二七七―三〇五頁。
(6) さねとうけいしゅう『中国人日本留学史』くろしお出版、一九七〇年、二六八―二七二頁。
(7) 樋口一葉「水の上につ記」『樋口一葉集』筑摩書房、一九七二年、二九六―二九九頁。
(8) ちなみに、『ブリタニカ百科事典』は二〇一〇年の第十五版で紙本版が終了し、現在はオンライン版のみで存続。
(9) ディドロとダランベールによる『百科全書』の抄訳としては、桑原武夫訳編『百科全書――序論および代表項目』(岩波文庫、一九七一年)がある。
(10) 桑原武夫編『フランス百科全書の研究』岩波書店、一九五四年、ii頁。
(11) 同書、iii頁。
(12) 西洋近代社会と視覚に関してはたとえば、大林信治・山中浩司編『視覚と近代』(名古屋大学出版会、一九九九年)など参照。
(13) マーシャル・マクルーハン『グーテンベルクの銀河系――活字人間の形成』森常治訳、みすず書房、一九八六年。
(14) 紅野謙介『書物の近代』ちくま学芸文庫、一九九九年、四八頁。
(15) 同書、四五頁。
(16) 同書、四七頁。
(17) 同書、三八―三九頁。
(18) 小森陽一「物としての書物/書物としての物」、北大国文学会編『刷りものの表現と享受』北大国文学会、一九八九年、三一―三二頁。
(19) 後になって、たとえば『万葉集総索引』が和装本の情報で作成されたというような例はあるが、書物とリアルタイムでのメタ情報ではない。

(20) 稲村徹元『索引の話』日本図書館協会、一九七七年。

(21) 杉本つとむ編著『江戸時代西洋百科事典――『厚生新編』の研究』雄山閣、一九九八年、四七頁。

(22) 稲村前掲書、三五頁。

(23) 久米邦武編・田中彰校注『米欧回覧実記（五）』岩波文庫、一九八二年、四六頁。

(24) 北澤憲昭『境界の美術史――「美術」形成史ノート』（ブリュッケ、二〇〇〇年）、同『眼の神殿――「美術」受容史ノート〔定本〕』（ブリュッケ、二〇一〇年）、同『美術のポリティックス――「工芸」の成り立ちを焦点として』（ゆまに書房、二〇一三年）など。

(25) 北澤、二〇一〇年、一五一―一六〇頁。

(26) 北澤、二〇〇〇年、一一頁。

(27) 北澤、二〇一三年、一五三頁。

(28) 金子一夫『近代日本美術教育の研究』中央公論美術出版、一九九二年、一七二頁。

(29) 同書、一七六頁。

(30) エルヴィン・パノフスキー『〈象徴形式〉としての遠近法』木田元監訳、ちくま学芸文庫、二〇〇九年。多木浩二『眼の隠喩――視線の現象学』ちくま学芸文庫、二〇〇八年。

(31) 柄谷行人『定本　柄谷行人集　第1巻』岩波書店、二〇〇四年。

(32) 「視の制度《スコピック・レジーム》」は、クリスチャン・メッツの用語で、「視姦的体制」とも訳される。マーティン・ジェイ「近代性における複数の「視の制度」」、ハル・フォスター編『視覚論』榑沼範久訳（平凡社、二〇〇七年）を参照されたい。

(33) 松井貴子『写生の変容――フォンタネージから子規、そして直哉へ』明治書院、二〇〇二年。

(34) 土方定一編『明治芸術・文学論集』筑摩書房、一九七五年。松島栄一編『明治史論集　二』筑摩書房、一九七六年。『鷗外全集　第五巻』岩波書店、一九七二年。

(35) 佐藤道信『〈日本美術〉誕生――近代日本の「ことば」と戦略』講談社、一九九六年、七〇頁。「外山正一氏の画論を駁す」「美術論場の争闘は未だ其勝敗を決せざる乎」「外山正一氏の画論を再評して諸家の駁説に旁及す」と続いたが、外山は沈黙に終始したので、論争そのものは鷗外の一方的な批判という形となる。

(36) 青木茂「解説（一）」青木茂・酒井忠康校注『美術』岩波書店、一九八九年、四四二頁。

(37) 高山樗牛「写生と写意、意想と畸形」『樗牛全集 第二巻 文芸及史伝 上』博文館、一九一二年、三四二—三四五頁。北住敏夫『写生説の研究』日本図書センター、一九九〇年、三一頁。
(38) 幕末明治期の日本における「写真」については、小沢健志編『幕末——写真の時代』（ちくま学芸文庫、一九九六年）、小沢健志『幕末・明治の写真』（ちくま学芸文庫、一九九七年）に詳しい。
(39) 石井研堂『明治事物起原 六』ちくま学芸文庫、一九九七年、一七三—二〇六頁。
(40) 諸橋轍次『大漢和辞典』（修訂第二版）によれば、「影」には「すがた。かたち。ゑすがた。肖像。まぼろし」などの意味が含まれている。
(41) 石井前掲書、一七四頁。
(42) 佐藤道信『明治国家と近代美術——美の政治学』吉川弘文館、一九九九年、二〇九—二三二頁。なお、紀元五〇〇年頃に書かれた文章読本である劉勰《りゅうきょう》の『文心雕龍《ぶんしんちょうりゅう》』に「賛曰、写実追虚、碑誄以立」とある。『文心雕龍』については、北村彰秀「仏典漢訳史における劉勰と文心雕龍」『翻訳研究への招待』（第九号、二〇〇三年、一九—二八頁）に詳しい。
(43) 佐藤、一九九九年、二二四頁。
(44) 辻惟雄「「眞景」の系譜——中国と日本（上）」『美術史論叢 一』東京大学文学部美術史研究室、一九八五年。辻惟雄「「眞景」の系譜——中国と日本（下）」『美術史論叢 三』東京大学文学部美術史研究室、一九八七年。
(45) 佐藤、一九九九年、二二六頁。
(46) 木下直之『写真画論——写真と絵画の結婚』（岩波書店、一九九六年、七一頁）によれば、代表作「鮭」などの作品で有名な洋画家の高橋由一は油絵の特性を「真を写す」という「写真」（美術用語）として、「写真鏡」（フォトグラフィー）との差異を強調したが、ある時点から絵画用語としては「真写」を使用し始めているという。
(47) 『東京日日新聞』第六百六十八号、明治七年四月廿三日。
(48) 多木浩二『天皇の肖像』岩波新書、一九八八年、三五頁。
(49) 同書、一九一—一九二頁。
(50) 同書、一八七—一八八頁には、一八八七（明治二十）年、憲法草案制定の作業をしていた井上毅によるお雇い外国人への質問状に「国王ハ国権ノ肖像《シンボル》ナリ」の文言がある。
(51) 二〇一四年三月二十九日から五月十一日まで、東京ミッドタウンにあるサントリー美術館で「のぞいてびっくり江戸絵画――科学の眼、視覚の不思議」と題する展覧会が開催され、筆者も足を運んだ。小野田直武の「不忍池図」（秋田蘭画の代表作）、歌川広重や葛飾北斎の浮世絵などに改めて西洋的なパースペクティブを確認する体験となった。なお、西洋の光学装置による江戸文化の諸相については、タイモン・スクリーチ『大江戸視覚革命――十八世紀日本の西洋科学と民衆文化』田中優子・高山宏訳（作品社、一九九八年）に詳しい。また、明治半ばに始まる文部省の教科書検定において、著名な日本画家の作品に西洋の「遠近法」の視点からの修正が施されている点は、中村隆文『「視線」からみた日本近代――明治図画教育史研究』（京都大学学術出版会、二〇〇〇年）を参照されたい。

(52) 絵画における空間認識については、佐藤忠良・中村雄二郎・小山清男・若桑みどり・中原佑介・神吉敬三『遠近法の精神史――人間の眼は空間をどうとらえてきたか』（平凡社、一九九二年）、小山清男『遠近法――絵画の奥行きを読む』（朝日新聞社、一九九八年）。近代日本の「写真」と「絵画」の関係については、木下前掲書が詳しい。

(53) 柳父章『翻訳の思想――「自然」とNATURE』平凡社、一九七七年（のちに、ちくま学芸文庫、一九九五年）。

(54) 同書、五〇頁。

(55) 広井多鶴子「家族概念の形成――家族とfamily」『実践女子大学人間社会学部紀要』第七集、二〇一一年、五五―七五頁。

(56) 小山静子『良妻賢母という規範』（勁草書房、一九九一年）、木村涼子『〈主婦〉の誕生――婦人雑誌と女性たちの近代』（吉川弘文館、二〇一〇年）などを参照。

(57) 常見育男『家政学成立史』光生館、一九七一年、一六六頁。

(58) 田中ちた子・田中初夫『家政学文献集成　明治期Ⅰ』渡辺書店、一九六六年、三―八頁。

(59) 谷口彩子「明治初期における翻訳家政書の研究」、一九九九年、博士論文。

(60) 小林久美・片岡美子「大英帝国下における家庭科教育に関する一考察」『教育学研究紀要』第四十三巻第二部、一九九七年、三二三―三三二頁。

(61) 野田満智子「明治初期における環境教育の萌芽状況――『百科全書養生篇』における環境教育」『愛知教育大学研究報告　芸術・保健体育・家政・技術科学・創作編』第五十二号、二〇〇三年、五九―六四頁。

(62) 和装分冊本では「康健」であったが、丸善合本では「健康」に修正されている。

(63) 大森貝塚発掘で著名なエドワード・シルヴェスター・モース（一八三八―一九二五年）は東京大学理学部のお雇い

外国人教師（当時の表記では「モールス」とする場合もある）。ハインリッヒ・フォン・シーボルト（一八五二―一九〇八年）は、日墺修好通商航海条約の批准交渉で通訳者を務めたり、ウィーン万国博覧会で日本側の代表団に参加している（父親の Philipp Franz von Siebold と区別するために、「小シーボルト」とされることもある）。彼らの考古学への貢献については、佐原真「シーボルト父子とモールスと――日本考古学の出発」『月刊 文化財』（七月号、第一法規出版、一九八四年、三二―三六頁）、吉岡郁夫『日本人種論争の幕あけ――モースと大森貝塚』（共立出版、一九八七年）、ヨーゼフ・クライナー編『小シーボルトと日本の考古・民族学の黎明』（同成社、二〇一一年）などに詳しい。

(64) 坪井正五郎「人類学当今の有様 第一篇」『東京人類学雑誌』第二巻第一八号、一八八七年、二七三頁。

(65) 安蒜政雄編『考古学キーワード 改訂版』有斐閣、二〇〇二年、六―七頁。

(66) 和田千吉「本邦考古学界の回顧」『ドルメン』第一巻第一号、一九三二年、一〇―一一頁。

(67) 角田文衛「柴田承桂博士と古物学」『古代学』第十巻第一号、一九六一年、三八―四四頁。

(68) 斎藤忠『日本考古学史』吉川弘文館、一九七四年、八七―八九頁。

(69) 邉見端「訳語〝考古学〟の成立――明治十年初見説をめぐって」『日本歴史』通巻第四五七号、日本歴史学会、一九八六年、八三―九二頁。

(70) 鈴木廣之『好古家たちの十九世紀――幕末明治における《物》のアルケオロジー』（吉川弘文館、二〇〇三年）では、文部省『百科全書』の「古物学」にも言及しながら、幕末から明治半ばまでの「古い物の世界」の変容を論じている。

(71) 土井正民「わが国の十九世紀における近代地学思想の伝播とその萌芽」『広島大学地学研究室報告』第二十一号、一九七八年、一―七〇頁。

(72) 東京大学農学生命科学図書館には、「内務省草稿用」罫紙に書写した手書き写本『養樹篇』が保管されている（農商務省図書）。

(73) 石井研堂「百科全書の賃訳」『明治事物起原 四』ちくま学芸文庫、一九九七年、三三三―三三四頁。

(74) 津田仙は先駆的な西洋農学者であり、ウィーン博覧会（一八七三年）に出席してオーストリアの農学者ダニエル・ホーイブレンクに農学を学び、帰国後には『農業三事』を発表した。そして一八七六（明治九）年に学農社を創設して『農業雑誌』を発行し、西洋野菜や果樹の普及に取り組んだ。このように津田仙は日本の伝統的な農業に影響を及ぼした人物である。

(75)『玉利喜造先生伝』玉利喜造先生伝記編纂事業会、一九七四年。
(76) 友田清彦「明治前期における一農政官僚の足跡と業績——農業啓蒙家・後藤達三と農業結社」『農村研究』第一〇八号、二〇〇九年、一—一〇頁。
(77) 三好信浩『近代日本産業啓蒙書の研究——日本産業史上巻』(風間書房、一九九二年)は明治前期の産業啓蒙書について包括的に論じ、金森直治編『集成日本の釣り文学 別巻二』(作品社、一九九七年)は明治期における釣り関連の文献を集成しており、どちらにも文部省『百科全書』への言及がある。
(78) 石井研堂「経済学の始め」『明治事物起原 四』ちくま学芸文庫、一九九七年、一四二—一四三頁。
(79) 井上琢智編『幕末・明治初期邦訳経済学書』ユーリカ・プレス、二〇〇六年。
(80) 福澤諭吉「福翁自伝」『福翁自伝 福澤全集緒言』慶応義塾大学出版会、二〇〇九年、二二九頁。
(81)「統計」という概念については、鮫島龍行「明治維新と統計学——統計という概念の形成過程」、相原茂・鮫島龍行編『経済学全集 二十八巻 統計日本経済』(筑摩書房、一九七一年)に詳しい。
(82) 幕末から明治初期の主要な設計は、お雇い外国人によるものが多かったが、日本銀行は日本人が最初に設計した国家的建造物となる。一九一四年の東京駅の建築様式は「辰野式」と呼ばれる華やかなフリークラッシック様式であった。初田亨『模倣と創造の空間史——西洋に学んだ日本の近・現代建築 新訂第二版』(彰国社、二〇〇九年)など参照。
(83) 建築学会編『建築学会五十年略史』建築学会、一九三六年。
(84) 菊池重郎「文部省における「百科全書」刊行の経緯について——文部省刊行の百科全書「建築学」に関する研究・その一」『日本建築学会論文報告集』第六十一号、一九五九年、一一二—一一九頁。菊池重郎「明治初期におけるARCHITECTUREの訳語について——文部省刊行の百科全書「建築学」に関する研究・その二のa」『日本建築学会論文報告集』第六十五号、一九六〇年、一四二—一四七頁。菊池重郎「明治初期におけるARCHITECTUREの訳語について——文部省刊行の百科全書「建築学」に関する研究・その二のb」『日本建築学会論文報告集』第六十七号、一九六一年、一六二—一六八頁。
(85) 工学会『明治工業史 建築篇』学術文献普及会、一九二七年。
(86) 大鳥の生涯については、山崎有信『大鳥圭介伝』(北文館、一九一五年)、高崎哲郎『評伝大鳥圭介——威ありて、猛からず』(鹿島出版会、二〇〇八年)、星亮一『大鳥圭介』(中公新書、二〇一一年)などに詳しい。

（87）山本武利『近代日本の新聞読者層』法政大学出版局、一九八一年、六〇―九一頁。
（88）国文学研究資料館の「明治期出版広告データベース」は、一八七二（明治五）年二月創刊の『東京日日新聞』を主な対象とし（他には『絵入自由新聞』）、一八八九（明治二十二）年末までの約四万四千件の広告全文をコンテンツとしたデータベースである（http://base1.nijl.ac.jp/~meiji_pa/）。加えて、「ヨミダス歴史館（明治・大正・昭和）」と「聞蔵Ⅱビジュアル」（朝日新聞縮刷版一八七九―一九八九年）を資料として用いた。
（89）「ボール表紙本」とは、和装から洋装への転換期に、とりわけ明治十年前後から二十年代前半に普及した洋装本で、厚い板紙（ボール紙）を表紙に用いた簡易な製本様式の書物。木戸雄一「明治期「ボール表紙本」の誕生」、国文学研究資料館編『明治の出版文化』（臨川書店、二〇〇二年、一―三〇頁）、今野真二『ボール表紙本と明治の日本語』（港の人、二〇一二年）など参照されたい。
（90）初版和装本の表紙では「商業篇」、見返しでは「商業編」、有隣堂と丸善の合本ではどちらも「貿易及貨幣銀行」となっており、タイトルが一定しない。また合本版の目録で改訂増補版の用語が一部用いられているが、本文は初版のままである。
（91）ロバート・キャンベル「規則と読者――明治期予約出版の到来と意義」『江戸文学』第二十一号、一九九九年、一一二―一三四頁。磯部敦『出版文化の明治前期――東京稗史出版社とその周辺』ぺりかん社、二〇一二年。
（92）前田愛『近代読者の成立』岩波同時代ライブラリー、一九九三年、七一頁―八一頁。
（93）キャンベル前掲書、一一二頁。
（94）同書、一一二―一一三頁。
（95）磯部前掲書、三五頁。
（96）植村清二「第一編」『丸善百年史――日本の近代化のあゆみと共に　上巻』丸善、一九八〇年、二〇〇―二〇一頁。
（97）同書、二〇〇頁。

終章　「翻訳」という近代——訳された文部省『百科全書』

一　翻訳語の遠近法

俗にいう「ヨコのものをタテにする」(「縦のものを横にもしない」という怠惰を批判するたとえからの転用)との謂いは翻訳行為を揶揄する表現だが、本書の執筆にあたって、横書きにするか縦書きにするかという問題がわが身に切実に降りかかってきた。明治期の漢字カタカナ交じりの文部省『百科全書』という翻訳テクストとその起点テクスト *Chambers's Information for the People* の組み合わせは、縦書きでも横書きでも、どちらにしてもどちらかのテクストにとって居心地の悪い場所となる。おそらく横書きにすれば、いまの私たちにとって違和感は少なくなったかもしれないが、本書ではあえて縦書きを試みた。本書の読後の第一印象が首の疲労感だとしたら、それは日本における翻訳の根源的な問題とも無関係ではない。「訳された近代」の行方は私たちの現在と接合するのである。

翻訳学における「等価」(equivalence)概念を援用して、文部省『百科全書』という明治初期の翻訳テクストを同時代のコンテクストのなかで読解してきた。日本の近代化と翻訳の問題系を考えるうえで、これほど適したテクストは他に類を見ないのではないかと思われる。だが、着地点を見極めようとするとき、どこまで走ってもゴールは常にその先に、さらにそのまた先へと遠のいてしまう夢のなかにいるような気がしている。

つまりはまだ、文部省『百科全書』の読解は終わっていない。いまだかつて総体として読まれたことのない翻訳テクストを読み解くという、気の遠くなるようなほとんど不可能に思われた作業に着手してしまった以上、課題は山積している。とはいえ、途方もなく豊かなテクスト群に今でも圧倒されつつ、いつかはどこかでまとめることも大切だと考えるに至った。そのささやかな途中経過を振り返っておきたい。

明治初期に創設されたばかりの文部省へと箕作麟祥や西村茂樹らが出仕し、ゆるやかに形成された人的ネットワークを活用しながら大規模な国家的翻訳プロジェクトが始まった。本書では、国家的事業としての『百科全書』を読みながら、「身体教育」「言語」「宗教」「大英帝国」「骨相学」「物理」「化学」など、いくつもの名詞に着目した。出版企画の舞台となった文部省では、西洋式の「教育」を模索していた時期であった。そして近代国家に不可欠な国民へと人々の身体が矯正されるなかで、「身体教育」から「体育」という翻訳語が成立する。それは、「言語」が「ゲンギョ」や「ゴンゴ」から「ランゲージ」としての「ゲンゴ」へと移行し、「宗教」がキリスト教を語りながら定着する時期でもあった。明治十四年の政変以降、明治政府が範とする体制が英国からプロシアへと舵を切った頃、「大英帝国」ということばが萌芽した。大日本帝国が事後的に語る概念としての「大英帝国」もまた翻訳語なのであった。「帝国」ということばが、オランダ語の翻訳語である出自を忘却して反復された。また、西洋で十九世紀の一時期に流行した「骨相学」は、「科学」として他者を視るまなざしをもたらした。もっとも自然科学の分野では近世の蘭学時代から西洋学問は周知されており、専門用語も充実していた。だからこそ、蘭学からのフィクショナルな離脱が要請された。学知を語ることばは学校制度とともに定着したのであり、翻訳語と制度史が不即不離の関係にあったことはあらためて強調しておいてよい。

ことばに記憶された意味が立ち上がるとき、翻訳語の記憶は錯綜する。そして翻訳語としての近代日本語は自明の意味が存在し続けてきたかのように、私たちが普段は何も疑いなく使用していることばである。翻訳語は、再帰的に現代的なことばでもあるのだ。

本書では、明治政府が近代国家体制を整えるコンテクストのなかで、同時代テクストにも目配せしながら、翻訳語が記憶する日本の近代を論じてきた。文部省『百科全書』という翻訳テクストを総体として眺めると、私たちの無意識に近い場所で隠蔽されていた、いや意識そのものを形作っていた翻訳語がどのようにゆらぎながら成立してきたかが浮上する。したがって、漢語としての翻訳語をその語源に遡るという漢語研究の手法ではなく、いわば翻訳語の遠近法――日本の近代とは何かというひとつの問いを固定して翻訳語を透視する――という方法論を採用してきた。ただし、すでに明らかにしたように、消失点を一点に定める透視図法（遠近法）のフィクションは、西洋近代が生み出した視覚制度でもある。それゆえに本書もまた、西洋近代的な論文作法で構成されている。本研究は翻訳語と翻訳文体がなかったならば執筆もままならず、その意味で、翻訳語への問いは再帰的なのである。この自覚は、ことばの自明性を問い直すために引き受けておかねばならない。

二　増殖する名詞

文部省『百科全書』という翻訳テクストは無限とも言えるさまざまな読解の可能性を誘うが、本書では主に翻訳語としてのいくつかの名詞に限定して、短期間での文明開化を急務とした明治期をコンテクストとして考察を重ねてきた。翻訳行為によって成立した近代日本語に際立っているのは、まず何よりも漢語名詞の増殖であるので、[1] 西洋語を漢語によって翻訳した消息を尋ねておかねばならない。

このような現象への視点として、ふたつの概念装置が参照されうる。日本の翻訳研究を牽引してきた柳父章の「カセット効果」と、言語学者M・A・K・ハリデーの「文法的比喩」(grammatical metaphor) である。近代の学術テクストを特徴づける抽象名詞の頻出は近代日本に固有の現象ではないが、あまりに急速な文明開化を促成した翻訳漢語は、具体的情緒から導かれる抽象化ではなく、テクスト形成的（生物学の用語では系統発生的）記憶が欠如あるいは錯綜していたことが、本書のこれまでの議論から明らかになったはずだ。この点を理論化するために、「カセット効果」と「文法的比喩」は有効な概念装置となる。

カセット効果という装置

柳父章によれば、日本語における漢字や漢語は中国語とも異なるし、正体不明である。そして、「明治以降に成立してきた翻訳語は、ふつうそう思われているように、翻訳が成功した結果生まれてきたものなのではなくて、じつは成功してはいなかったのではないか」と問題提起される。「漢字・漢語を見ると、そこに意味があるのだと、自然に無意識に思ってしまうけれども、その形と意味とは、そもそも切れたもの」なのである。[2] そこに柳父の言う「カセット効果」（カセットとはフランス語で宝石箱を意味する cassette に由来）が生まれる。

小さな宝石箱がある。中に宝石を入れることができる。どんな宝石でも入れることができる。が、できたばかりの宝石箱には、まだ何も入っていない。しかし、宝石箱は、外から見ると、それだけできれいで、魅力がある。その上に、何か入っていそうだ、きっとはいっているだろう、という気持ちが、見る者を惹きつける。新しく造られたばかりのことばは、このカセットに似ている。[3]

翻訳語の意味の曖昧性やそれを一知半解の知識で使うことの危うさだけでなく、カセット効果では、「意味が欠けていることば、意味が不十分なことばのもつ効果」を意味ある効果としてとらえるのである。もともと漢籍にあった語も起点テクストを翻訳する行為によって、再利用されて意味が上書きされることになる。柳父は翻訳語の成立事情を論じながら、「文化的な事件の要素という側面」から翻訳語をとらえて、たとえば「社会、近代、美、恋愛、存在」など翻訳のための新造語や、「自然、権利、自由、彼」など既存の漢語に新しい意味が複合的に交じり合った翻訳語を論じた。(4)

もっとも、カセット効果はことばの病理現象としての否定的側面のみならず、まともな生理現象でもある。柳父は、「ことばじたいの魅力とも言うべき効果」として積極的な価値も見逃さず、「ことばは、生まれはじめには意味は乏しい。意味は乏しくても、ことばじしんが人々を惹きつける。だから使われ、やがて豊かな意味をもつようになる」とも忘れずに指摘する。(5) 希望はあるのだ。けれども楽観的になる前に、私たちは正面から翻訳語と向き合ってきたのだろうか。とりわけ抽象概念を含む名詞には、翻訳と近代日本語の共犯関係が隠蔽されている。柳父はこうも述べている。

> 抽象語は、日常の具象語から、その概念が抽象されてできた言葉ではないのである。明治初年以来、私たちは、抽象的思考の概念、つまり、考えるための言葉は、すべて出来合いのまま、完成品として受け止めてきた。基本的な概念であればあるほど、日常語の概念とは縁の遠いところで、すでに作られていたのである。(6)

明治期だけの問題ではない。いまの私たちも抽象的な思考をしようとした場合に、翻訳語が不可欠となる。翻訳語なしでものを考えることはとても難しい。本書で取り上げた翻訳語は、もはやその意味を深く考える必要もないほどに近代日本語として定着しているし、または考える余裕もないほどに私たちは現実の問題に日々追われている。出来合いの翻訳語における不透明な意味に翻弄されてはいないだろうか。完成品として受け入れた翻訳語には、カセット効果が埋め込まれている。

モノとモノが等価交換されるときのように、翻訳行為によってことばが等価交換されるとき、柳父が言うように、「等価だから交換されるのではなく、基本的には交換されるものが等価となる」のであり[7]、そこに、カセット効果の虚構が遂行されるのだ。

文法的比喩という装置

抽象概念が翻訳語として近代日本語に成立して、翻訳文体の重要な要素となった。それはたとえば、「主語」ではじまる「文」の誕生とも連動する。典型的には文頭に配置される「主語」として多用される字音語やカタカナ語は、やまとことばと共約不可能なのである。日常の具体的現象が抽象化されたものではなく、翻訳行為によって出現したことばなのだ。この翻訳語のふるまいは、言語学の知見からも解きほぐす手がかりがある。

選択体系機能言語学（Systemic Functional Linguistics）を創始したハリデーが提唱した概念装置に、「文法的比喩」があり、これは一九八〇年代に初めて提唱された。ロンドン言語学派のハリデーは、メタファー（隠喩）・メトニミー（換喩）・シネクドキ（提喩）という通常の修辞的転移（rhetorical transference）や文彩（figure of speech）を説明しながら、新しいタイプの比喩として、この文法的比喩を主張したのである[8]。

文法的比喩とは文法と意味が一致しない現象を示すのだが、ここで重要となるのが名詞化（nominalization）である。ハリデーによれば、「名詞化は、文法的比喩を作りだす最も強力な語彙文法資源」であり、「この文法装置によって、（一致した形式としては動詞で表示される）過程と（一致した形式としては形容詞で表示される）特性が、比喩的に名詞」として表される[9]。文法的比喩は語彙的比喩（lexical metaphor）を補完するものであり、観念構成的（ideational）と対人的（interpersonal）な文法的比喩が区別されて、名詞化は前者に関係する[10]。どちらも意味と語彙文法との層化（stratification）における具現関係から導きだされる比喩である。

コンテクストに包摂されたテクストにおいて、意味は語彙文法に具現される。ハリデーの選択体系機能言語学ではこのような層化の記号体系モデルを考えるのである（左図参照）[11]。層化された言語モデルでは、語彙的比喩はいわば「下から」（from below）の観点である。つまり、ある語彙項目に対して、字義通りの意味と比喩的意味を区別する。それに対して、文法的比喩は「上から」（from above）の観点を取ることになる。意味から出発して、それを異なる方法で具現する語彙文法に目を向けるのだ。そして、この角度から見るということは、比喩的とは「意味についての表現における変種」（variation in the expression of meaning）と定義される。[12]「上から」の見方の主たる特徴は、所与の意味をどのように語彙文法で具現するのかという変種として比喩を定義することである。

　このように文法的比喩は、意味と語彙文法との異層間の関係から生じる。一般に比喩とはある関係が一致した（congruent）ものではない場合であり、文法的比喩とは意味と語彙文法が一致しない場合なのである。たとえば英語で例を挙げれば、I handed my essay in late. や My kids got sick. という語彙文法が選択された場合、動詞を中心に文が構成されて、現実の出来事と一致した表現がなされていると考える。他方、同様の意味内容は、the late submission of my essay や the illness of my children と名詞化しても表せる。そして名詞化の特性は、「主語」として文頭に配置されて、さらなる新情報を付加した文が生成できる点にある。動詞で表現されていた具体的現実を名詞化し、出来事をモノとして抽象化する選択のメリットはここにある。特に学術テクストでは新情報の追加が知識の蓄積につながる。このような選択では語彙文法が意味と一致しておらず、比喩的なのであり、これが観念構成的機能の文法的比喩となる。[13]

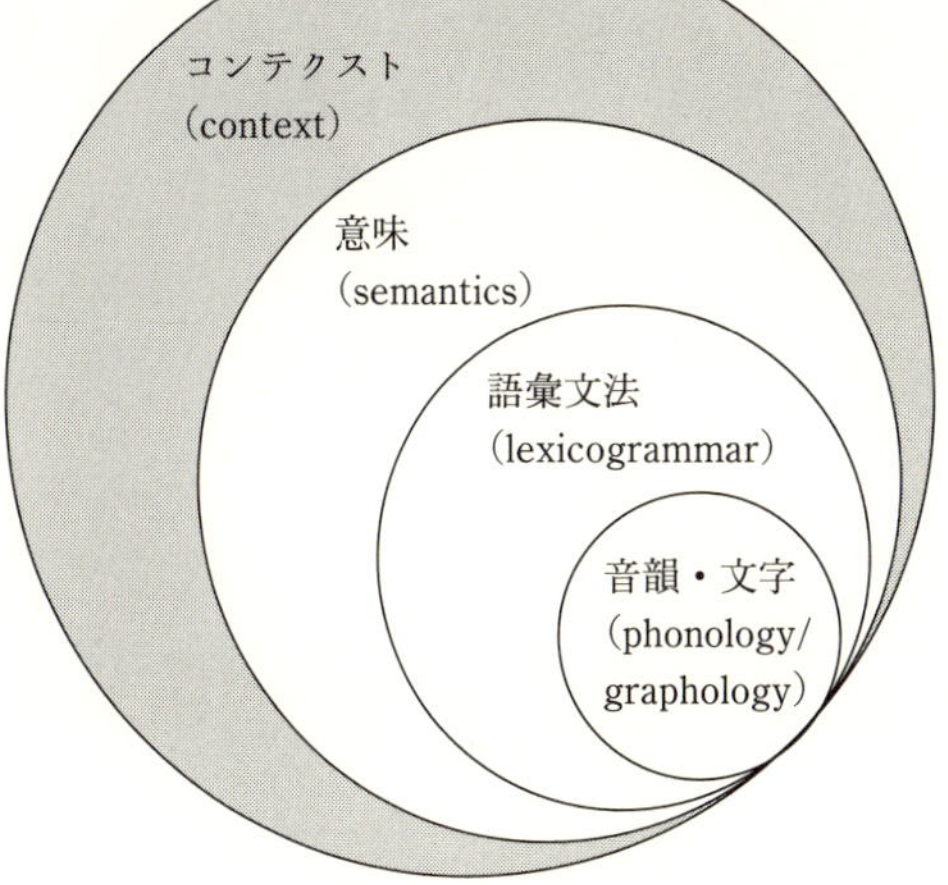

「層化」のイメージ

　現実世界のなかで動詞として発生した出来事を名詞とし

て抽象化し、知識を蓄積するという文法のふるまいが西洋近代、とりわけニュートン以降の叙述で顕著になったという。[14] 名詞化は具体的な実験や観察というデータを抽象化し、それを知識として蓄積しながらテクスト形成を行う際に欠かせないものだからである。したがって名詞構文を用いると（特に抽象名詞や無生物主語の他動詞構文では）、意味の理解が難しくなるが、名詞化という文法的比喩は法律文書や科学論文など近代以降のテクストで好まれて使用される傾向にある。

しかしながら、具体的な動詞の出来事を共有しない場合には、分かり難さだけが残ることにもなる。近代日本に誕生した夥しい翻訳語が名詞（特に抽象名詞）であったことが想起されよう。西洋から到来した概念は、わが国では具体的な動詞による事象から抽象化されるプロセスを経ずに、翻訳行為によって近代日本語の抽象名詞となったのである。急ごしらえの近代化は、すでに出来上がっていた西洋語での名詞概念を漢語として取り込んだ。名詞に「する」を付加すればサ変動詞が生成され、抽象概念から具体的な動作へという逆転も可能となった。近代日本語においては名詞から動詞が誕生したのだ。[15] 時間の早送りではなく、逆早送りというアクロバティックな出来事さえも翻訳語は遂行した。外来概念との等価を擬態した翻訳漢語の大半は名詞であり、日本の文明開化そのものだ。日本における近代とは、「訳された近代」なのである。

三　翻訳論的転回へ

文部省『百科全書』は訳されたテクストである。この翻訳テクストには余剰である音訳がしばしばルビで追加されていたし、翻訳者の名前も目立つ位置に配置されている。英国ヴィクトリア朝の起点テクストを擬態した翻訳であることを、テクスト自らが主張しているのだ。

顕在化翻訳としての『百科全書』

翻訳研究者のユリアーネ・ハウスは、翻訳方略を「顕在化翻訳」(overt translation) と「潜在化翻訳」(covert translation) に分類した。[16] 顕在化翻訳では翻訳テクストであることが隠蔽されず、翻訳が翻訳であることを主張する。それに対して潜在化翻訳では、あたかも翻訳ではないかのような翻訳テクストが理想とされる。

翻訳とは時空間を横断したテクストの運動であり、テクストが移動するときにはいつでも、ひとつの談話世界から別の談話世界へとシフトして異なる社会文化的現実と関係をもつ。この談話世界という概念を異なる翻訳タイプに適用すると、顕在化翻訳ではオリジナルの社会文化的枠組みができるだけそのまま残され、別の言語における表現の必要性を生み出す。顕在化翻訳はこのために、明らかに翻訳であることが分かるのであり、第二のオリジナルではない。[17]

別言すれば、潜在化翻訳では「第二のオリジナル」になろうとして、翻訳があたかも翻訳ではないようなふるまいをしようとする。だから翻訳者は相対的に不可視となり、その使命は翻訳の出自である起点テクストを隠すこととなる。これは、明治初期に出版された文部省『百科全書』には当てはまらない。明治期の文明開化には、「オリジナル」――たとえ「第二」であろうとも――を主張することなどありえなかった。近代化のために西洋を擬態して手に入れようとしていたのだから。そして『百科全書』では時として、翻訳者の地位さえも顕在化している(たとえば「従六位坪井為春 訳」と本文冒頭に記載)。

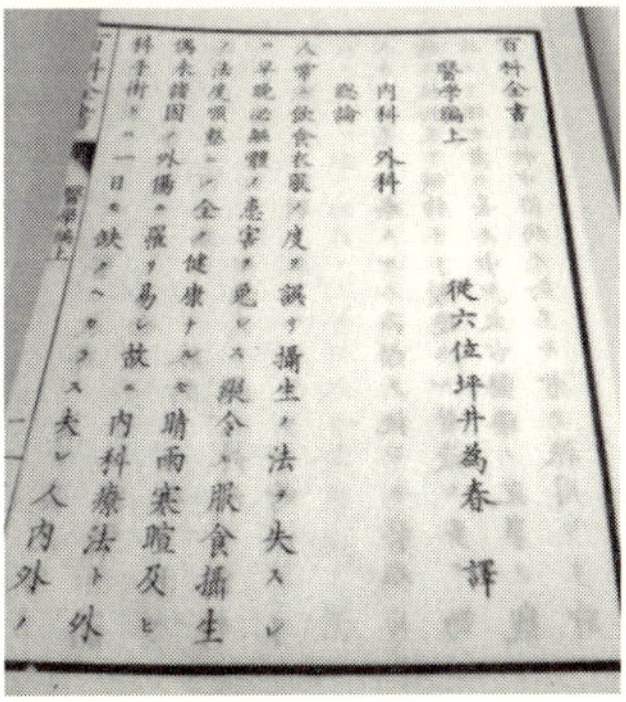

『医学篇』冒頭
「従六位坪井為春 訳」が目立つ

「ホンヤク」のゆらぎ

本書を終える前に、「翻訳」ということばそのものにも徹底的にこだわっておきたい。もともと「翻訳」は、サンスクリット語の仏典を漢訳することを意味した漢語であり、外国語を日本語に訳す「和解《ヤハラゲ》」とは区別されていた。(18) 興味深いことに文部省『百科全書』は、「翻訳」「飜訳」「繙訳」の三種類の表記がすべて出現する稀有なテクストであり、メタ「ホンヤク」テクストとしても読解が可能である。

この語は、有隣堂合本の吹田鯛六訳『聖書縁起及基督教』（一八八三年）と丸善合本の原彌一郎訳『経典史』（一八八四年）という聖書翻訳についてのテクストに頻出する。どちらも聖書の歴史を概観した内容だが、第五章ですでに説明したとおり、起点テクストの版と翻訳者が異なる。この二つの翻訳テクストでは、ヘブライ語からギリシャ語に訳された聖書「セプトゥアギンタ」（Septuagința 別名「七十人訳聖書」）に関して、それぞれ別の観点から「ホンヤク」に言及している。

起点テクスト HISTORY OF THE BIBLE - CHRISTIANITY

吹田鯛六訳『聖書縁起及基督教』（有隣堂、一八八三年）

摩西ノ筆ニ成ラザル史類ハ其繙訳頗ル拙劣ニシテ又詩篇以賽亜書及但以理書ニ至リテハ其繙訳更ニ一層拙劣ナリ就中但以理書ノ繙訳ノ如キハ拙劣モ亦甚シキヲ以テテヲドーションノ繙訳夙ニ之ニ代用セラル、ニ至レリ約百紀ノ繙訳ヲ担当セシ長老ハ希臘語ニ精通セリ然レトモ希伯来語ニ至リテハ其希臘語ニ通スルガ如ク精シカラズ故ニ其結果タルヤ文雅ナレトモ而モ不正ナル繙訳ヲ致セリ之ヲ要スルニ「セプチュアジント」ノ疵瑕ハ其繙訳ノ自由ニ過ギテ之ヲ繙訳ト謂ハンヨリモ寧ロ註釈ト謂フノ適当ナルコト往々之アルニ在リ

The historical books not written by Moses are poorly rendered; whilst the Psalms, Isaiah, and Daniel have been still more unfortunate; the translation of Daniel, in particular, being so bad, that a version by Theodotion was early put in its place. The elder who was engaged upon Job, had been a master in Greek, but comparatively ignorant of Hebrew, and the result is an elegant but inaccurate translation. The general fault of the Septuagint is, that it is *too free*, approaching often to a paraphrase, instead of a translation.

起点テクスト第五版（一八七五年）HISTORY OF THE BIBLE

原彌一郎訳『経典史』（丸善商社出版、一八八四年）

七十士訳経典ノ最モ巧妙ナル飜訳ヲ摩西之五経特ニ利米記、復伝道書、箴言、以西結書トス然レトモ其飜訳タル未タ希伯来希臘ノ両語ニ練熟セス或ハ直訳ノ小心翼々タルアリ或ハ意訳ノ磊落放縦ナルアリ漫リニ原文ヲ変シテ譬喩ヲ用ヰ神人同形ノ説ハ故ラ声調ヲ卑クシ或ハ全ク排棄セリ且言語ノ鄙俚ニ渉リ亜力山大ノ雅致ニ逆フモノハ盡ク拒絶シテ用ヰルコトナシ

Among the most successful versions are those of parts of the Pentateuch, especially Leviticus and Deuteronomy, Proverbs, and Ezekiel. But, on the whole, there is noticeable throughout the Septuagint a want of mastery over both Hebrew and Greek, a striving after minute fidelity in one part, and an unbridled arbitrariness in another; everywhere we see tropical expressions freely changed, anthropomorphic ideas toned down, or left out altogether, and words that were objectionable to the refined taste of Alexandria, quietly ignored.

吹田訳『聖書縁起及基督教』では、引用した短いテクストのなかに「繙訳」という表記が八回も出現する。この翻訳テクストでは「繙訳」の使用が顕著だが、対応する起点テクストでは translation が使われたのは三回のみで、translation のほかに render や version も「繙訳」と訳出されたために、このような結果となった。

原訳『経典史』は目録に「飜訳書」（VERSIONS）を含み、その本文においても「飜訳」を多用しており、別

の箇所では「翻訳」という表記を使用した例もある。引用した起点テクストには translation は一度も登場しないが、version を「飜訳」と訳出する以外にも、「直訳」(minute fidelity) や「意訳」(unbridled arbitrariness) を用いて、「七十士訳経典」の「飜訳」について述べている。吹田訳と原訳の出版年の違いはわずか一年なので、このふたつはほぼ同時代テクストと考えてよい。「ホンヤク」という語彙が好んで使われて、流行していた時代であったことが想像できるが、どの表記を採用するかという点ではゆらいでいた。

> 飜訳は、元は翻訳といつた。翻も飜も等しく「ひるがへす」の意である。訳の一字で既に異国の言語文字を其国語にあてなほして意味の通ずるやうにすることになつてゐる。隋書『経籍志《チンツイチー》』に、「翻訳最為通解。」とあるのを以てすればかなり古い成語である。

これは、新居格「飜訳論」の冒頭部分からの引用である。(19) 新居は大正から昭和期の評論家で、パール・バック著『大地』などの翻訳を手がけたり、欧米を模倣した流行の先端を行く若い男女を指した「モボ・モガ」を造語した人物である。新居の文章に出会うまで私は、現代では通常「翻訳」と書いており、「飜訳」という表記は戦前まで使用されていた旧字体なのであろうという程度の推測しかもたなかった。だが、一九四一年に発表された彼の論考では、「飜訳は、元は翻訳といつた」として、「翻訳」の方が「飜訳」よりも古いとしているのだ。諸橋轍次『大漢和辞典』(修訂第二版) で確認しておこう。

> 【翻訳】ホンヤク　中国の語を乙国の語になほすこと。宋の高僧伝には訳字不訳音・訳音不訳字・音字倶訳・音字不倶訳の四例が見え、解体新書には直訳・義訳・対訳の三例が見えてゐる。繙訳。

この説明に続いて、隋書『経籍志』や宋代の梵漢辞典『翻訳名義集』を出典とする使用例が挙げられている。ここではまず「翻訳」と表記され、補足として「繙訳」という表記も記しているので、次に「繙訳」を見てみた。

【繙訳】ハンヤク・ホンヤク　一国の言語・文章を同じ意義の他国の言語・文章になほすこと。飜訳。

「飜訳」の表記が最後に現れるものの、「飜訳」そのものでは立項されておらず、「熟語は翻を見よ」とあるのみだ。ちなみに「翻」「飜」「繙」の各字については、それぞれ次のとおり説明されている。

【翻】
㈠とぶ。㈡ひるがへる。かへる。㈢ひるがへす。かへす。㈣解きうつす。訳出する。翻訳。㈤つくる。編述する。㈥或は飜・拚に作る。㈦通じて幡・反に作る。

【飜】
㈠とぶ。㈡かへす。かへる。ひるがへる。ひるがへす。㈢水があふれさかのぼる。㈣翻に同じ。

【繙】
㈠みだる。みだす。㈡かへす。くりかへす。ひるがへす。㈢たづねる。いとぐちを抽いて其の本をたづねる。㈣ひもとく。ひらく。㈤繽繙は、旗が風にひるがへるさま。

「飜」は「翻に同じ」とあるように「翻」の異体字で、宋代の韻書『広韻』や『集韻』などの漢籍にも入っており、和製のいわゆる国字ではない。しかしながら、「飜訳」という表記は複数の英華字典を調べても――主なものとしては、ロバート・モリソン、ウォルター・ヘンリー・メドハースト、ヴィルヘルム・ロプシャイトなどが十九世紀に編纂した中国語と英語の辞書を検証した結果――見当たらなかった。

たとえば、モリソンの *A Dictionary of the Chinese Language*（一八二二年）では、「TRANSLATE out of one language into another 翻訳、訳出」とされており、名詞形「TRANSLATION」は、「訳言」である。一八四二―四三年にメドハーストがバタヴィアで出版した二巻本 *Chinese and English Dictionary* では、「繙訳」である。ロプシャイト原著・井上哲次郎訂増の『訂増英華字典』（一八八三―八五年）では、「繙訳」と「翻訳」の両方が使用されているが、「飜訳」はない。

わが国の辞書ではどうであろうか。少し遡って調べてみよう。日本初の蘭和辞書『波留麻和解』（通称『江戸ハルマ』）は、フランソワ・ハルマの蘭仏辞典を底本としたものであり、稲村三伯らによって一七九六（寛政八）年に完成した。一八一四（文化十一）年に長崎奉行所に献上された『諳厄利亜語林大成』は、本木正栄を中心に長崎通詞らが編訳したもので、アルファベット順に配列された英和辞書としては、日本ではじめてのものであった。『諳厄利亜語林大成』から約半世紀を経た一八六二（文久二）年に、堀達之助を中心に編纂された『英和対訳袖珍辞書』は、幕末から明治初期にかけて普及していた本格的な英和辞書である。これらの辞書のいずれにおいても、「翻訳」という表記であり「飜訳」はない。このような辞書の事例は先に引用した新居の「飜訳は、元は翻訳といった」という点を裏づける。

管見の限り最も早い時期に「飜訳」という表記が登場する辞書の一冊は、一八六七（慶応三）年初版のヘボンによる『和英語林集成』である。その序文には、メドハーストの英和・和英語彙集とイエズス会刊行の日葡辞書を参考にしながらも、「もっぱら生きた教師をたよりとした」とあるので、実際に当時「飜訳」という表記が用いられていたことが推測できる。この辞書について松村明は、「幕末から明治初期にかけてひろく用いられた和英辞書としてわが国における英学史上からも貴重な文献であるが、また、日本語資料としても重要な価値をもっている。日本語資料としての本書の価値は、英語で説明された国語辞書として、幕末から明治初期にかけて用いられていた語彙を多く集録している点にある」と解説している。[20] 英語の辞書としてのみならず、「国語辞書」として日本語資料を収集した価値をもつヘボンの辞書に「飜訳」の表記が用いられているのだ。なお、この辞書の主として再版を底本として、一八七七（明治十）年に出版された『和独対訳字林』でも、「飜訳」の表記はそのまま踏襲されている。

「繙訳」という表記が登場するのは、一八七三（明治六）年の柴田昌吉・子安峻編『附音挿図 英和字彙』である。永嶋大典によると、この辞書の訳語は『改正増補英和対訳袖珍辞書』やその海賊版『薩摩辭書』などを参考にした形跡もあるが、「総体的にみれば無視してもよい程度」であるようだ。むしろ「継承の相よりも断絶の相」として、「『袖珍辞書』の訳語、訳文が長崎系『和蘭字彙』を引きついで口語的性格を強く持っているのに対し、『英和字彙』は極端なまでに漢字語を好む」傾向にあるという。[21] 永嶋はロプシャイトの『英華字典』からの影響について具体的な見出し語をあげながら説明しているものの、残念ながら「繙訳」は含まれていない。訳語のみではなく、「繙訳」という表記からも『英華字典』との関連性は裏付けられよう。

各種の英華字典では「繙訳」と「翻訳」はあるが「飜訳」の表記はなく、幕末から明治初期にかけての英和辞書類には「繙訳」「翻訳」「飜訳」の表記が見つかる。そして「飜訳」は、明治半ば以降から大正・昭和初期にかけての日本語のテクストで圧倒的に好まれて使用されるようになる。[22]

いわゆる異体字という点では、「翻」「飜」「繙」はいずれも「ひるがえす」という意味と「ハン、ホン」などの音をもつ文字であるので、どれを用いても大差ないように思われる。ではなぜ「飜訳」が近代日本で選好されるようになったのか。想像力を駆使するしかないが、文字の形も何かを語っているはずだ。ひとつの可能性として、一先ずこう考えたらどうか。「羽」よりも「飛」のほうが画数も多く、視覚的に勢いがあり格好が良いではないか。「訳」という文字単独で「ある言語を他の言語に変換する」という意味をすでに伝えているのであれば、組み合わせに用いる文字に求められるものは何か。「訳」の前に置かれる文字には、西洋から渡来した思想を取り込む意気込みを感じさせるものがふさわしい。漢字には形・音・義があり、「形」も大切な要素なのである。西洋語で書かれた起点テクストを大量に翻訳して急激な近代化に邁進した時代においては、「飜訳」という文字の形が人々を魅了するようになったとも言える。まさに柳父のカセット効果が示すごとく、「飜訳」という宝石箱のなかには何かがあると思い込まれたのではないか。

エクリチュールとしての漢語

欧米の翻訳学においては一九八〇年代に文化的転回があり、翻訳は言語行為の実践であるばかりでなく、文化的かつ社会的な行為として位置づけられた。さらに一九九〇年代に入ると、スーザン・バスネットが「カルチュラル・スタディーズにおける翻訳論的転回」を語り、翻訳を広範な学際領域の中心に据えることを提起した。[23] そのような学説史のなかで言語学的な「等価」の探究は、ある意味でタブーとなったきらいがある。だが、漢語というエクリチュールを介した翻訳行為においては——それは日本にとどまらず、広く東アジアの漢字圏を視野に入れる可能性を秘めるのだが[24]——等価幻想が問題となる。私たちにとって翻訳の等価に潜む罠は、西洋語を訳した漢語のもたらす意味のずれに気づきにくいことにある。漢語の権威がそこにあるはずのずれを隠蔽してしまうからだ。

齋藤希史が指摘しているように、たとえば『哲学字彙』（初版一八八一年、改訂増補版八四年、英独仏和版一九一二年）で井上哲次郎らが欲望したのは、「西洋の思想を西洋の思想として理解するために、等価となりうる訳語としての漢語であった。彼らは英華字典のみならず、康熙帝勅撰の『佩文韻府』や『淵鑑類函』、さらに明の『五車韻瑞』のほか、儒学などの漢籍を参照して訳語を定めている。「日常語からではなく、抽象語である漢語」が訳語として選ばれたとき、「漢語漢文が古典としての規範を離れ、西洋諸語との等価性を担うことばとして位置づけ直された」のである。[25]

文部省『百科全書』という国家事業には多数の国学・漢学者もかかわっていた。翻訳者としての洋学者ばかりでなく、校正者としての和漢学者が関与していた点は、エクリチュールとしての漢語が翻訳語として要請されたからである。この翻訳プロジェクトで翻訳者と校正者による役割分担がなされていたことは、西洋語からの翻訳に漢語が介在したことと深く関係すると考えてよい。

起点テクストを訳す者と翻訳テクストを生成する者との協業については、前例がある。中国における仏典の漢訳プロセスでは、翻訳行為は孤独な作業ではなく、専門家集団が役割分担をしていた。船山徹は「仏典はどう漢訳されたのか」について、「訳場」と呼ばれる翻訳の作業場での分業体制を詳細に説明している。[26] 六朝時代末までは「訳主」(訳場の主導者)と「筆受」(筆記係)などの別にすぎなかったが、隋唐から北宋にかけては、「訳主」「筆受」に「度語」(あるいは「伝語」)「潤文」「証義」なども加わり、細かな役割分担の記録も残されている。また、たとえば北宋の九八二年に行われた「訳場儀式」では、次のような細分化された分業体制が敷かれていたとされる。[27]

「訳主」——梵語文を口述する
「証義」——梵語文を討議する
「証文」——訳主の口述に誤りがないかを点検する
「書字の梵学僧」——梵語文を聞いて漢字で書き取る
「筆受」——梵語を漢語に改める
「綴文」——文字の順序を入れ替えて、意味の通る文にする
「参訳」——インドと中国の文字を比較検討する

漢訳仏典でのこのように複雑な分業体制は、明治期日本の翻訳プロセスとは比較にならないが、文部省『百科

全書』における校正者の役割を考える上で、きわめて示唆的である。起点テクストとは直接交渉しない校正者が翻訳テクストを改めるという点である。

漢語を多用した翻訳テクストが生成されるまでのプロセスにおいて、洋学者が訳したものを仕上げる校正者としての和漢学者こそが、最終的な訳語を決定する権限をもつのだ。そのような校正者をまとめていたのが、文部省の西村茂樹であった。一八七三（明治六）年からの十数年を文部省で過ごした西村は、当時の業務を回想しながら、校正という行為をこう定義していた。第二章の繰り返しになるが、再び引用してみたい。

此頃は洋書を読む者は多く和漢の書に通ぜず、是を以て訳成る毎に、必す漢文に通する者をして其文を修正せしむ、是を校正といふ(28)

文部省内で「和漢の書」に明るい人物たちを率いる立場にあった西村茂樹は、『百科全書』の次なる国家事業も考えていた。第四章で取り上げた大槻文彦の『言海』も、元をたどれば上司であった西村の指示によって始められた事業のひとつだったが、さらにまだその先がある。それは、文部省『百科全書』のような西洋からの翻訳書ではなく、わが国で古代から継承されてきた（はずの）「伝統」を手に入れるための「百科事典」であった(29)。

近代日本の思想史における「伝統」と「近代」という二項対立にとって、西村茂樹の立ち位置は興味深い。開明派の洋学者が集った明六社の同人であった西村が、保守的な儒教道徳に依拠した『日本道徳論』（一八八七年）も著したという二面性はひとまず確認できる(30)。その彼が一八七九（明治十二）年、ある建議書を提出しているのだが、この建議書「古事類苑編纂ノ儀伺」こそが『古事類苑』の始まりであった。建議した西村自身のほかに、文部省『百科全書』の校正者・榊原芳野や翻訳者・大槻文彦も『古事類苑』の編纂に直接かかわっている（両者は『言海』の関係者でもある(31)）。

西村茂樹は、宋の『太平御覧』や清の『淵鑑類函』のような類書を日本でも編纂したいと考えていた。建議書が提出された当時、文部卿は空席であり、文部大輔田中不二麿と少輔神田孝平が採用を決めたという。そして当初の編纂掛としては、修史館御用掛であった小中村清矩が主任、文部省報告課の那珂通高と榊原芳野という国学者三人がまずは指名されて、このプロジェクトは開始される。国家事業としての『古事類苑』は当初の計画から大幅な変更を余儀なくされて、一九〇七（明治四十）年までの全巻編纂終了、さらに一九一四（大正三）年の完成までの間にじつに膨大な工数を要した。

『古事類苑』の編纂事業は明治政府の制度的、財政的理由による紆余曲折を経ており、その苦難の経緯は『百科全書』の比ではない。[32] たとえば、一八八五（明治十八）年の内閣制度発足による官制改革の結果、編纂作業が一時中止となるも、翌年には森有礼文部大臣が東京学士会院に事業を委嘱して継続が図られた。この頃から、大槻文彦、松本愛重、今泉定介らも編纂に加わっている。一八九〇（明治二十三）年には財政上の問題から、民間の皇典講究所（後の国学院大学の設立母体）に移管された。ここで官営事業としては挫折したが、編纂体制の規模は拡大され、検閲委員長の川田剛をはじめ、検閲委員に小中村清矩、黒川真頼、木村正辞、本居豊穎、井上頼圀、また編纂委員としては内藤耻叟、小杉榲邨、松本愛重、石井小太郎、近藤瓶城、和田英松らが名を連ねた。だがこの体制も一八九五（明治二十八）年には財政的窮状を理由に行き詰まり、結局は神宮司庁に引き継がれる。翌一八九六（明治二十九）年には第一巻が刊行される運びとなったが、全部門一千巻の刊行が完了したのは一九一三（大正二）年、総目録と索引を含めた全冊完成は一九一四（大正三）年であり、一八七九（明治十二）年の着手から三十五年の歳月と膨大な費用を費やしたのである。

『百科全書』と『言海』『古事類苑』に共通するのは、文部省が着手しながらも完結前に途中で民間の事業主体へと移ったという点のほかに、洋学者ばかりでなく、「和漢の書」に通じた国学・漢学者の役割が注目されることである。ここにエクリチュールとしての漢語が前景化する。明治初期に企図されて、西洋近代を擬態した文部省『百科全書』の翻訳語は、わが国初の近代的国語辞書『言海』と同時代に生成し、さらには、前近代の日本を凝縮した文献史料『古事類苑』を用意することになったのである。

翻訳語の宿命

木村毅は「日本飜訳史概観」の緒言をこう書き出している。

> 翻訳の語のあまねく日常に使用せられだしたのは、明治の初め太政官が翻訳局を置いて、チェンバーの百科全書(Chamber's Information of People《〔ママ〕》)を諸学者に命じて盛んに翻訳に着手させた時に始まると思えるが、しかしこの語は古くからあり、隋書『経籍志』に「翻訳最為通解」とあり、翻訳名義集に「訳梵天之語、転成漢地之言」とあると辞書に見える。梵天之語とはサンスクリット語のことで、つまり仏典をさしているのである。[33]

木村の言う額面通りに、文部省『百科全書』を直接のきっかけとして「翻訳」という語が日常的に用いられるようになったか否かは定かでないが、このことばが明治初期に一種の流行語になったことは首肯できよう。そして、翻訳行為が遂行した近代日本語の成立プロセスは、近代国家としての学知の制度が整備されたのと軌を一にする。文部省『百科全書』を総体として読解することで明らかになったのは、日本の思想史を考えるうえで、「近代化＝西洋化」という等価ではなく、近代化とは翻訳行為による等価（の思い込み）が虚構として構築された出来事だということである。まさにここに翻訳論的転回が響きあう。

ニュークリティシズムの批評家I・A・リチャーズによれば、「翻訳は宇宙の進化において生み出された最も複雑な出来事」である。[34] また、「翻訳の存在は現代言語学のスキャンダル」と言い切ったのは、言語学者のジョルジュ・ムーナンであった。なぜなら「翻訳活動は、現代言語学に理論上の問題を提起する」からだ。「語彙、形態、統辞の構造に関する通説を受け入れるとすると、翻訳は不可能であるはずだと主張することになってしまう。しかし翻訳者は存在し、生産し、われわれは彼等の生産物を有用に使っている」のである。[35] また、フランクフルト学派の批評家ヴァルター・ベンヤミンの有名な「純粋言語」（翻訳は諸言語の不完全な断片性を補完し、「純粋言語」を志向する）など、翻訳という出来事は西洋諸語においてこれまでに多様な議論を喚起してきた。

本書が対象としてきた時間と空間に限定すれば、明治期の近代化が西洋諸国を範として短期間に促成されたこと、その過程で西洋語での抽象概念が漢語を用いて訳出されて、近代日本語として定着したという出来事を何度も思い起こさねばならない。近代日本における翻訳の出来事とは、いったい何を遂行した行為であったのか。西洋語との等価幻想を漢語によって遂行した帰結は、ことばの意味のずれを隠蔽した漢語の記憶をさらにずらしながら反復した。このずれの空間を現代も私たちは生きているのである。

注

（1）日本の語彙史のなかで漢語の増加は常に右肩上がりだったが、とりわけ幕末から明治時代——宮島達夫が作成したグラフでは、ヘボンの『和英語林集成』初版（一八六七年）から井上十吉『新訳和英辞典』（一九〇九年）の期間——に著しい急勾配の伸びを示している。宮島達夫「現代語いの形成」国立国語研究所『ことばの研究　第三集』秀英出版、一九六七年、一二頁、**下図**。

（2）柳父章『未知との出会い——翻訳文化論再説』法政大学出版局、二〇一三年、二二八頁。

（3）柳父章『翻訳とはなにか——日本語と翻訳文化』法政大学出版局、一九七六年、二四—二五頁。

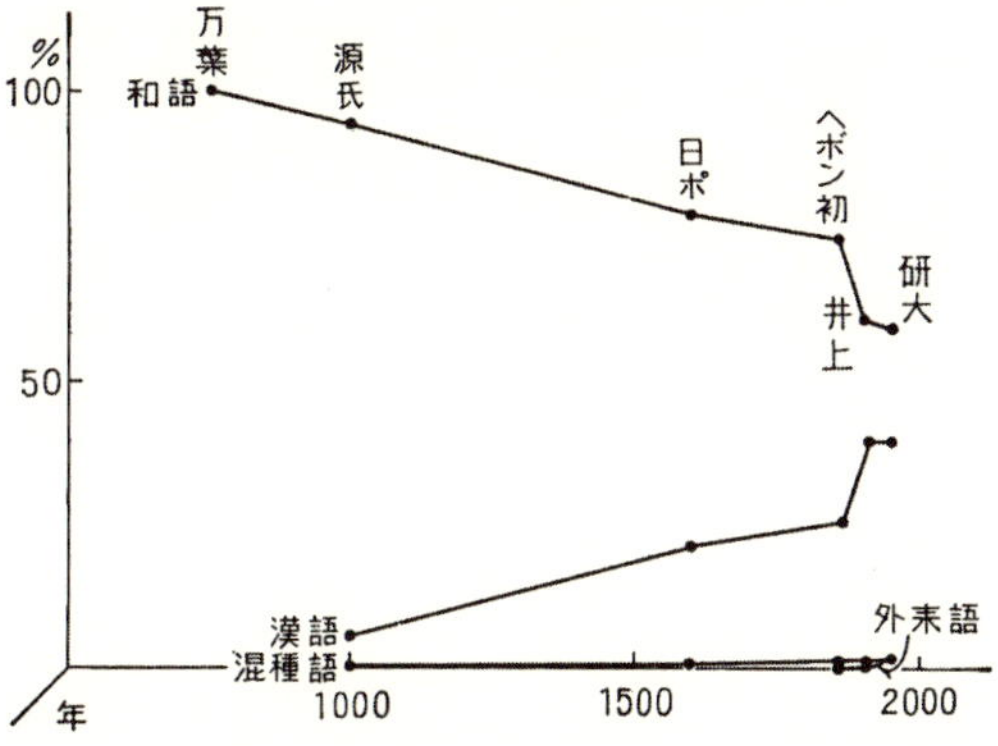

（4）柳父章『翻訳語成立事情』岩波新書、一九八二年。
（5）柳父、一九七六年、一一六三頁。
（6）柳父章『翻訳語の論理——言語にみる日本文化の構造』法政大学出版局、一九七二年、四五頁。
（7）柳父章『ゴッドと上帝——歴史のなかの翻訳者』筑摩書房、一九八六年、九頁。
（8）Halliday, M. A. K. (1985). *An introduction to functional grammar*. London: Edward Arnold. および Halliday, M. A. K. and Matthiessen, C. M. I. M. (2004). *An introduction to functional grammar, third edition*. London: Edward Arnold.
（9）M・A・K・ハリデー『機能文法概説——ハリデー理論への誘い』山口登・筧壽雄訳、くろしお出版、二〇〇一年、五五五頁。
（10）選択体系機能言語学の理論では、言語は三つのメタ機能——観念構成的（ideational）、対人的（interpersonal）、テクスト形成的（textual）——を有する。それぞれのメタ機能は、「何を」「誰に」「どのように」意味するのかに関係する。たとえば、Close the door. とWould you mind closing the door? という発話では、どちらも「戸を閉める」という行為の要求を対人的に意味するが、後者は疑問法（interrogative mood）が選択されているので、意味と法（mood）が一致していない。これは対人的機能の文法的比喩の例である。
（11）Halliday and Matthiessen, *op. cit.*, p. 25に基づき作成。
（12）ハリデー前掲書、三二一頁。
（13）文法的比喩と翻訳の問題については、長沼美香子「翻訳と文法的比喩——名詞化再考」『翻訳研究への招待』（第三号、二〇〇九年、一一—二八頁）で詳しく論じている。
（14）Halliday and Matthiessen, *op. cit.*, pp. 542-547.
（15）進藤咲子は「漢語サ変動詞の語彙からみた江戸語と東京語」を取り上げて、口頭表現における漢語を分析した。明治初期に顕著となった漢語語彙の増加については、「漢語が権威と結びついて跋扈したこと」や「文語文偏重の教育」なども指摘している。『明治時代語の研究——語彙と文章』（明治書院、一九八一年、一二六—一五二頁）参照。
（16）House, J. (1997). *Translation quality assessment: A model revisited*. Tübingen: Gunter Narr.
（17）House, J. (2009). *Translation*. Oxford and New York: Oxford University Press.
（18）大野透「「翻訳」考」『国語学』第一三九集、一九八四年、一二一—一三二頁。

（19）新居格「飜訳論」、桜木俊晃編『国語文化講座　第四巻　国語芸術篇』朝日新聞社、一九四一年、二四四―二六二頁。
（20）松村明「解説」『J. C.HEPBURN 和英語林集成　復刻版』北辰、一九六六年、一頁。
（21）永嶋大典『蘭和・英和辞書発達史』ゆまに書房、一九七〇年、七三―九三頁。
（22）『大正新脩大蔵経』には低い頻度であるが「飜訳」が出現する（「飜訳」三三二例／「翻訳」一八四八例）。大蔵経は中国で作成されたものだが、大正から昭和初期に編纂された『大正新脩大蔵経』は高麗大蔵経再彫本を底本とする。電子版としては、東京大学の「ＳＡＴ大正新脩大蔵経テクストデータベース」が公開されている（http://21dzk.l.u-tokyo.ac.jp/SAT/）。
（23）Bassnett, S.（1998). The Translation turn in cultural studies. In Bassnett, S. and Lefevere, A.（Eds.), *Constructing culture: Essays on literary translation*（pp. 123–140). Clevedon and Philadelphia: Multilingual Matters.　なお translation turn 以外にも、translational turn や turn to translation などが使用されることもある。linguistic turn をふつう「言語論的転回」とする慣わしに照らして、「翻訳論的転回」としておく。Bachmann-Medick, D.（2013). Translational turn. In Gambier, Y. and van Doorslaer, L.（Eds.), *Handbook of translation studies*（pp. 186–193). Amsterdam and Philadelphia: John Benjamins も参照。
（24）齋藤希史『漢字世界の地平――私たちにとって文字とは何か』新潮社、二〇一四年。
（25）同書、一六九―一七七頁。
（26）船山徹『仏典はどう漢訳されたのか――スートラが経典になるとき』岩波書店、二〇一三年、五三―八六頁。
（27）同書、五八―五九頁。
（28）西村茂樹「往時録」『西村茂樹全集　第三巻』思文閣、一九七六年、六二三頁。
（29）この点では、品田悦一が論じたように、明治国家によって『万葉集』が日本の国民歌集となったという近代日本の「伝統の発明」と通底するところがある（『万葉集の発明――国民国家と文化装置としての古典』新曜社、二〇〇一年）。
（30）便宜上このような単純な二項対立図式を用いたが、西村茂樹に関する最近の包括的な研究については、真辺将之『西村茂樹研究――明治啓蒙思想と国民道徳論』（思文閣出版、二〇〇九年）を参照。
（31）国家的事業としての『古事類苑』は、熊田淳美『三大編纂物　群書類従・古事類苑・国書総目録の出版文化史』（勉誠出版、二〇〇九年、八一―一四六頁）に詳しい。『古事類苑』の内容は三十部門に分類され、和装本で三百五十五冊、洋装本で五十一冊の分量（いずれも総目録・索引を含む）となる。近年では電子化が進み、国際日本文化研究センターによる「古事類苑全文データベース」や「古事類苑ページ検索システム」なども公開されている。同センターは『古事類苑』を「明治政府の一大プロジェクト」「見出し数は四万三百五十四項目におよぶ大百科事典」と位置づけて、「ここには、前近代の文化概念について、明治以前のあらゆる文献からの引用が掲載されており、日本文化を理解するうえでたいへん有用な事典である」と解説している（http://ys.nichibun.ac.jp/kojiruien/）。また、国文学研究資料館のサイトにも「古事類苑データベース」がある（http://base1.nijl.ac.jp/~kojiruien/index.html）。

（32）熊田前掲書、八九―一〇三頁。

（33）木村毅「日本飜訳史概観」『明治飜訳文学集』筑摩書房、一九七二年、三七五頁。なお、今さら言うまでもないことだが、正しくは *Chambers's Information for the People* である。

（34）Richards, I. A. (1953). Toward a theory of translating. In Wright, A. F. (Ed.), *Studies in Chinese thought*. Chicago, IL: University of Chicago Press. リチャーズには日本滞在経験もある。

（35）ジョルジュ・ムーナン『翻訳の理論』伊藤晃・柏岡珠子・福井芳男・松崎芳隆・丸山圭三郎訳、朝日出版社、一九八〇年、二一一頁。

あとがき

本書は、二〇一五年に東京大学へ提出した博士論文「訳された近代——文部省『百科全書』の翻訳学」を基にしている。

振り返れば二〇一一年四月、東日本大震災と福島第一原発事故のあと、余震と放射能への恐れを抱きながら、人生で三度目の大学院生活が始まった。先の見えない不安のなかで、ことばが生み出す現実は、ことばから根本的に考えてみないとわからないと感じていた。それが、この研究の原点である。言語学、文学、歴史学、宗教学、哲学、思想史、教育史、科学史など既存の枠組みを超えて翻訳学の地平を模索しながら、文字どおり百科を射程に入れようと焦り、挫折しそうになる日々が続いた。だが、学問という果てしない宇宙でひとり孤独でなかったのは、とても素敵なことだった。

漠然とした研究構想の輪郭は、指導教官の小森陽一先生と東大駒場キャンパスの一四号館六階でセッションを繰り返すことによって、少しずつ明確になっていった。いろいろな意味で越境者であった私を、その鋭い洞察力で導きながら励ましてくださった小森先生との真剣な対話がなければ、思い描いた研究テーマを継続して追究し、論文として結実させることは到底できなかった。また小森ゼミで若い大学院生と共有した知的冒険の時間は、論文執筆の苦境のなかではあったが、およそ四半世紀の世代間ギャップを忘れるほど楽しかった。

博士論文の執筆資格審査からの品田悦一先生とエリス俊子先生、そして提出資格審査と本審査に加わっていただいた齋藤希史先生と柳父章先生の貴重なご助言で、論考に奥行を増すことができた。先生方からのご指摘を十分に生かしきれなかった自らの限界には、引き続き挑戦していくしかない。

いわゆる世間的な常識では、私はかなり遅れて研究生活を始めた。通訳や翻訳の世界で経験を積みながら、充実した仕事に一定のやりがいも感じていたから、いくつもの偶然が重ならなければ、学術研究の道に迷い込むこともなかったであろう。実務経験とそこでの出会いの数々は、いまも私の大切な宝物である。

後発の実務研究者として幸運だったのは、二〇〇七年から五年間、立教大学大学院異文化コミュニケーション研究科に在職し、ほぼ時を同じく日本通訳翻訳学会の理事も務めながら、通訳・翻訳の実践と理論研究において第一線に立つ鳥飼玖美子先生、水野的先生、船山仲他先生、武田珂代子先生たちのご活躍を間近で目の当たりにできたことだった。現在は、神戸市外国語大学を拠点に新しいネットワークも徐々に広がっている。この間、いつも背中を押してくれた家族には心から感謝したいと思う。

最後に、二〇一〇年の『日本の翻訳論――アンソロジーと解題』に続いて、本書の編集でも並々ならぬご尽力をいただいた法政大学出版局の郷間雅俊さんへの深謝を記して筆を措こう。

二〇一六年十一月　　神戸にて

長沼　美香子

＊本書の刊行に際しては、日本学術振興会の科学研究費助成事業による学術図書出版のための助成（JP16HP5062）を得ている。

初出一覧

本書には、すでに発表した次の論文に加筆・修正したものが含まれている。

「「環境」をめぐる言語的「メタ環境」——翻訳語と文法的比喩」『異文化コミュニケーション論集』第六号、二〇〇八年。

「日本における「飜譯」の誕生」『翻訳研究への招待』第四号、二〇一〇年。

「開化啓蒙期の翻訳行為——文部省『百科全書』をめぐって」『翻訳研究への招待』第七号、二〇一二年。

「翻訳研究における「等価」言説」『通訳翻訳研究』第十三号、二〇一三年。

「「身体教育」という近代」『言語態』第十三号、二〇一四年。

「大槻文彦訳述「言語篇」という近代」『言語情報科学』第十二号、二〇一四年。

「文部省『百科全書』における「骨相学」——他者を視る近代のまなざし」『通訳翻訳研究』第十四号、二〇一四年。

「大英帝国という近代——大日本帝国の事後的な語り」『言語態』第十四号、二〇一五年。

「文部省『百科全書』における「宗教」」『言語情報科学』第十三号、二〇一五年。

◉著 者

長沼美香子（ながぬま みかこ）

愛知県生．通訳翻訳者．神戸市外国語大学教授．専門は機能言語学，通訳翻訳学．広島大学卒業，同大学院修士課程修了．オークランド大学大学院文部省国費派遣交換留学．マッコーリー大学大学院修士課程修了．東京大学大学院総合文化研究科博士課程修了，博士（学術）．NHK「ニュースで英会話」「ニュースで学ぶ『現代英語』」等（原稿執筆），「デモクラシー・ナウ！ 学生字幕翻訳コンテスト」（事務局・審査員・参考動画字幕制作），共編著に『日本の翻訳論』（法政大学出版局），共訳書に『通訳学入門』『翻訳学入門』（みすず書房）ほか．

訳された近代
文部省『百科全書』の翻訳学

2017年2月20日　初版第1刷発行
2025年5月15日　　　第2刷発行

著 者　長沼美香子

発行所　一般財団法人 法政大学出版局

〒102-0071 東京都千代田区富士見 2-17-1
電話 03（5214）5540 振替 00160-6-95814
組版：HUP　印刷：三和印刷　製本：積信堂

ISBN978-4-588-44505-7

人名索引

カ 行

サ 行

タ 行

ナ 行

120, 145–46, 158, 180, 264, 311, 339, 341, 346, 364, 380–81, 385
ニュートン　Isaac Newton　265, 268, 370
ニューマーク　Peter Newmark　7
ニランジャナ　Tejaswini Niranjana　8, 10–11
ネグリ　Antonio Negri　215
野上豊一郎　x, 3, 5, 12–15, 21, 26
ノルダウ　Max Simon Nordau　226, 247
ノルト　Christiane Nord　7

ハ 行

パーカー　Richard Green Parker　261
ハート　John Seely Hart　235
ハート　Michael Hardt　215
バートン　John Hill Burton　106
バーバ　Homi K. Bhabha　iv
ハウス　Juliane House　7, 371
ハクスリー　Thomas Henry Huxley　122
橋本武　120
バスネット　Susan Bassnett　10, 378
長谷川泰　44, 87, 220, 228, 230, 236–37, 245
畠山義成　67, 80
バック　Pearl Sydenstricker Buck　374
バックル　Henry Thomas Buckle　181
パノフスキー　Erwin Panofsky　300
馬場貞由（佐十郎）　31–32
馬場辰猪　311
早矢仕有的　78, 107, 348
林子平　205
林董　78, 107, 199
原田網彦　45
ハラタマ　Koenraad Wolter Gratama　263
原彌一郎　58, 98, 171, 175, 177–78, 181, 372–73
ハリデー　Michael Alexander Kirkwood Halliday　365, 368
バルザック　Honoré de Balzac　226
ハルトマン　Karl Robert Eduard von Hartmann　306
ハルマ　François Halma　376
伴蒿蹊　4
ヒエロニムス，聖　St. Jerome　182
樋口一葉　286
日原昌造　95
ピム　Anthony Pym　4–5, 7
ビュルヌフ　Eugène Burnouf　173, 185
平田宗敬　99, 266–67, 326–27, 329, 337
ファイフ　Aileen Fyfe　59
フィッセル　Johan Frederik van Overmeer Fisscher　332
フィルモア　Millard Fillmore　206
フィンドレーター　Andrew Findlater　60
フーコー　Michel Foucault　114
フェノロサ　Ernest Francisco Fenollosa　302, 306
フォースター　Thomas Ignatius Maria Forster　225
フォンタネージ　Antonio Fontanesi　248, 299, 303
深間内基　95
福鎌達夫　ix, 68, 75, 77, 82, 144, 283
福澤諭吉　vii, 43, 62, 74, 76, 78, 82, 95, 101, 139, 145, 167, 184, 193, 210–11, 217, 242, 252, 258, 273, 328, 348
福地桜痴（源一郎）　335
富士川游　243
二葉亭四迷　19, 239, 242, 290
ブラネン　Noah Brannen　7, 24
ブルーメンバッハ　Johann Friedrich Blumenbach　209–11, 213, 217
フルベッキ　Guido Herman Fridolin Verbeck　69, 74–76, 106
古屋矯　49, 115
ブローカ　Pierre Paul Broca　247
フロベール　Gustave Flaubert　226
ヘヴン　Joseph Haven　16, 250
ヘーゲル　Georg Wilhelm Friedrich Hegel　226
ヘボン　James Curtis Hepburn　xii, 120, 146, 150, 163, 203, 228, 376–77, 383
ペリー　Matthew Calbraith Perry　33, 206

ベルマン　Antoine Berman　24
ベンヤミン　Walter Benjamin　11, 383
ヘンリー　William Henry　262
帆足万里　261
法蔵　162
ポー　Edgar Allan Poe　226
ホーイブレンク　Daniel Hooibrenk　360
ホームズ　James S. Holmes　15
ボーン　Henry George Bohn　260
ホジソン　Brian Houghton Hodgson　173, 185
ポストゲイト　John Percival Postgate　14–15
ボップ　Franz Bopp　155
ホブズボーム　Eric John Ernest Hobsbawm　214
ホブソン　John Atkinson Hobson　214, 217
ホブソン　Benjamin Hobson　275
堀越愛国　93, 327, 329, 337
堀達之助　93, 203, 376
ポンペ　Johannes Lijdius Catharinus Pompe van Meerdervoort　308

マ 行

前田愛　347
前田利器　98, 340–42
前野良沢　205, 220
牧山耕平　38, 49, 94, 343
マクルーハン　Herbert Marshall McLuhan　289
正岡子規　240, 248, 302–03
松浦謙吉　58, 98, 202, 325, 344
松岡隣　83
松川脩　98–99
松崎晋二　312
松下大三郎　154
松島剛　121
松田武一郎　58, 97
松永俊男　66, 68–69, 72, 144, 229
マドックス　Richard Leach Maddox　308
マヌティウス　Aldus Pius Manutius　289
マルクス　Karl Heinrich Marx　226
マルサス　Thomas Robert Malthus　181, 330
丸山真男　314
マンデイ　Jeremy Munday　vii
箕作阮甫　32, 35, 254, 307, 332
箕作秋坪　89, 91, 101
箕作省吾　35–36
箕作麟祥　30, 35–38, 41–45, 49, 51, 71, 74–75, 82, 85–86, 88, 93–94, 100–03, 114–17, 119, 130, 132, 137, 170–71, 181–82, 254, 264, 329, 343, 364
ミッチェル　Samuel Augustus Mitchell　260
湊長安　32
宮崎駿児　90, 95
ミュラー　Friedrich Max Müller　155, 173, 185
ミル　John Stuart Mill　101
ムーナン　Georges Mounin　382
牟田口元学　42–43
明治天皇　313
メスメル　Franz Anton Mesmer　244
メッツ　Christian Metz　300, 357
メドハースト　Walter Henry Medhurst　375–76
メルヴィル　Herman Melville　226
モース　Edward Sylvester Morse　320–21, 323, 359
本木正栄　204, 206, 376
本木良永　265
百田重明　90, 95
森有礼　39, 80, 84, 91, 100–01, 131, 139, 167, 264, 381
森鷗外　236, 269, 304–07, 321, 357
モリソン　Robert Morrison　375–76
モルレー　David Murray　120, 130–31
諸橋轍次　205, 374

ヤ 行

ヤコブソン　Roman Jakobson　5–6
保田久成　51–52, 58, 97

ラ 行

ワ 行

事項索引

タ 行

ナ 行

ハ 行

マ 行

ヤ 行

ワ 行

文献一覧

邦語文献・欧語文献ともにアルファベット順に並べた.

相原一郎介（1938）「訳語「宗教」の成立」『宗教学紀要』第5輯，日本宗教学会，1–6頁.

秋田茂・桃木至朗編（2013）『グローバルヒストリーと帝国』大阪大学出版会.

秋山勇造（2005）『新しい日本のかたち――明治開明の諸相』御茶の水書房.

安蒜政雄編（2002）『考古学キーワード　改訂版』有斐閣.

姉崎正治（1900）『宗教学概論』東京専門学校出版部.

青木茂（1989）「解説（一）」，青木茂・酒井忠康校注『日本近代思想大系 17　美術』岩波書店.

荒川清秀（1997）『近代日中学術用語の形成と伝播――地理学用語を中心に』白帝社.

アリエス，P.（1980）『〈子供〉の誕生――アンシァン・レジーム期の子供と家族生活』杉山光信・杉山恵美子訳，みすず書房.

――（1983）『〈教育〉の誕生』中内敏夫・森田伸子訳，新評論.

アーミテイジ，D.（2005）『帝国の誕生――ブリテン帝国のイデオロギー的起源』平田雅博・岩井淳・大西晴樹・井藤早織訳，日本経済評論社.〔Armitage, D. (2000). *The ideological origins of the British Empire.* Cambridge: Cambridge University Press.〕

アサド，T.（2004）『宗教の系譜――キリスト教とイスラムにおける権力の根拠と訓練』中村圭志訳，岩波書店.

Bachmann-Medick, D. (2013). Translational turn. In Gambier, Y. and van Doorslaer, L. (Eds.), *Handbook of translation studies* (pp. 186–193). Amsterdam and Philadelphia: John Benjamins.

ベイカー，M. サルダーニャ，G. 編（2013）『翻訳研究のキーワード』藤濤文子監修・編訳，研究社.〔Baker, M. and Saldanha, G. (Eds.). (2009). *Routledge encyclopedia of translation studies, second edition*. London and New York: Routledge.〕

Bassnett, S. (1998). The Translation turn in cultural studies. In Bassnett, S. and Lefevere, A. (Eds.), *Constructing culture: Essays on literary translation* (pp. 123–140). Clevedon and Philadelphia: Multilingual Matters.

Bassnett, S. and Trivedi, H. (Eds.). (1999). *Postcolonial translation: Theory and practice*. London and New York: Routledge.

バーバ，H. K.（2005）『文化の場所――ポストコロニアリズムの位相』本橋哲也・正木

恒夫・外岡尚美・阪元留美訳，法政大学出版局.
別宮貞徳（1975）『翻訳を学ぶ』八潮出版社.
ベルマン，A.（2008）『他者という試練――ロマン主義ドイツの文化と翻訳』藤田省一訳，みすず書房.
キャンベル，R.（1999）「規則と読者――明治期予約出版の到来と意義」『江戸文学』第21号，ぺりかん社，112–134頁.
Chambers, W. and R. (1883/2010). *Memoir of William and Robert Chambers*. Memphis: General Books.
千葉謙悟（2010）『中国語における東西言語文化交流――近代翻訳語の創造と伝播』三省堂.
千葉正史（2010）「天朝「大清国」から国民国家「大清帝国」へ――清末における政治体制再編と多民族ナショナリズムの起源」『メトロポリタン史学』第6号，メトロポリタン史学会，89–113頁.
Clarke E. and Jacyna, L. S. (1987). *Nineteenth-century origins of neuroscientific concepts*. Berkeley and Los Angeles, CA: University of California Press.
コーム , G.（1918）『性相学原論』永峯秀樹訳，洗心堂.
Cooter R. (1984). *The cultural meaning of popular science: Phrenology and the organization of consent in nineteenth-century Britain*. Cambridge: Cambridge University Press.
クレイグ，A. M.（1984）「ジョン・ヒル・バートンと福沢諭吉――『西洋事情外編』の原著は誰が書いたか」西川俊作訳，『福沢諭吉年鑑 11』福沢諭吉協会，11–26頁.〔Craig, A. M. (1985). John Hill Burton and Fukuzawa ukichi.『近代日本研究』第1巻，慶應義塾福澤研究センター，218–238頁.〕
ダルモン，P.（1992）『医者と殺人者――ロンブローゾと生来性犯罪者伝説』鈴木秀治訳，新評論.
ディドロ，D.・ダランベール，J. 編（1971）『百科全書――序論および代表項目』桑原武夫訳編，岩波文庫.
ドーク，K. M.（1999）『日本浪曼派とナショナリズム』小林宣子訳，柏書房.
土井正民（1978）「わが国の19世紀における近代地学思想の伝播とその萌芽」『広島大学地学研究室報告』第21号，広島大学理学部地学教室，1–170頁.
エリアス，N.（1995）「スポーツと暴力に関する論文」，エリアス，N.・ダニング，E.『スポーツと文明化――興奮の探求』大平章訳，法政大学出版局.
――（2010）『文明化の過程 上――ヨーロッパ上流階層の風俗の変遷』赤井慧爾・中村元保・吉田正勝訳，法政大学出版局.
――（2010）『文明化の過程 下――社会の変遷・文明化の理論のための見取図』波田節夫・溝辺敬一・羽田洋・藤平浩之訳，法政大学出版局.
江藤淳（1989）『リアリズムの源流』河出書房新社.

フーコー，M.（1977）『監獄の誕生——監視と処罰』田村俶訳，新潮社.
藤井貞和（2010）『日本人と時間——〈時の文法〉をたどる』岩波新書.
富士川游（1980）『富士川游著作集 3』思文閣出版.
深澤英隆（2004）「「宗教」概念と「宗教言説」の現在」，島薗進・鶴岡賀雄編『〈宗教〉再考』ぺりかん社.
——（2006）『啓蒙と霊性』岩波書店.
福鎌達夫（1968）『明治初期百科全書の研究』風間書房.
福澤諭吉（1869）『掌中萬国一覧』福澤蔵版.
——（1875）『文明論之概略』著者蔵版.
——（1891/1962）「大槻磐水先生の誡語その子孫を輝かす」，慶応義塾編『福澤諭吉全集 第 19 巻』岩波書店.
福澤諭吉・中川眞弥編（2002）『福澤諭吉著作集 世界国尽 窮理図解』慶応義塾大学出版会.
福澤諭吉・松崎欣一編（2009）『福翁自伝 福澤全集緒言』慶應義塾大学出版会.
船山徹（2013）『仏典はどう漢訳されたのか——スートラが経典になるとき』岩波書店.
二葉亭四迷（1887–89/1971）「浮雲」『二葉亭四迷 嵯峨の屋おむろ集』筑摩書房.
——（1906/1985）「余が飜訳の標準」『二葉亭四迷全集 第四巻』筑摩書房.
Fyfe, A. (2012). *Steam-powered knowledge: William Chambers and the business of publishing, 1820–1860.* Chicago, IL: The University of Chicago Press.
外務省編（1965）『日本外交年表竝主要文書』原書房.
外務省調査部編（1936）『大日本外交文書 第 1 巻第 1 冊』日本国際協会.
外務省記録局編（1889）『締盟各国条約彙纂』外務省記録局.
グールド，S. J.（1998）『増補改訂版 人間の測りまちがい——差別の科学史』鈴木善次・森脇靖子訳，河出書房新社.〔Gould, S. J. (1996). *The mismeasure of man, revised and expanded*. New York: W. W. Norton.〕
羽賀祥二（1994）『明治維新と宗教』筑摩書房.
Halliday, M. A. K. (1985). *An introduction to functional grammar.* London: Edward Arnold.
ハリデー，M. A. K.（2001）『機能文法概説——ハリデー理論への誘い』山口登・筧壽夫訳，くろしお出版.〔Halliday, M. A. K. (1994). *An introduction to functional grammar, second edition.* London: Edward Arnold.〕
Halliday, M. A. K. (2004). *The language of science*. London: Continuum.
Halliday, M. A. K. and Matthiessen, C. M. I. M. (1999). *Construing experience through meaning: A language-based approach to cognition*. London: Cassell.
原平三（1992）『幕末洋学史の研究』新人物往来社.
長谷川精一（2007）『森有礼における国民的主体の創出』思文閣.
橋川文三（1960/98）『日本浪曼派批判序説』講談社文芸文庫.

橋川文三・飛鳥井雅道・河野健二（1968）「近代主義と反近代主義」，古田光・佐田啓一・生松敬三編『近代日本社会思想史』有斐閣.
畑有三（2003）「民友社と硯友社」，西田毅・和田守・山田博光・北野昭彦編『民友社とその時代──思想・文学・ジャーナリズム集団の軌跡』ミネルヴァ書房.
橋本万平（1968）「チャンブルス氏百科全書──福鎌達夫氏の死に寄せて」『日本古書通信』第33巻第5号，日本古書通信社，6–8頁.
──（1982）「「チャンブルス」氏の『百科全書』──再び」『日本古書通信』第47巻第9号，日本古書通信社，3–6頁.
──（1992）『素人学者の古書探求』東京堂出版.
橋本美保（1995）「明治初期における西洋教育書の翻訳事情──オランダ人ファン・カステールを中心にして」『日本の教育史学』第38号，教育史学会，24–40頁.
──（1998）『明治初期におけるアメリカ教育情報受容の研究』風間書房.
Hatim, B. and Mason, I. (1990). *Discourse and the translator*. London: Longman.
初田亨（2009）『模倣と創造の空間史──西洋に学んだ日本の近・現代建築 新訂第2版』彰国社.
林董（1910/70）「後は昔の記」，由井正臣校注『後は昔の記 他──林董回顧録』平凡社東洋文庫.
平凡社編（1964）『百科事典の歴史』平凡社.
邉見端（1986）「訳語“考古学”の成立──明治10年初見説をめぐって」『日本歴史』通巻第457号，吉川弘文館，83–92頁.
樋口一葉（1895/1972）「水の上につ記」『樋口一葉集』筑摩書房.
土方定一編（1975）『明治芸術・文学論集』筑摩書房.
平川新（2008）『開国への道』小学館.
廣松渉（2007）『もの・こと・ことば』ちくま学芸文庫.
平野義太郎・清野謙次（1942）『太平洋の民族＝政治学』日本評論社.
広井多鶴子（2011）「家族概念の形成──家族と family」『実践女子大学人間社会学部紀要』第7集，実践女子大学，55–75頁.
広瀬秀雄・中山茂・小川鼎三校注（1972）『洋学 下』岩波書店.
廣田鋼蔵（1988）『明治の化学者──その抗争と苦渋』東京化学同人.
星野靖二（2012）『近代日本の宗教概念──宗教者の言葉と近代』有志舎.
ホブズボーム，E.（1993–98）『帝国の時代 1875–1914』野口建彦・長尾史郎・野口照子訳，みすず書房.〔Hobsbawm, E. (1987). *The age of empire, 1875–1914*. New York: Pantheon Books.〕
Holms, J. S. (1988/2004). The name and nature of translation studies. In Venuti, L. (Ed.), *The translation studies reader, second edition* (pp. 180–192). London and New York: Routledge.
本田毅彦（2005）『大英帝国の大事典作り』講談社.

本庄栄治郎（1966）『日本経済思想史研究 下』日本評論社.
――（1969）「洋々社について」『日本学士院紀要』第 27 巻第 1 号，日本学士院，11-14 頁.
保坂忠信（1990）『評伝 永峯秀樹』リーベル出版.
星亮一（2011）『大鳥圭介』中公新書.
House, J. (1977). *A model for translation quality assessment*. Tübingen: Gunter Narr.
―― (1997). *Translation quality assessment: A model revisited*. Tübingen: Gunter Narr.
一柳廣孝（2006）『催眠術の日本近代』青弓社.
伊原澤周（1999）『日本と中国における西洋文化攝取論』汲古書院.
一竿斎宝洲（1884/2005）『神経闇開化怪談』平凡社.
稲村徹元（1977）『索引の話』日本図書館協会.
稲富栄次郎（1956）『明治初期教育思想の研究』福村書店.
井上琢智編（2006）『幕末・明治初期邦訳経済学書』ユーリカ・プレス.
犬飼守薫（1999）『近代国語辞書編纂史の基礎的研究』風間書房.
犬塚孝明（1974）『薩摩藩英国留学生』中央公論社.
磯部敦（2012）『出版文化の明治前期――東京稗史出版社とその周辺』ぺりかん社.
石井研堂（1907/97）『明治事物起原 4』ちくま学芸文庫.
――（1907/97）『明治事物起原 6』ちくま学芸文庫.
石川禎浩（2013）「近代日中の翻訳百科事典について」，石川禎浩・狭間直樹編『近代東アジアにおける翻訳概念の展開』京都大学人文科学研究所.
磯前順一（2002）「近代における「宗教」概念の形成過程」，小森陽一・千野香織・酒井直樹・成田龍一・島薗進・吉見俊哉編『近代知の成立』岩波書店.
――（2003）『近代日本の宗教言説とその系譜――宗教・国家・神道』岩波書店.
磯前順一・山本達也編（2011）『宗教概念の彼方へ』法蔵館.
板倉聖宣（1969）『日本理科教育史』第一法規出版.
板倉雅宣（2008）「剞印から印刷へ――文部省『百科全書』底本と大槻文彦訳「印刷術及石版」」『印刷雑誌』第 91 巻第 1 号，印刷学会出版部，73-78 頁.
岩井洋（1997）『記憶術のススメ――近代日本と立身出世』青弓社.
岩崎克己（1996）『前野蘭化 2 解体新書の研究』平凡社.
伊澤修二（1882-83）『教育学』白梅書屋.
Jakobson, R. (1959/2004). On linguistic aspects of translation. In Venuti, L. (Ed.), *The translation studies reader, second edition* (pp. 138-143). London and New York: Routledge.
ジェイ，M.（2007）「近代性における複数の「視の制度」」，フォスター，H. 編『視覚論』榑沼範久訳，平凡社.
海後宗臣編（1961）「近代教科書総説」『日本教科書大系 近代編 第一巻 修身 1』講談社.

――（1965）『日本教科書大系 近代編 第十五巻 地理 1』講談社.
筧五百里（1928）「大槻文彦博士年譜」『国語と国文学』第 5 巻第 7 号，至文堂，23–38 頁.
亀井秀雄（1984）『身体・この不思議なるものの文学』れんが書房新社.
――（1999）『「小説」論――『小説神髄』と近代』岩波書店.
――（2000）『明治文学史』岩波書店.
亀井俊介編（1994）『近代日本の翻訳文化』中央公論社.
亀井孝・大藤時彦・山田俊雄編（2007）『日本語の歴史 6 ――新しい国語への歩み』平凡社.
上沼八郎（1988）『伊沢修二』吉川弘文館.
金森直治編（1997）『集成日本の釣り文学 別巻 2』作品社.
金子一夫（1992）『近代日本美術教育の研究』中央公論美術出版.
鹿野政直（1999）『近代日本思想案内』岩波文庫別冊.
唐澤一友（2008）『多民族国家イギリス―― 4 つの切り口から英国史を知る』春風社.
唐澤富太郎（1956）『教科書の歴史――教科書と日本人の形成』創文社.
――（1981）『明治教育古典叢書 第 II 期 解説』国書刊行会.
柄谷行人（2004）『定本 柄谷行人集 第 1 巻』岩波書店.
片桐一男（1985）『阿蘭陀通詞の研究』吉川弘文館.
加藤玄智（1900）『宗教新論』博文館.
加藤周一・前田愛校注（1989）『日本近代思想大系 16 文体』岩波書店.
加藤周一・丸山真男校注（1991）『日本近代思想大系 15 翻訳の思想』岩波書店.
川戸道昭（1999）「明治のアンデルセン――出会いから翻訳作品の出現まで」，川戸道昭・榊原貴教編『明治期アンデルセン童話翻訳集成』ナダ出版センター.
経済雑誌社編（1890–91）『日本社会事彙』経済雑誌社.
建築学会編（1936）『建築学会五十年略史』建築学会.
ケヴルズ，D. J.（1993）『優生学の名のもとに――「人種改良」の悪夢の百年』西俣総平訳，朝日新聞社.〔Kevles, D. J. (1985). *In the name of eugenics: Genetics and the uses of human heredity*. Cambridge, MA: Harvard University Press.〕
木畑洋一（2008）『イギリス帝国と帝国主義――比較と関係の視座』有志舎.
木畑洋一編（1998）『大英帝国と帝国意識――支配の深層を探る』ミネルヴァ書房.
木畑洋一・南塚信吾・加納格（2012）『帝国と帝国主義』有志舎.
木戸雄一（2002）「明治期「ボール表紙本」の誕生」，国文学研究資料館編『明治の出版文化』臨川書店.
菊池重郎（1959）「文部省における「百科全書」刊行の経緯について――文部省刊行の百科全書「建築学」に関する研究－その 1」『日本建築学会論文報告集』第 61 号，日本建築学会，112–119 頁.
――（1960）「明治初期における ARCHITECTURE の訳語について――文部省刊行の百科全書「建築学」に関する研究・その 2 の a」『日本建築学会論文報告集』第 65

号，日本建築学会，142–147 頁.
——（1961）「明治初期における ARCHITECTURE の訳語について——文部省刊行の百科全書「建築学」に関する研究・その 2 の b」『日本建築学会論文報告集』第 67 号，日本建築学会，162–168 頁.
木村毅（1969）『丸善外史』丸善.
——（1972）「日本飜訳史概観」『明治飜訳文学集』筑摩書房.
木村吉次（1999）「明治政府の運動会政策——奨励と抑圧の二面性」，吉見俊哉・白幡洋三郎・平田宗史・木村吉次・入江克己・紙透雅子『運動会と日本近代』青弓社.
木村涼子（2010）『〈主婦〉の誕生——婦人雑誌と女性たちの近代』吉川弘文館.
木下秀明（1971）『日本体育史研究序説——明治期における「体育」の概念形成に関する史的研究』不昧堂出版.
木下直之（1996）『写真画論——写真と絵画の結婚』岩波書店.
木坂基（1976）『近代文章の成立に関する基礎的研究』風間書房.
——（1988）『近代文章成立の諸相』和泉書院.
岸本能武太（1899）『宗教研究』警醒社.
岸野雄三・竹之下休蔵（1983）『近代日本学校体育史』日本図書センター.
北村彰秀（2003）「仏典漢訳史における劉勰と文心雕龍」『翻訳研究への招待』第 9 号，日本通訳翻訳学会，19–28 頁.
北澤憲昭（2000）『境界の美術史——「美術」形成史ノート』ブリュッケ.
——（2010）『眼の神殿——「美術」受容史ノート〔定本〕』ブリュッケ.
——（2013）『美術のポリティックス——「工芸」の成り立ちを焦点として』ゆまに書房.
北住敏夫（1953/90）『写生説の研究』角川書店.
狐塚裕子（1994）「明治五年教部省と文部省の合併問題——「学制」とのかかわりを中心に」『清泉女子大学人文科学研究所紀要』第 16 号，清泉女子大学，129–156 頁.
小林久美・片岡美子（1997）「大英帝国下における家庭科教育に関する一考察」『教育学研究紀要』第 43 巻第 2 部，中国四国教育学会，323–332 頁.
小林善八（1978）『日本出版文化史』青裳堂書店.
工学会編（1927）『明治工業史 建築篇』学術文献普及会.
小泉仰（1975）「序論」，比較思想史研究会編『明治思想家の宗教観』大蔵出版.
——（1989）『西周と欧米思想との出会い』三嶺書房.
——（2002）『福澤諭吉の宗教観』慶應義塾大学出版会.
国文学研究資料館編（2002）『明治の出版文化』臨川書店.
国立公文書館（1978）「『訳稿集成』『翻訳集成原稿』解題」『内閣文庫未刊史料細目 下』国立公文書館内閣文庫.
国史大辞典編集委員会編（1979–97）『国史大辞典』吉川弘文館.
小森陽一（1988）『構造としての語り』新曜社.

――（1989）「物としての書物／書物としての物」，北大国文学会編『刷りものの表現と享受』29–36 頁.
――（2000）『日本語の近代』岩波書店.
――（2001）『ポストコロニアル』岩波書店.
――（2010）『漱石論―― 21 世紀を生き抜くために』岩波書店.
今野真二（2012）『ボール表紙本と明治の日本語』港の人.
昆野和七（1988）「日原昌造の新聞論説について（前）――時事新報・倫敦通信の全容」『福澤諭吉年鑑』第 15 号，福澤諭吉協会，130–161 頁.
――（1990）「日原昌造の新聞論説について（後）」『福澤諭吉年鑑』第 16 号，福澤諭吉協会，97–127 頁.
紅野謙介（1992/99）『書物の近代』ちくま学芸文庫.
小山清男（1998）『遠近法――絵画の奥行きを読む』朝日新聞社.
小山静子（1991）『良妻賢母という規範』勁草書房.
クライナー，J. 編（2011）『小シーボルトと日本の考古・民族学の黎明』同成社.
熊田淳美（2009）『三大編纂物 群書類従・古事類苑・国書総目録の出版文化史』勉誠出版.
久米邦武編（1878）『特命全権大使 米欧回覧実記』博聞社.
久米邦武編・田中彰校注（1978）『米欧回覧実記 2』岩波文庫.
――（1979）『米欧回覧実記 3』岩波文庫.
――（1982）『米欧回覧実記 5』岩波文庫.
黒岩比佐子（2010）『パンとペン――社会主義者・堺利彦と「売文社」の闘い』講談社.
桑原武夫編（1954）『フランス百科全書の研究』岩波書店.
Lakoff, G. and Johnson, M.（1980）. *Metaphors we live by.* Chicago, IL: University of Chicago Press.
李漢燮（2010）『近代漢語研究文献目録』東京堂出版.
イ・ヨンスク（1996）『「国語」という思想』岩波書店.
ロンブロオゾオ，C.（1914）『天才論』辻潤訳，植竹文庫.
前田愛（1973/93）『近代読者の成立』岩波書店.
牧野正久（2002）「小学教科書『物理階梯』翻刻版調査の報告――明治初期における出版の成長と変容の事例」『日本出版史料』第 7 号，日本エディタースクール出版部，49–136 頁.
真辺将之（2009）『西村茂樹研究――明治啓蒙思想と国民道徳論』思文閣出版.
丸山真男・加藤周一（1998）『翻訳と日本の近代』岩波新書.
丸山信編（1995）『人物書誌大系 30 福沢諭吉門下』日外アソシエーツ.
丸善株式会社編（1980）『丸善百年史 上巻――日本近代化のあゆみと共に』丸善.
――（1981）『丸善百年史 下巻――日本近代化のあゆみと共に』丸善.
増田渉（1979）『西学東漸と中国事情』岩波書店.
松井貴子（2002）『写生の変容――フォンタネージから子規，そして直哉へ』明治書院.

松井利彦（1982）「明治初期における訳書読解辞書の源流」『広島女子大学文学部紀要』第 17 号，広島女子大学，69–80 頁.
松平直亮（1933）『泊翁西村茂樹伝 上巻』日本弘道会.
松村明（1966）「解説」『J. C.HEPBURN 和英語林集成 復刻版』北辰.
——（1970）『洋学資料と近代日本語の研究』東京堂出版.
松永俊男（2003）「チェンバーズ著『科学入門』と小幡篤次郎訳『博物新編補遺』」『桃山学院大学人間科学』第 24 号，桃山学院大学，149–168 頁.
——（2005）「チェンバーズ『インフォメーション』と文部省『百科全書』について」『*Chambers's Information for the People*〔復刻版〕別冊日本語解説』ユーリカ・プレス.
——（2005）『ダーウィン前夜の進化論争』名古屋大学出版会.
松島栄一編（1976）『明治史論集 2』筑摩書房.
松浦玲（監修）・村瀬寿代（訳編）（2003）『新訳考証 日本のフルベッキ』洋学堂書店.
マクルーハン，M.（1986）『グーテンベルクの銀河系——活字人間の形成』森常治訳，みすず書房.
明治文化資料叢書刊行会編（1963）『明治文化資料叢書 7 書目編』風間書房.
明治文献資料刊行会編（1971–75）『明治前期書目集成』明治文献.
ミラー，J.（1997）「無意識を意識する」，サックス，O.・グールド，S. J. 他『消された科学史』渡辺政隆・大木奈保子訳，みすず書房.
三ッ木道夫編訳，（2008）『思想としての翻訳——ゲーテからベンヤミン，ブロッホまで』白水社.
三ッ木道夫（2011）『翻訳の思想史——近現代ドイツの翻訳論研究』晃洋書房.
三浦雅士（1994）『身体の零度——何が近代を成立させたか』講談社.
宮永孝（2004）『日本洋学史——葡・羅・蘭・英・独・仏・露語の受容』三修社.
宮島達夫（1967）「現代語いの形成」，国立国語研究所『ことばの研究 第 3 集』秀英出版.
宮田和子（2010）『英華辞典の総合的研究—— 19 世紀を中心として』白帝社.
宮武外骨・西田長寿（1985）『明治大正言論資料 20 明治新聞雑誌関係者略伝』みすず書房.
三好信浩（1992）『近代日本産業啓蒙書の研究——日本産業史 上巻』風間書房.
三好行雄（1958）『写実主義の展開』岩波書店.
望月信亨（1954）『望月仏教大辞典 第 3 巻』世界聖典刊行協会.
文部省（1873）『文部省第一年報』文部省.
文部省編輯局（1884）『文部省出版書目』文部省編輯局.
森林太郎（1901/53）「ガルの学説」『鷗外全集著作篇 第 25 巻』岩波書店.
森鷗外（1972）『鷗外全集 第 5 巻』岩波書店.
森重雄（1993）『モダンのアンスタンス』ハーベスト社.
森岡健二（1982）「開化期翻訳書の語彙」，佐藤喜代治編『講座日本語の語彙 第 6 巻 近代の語彙』明治書院.

――（1999）『欧文訓読の研究――欧文脈の形成』明治書院.
森岡健二編著（1969）『近代語の成立――明治期語彙編』明治書院.
――（1991）『近代語の成立――語彙編』明治書院.
諸橋轍次著・鎌田正・米山寅太郎修訂（1989–90）『大漢和辞典 修訂第二版』大修館書店.
本村凌二・鶴間和幸（1998）「帝国と支配――古代の遺産」『岩波講座世界歴史五 帝国と支配』岩波書店.
ムーナン，G.（1980）『翻訳の理論』伊藤晃・柏岡珠子・福井芳男・松崎芳隆・丸山圭三郎訳，朝日出版社.
マンディ，J.（2009）『翻訳学入門』鳥飼玖美子監訳，みすず書房.〔Munday, J. (2008). *Introducing translation studies, second edition*. London and New York: Routledge.〕
村井実編（1974）『原典による教育学の歩み』講談社.
村上重良（1974）『慰霊と招魂――靖国の思想』岩波新書.
村上陽一郎（1968）『日本近代科学の歩み――西欧と日本の接点』三省堂.
村岡健次（2002）『近代イギリスの社会と文化』ミネルヴァ書房.
村瀬勉・早川亜里・田中萬年（2006）「百科全書「教導説」の検討――箕作麟祥による「Education」の翻訳」『職業能力開発総合大学校紀要 B 人文・教育編』第 35 号，職業能力開発総合大学校，1–22 頁.
ミューレル，M.（1907）『比較宗教学』南條文雄訳，博文館.
長沼美香子（2009）「翻訳と文法的比喩――名詞化再考」『翻訳研究への招待』第 3 号，日本通訳翻訳学会，11–28 頁.
――（2010）「野上豊一郎の翻訳論」『通訳翻訳研究』第 10 号，日本通訳翻訳学会，59–83 頁.
永嶋大典（1970）『蘭和・英和辞書発達史』ゆまに書房.
中村春作（2011）「訓読 あるいは書き下し文という〈翻訳〉」『文学』第 12 巻第 3 号，岩波書店，52–64 頁.
中山茂春（2009）「石龍子と相学提要」『日本医史学雑誌』第 55 巻第 2 号，日本医史学会，196 頁.
――（2009）「石龍子と相学提要」『日本医史学雑誌』第 55 巻第 3 号，日本医史学会，371–376 頁.
ナイダ，E. A.（1972）『翻訳学序説』成瀬武史訳，開文社出版.〔Nida, E. A. (1964). *Toward a science of translating*. Leiden: E. J. Brill.〕
ナイダ，E. A.・テイバー，C. R.・ブラネン，N. S.（1973）『翻訳――理論と実際』沢登春仁・升川潔訳，研究社出版.〔Nida, E. A., Taber, C. R. and Brannen, N. S. (1969). *The theory and practice of translation*. Leiden: E.J. Brill.〕
中村邦光（2003）「科学史入門――日本における「物理」という術語の形成過程」『科学史研究』第 II 期第 42 巻第 228 号，日本科学史学会，218–222 頁.
中村隆文（2000）『「視線」からみた日本近代――明治図画教育史研究』京都大学学術

出版会.
中村雄二郎（1993）『中村雄二郎著作集Ⅶ 西田哲学』岩波書店.
ネグリ，A.・ハート，M.（2003）『〈帝国〉――グローバル化の世界秩序とマルチチュードの可能性』水嶋一憲・酒井隆史・浜邦彦・吉田俊実訳，以文社.〔Hardt，M. and Negri, A.（2000）. *Empire.* Cambridge, MA: Harvard University Press.〕
Newmark, P.（1981）. *Approaches to translation*. Oxford and New York: Pergamon.
日蘭学会編（1984）『洋学史事典』雄松堂出版.
日本物理学会編（1978）『日本の物理学史 上 歴史・回顧編』東海大学出版会.
日本科学史学会編（1964）『日本科学技術史大系 第1巻 通史1』第一法規出版.
日本国語大辞典第二版編集委員会・小学館国語辞典編集部編（2000–2002）『日本国語大辞典 第二版』小学館.
新居格（1941）「飜訳論」，桜木俊晃編『国語文化講座 第4巻 国語芸術篇』朝日新聞社.
Niranjana, T.（1992）. *Siting translation: History, post-structuralism, and the colonial context*. Berkeley and Los Angeles, CA: University of California Press.
西周（1875–76）「心理学翻訳凡例」西周訳，『心理学』文部省.
――（1918）「百学連環」『西周全集 第4巻』宗高書房.
西井正造（2003）「西村茂樹の文部省における事業構想――近代日本語の形成と歴史叙述」『教育研究』第47号，青山学院大学，27–40頁.
西田長寿（1945）『大島貞益』実業之日本社.
西田毅・和田守・山田博光・北野昭彦（2003）.『民友社とその時代――思想・文学・ジャーナリズム集団の軌跡』ミネルヴァ書房.
西村茂樹・日本弘道会編（1976）「往時録」『西村茂樹全集 第3巻』思文閣.
野田満智子（2003）「明治初期における環境教育の萌芽状況――『百科全書養生篇』における環境教育」『愛知教育大学研究報告 芸術・保健体育・家政・技術科学・創作編』第52号，愛知教育大学，59–64頁.
野上豊一郎（1921）「飜訳可能の標準について」『英文学研究』第3冊，東京帝国大学英文学会，131–153頁.
――（1938）『飜訳論――飜訳の理論と実際』岩波書店.
Nord, C.（1997）. *Translating as a purposeful activity*. Manchester: St. Jerome.
沼田次郎（1951）『幕末洋学史』刀江書院.
沼田次郎・松村明・佐藤昌介校注（1976）『洋学 上』岩波書店.
大林信治・山中浩司編『視覚と近代』名古屋大学出版会.
尾形裕康（1963）『学制実施経緯の研究』校倉書房.
小川原正道（2010）『近代日本の戦争と宗教』講談社.
岡田袈裟男（2011）「異言語接触と日本語のエクリチュール」『文学』第12巻第3号，岩波書店，93–107頁.
岡本正志（1991）「『物理階梯』物性論に見られる物理学の基礎概念受容過程」，実学資

料研究会編『実学史研究 Ⅶ』思文閣出版.
岡野他家夫（1981）『日本出版文化史』原書房.
大久保利謙（1943）『日本の大学』創元社.
――（1988）『大久保利謙歴史著作集 6 明治の思想と文化』吉川弘文館.
――（2007）『明六社』講談社学術文庫.
大久保利謙編（1967）『明治文学全集 3 明治啓蒙思想集』筑摩書房.
奥中康人（2008）『国家と音楽――伊澤修二がめざした日本近代』春秋社.
奥野武志（2013）『兵式体操成立史の研究』早稲田大学出版部.
小野秀雄・杉山栄（1962）『三代言論人集 第 1 巻 柳河春三 岸田吟香』時事通信社.
大野透（1984）「「翻訳」考」『国語学』第 139 集，国語学会，121–132 頁.
大野虎雄（1939）『沼津兵学校と其人材』大野虎雄.
オッペンハイム，J.（1992）『英国心霊主義の抬頭――ヴィクトリア・エドワード朝時代の社会精神史』和田芳久訳，工作舎.〔Oppenheim, J.（1985）. *The other world: Spiritualism and psychical research in England, 1850–1914*. Cambridge: Cambridge University Press.〕
長志珠絵（1998）『近代日本と国語ナショナリズム』吉川弘文館.
尾佐竹猛（1920）『新聞雑誌之創始者 柳河春三』名古屋史談会.
オーシェイ，M.（2009）『脳』山下博志訳，岩波書店.〔O'Shea,M.（2005）. *The brain: A very short introduction*. Oxford: Oxford University Press.〕
大隅和雄（2008）『事典の語る日本の歴史』講談社学術文庫.
太田昭子（2008）「幕末明治初期の近代日本における「人種」論――久米邦武の「人種」論を中心に」『近代日本研究』第 25 巻，慶應義塾福沢研究センター，125–149 頁.
大槻文彦（1907）『箕作麟祥君伝』丸善.
――（1909/28）「大槻博士自伝」『国語と国文学』第 5 巻第 7 号，至文堂，38–52 頁.
大槻如電（1927）『新撰洋学年表』大槻茂雄.
大槻如電原著・佐藤栄七増訂（1965）『日本洋学編年史』錦正社.
小沢健志編（1996）『幕末――写真の時代』ちくま学芸文庫.
小沢健志（1997）『幕末・明治の写真』ちくま学芸文庫.
大山敷太郎編（1940）『若山儀一全集』東洋経済新報社.
パノフスキー，E.（2009）『〈象徴形式〉としての遠近法』木田元監訳，ちくま学芸文庫.
Postgate, J. P.（1922）. *Translation and translations: Theory and practice*. London: G. Bell and Sons.
プルースト，J.（1979）『百科全書』平岡昇・市川慎一訳，岩波書店.
ピム，A.（2010）『翻訳理論の探求』武田珂代子訳，みすず書房.〔Pym, A.（2010）. *Exploring translation theories*. London and New York: Routledge.〕
銭国紅（2004）『日本と中国における「西洋」の発見―― 19 世紀日中知識人の世界像の形成』山川出版社.

Reddy, M. (1979). The conduit metaphor. In Ortony, A. (Ed.), *Metaphor and thought*. Cambridge: Cambridge University Press.
歴史学研究会編（2005）『帝国への新たな視座』青木書店.
Richards, I. A. (1953). Toward a theory of translating. In Wright, A. F. (Ed.), *Studies in Chinese thought*. Chicago, IL: University of Chicago Press.
ラセット，C. E.（1994）『女性を捏造した男たち――ヴィクトリア時代の性差の科学』上野直子訳，工作舎.〔Russett, C. E. (1989). *Sexual science*. Cambridge, MA: Harvard University Press.〕
佐原真（1984）「シーボルト父子とモールスと――日本考古学の出発」『月刊 文化財』7月号，第一法規出版，32–36 頁.
斉木美知世・鷲尾龍一（2012）『日本文法の系譜学』開拓社.
齋藤文俊（2011）「漢文訓読の遺産」『文学』第 12 巻第 3 号，岩波書店，65–75 頁.
齋藤希史（2005）『漢文脈の近代』名古屋大学出版会.
――（2007）『漢文脈と近代日本』日本放送出版協会.
――（2014）『漢字世界の地平――私たちにとって文字とは何か』新潮社.
斎藤静（1967）『日本語に及ぼしたオランダ語の影響』篠崎書林.
斎藤忠（1974）『日本考古学史』吉川弘文館.
齋藤毅（2005）『明治のことば――文明開化と日本語』講談社学術文庫.
坂口正男（1975）「舎密開宗攷」，田中実・坂口正男・道家達将・菊池俊彦編『舎密開宗研究』講談社.
酒井シズ（1998）『新装版解体新書』講談社学術文庫.
堺利彦（1912）『売文集』丙午出版社.
坂本保富（2011）『米百俵の主人公 小林虎三郎――日本近代化と佐久間象山門人の軌跡』学文社.
坂野徹（2001）「人種分類の系譜学――人類学と「人種」の概念」，廣野喜幸・市野川容孝・林真理編『生命科学の近現代史』勁草書房.
桜井邦朋（2005）『福沢諭吉の「科學のススメ」――日本で最初の科学入門書「訓蒙 窮理図解」を読む』祥伝社.
鮫島龍行（1971）「明治維新と統計学――統計という概念の形成過程」，相原茂・鮫島龍行編『経済学全集 28 巻 統計日本経済』筑摩書房.
寒川鼠骨（1900/75）「新囚人」『明治俳人集』筑摩書房.
さねとうけいしゅう（1970）『中国人日本留学史』くろしお出版.
三遊亭円朝（1965）「真景累ヶ淵」『三遊亭円朝集』筑摩書房.
佐竹明（1976）「スキャンダルの思想――聖書にそくして」『現代思想』第 4 巻第 6 号，青土社，110–115 頁.
佐藤道信（1996）『〈日本美術〉誕生――近代日本の「ことば」と戦略』講談社.
――（1999）『明治国家と近代美術――美の政治学』吉川弘文館.

佐藤喜代治編（1982）『講座日本語の語彙 6　近代の語彙』明治書院.
佐藤昌介（1993）『洋学史論考』思文閣出版.
佐藤忠良・中村雄二郎・小山清男・若桑みどり・中原佑介・神吉敬三（1992）『遠近法の精神史――人間の眼は空間をどうとらえてきたか』平凡社.
佐藤達哉（2002）『日本における心理学の受容と展開』北大路書房.
佐藤亨（1986）『幕末・明治初期語彙の研究』桜楓社.
――（1992）『近代語の成立』桜楓社.
スクリーチ，T.（1998）『大江戸視覚革命―― 18 世紀日本の西洋科学と民衆文化』田中優子・高山宏訳，作品社.
Secord, J. A. (2000). *Victorian sensation: The extraordinary publication, reception, and secret authorship of vestiges of the natural history of creation*. Chicago, IL: University of Chicago Press.
瀬沼茂樹（1960）『本の百年史――ベストセラーの今昔』出版ニュース社.
瀬沼茂樹編（1970）『高山樗牛 齋藤野の人 姉崎嘲風 登張竹風集』筑摩書房.
先崎彰容（2010）『高山樗牛――美とナショナリズム』論創社.
Shannon, C. E. and Weaver, W. (1949). *The mechanical theory of communication*. Urbana, IL: University of Illinois Press.
シェイピン, S.（1986）「エディンバラ骨相学論争」, ウォリス, R. 編『排除される知――社会に認知されない科学』高田紀代志・杉山滋郎・下坂英・横山輝雄・佐野正博訳，青土社.〔Shapin, S. (1979). The politics of observation: Cerebral anatomy and social interests in the Edinburgh phrenology disputes. In Wallis, R. (Ed.), *On the margins of science: The social construction of rejected knowledge*. Keele: University of Keele.〕
島薗進（2010）『国家神道と日本人』岩波新書.
清水康行（2013）『黒船来航――日本語が動く』岩波書店.
沈国威（1999）「訳語「化学」の誕生――『六合叢談』に見える近代日中語彙交流」，沈国威編著『『六合叢談』（1857–58）の学際的研究』白帝社.
――（2008）『近代日中語彙交流史――新漢語の生成と受容 改訂新版』笠間書院.
品田悦一（2001）『万葉集の発明――国民国家と文化装置としての古典』新曜社.
進藤咲子（1981）『明治時代語の研究――語彙と文章』明治書院.
小学館編（1994）『日本大百科全書』小学館.
Snell-Hornby, M. (1988). *Translation studies: An integrated approach*. Amsterdam and Philadelphia: John Benjamins.
―― (1990). Linguistic transcoding or cultural transfer: A critique of translation theory in Germany. In Bassnett, S. and Lefevere, A. (Eds.), *Translation, history and culture* (pp. 79–86). London and New York: Routledge.
スピヴァック，G. C.（1996）「翻訳の政治学」鵜飼哲・本橋哲也・崎山正毅訳，『現代思想』第 24 巻第 8 号，青土社，28–52 頁.〔Spivak, G. C. (1993/2004). The politics

of translation. In Venuti, L. (Ed.), *The translation studies reader, second edition* (pp. 369-388). London and New York: Routledge.〕
スタフォード, B. M. (2006)『ボディ・クリティシズム——啓蒙時代のアートと医学における見えざるもののイメージ化』高山宏訳, 国書刊行会. 〔Stafford, B. M. (1991). *Body criticism: Imaging the unseen in enlightenment art and medicine*. Cambridge, MA: MIT Press.〕
Steiner, G. (1975). *After Babel: Aspects of language and translation*. Oxford: Oxford University Press.
菅原国香 (1987)「「化学」という用語の本邦での出現・使用に関する一考察」『化学史研究』第 38 号, 化学史学会, 29-40 頁.
菅谷廣美 (1978)『「修辞及華文」の研究』教育出版センター.
杉本勲 (1982)『近世日本の学術——実学の展開を中心に』法政大学出版局.
杉本つとむ (1983)『日本翻訳語史の研究』八坂書房.
—— (1990)『長崎通詞ものがたり——ことばと文化の翻訳者』創拓社.
—— (1996)『江戸の文苑と文章学』早稲田大学出版部.
—— (1997)『解体新書の時代——江戸の翻訳文化をさぐる』早稲田大学出版部.
—— (1999)『日本英語文化史の研究』八坂書房.
杉本つとむ編著 (1998)『江戸時代西洋百科事典——『厚生新編』の研究』雄山閣出版.
杉村武 (1953/67)『近代日本大出版事業史』出版ニュース社.
杉田玄白 (1815/2000)『蘭学事始』(片桐一男全訳注) 講談社学術文庫.
鈴木廣之 (2003)『好古家たちの 19 世紀——幕末明治における《物》のアルケオロジー』吉川弘文館.
鈴木七美 (2002)『癒しの歴史人類学——ハーブと水のシンボリズムへ』世界思想社.
鈴木範久 (1979)『明治宗教思潮の研究』東京大学出版会.
鈴木貞美 (2012)「野上豊一郎の「創作」的翻訳論をめぐって」『文学』第 13 巻第 4 号, 岩波書店, 150-169 頁.
鈴木省三 (1985)『日本の出版界を築いた人びと』柏書房.
鈴木敏夫 (1970)『出版——好不況下　興亡の一世紀』出版ニュース社.
鈴木善次 (1983)『日本の優生学——その思想と運動の軌跡』三共出版.
多木浩二 (1982/2008)『眼の隠喩——視線の現象学』ちくま学芸文庫.
—— (1988)『天皇の肖像』岩波新書.
田口卯吉・大久保利謙編 (1977)『田口鼎軒集』筑摩書房.
高田宏 (2007)『言葉の海へ』洋泉社.
高橋昌郎 (1987)『西村茂樹』吉川弘文館.
高崎哲郎 (2008)『評伝大鳥圭介——威ありて, 猛からず』鹿島出版会.
高橋哲哉 (2005)『靖国問題』ちくま新書.
高橋義雄 (1884)『日本人種改良論』石川半次郎.

高市慶雄（1928）「修辞及華文解題」，吉野作造編『明治文化全集 第12巻 文学芸術篇』日本評論社.
高野彰監修・編集（2003）『明治初期東京大学図書館蔵書目録2』ゆまに書房.
——（2003）『明治初期東京大学図書館蔵書目録6』ゆまに書房.
高野繁男（2001）「『百科全書』の訳語——「科学」「天文学」「物理学」による」『神奈川大学言語研究』第24号，神奈川大学，33–54頁.
——（2002）「『百科全書』の訳語——「科学」「天文学」「物理学」による（その2）」『神奈川大学言語研究』第25号，神奈川大学，283–298頁.
——（2004）『近代漢語の研究——日本語の造語法・訳語法』明治書院.
高谷道男編訳，（1978）『フルベッキ書簡集』新教出版社.
高山樗牛（1912）「写生と写意，意想と畸形」『樗牛全集 第2巻 文芸及史伝 上』博文館.
竹中暉雄（2013）『明治五年「学制」——通説の再検討』ナカニシヤ出版.
竹内洋（1991）『立志・苦学・出世——受験生の社会史』講談社現代新書.
武内博編（1994）『日本洋学人名事典』柏書房.
玉利喜造先生伝記編纂事業会編（1974）『玉利喜造先生伝』玉利喜造先生伝記編纂事業会.
田中彰（1976）「岩倉使節団とプロシア——『米欧回覧実記』にみる」『現代思想』第4巻第4号，青土社，166–176頁.
——（2002）『岩倉使節団の歴史的研究』岩波書店.
——（2002）『岩倉使節団『米欧回覧実記』』岩波現代文庫.
田中ちた子・田中初夫（1966）『家政学文献集成　明治期Ⅰ』渡辺書店.
田中牧郎（2011）「近代漢語の定着」『文学』第12巻第3号，岩波書店，136–153頁.
谷川恵一（1993）『言葉のゆくえ——明治二〇年代の文学』平凡社.
——（2008）『歴史の文体　小説のすがた——明治期における言説の再編成』平凡社.
谷口彩子（1991）「永田健助訳『百科全書 家事倹約訓』の原典研究（第1報）」『日本家政学会誌』第42巻号第2号，日本家政学会，103–110頁.
——（1991）「永田健助訳『百科全書 家事倹約訓』の原典研究（第2報）」『家庭経営論集』第1巻，お茶の水女子大学，25–40頁.
——（1999）「明治初期における翻訳家政書の研究」博士論文.
谷崎潤一郎（1934）『文章読本』中央公論社.
田甫桂三編（1981）『近代日本音楽教育史Ⅱ』学文社.
田山花袋（1917/1981）『東京の三十年』岩波文庫.
東田雅博（1996）『大英帝国のアジア・イメージ』ミネルヴァ書房.
時枝誠記（1940）『国語学史』岩波書店.
——（1956）『現代の国語学』有精堂出版.
東京帝国大学編（1932）『東京帝国大学五十年史 上冊』東京帝国大学 .
冨山一郎（1994）「国民の誕生と「日本人種」」『思想』第11巻，岩波書店，37–56頁.
友田清彦（2009）「明治前期における一農政官僚の足跡と業績——農業啓蒙家・後藤達

三と農業結社」『農村研究』第108号，東京農業大学農業経済学会，1–10頁.
Toury, G. (1995). *Descriptive Translation Studies and beyond*. Amsterdam and Philadelphia: John Benjamins.
豊田実（1939）『日本英学史の研究』岩波書店.
坪井玄道・田中盛業編（1885）『戸外遊戯法 一名戸外運動法』金港堂.
坪井正五郎（1887）「人類学当今の有様 第一篇」『東京人類学雑誌』第2巻第18号，東京人類学学会，267–280頁.
坪内逍遥（1885–86/1969）「小説神髄」『坪内逍遥集』筑摩書房.
坪内逍遥（春のやおぼろ）（1885–86/1969）「当世書生気質」『坪内逍遥集』筑摩書房.
土屋元作（1912）『新学の先駆』博文館.
津田雅夫（2013）「宗教」，石塚正英・柴田隆行監修『哲学・思想翻訳後事典 増補版』論創社.
辻惟雄（1985）「「眞景」の系譜——中国と日本（上）」『美術史論叢1』東京大学文学部美術史研究室.
——（1987）「「眞景」の系譜——中国と日本（下）」『美術史論叢3』東京大学文学部美術史研究室.
常見育男（1971）『家政学成立史』光生館.
角田文衛（1961）「柴田承桂博士と古物学」『古代学』第10巻第1号，古代学協会，38–44頁.
上田万年講述・新村出筆録・柴田武校訂（1975）『言語学』教育出版.
上田正昭・西澤潤一・平山郁夫・三浦朱門監修（2001）『日本人名大事典』講談社.
上山隆大（1994）「身体の科学——計測と器具」，大林信治・森田敏照編『科学思想の系譜学』ミネルヴァ書房.
Venuti, L. (1998). *The scandals of translation: Towards an ethics of difference*. London and New York: Routledge.
—— (2008). *The translator's invisibility: A history of translation, second edition*. London and New York: Routledge.
Vinay, J.-P. and Darbelnet, J. (1958/1995). *Comparative stylistics of French and English: A methodology for translation*. Amsterdam and Philadelphia: John Benjamins.
和田千吉（1932）「本邦考古学界の回顧」『ドルメン』第1巻第1号，岡書院，10–11頁.
王暁葵（2005）「明治初期における知識人結社の文化史的意義——洋々社とその周辺」，明治維新史学会編『明治維新と文化』吉川弘文館.
王智新（1999）「中国における近代西洋教育思想の伝播と変容について（1）—— 1860年から1911年まで」『宮崎公立大学人文学部紀要』第7巻第1号，宮崎公立大学，41–65頁.
八木佐吉（1982）「「百科全書」の出版事情」『日本古書通信』第47号第12号，日本古書通信社，10–11頁.

山田孝雄（1935）『漢文の訓読によりて伝へられたる語法』寶文堂.
山口梧郎（1936）『長谷川泰先生小伝』同先生遺稿集刊行会.
山口昌男（1995/2005）『「敗者」の精神史（上）』岩波現代文庫.
――（1995/2005）『「敗者」の精神史（下）』岩波現代文庫.
山口輝臣（1999）『明治国家と宗教』東京大学出版会.
山内昌之・増田一夫・村田雄二郎編（1997）『帝国とは何か』岩波書店.
山本正秀（1965）『近代文体発生の史的研究』岩波書店.
山本正秀編著（1978）『近代文体形成史料集成――発生篇』桜楓社.
――（1979）『近代文体形成史料集成――成立篇』桜楓社.
山本信良・今野敏彦（1987）『近代教育の天皇制イデオロギー――明治期学校行事の考察』新泉社.
山本武利（1981）『近代日本の新聞読者層』法政大学出版局.
山本有造編（2003）『帝国の研究――原理・類型・関係』名古屋大学出版会.
山室信一（1988）「日本学問の持続と転回」，松本三之介・山室信一校注『日本近代思想大系 10 学問と知識人』岩波書店.
山室信一・中野目徹校注（1999）『明六雑誌（上）』岩波文庫.
――（2008）『明六雑誌（中）』岩波文庫.
――（2009）『明六雑誌（下）』岩波文庫.
山中永之佑（1974）「箕作麟祥」，潮見俊隆・利谷信義編『日本の法学者』日本評論社.
山下重一（1983）『スペンサーと日本近代』お茶の水書房.
山内昌之（2004）『帝国と国民』岩波書店.
山崎有信（1915）『大鳥圭介伝』北文館.
山住正己（1967）『唱歌教育成立過程の研究』東京大学出版会.
柳父章（1972）『翻訳語の論理――言語にみる日本文化の構造』法政大学出版局.
――（1976a）『文体の論理――小林秀雄の思考の構造』法政大学出版局.
――（1976b）『翻訳とはなにか――日本語と翻訳文化』法政大学出版局.
――（1977）『翻訳の思想――「自然」とNATURE』平凡社.
――（1978）『翻訳文化を考える』法政大学出版局.
――（1979）『比較日本語論』日本翻訳家養成センター.
――（1981）『日本語をどう書くか』ＰＨＰ研究所.
――（1982）『翻訳語成立事情』岩波新書.
――（1983a）『現代日本語の発見』てらこや出版.
――（1983b）『翻訳学問批判――日本語の構造，翻訳の責任』日本翻訳家養成センター.
――（1986）『ゴッドと上帝――歴史の中の翻訳者』筑摩書房.
――（1995）『一語の辞典――文化』三省堂.
――（1998）『翻訳語を読む』丸山学芸図書.
――（2001a）『一語の辞典――愛』三省堂.

——（2001b）『「ゴッド」は神か上帝か』岩波現代文庫.
——（2002）『秘の思想——日本文化のオモテとウラ』法政大学出版局.
——（2004）『近代日本語の思想　翻訳文体成立事情』法政大学出版局.
——（2013）『未知との出会い——翻訳文化論再説』法政大学出版局.
柳父章・小森陽一・井上健（1992）「シンポジウム 翻訳という起源——近代日本語の形成と翻訳の役割」『翻訳の世界』10月号, 28–41頁.
柳父章・水野的・長沼美香子編著（2010）『日本の翻訳論——アンソロジーと解題』法政大学出版局.
柳田泉（1936）「明治以降出版文化史話」『冨山房五十年』冨山房.
——（1961）『明治初期翻訳文学の研究』春秋社.
——（1965）『明治初期の文学思想 下巻』春秋社.
安田敏朗（2006）『辞書の政治学——ことばの規範とはなにか』平凡社.
安井稔（2008）「文法的メタファー事始め」『英語学の見える風景』開拓社.
安丸良夫（1979）『神々の明治維新』岩波新書.
八耳俊文（1996）「『重学浅説』の書誌学的および化学史的研究」『青山学院女子短期大学紀要』第50号, 青山学院女子短期大学, 285–307頁.
——（2007）「「気象学」語源考」『青山学院女子短期大学紀要』第61号, 青山学院女子短期大学, 111–126頁.
彌吉光長（1972）『百科事典の整理学』竹内書店.
——（1982）『彌吉光長著作集 第4巻 明治時代の出版と人』日外アソシエーツ.
湯本豪一編（2000）『図説明治人物事典 政治家・軍人・言論人』日外アソシエーツ.
與那覇潤（2003）「近代日本における「人種」観念の変容——坪井正五郎の「人類学」との関わりを中心に」『民族学研究』第68巻第1号, 日本文化人類学会, 85–97頁.
吉田忠（2000）「『解体新書』から『西洋事情』へ」, 芳賀徹編『翻訳と日本文化』山川出版社.
吉見俊哉（1992/99）『博覧会の政治学——まなざしの近代』講談社学術文庫.
——（1999）「ネーションの儀礼としての運動会」, 吉見俊哉・白幡洋三郎・平田宗史・木村吉次・入江克己・紙透雅子『運動会と日本近代』青弓社.
——（2006）「新百学連環——エンサイクロペディアの思想と知のデジタル・シフト」, 石田英敬編『知のデジタル・シフト——誰が知を支配するのか？』弘文堂.
吉村忠典（1999）「「帝国」という概念について」『史学雑誌』第108巻第3号, 史学会, 344–367頁.
——（2003）『古代ローマ帝国の研究』岩波書店.
吉岡郁夫（1987）『日本人種論争の幕あけ——モースと大森貝塚』共立出版.
朱京偉（2003）『近代日中新語の創出と交流——人文科学と自然科学の専門語を中心に』白帝社.